BIBLIOTECA DE DERECHO TRIBUTARIO

Colección: Dr. Paulo de Barros Carvalho

Dr. Jorge Bravo Cucci
Juan Carlos Panez Solórzano
(Directores)

TÁCIO LACERDA GAMA
Profesor de los cursos de graduación, maestría y doctorado de la Facultad de Derecho de la Pontificia Universidad Católica de São Paulo (PUC/SP)
Presidente del Instituto de Aplicación del Tributo (IAT)
Abogado

COMPETENCIA TRIBUTARIA

FUNDAMENTOS PARA UNA TEORÍA DE LA NULIDAD

Traducción de
JUAN CARLOS PANEZ SOLÓRZANO

Edición al cuidado de
Carlos Antonio Agurto Gonzáles
Sonia Lidia Quequejana Mamani
Benigno Choque Cuenca

Ediciones Olejnik

Edición al cuidado de: Carlos Antonio Agurto Gonzáles
Sonia Lidia Quequejana Mamani, Benigno Choque Cuenca

Título: Competencia tributaria. Fundamentos para una teoría de la nulidad

© Ediciones Olejnik
Huérfanos 611, Santiago - Chile
E-mail: contacto@edicionesolejnik.com
Web site: http://www.edicionesolejnik.com

Primera edición en Ediciones Olejnik: 2019

ISBN: 978-956-392-720-7

Diseño de Carátula: Ena Zuñiga
Diagramación: Luis A. Sierra Cárdenas

Impreso en Argentina 2019 Printed in Argentina

ÍNDICE

CAPÍTULO 2
IDEAS SOBRE LA ESTRUCTURA DE LA COMPETENCIA

CAPÍTULO 3
DE LA PLURALIDAD A LA UNIDAD DE LAS NORMAS DE COMPETENCIA I

CAPÍTULO 4
DE LA PLURALIDAD A LA UNIDAD DE LAS NORMAS DE COMPETENCIA II: IDEAS SOBRE LA NATURALEZA SANCIONATORIA DE LA INVALIDEZ

CAPÍTULO 5
DE LA UNIDAD A LA PLURALIDAD DE LAS NORMAS DE COMPETENCIA TRIBUTARIA

SEGUNDA PARTE
EL SENTIDO

CAPÍTULO 6
INSTRUMENTOS PARA LA CONSTRUCCIÓN DEL SENTIDO

CAPÍTULO 7
VARIACIONES DE SENTIDO DEL TÉRMINO «COMPETENCIA TRIBUTARIA»

CAPÍTULO 8
ELEMENTOS DE SENTIDO EN LA COMPETENCIA TRIBUTARIA

CAPÍTULO 11
PARA UNA TEORÍA DE LA (IN)VALIDEZ DE LAS NORMAS JURÍDICAS

CAPÍTULO 12
PARA UNA TEORÍA DE LA NULIDAD EN MATERIA TRIBUTARIA

Dedico este libro a João y Luisa con todo mi amor y al profesor Paulo de Barros Carvalho por todos los diálogos

S. D.

Agradezco a todos los que me ayudaron a convertir errores en aciertos y dedicaron su tiempo para probarme, instigar o simplemente oír las inquietudes típicas de quien elabora una tesis. Ellos son Aline Nunes, Andréa Darzé, Denise Dearo, Elizabeth Nazar Carrazza, Marina Vieira de Figueiredo, Paulo de Barros Carvalho, Raphael Wasserman, Raquel Mendes Motta, Lucia Paoliello Guimarãe y Thais Catib de Laurentiis.

TÁCIO LACERDA GAMA

PRÓLOGO

Siempre es difícil hablar de alguien muy cercano cuando existe una innegable vinculación afectiva y profesional. Sin embargo, los méritos del autor son tan manifiestos que las vinculaciones de orden personal van perdiendo su efecto comprometedor, dando lugar a las evidencias. Precisamente aquí nos encontramos ante este supuesto. Tácio Lacerda GAMA viene estudiando conmigo desde hace casi diez años, en una actividad ininterrumpida, tiempo que me permitió conocer y valorar muy bien su desarrollo intelectual, sus tendencias, así como el compás y el trayecto de las evoluciones de su espíritu. Estos aspectos, principalmente los últimos, me animaron a poner entre paréntesis las conexiones de orden personal, para ofrecer, a título de preámbulo, una visión general de la obra que el lector tiene en sus manos.

Ahora bien, en el cuadro de las perspectivas de observación y estudio del objeto «derecho», ciertamente existiría un espacio para verlo como un sistema de normas de competencia, organizándose lo deóntico mediante un conjunto de posibilidades de conductas intersubjetivas. En la relación social, las personas físicas y jurídicas, nacionales o extranjeras, de derecho público o de derecho privado, operarían en el ámbito de autorizaciones, deberes y prohibiciones, agotándose, de esa forma, el campo material de las participaciones del sujeto.

Si existen varias propuestas de aproximación cognoscente, al tomarse el derecho positivo como un conjunto organizado de reglas de competencia, esta pasaría a ser una aproximación más, al lado de otras, esto es, de la visión sistemática *stricto sensu*, normativa, institucional, histórica, relacional, empírico-pragmática, sociológica y tantas otras, como opciones metodológicas para atender las expectativas del interesado.

En este libro, que tengo el inmenso placer de prologar, Tácio Lacerda GAMA analiza la «competencia tributaria», no solo para examinarla como un tema de investigación científica y filosófica fuerte, sino, también, como un soporte para alcanzar niveles profundos del propio derecho. Al igual que CHOMSKY, que parte de las capas aparentes de la superficie para alcanzar las estructuras profundas del funcionamiento de la lengua, teniendo en consideración la producción de un número infinito de oraciones, Tácio busca la esquematización sintáctica del derecho, en un impulso igualmente vertical, buscando comprender las proporciones semánticas del mensaje legislado y sus proyecciones pragmáticas, con los usos de la jurisprudencia, de las instancias y tribunales administrativos y del sector de las relaciones entre particulares.

Hay un fenómeno jurídico subyacente a la forma en la cual el derecho escrito aparece ante nuestra intuición sensible. El jurista, atento al lenguaje técnico empleado por el legislador, sea este el Parlamento, el Poder Judicial, el Poder Ejecutivo o el propio sector privado, construye el sentido que otorga al documento normativo. La composición de los institutos, categorías y formas del derecho positivo, derivan de esa relación entre el sujeto del conocimiento y el objeto al cual se aproxima. Es una obra del espíritu humano, moldeado por las circunstancias que lo hacen un ser carente y finito; es un objeto cultural; es aquel espíritu objetivo al que se refirió HEGEL.

En efecto, en la multiplicidad enunciativa donde se manifiesta el derecho, en la complejidad de sus elementos estructurales, Tácio elabora su estrategia y organiza los instrumentos que posibilitarán la atribución de sentido y coherencia a los mensajes expedidos por la autoridad que legisla. Y, para hacerlo, trajo al cuerpo de su investigación algunos instrumentos preciosos de la lingüística, de la semiótica, reflexiones filosóficas, que otorgan rigurosidad, grandeza y profundidad al discurso, discurso que constituyó su tesis de doctorado en Derecho, calificada con la nota máxima por el jurado calificador designado por el Programa de Posgrado en Derecho de la Pontificia Universidad Católica de São Paulo, en el 2008.

Para abordar el tema de la competencia tributaria, subsección de la referencia mayor que es la competencia en sí misma considerada, el autor explora las relaciones de coherencia (sintaxis -en la terminología de Charles MORRIS- o gramática pura -para Charles PEIRCE-), las relaciones de correspondencia (semántica -según MORRIS- o lógica pura -para PEIRCE-) y las relaciones de uso (pragmática -para MORRIS- o retórica pura -para PEIRCE-). El análisis de los acontecimientos semióticos se presenta en toda su extensión discursiva y el problema de la competencia es analizado mediante evoluciones de lenguaje, formulados con recursos actuales de la ciencia de nuestros días. Todo ello lo estimuló a pretender alcanzar la plataforma osada que designa como «*fundamentos para una teoría de la nulidad*» (subtítulo de su trabajo).

Toda materia, elegida como objeto de especulación científica o filosófico-científica, como es el caso del texto que ocupa ahora mis cuidados, encierra el objetivo de componer una unidad establecida lingüísticamente e idónea para transmitir un mensaje determinado que se presenta, en los dominios de lo jurídico, como tesis, fundamentada sobre premisas suficientemente esclarecidas y, por lo tanto, aptas para sustentar las proposiciones finales, donde se sitúan las conclusiones. Así es el esquema noético que presidió la obra. ¡He aquí el itinerario de este libro! Su consistencia descansa en la buena articulación de los argumentos, en la acuidad del raciocinio, en la búsqueda incesante de la precisión semántica y, como corolario, en el surgimiento de la estructura que conduce el pensamiento a los enunciados pretendidos por el autor.

La contribución de Tácio al estudio de la competencia llega en un momento oportuno y la Teoría General del Derecho adquiere un contenido precioso, aplicable a los sectores específicos de la Dogmática, pues interesa a todos ellos la configuración sintáctica o lógica de esa categoría de reglas, sus dimensiones semánticas y el amplio espectro de sus proyecciones pragmáticas.

En la calidad de orientador, acompañé, paso a paso, la construcción del texto, lo que me legitima a predicar sobre el equilibrio y la firmeza de propósitos, así como el patrón de profundización que Tácio consiguió otorgar a la elaboración del trabajo. Mucho contribuyó, para ello, el contacto que mantuvo, en la condición de profesor asistente, con los alumnos de la PUC/SP y de la USP en los cursos de maestría y doctorado, así como, ciertamente, con las charlas y conferencias dictadas en instituciones de reconocido prestigio en el país.

No es preciso enaltecer la importancia de la obra desde el punto de vista de la materia escogida por el autor, porque el movimiento del derecho en dirección a la concreción de la vida, dinámica conocida como proceso de positivización, donde, de normas generales y abstractas avanzamos hacia la expedición de normas individuales y concretas, nos obliga a pensar en las unidades intermediarias que se dirigen a sujetos específicos, habilitados para la producción de esas reglas, en determinadas condiciones de espacio y de tiempo. Es la presencia inapelable de las normas de competencia, no siempre recordadas con el entusiasmo que su presencia nobilísima representa para el funcionamiento de lo jurídico.

Tácio Lacerda GAMA, a pesar de ser joven, tiene libros y artículos publicados en revistas especializadas; es un abogado muy exitoso, vinculando muy hábilmente el saber teórico con la experiencia práctica, lo que le ha proporcionado excelentes resultados profesionales y, como si no bastasen tales atributos, es profesor de carrera de la Facultad de Derecho de la Pontificia Universidad Católica de São Paulo (PUC/SP). Todo ello, asociado al elevado patrón científico de este volumen, hace que lo recomiende a la comunidad jurídica brasileña, especialmente porque, como advirtió Pontes de MIRANDA, *un libro noble es aquel que se cierra a cada momento, y huye el espíritu con la idea, en la búsqueda de un tramo de la vida que le corresponda* (Sabedoria dos Instintos, Río, 1921).

Paulo de Barros Carvalho

Profesor emérito y titular de Derecho Tributario de la PUC/SP y de la USP

NOTAS A LA PRIMERA EDICIÓN EN LENGUA ESPAÑOLA

Con enorme satisfacción presento mi libro *Competencia Tributaria - Fundamentos para una teoría de la nulidad* al público de lengua española. Su primera traducción coincidirá con la publicación de la tercera edición en portugués. Por ello, es una versión que fue intensamente enriquecida, en los últimos años, en artículos, tesis, libros, conferencias en Brasil y en el exterior, además de debates en las clases de graduación y posgraduación de la Facultad de Derecho de la Pontificia Universidad Católica de São Paulo (PUC/SP) y del Instituto Brasileño de Estudios Tributarios (IBET). Se trata de una obra abierta que viene creciendo con críticas y discusiones. Ampliar el diálogo, discutiendo ahora con el público que habla español, me motiva mucho y renueva mi entusiasmo.

En este libro, la competencia tributaria es estudiada en su acepción más amplia, con capacidad, jurídicamente regulada, de crear normas que prescriben la institución, recaudación o fiscalización de tributos. Por lo tanto, es un término esencial para la comprensión de la dinámica tributaria y que permite la convergencia de muchas ideas, con repercusiones teóricas y pragmáticas.

¿A quién le puede interesar un libro así, fundado en el derecho brasileño? A toda y cualquier persona que tenga interés en la teoría del derecho en general y en el derecho tributario en particular. Por lo tanto, este libro es un texto de Teoría del Derecho. Competencia tributaria es el campo de evaluación para muchas concepciones que dialogan con la teoría jurídica contemporánea. En este trabajo se estudia el tema en una triple perspectiva: estructura, sentido y función.

En la primera parte, será propuesta una representación lógica de los aspectos fundamentales de la competencia tributaria. ¿Es posible hablar de «norma de competencia»? ¿Cuál es su hipótesis? ¿Cuál es la relación jurídica que implica? ¿Cuál es la sanción por el ejercicio ilícito de la competencia? ¿Cómo se realiza la conexión entre forma y contenido en los actos de aplicación del derecho? Además, ¿cuál es la relación entre la norma de competencia y el ordenamiento jurídico? ¿Cómo explicar los atributos de unidad, coherencia y completitud del sistema delante de esta forma de organizar la experiencia jurídica? ¿La posición del sujeto competente, sea observador o participante, proyecta algún efecto para el análisis de los tributos del sistema? ¿Y para resolver si hay o no lagunas o antinomias? Se observa que, en la primera parte del libro, denominada *estructura*, la «competencia es un pretexto para releer algunos de los más relevantes problemas de la teoría del derecho».

En la segunda parte del libro, dedicada al *sentido de la competencia*, las premisas fijadas en la estructura orientan la aproximación con la pragmática. ¿Quién puede crear tributos? ¿Cómo los tributos deben ser creados? ¿Cuál es la relación entre la competencia y los principios tributarios? ¿Cuál es la forma de solucionar conflictos entre competencia? Aquí están, también, las cuestiones semánticas más difíciles y los principales dilemas de la traducción. ¿Se debe hablar de «poder» o «competencia»? ¿La «competencia» es una facultad o una obligación? ¿Autonomía financiera es sinónimo de titularidad de competencia para instituir tributos? ¿La forma federativa de Estado puede ser considerada como un elemento que impide la institución de un impuesto amplio sobre el valor agregado en Brasil? Son preguntas respondidas con fundamento en el estudio sobre el sentido de la competencia.

Al final, en la parte denominada *función*, respondo para qué sirve estudiar las ideas desarrolladas en la *estructura* y en el *sentido*. Realizo esto después de presentar las bases de una teoría dialógica de la validez, que explica cómo las normas válidas e inválidas coexisten en el sistema jurídico y cuáles son los efectos de invalidez sobre la vigencia y eficacia de las normas. Demuestro, fundamentado en las premisas fijadas en la estructura y en el sentido, que la invalidez es el género que se desdobla en las siguientes especies: inconstitucionalidad, ilegalidad, error de hecho, error de derecho y en todos los otros tipos de nulidad. De ahí la conexión establecida ya en el título del libro entre la competencia tributaria y los fundamentos de una teoría de la nulidad.

Es importante observar que las conexiones prácticas y teóricas defendidas en este trabajo están en sintonía con el movimiento preconizado por el profesor Paulo de Barros Carvalho, en aquello que se convencionó denominar *Constructivismo Lógico-Semántico*. Realicé mi especialización (1999), maestría (2002) y doctorado (2008) bajo la orientación del profesor Paulo. También fui su asistente en los cursos de Maestría y Doctorado en la Facultad de Derecho de la Universidad de São Paulo, y de Lógica y Teoría de Derecho en los cursos de posgraduación de la PUC/SP, entre los años 2003 y 2011. En este período impartí con él más de 48 disciplinas oyendo sus ideas y la intensa provocación de los alumnos. En este ambiente rico en estímulos recibí orientaciones inspiradoras, pero siempre tuve el privilegio de tener un espacio para cometer mis propios errores y aciertos. No podría dar este gran paso sin mencionar la profunda gratitud a las instituciones que crearon el ambiente adecuado para la elaboración de este libro y al maestro Paulo de Barros Carvalho que hizo todo esto posible.

Asimismo, quiero agradecer al abogado Israel Sánchez Cerna por la atenta lectura de los originales, así como por las valiosas sugerencias de traducción.

Finalmente, agradezco muchísimo el trabajo admirable de traducción realizado por Juan Carlos Panez Solórzano y el generoso interés de la Editorial Olejnik en divulgar estas ideas para toda América Latina y Europa.

São Paulo, 13 de octubre del 2019

Tácio Lacerda Gama

EN EL INICIO, LA DUDA

La duda es la génesis del conocimiento científico[1]. Al cuestionar, el sujeto se pone frente al objeto. Y es en la relación entre sujeto y objeto que se construye el saber[2]. La formulación de la duda sugiere la definición del objeto. La concepción de este induce a la elección del método. La concatenación de respuestas bajo el influjo de una metodología, hace surgir a la Ciencia. En este sentido, la duda es el pretexto para la construcción y renovación del saber científico. Al cuestionar las certezas vigentes, sometiéndolas a la prueba de la duda, surge un espacio para encontrar nuevas convicciones que se muestren consistentes, precisas y útiles.

Veamos en los próximos ítems las dudas que incitan este trabajo, a repensar las certezas vigentes sobre el tema de la competencia tributaria.

La duda fundamental: ¿Por qué «competencia tributaria»?

La tributación es una actividad ejercida por la creación de normas[3]. Los hechos políticos, económicos, religiosos, éticos, entre otros, interesan a la Ciencia del Derecho siempre que estén traducidos al lenguaje de las normas que dan forma al Sistema Tributario Nacional. Por eso, el conjunto que regula

---

1 La duda es el pretexto, esto es, lo que antecede y motiva la construcción del saber científico. Es ella la que nos motiva a transitar entre estados de certeza, yendo de una concepción a otra sobre el mismo tema. Si bien somos conscientes del papel metodológico de la duda, cabe esclarecer, desde ya, que el énfasis de este trabajo es dogmático y no zetético, vale decir, los conceptos definidos y ofrecidos a lo largo del trabajo están al servicio de la respuesta, de la certeza, y no de la duda. En efecto, evitaremos incurrir en la parálisis especulativa a la que se refiere Vilém FLUSSER al tratar de la duda: «En dosis moderada estimula el pensamiento, pero en dosis excesiva paraliza toda la actividad mental». Además: «La duda, aliada a la curiosidad, es la cuna de la investigación, por lo tanto, de todo el conocimiento sistemático, pero en estado dilatado mata toda la curiosidad y es el fin del conocimiento» (FLUSSER, Vilém. *A dúvida*. Río de Janeiro: Relume Dumará, 1999).

2 *Cf.* VILANOVA, Lourival. *Estruturas lógicas e o sistema de direito positivo*. 3.ª ed. São Paulo: Revista dos Tribunais, 2005, p. 39.

3 Con esta afirmación, delinearemos la orientación metodológica seguida en el estudio del tema de la competencia tributaria. Los conceptos del derecho positivo y de ciencia del derecho, citados a lo largo del trabajo, están definidos en el pequeño glosario de instrumentos teóricos, ítem 7, de esta introducción.

directa o indirectamente la creación, recaudación y fiscalización de tributos[4] no constituye otra cosa que normas. Por la misma razón, adoptamos como premisa la circunstancia de que todos los conceptos, institutos y categorías formados en el derecho tributario positivo, y que constituyen el objeto de interés de la Ciencia del Derecho Tributario, pueden ser reconducidos a la estructura hipotético-condicional de una norma[5]. La posibilidad de sistematizar el mensaje jurídico en juicios condicionales completos es otro presupuesto relevante para las ideas sostenidas en este trabajo[6]. El punto de intersección entre todas las normas que integran el sistema[7] del derecho positivo es tener su validez como fruto de la relación que mantienen con otras normas de jerarquía superior[8]. El sistema de derecho tributario no es la excepción: todas las normas que lo integran son jurídicas porque fueron publicadas de conformidad con lo que prescriben otras normas, y así sucesivamente, hasta que todas ellas tengan un único fundamento de validez. Aplicar una norma de competencia

---

4 En este punto, Paulo de Barros CARVALHO enseña que el derecho tributario positivo es la «rama didácticamente autónoma del derecho, integrado por el conjunto de las proposiciones jurídico-normativas que correspondan, directa o indirectamente, a la creación, recaudación y fiscalización de tributos» (CARVALHO, Paulo de Barros. *Curso de direito tributário.* 19.ª ed. São Paulo: Saraiva, 2007, p. 15).

5 «Su discurso se organiza en sistema y, aunque las unidades ejerzan papeles diferentes en la composición interna del conjunto (normas de conducta y normas de estructura), todas ellas exhiben una idéntica arquitectura formal. Hay homogeneidad, pero homogeneidad desde el ángulo puramente sintáctico, puesto que lo que se da en el plano semántico-pragmático es un fuerte grado de heterogeneidad» (CARVALHO, Paulo de Barros. *O direito positivo como sistema homogêneo de enunciados deônticos*. São Paulo: Revista de Direito Tributário, RT. Año 12. N.º 45, jul./set. de 1988, pp. 35 y 36).

6 La posibilidad de sistematizar el mensaje jurídico en juicios condicionales, con la forma «si A, entonces debe ser B», es un presupuesto adoptado para el desarrollo de buena parte de las ideas acerca de la competencia, en general, y de la competencia tributaria de forma más directa. Este será el hilo conductor de críticas y propuestas de sistematización. Es este, también, el presupuesto teórico para considerar el otorgamiento de competencia como mínimo común denominador de una serie de conceptos jurídicos. En virtud de ese papel de acentuada importancia, trataremos de exponer, con base en diferentes perspectivas y a partir de la idea de varios autores, las razones que nos llevaron a pensar en la conducta de crear normas de conducta como cualquier otra, pasible de ser regulada por la norma jurídica *stricto sensu*.

7 «Todas las normas cuya validez puede ser reconducida a una y misma norma fundamental forman un sistema de normas, un orden normativo» (KELSEN, Hans. *Teoria pura do direito*. 6.ª ed. São Paulo: Martins Fontes, 1999, p. 217).

8 «KELSEN siempre llamó la atención acerca de la circunstancia de que todas las normas del sistema convergen hacia un único punto, concebido axiomáticamente para dar fundamento de validez a la constitución positiva. Ese aspecto confiere un carácter unitario al conjunto y a la multiplicidad de normas, como entidades de la misma índole, otorgándole la característica de la homogeneidad» (CARVALHO, Paulo de Barros. *O direito positivo como sistema homogêneo de enunciados deônticos*. Año 12. N.º 45. São Paulo: Revista de Direito Tributário, RT, jul./set. de 1988, pp. 35 y 36).

hace surgir nuevas normas en el sistema de derecho positivo. En otras palabras, la norma de competencia determina qué sujeto en específico puede, mediante la realización de un procedimiento adecuado, insertar una nueva norma jurídica para regular coercitivamente la conducta humana en sociedad.

En la Constitución de la República existen prescripciones inaugurales sobre la competencia legislativa que proyectan efectos en la forma de producción de todas las demás normas. En su texto encontramos enunciados que autorizan a los entes federativos a instituir prestaciones tributarias, deberes instrumentales, reglas para la constitución, suspensión, transformación y extinción del crédito tributario. Existen reglas que prescriben la repartición de la facultad impositiva entre los entes federativos, discriminándola según la materialidad o la función del tributo. Otras disposiciones condicionan el ejercicio de la competencia a la atención de valores o límites objetivos. Además, existe la determinación para que la ley complementaria disponga de modo analítico sobre algunos temas que la Constitución trató de forma sintética.

Progresivamente, en los planos más concretos de la actividad normativa, crece el número de prescripciones relacionadas a la tributación, aumentando proporcionalmente la complejidad del objeto de estudio. Esta afirmación confirma el hecho de que una misma norma general y abstracta puede servir de fundamento de validez para innumerables normas de naturaleza individual y concreta, o general y concreta.

Por ejemplo, veamos, el caso del Impuesto a la Renta de las personas físicas. Algunas disposiciones generales que dan forma a la regla matriz de este tributo, sirven de fundamento de validez de millones de declaraciones de impuesto a la renta que son elaboradas por los contribuyentes en todo el país. Sin embargo, este hecho no hace suponer que el objeto de las normas de competencia sea más simple, sino todo lo contrario.

Sin embargo, existen por lo menos dos estrategias metodológicas que permiten superar el exceso de posibilidades para el estudio de un tema.

La primera de ellas, adoptada con mayor frecuencia, consiste en reducir la amplitud semántica del objeto, promoviendo sucesivas abstracciones de la realidad, hasta la identificación de un pequeño número de elementos y relaciones. Esa elección facilita la construcción de modelos consistentes, pues organiza y concatena un reducido número de elementos. En estos casos, el precio que se paga por la consistencia es hablar mucho sobre casi nada. Gustavo Bernardo KRAUSE[9] sostiene que la búsqueda por la consistencia lleva a la improductividad. Se crea un discurso coherente, sintáctico y semánticamente riguroso, pero debilitado desde el punto de vista pragmático, puesto que su utilización queda restringida a pocos.

---

9 KRAUSE, Gustavo Bernardo. *A dúvida de Flusser: filosofia e literatura*. São Paulo: Globo, 2002, p. 36.

En la segunda estrategia, se adoptan modelos de sistematización más abstractos, elaborados a partir de características que están presentes, de forma homogénea, en amplios conjuntos de normas. Por su parte, esa orientación genera inconvenientes de otra naturaleza. Propuestas abstractas, a pesar de servir a la conceptualización y sistematización de amplias porciones del objeto, pueden ofrecer conjuntos conceptuales distantes de la realidad y poco útiles. Diferente de la estrategia anterior, que habla mucho sobre casi nada, este modelo, más abstracto, habla poco sobre mucho. Por lo tanto, el efecto de una teoría general que no procesa especificidades es igualmente indeseado.

Entonces, surge el contexto para cuestionar: ¿Cómo estudiar un objeto complejo como el conjunto de normas que prescriben cómo otras deben ser producidas? ¿Qué hay de común entre todas estas normas? ¿Cómo emprender el estudio con esa amplitud, sin ignorar las circunstancias propias del derecho positivo tributario? ¿Es posible elaborar esquemas teóricos para, al mismo tiempo, calificar y organizar elementos, por un lado, y posibilitar su aplicación concreta, por el otro? ¿Qué conceptos jurídicos son esenciales para comprender e interactuar con las normas jurídicas que disponen acerca de la tributación? ¿Qué concepto puede ser tomado como forma de síntesis para esas categorías?

Fijadas las dudas, y con ellas el propósito del trabajo, veamos, nuevamente, lo que afirmamos sobre la actividad tributaria del Estado: la acción de crear, recaudar y fiscalizar tributos es ejercida por la creación de normas. Reduciéndose el fenómeno de la tributación a su aspecto jurídico, en el sistema de derecho tributario, nada existe que no sea norma, vale decir, lenguaje jurídico prescriptivo. También, de acuerdo con el modelo que adoptamos aquí, la existencia de una norma jurídica deriva del hecho de haber sido ella misma producida de acuerdo con ciertas proposiciones del sistema jurídico.

El derecho positivo establece cómo debe ser la creación de sus elementos. Y va más allá: prescribe las consecuencias que pueden ser imputadas en cada uno de los casos cuando las normas no son producidas como deberían. Percibimos si una norma N1 fue o no producida como debería mediante la comparación entre sus proposiciones y las proposiciones de la norma de competencia N2. Si las proposiciones de N1 y N2 son compatibles, en todas sus dimensiones, sabemos que N1 fue creada lícitamente y que, por lo tanto, es una proposición válida, debiendo ser aplicada en la regulación de los comportamientos sociales. Por el contrario, si N1 no fuera compatible con N2, podemos afirmar que N2 fue creada ilícitamente, ajustándose a los casos donde el derecho prescribe la invalidez de la norma, impidiendo su aplicación al caso concreto y, con ello, afirmando que la juridicidad de N2 debe prevalecer sobre las normas inferiores ilícitas.

De esta forma, conseguimos identificar una cualidad común a toda y cualquier norma jurídica, estando allí insertadas las normas tributarias, la cual es ser producida según lo prescrito por otras normas. Esas disposiciones que determinan los requisitos de validez de una proposición, reciben el nombre de «normas de competencia». En contraposición a estas, se ubican las que establecen los efectos de la invalidez y que denominaremos como normas sancionatorias de competencia. En un esquema simplificado, propuesto por Torben SPAAK, está presente la idea de competencia, siempre que un sujeto X, mediante la práctica de un acto Y, pueda insertar en el sistema de derecho positivo la norma Z. Veamos sus ideas:

> El concepto de competencia en cuestión encuentra expresión (D.1), que puede ser considerada una definición de consecuencia jurídica. De acuerdo con D.1, una persona (p) tiene competencia para modificar una situación jurídica (sj), si y solamente si tiene un acto-C (a), tal que p tiene la posibilidad, al desempeñar a, de modificar la situación jurídica. Una persona siempre tiene la competencia para alguna cosa: la persona, *p*, tiene competencia X, competencia Y, etc., vale decir, competencia para tratar de X, Y, etc.[10]

Precisamente, las normas de competencia son las que califican quién puede ser el sujeto X, prescriben lo que comprende el acto Y, e indican las materialidades sobre las cuales puede versar la norma Z. Al hacer ello, programan cómo deben ser enunciadas, y fundamentan la validez de las normas creadas según sus preceptos.

Visto desde esta perspectiva, el tema de la competencia tributaria ocupa un lugar relevante en el conjunto conceptual de las normas que regulan la acción tributaria del Estado. Se trata de un concepto lo bastante *abstracto* como para relacionarse con la totalidad de las normas que integran el sistema jurídico tributario y lo suficientemente *concreto* para significar aspectos prácticos de la positivización de normas. Sin embargo, identificada la formación sintáctica de la norma de competencia, es posible saturarla con el sentido de los textos de derecho positivo, ofreciendo soluciones jurídicas a varias situaciones concretas.

En virtud de su alcance significativo, la norma de competencia actúa como un esquema aglutinante para una serie de conceptos: hechos jurídicos, relaciones jurídicas, principios, inmunidades, materialidades, posiciones de sujeto activo y pasivo, obligaciones, prohibiciones, procesos y procedimientos. Estos son solo algunos de los conceptos que pueden ser reconducidos a la estructura general de una norma de competencia.

La propuesta de tomar el instituto de la *competencia jurídica* como un concepto fundamental fue concebida por Torben SPAAK en su «*El concepto*

---

[10] SPAAK, Torben. *The concept of legal competence: an essay in conceptual analysis*. Vermont: Dartmouth, 1994, p. 22. Traducción de Robert Carroll.

de competencia jurídica: ¿un ensayo desde un análisis conceptual?»[11]. Es este, también, uno de los objetivos metodológicos que buscaremos alcanzar con este estudio sobre la competencia tributaria: entender cómo este concepto puede ser usado como un mínimo común denominador[12] de una serie de conceptos esenciales para la comprensión de la actividad tributaria del Estado.

Con ello esclarecemos la primera y más esencial duda que motiva este trabajo: la razón del tema «competencia tributaria». Sin embargo, la amplitud que pretendemos otorgar a este análisis, no es convencional. Es por ello que son necesarios algunos esclarecimientos relativos a la orientación de la investigación que pretendemos desarrollar.

Generalización de la duda y propuestas para superarse algunos «fundamentos obvios»

La Ciencia del Derecho Tributario realiza una especie de traducción[13] del mensaje prescriptivo positivado en las normas tributarias. El jurista se dedica a comprender el sistema de normas que versan sobre la tributación, vale decir, conocer sus elementos (repertorio) y la forma como ellos se organizan (estructura)[14]. Al hacer ello, construye un sistema compuesto por proposiciones descriptivas (repertorio) que se organizan según una orientación metodológica (estructura). El primer conjunto repertorio/estructura da forma al derecho tributario positivo. El segundo es la Ciencia que se construye sobre él.

---

11 SPAAK, Torben. *The concept of legal competence: an essay in conceptual analysis*. Vermont: Dartmouth, 1994, *passim*. Traducción de Robert Carroll.

12 En el libro *Conceitos Jurídicos Fundamentais*, Wesley Newcomb HOHFELD trató de analizar un amplio conjunto de decisiones judiciales, de textos doctrinarios y legislativos para identificar aquello que sería el mínimo común denominador entre los conceptos jurídicos más utilizados en la argumentación jurídica. El cuidado con la definición de conceptos y la forma de su sistematización hizo de ese estudio, publicado inicialmente en 1919, una de las primeras investigaciones analíticas sobre el derecho de la cual se tiene noticia. Buscando reproducir esa iniciativa en el derecho positivo brasileño, con una atención especial al derecho tributario, es posible identificar, también, algunos conceptos jurídicos fundamentales. La competencia tributaria, en la forma que pretendemos estudiarla aquí, sintetiza los conceptos de cualificación del sujeto competente, prescripción del debido proceso, principios, inmunidades, enunciados complementarios, entre otros. *Cf. Fundamental legal conceptions – as applied in judicial reasoning*. 7.ª ed. New Jersey: The Lawbook Exchange, 2005, *passim*.

13 Vilém FLUSSER afirma lo siguiente: «La teoría del conocimiento es, fundamentalmente, una teoría de la traducción. Es una investigación de las reglas que rigen las diferentes capas lingüísticas, y de las relaciones, semejanzas y diferencias entre esas reglas» (FLUSSER, Vilém. Teoria da tradução como teoria do conhecimento, *in Revista Brasileira de Filosofia*. V. 13. N.º 49. São Paulo: Instituto Brasileiro de Filosofia, 1963, p. 410, *passim*).

14 *Cf.* FERRAZ JÚNIOR, Tércio Sampaio. *Introdução ao estudo do direito: técnica, decisão, dominação*. 2.ª ed. São Paulo: Atlas, 1994, pp. 43-51.

El repertorio de la Ciencia del Derecho Tributario está compuesto, según una clasificación sugerida por Genaro CARRIÓ[15], por proposiciones con diferentes grados de objetividad[16]. En el extremo más abstracto, todas las proposiciones son fragmentos de normas que permiten, obligan o prohíben conductas humanas. Toda y cualquier proposición jurídica puede, en última instancia, ser reconducida a una de esas modalidades deónticas. Sin embargo, sabemos que, en un plano más objetivo de trato con la experiencia jurídica, el repertorio de conceptos es más rico y diverso y, por eso mismo, trasciende, en mucho, aquellas tres variables relacionales.

Por otro lado, hay conceptos propios de una rama específica de la dogmática jurídico-tributaria[17], civil, comercial, laboral. En el derecho tributario positivo son conceptos de este tipo: determinación, sustitución tributaria, suspensión de la exigibilidad del crédito, deberes instrumentales, hechos generadores, entre otros. Estos conceptos, que hacen referencia a aspectos más próximos de la realidad, podrían ser llamados conceptos del tipo C; mientras que aquellos, de aplicación más abstracta, serían los conceptos del tipo A.

CARRIÓ[18] sostiene, también, que hay una clase intermediaria de conceptos, con una abstracción suficiente para ser utilizados en más de un campo del derecho positivo, y también lo suficientemente concretos para influenciar la solución de conflictos de interés. Este conjunto intermediario estaría compuesto por conceptos del tipo B. En este grupo estarían los

---

15 CARRIÓ, Genaro. *Notas sobre derecho y lenguaje*. 4.ª ed. Buenos Aires: Abeledo-Perrot, 1994, p. 89.

16 Otra clasificación interesante sobre los tipos de conceptos utilizados para describir el derecho es propuesta por Torben SPAAK, que los separa en morfológicos, dimensionales, praxeológicos y metodológicos. Nos adherimos a la clasificación ofrecida por Genaro CARRIÓ, por ser más funcional e intuitiva. Sin embargo, la lección del autor sueco merece ser transcrita por ser precisa y didáctica: «(i) morphological concepts, with the aid of which we can structure law logically and functionally; (ii) dimensional concepts, with the aid which we can indicate which phenomena the law is applicable to; (iii) praxeological concepts, with the aid as which we can speak as the relations between the law and the social reality that the law regules, and (iv) methodological concepts, with the aid of which we can describe the professional-juridical utilization of the law as well as the methods for this» (SPAAK, Torben. *The concept of legal competence: an essay in conceptual analysis*. Vermont: Dartmouth, 1994, p. 42). [«(i) con los conceptos morfológicos podemos estructurar el derecho de manera lógica y funcional; (ii) con los conceptos dimensionales podemos indicar a qué fenómeno el derecho es aplicable; (iii) con los conceptos praxeológicos podemos hablar de relaciones entre el derecho y la realidad social que el mismo derecho regula; y (iv) con los conceptos metodológicos podemos describir la utilización profesional jurídica del derecho, así como sus métodos»].

17 Sobre el concepto y las funciones del saber dogmático, ver FERRAZ JÚNIOR, Tércio Sampaio. *Função social da dogmática jurídica*. São Paulo: Atlas, 1998.

18 CARRIÓ, Genaro. *Notas sobre derecho y lenguaje*. 4.ª ed. Buenos Aires: Abeledo-Perrot, 1994, p. 91.

conceptos jurídicos fundamentales, en la forma propuesta por W. N. HOHFELD[19]. La condición de conceptos intermediarios posibilita la suficiente abstracción para describir varias ramas del derecho positivo, sin dejar de referirse a la situación de los que precisan de una decisión para resolver casos concretos.

Las clases de conceptos que acabamos de definir como del tipo A, B y C serán denominadas, respectivamente, como «conceptos filosóficos», «conceptos fundamentales» y «conceptos dogmáticos». Con ello dejamos más intuitiva la referida clasificación.

Aplicando la clasificación propuesta al objeto de nuestro interés, percibimos que es recurrente la referencia a la «competencia tributaria» como concepto dogmático. Hablamos de sujeto competente para crear impuestos, de autoridad competente para la determinación, de proceso debido para alterar la alícuota de un tributo y de criterios para la repartición de competencias. Hablamos mucho de la especie, pero despreciamos el género. Existen pocos estudios orientados hacia la comprensión de la competencia como concepto fundamental (del tipo B). Son todavía más escasos los trabajos que tratan de la competencia como concepto jurídico-filosófico (del tipo A), al cual todos los conceptos jurídicos podrían ser reconducidos[20].

En este trabajo seguiremos un camino opuesto al que acabamos de describir. Analizaremos la competencia como concepto filosófico, en su dimensión lógica; como concepto fundamental, al tratar de su aspecto semántico -teniendo en cuenta los distintos sentidos que le pueden ser atribuidos-; y como concepto dogmático, cuando trataremos de las formas de otorgamiento de competencias, sus conflictos y utilidades. De esta forma, emprenderemos un análisis desde diferentes perspectivas, consubstanciadas en la estructuración lógica del mensaje de competencia, pasando por la investigación de los sentidos de esta expresión en los distintos contextos de su aplicación, hasta estudiar los otorgamientos específicos que varían según su función o jerarquía en el sistema de derecho positivo.

En las dos primeras etapas, trataremos de estudiar la «competencia tributaria» sin hacer referencia expresa a ninguna de sus modalidades. En la medida en que fueran fijadas algunas premisas, como la estructura de la norma de competencia y la relación especial que mantienen con las demás normas, promoveremos aproximaciones sucesivas a los textos de derecho positivo. En líneas generales, trataremos de fijar acepciones fundamentales para los

19 *Cf.* HOHFELD, Wesley Newcomb. *Fundamental legal conceptions - as applied in judicial reasoning.* 7.ª ed. New Jersey: The Lawbook Exchange, 2005.

20 Para el estudio de la competencia como concepto del tipo A y B, ver SPAAK, Torben. *The concept of legal competence: an essay in conceptual analysis.* Vermont: Dartmouth, 1994, p. 8. Traducción de Robert Carroll.

signos «competencia»[21] y «norma de competencia». En la última fase, con fundamento en las premisas fijadas en cada una de las etapas anteriores, analizaremos los criterios para clasificar las competencias tributarias, así como los usos que la doctrina y el propio derecho positivo suelen hacer de esa expresión.

Caminos posibles: algunas consideraciones sobre el método

En el mismo camino recorrido por Paulo de Barros CARVALHO[22], articularemos conceptos propios de tres lenguajes distintos: dogmática jurídica, Teoría General del Derecho y Filosofía del Lenguaje. Por lo tanto, el discurso científico que pretendemos desarrollar estará orientado por conexiones sugeridas por otros dos lenguajes, con la finalidad de potenciar su capacidad de definir, caracterizar y evidenciar la utilidad de las denominadas «normas de competencia tributaria».

En esa articulación de lenguajes distintos, pero con propósitos convergentes, es posible afirmar que la Filosofía ofrece un espacio y método para la autoconsciencia del saber dogmático[23]. Reflexionando filosóficamente, el jurista tiene contacto con el aspecto cognitivo de su actividad, pero percibe, también, la función persuasiva de sus construcciones. Así, toma conciencia de que, aunque mucho hable en nombre de la racionalidad y de la sistematización, su propósito subyacente es ver sus construcciones aplicadas a la solución de casos concretos. Aprende que la verdad es fruto del consenso, que se obtiene por el convencimiento[24]. Y que, si bien trae beneficios cognitivos, el

---

21 Tal cual es enfatizado por Torben SPAAK (*The concept of legal competence: an essay in conceptual analysis*. Vermont: Dartmouth, 1994, p. 44), trataremos de ofrecer una definición de base construida de forma estipulativa, frente a la imposibilidad de conceptos fundamentales como este que es definido en función a la regla de género próximo y diferencia específica.

22 *Cf.* CARVALHO, Paulo de Barros. *Direito tributário, linguagem e método*. 2.ª ed. São Paulo: Noeses, 2008, *passim*.

23 Hay varias conexiones posibles entre el contexto teórico instaurado por la filosofía del lenguaje y la dogmática jurídica, entendida aquí como Ciencia del Derecho. En los límites de este trabajo, basta identificar dos de estas conexiones: i) el derecho y su ciencia se manifiestan por medio del lenguaje, por eso todo y cualquier desarrollo teórico sobre el lenguaje y su interpretación pueden ser utilizados para desarrollar el estudio del derecho; ii) la dogmática jurídica, como especie del género «conocimiento», se desarrolla según un determinado paradigma, aunque ello no siempre quede esclarecido. Así, cuando se modifica este paradigma, se torna necesario revisar los diversos conceptos de la Ciencia del Derecho. En cualquiera de los casos, la utilización de nociones pensadas en la filosofía y en otras ciencias del lenguaje para el estudio del derecho, es una opción metodológica. Se trata de una estrategia para el desarrollo conceptual de la dogmática jurídica que consiste en la reformulación de conceptos tradicionales, a partir de un nuevo contexto teórico.

24 En este sentido es la lección de Dardo SCAVINO cuando afirma, jocosamente, que no tiene noticia de hechos que se rebelaron contra las teorías que los describen. La afirmación o

diálogo establecido con las grandes corrientes filosóficas o con la semiótica busca, en un último análisis, obtener un fundamento para el resultado de su esfuerzo creativo.

Por su parte, las relaciones entre Teoría General del Derecho y Dogmática jurídica, son construidas y se justifican por las mismas razones que acabamos de exponer. Sin embargo, el vínculo entre esos dos planos del lenguaje es más próximo e intuitivo si es comparado con el establecido entre la Dogmática y la Filosofía. Esto se debe al hecho de ser, ambas, especies de lenguaje jurídico descriptivo, estando compuesta la Teoría General del Derecho por conceptos fundamentales, mientras que en la Ciencia Jurídica predominan los conceptos dogmáticos. En esta relación, los conceptos del tipo B ofrecen una abstracción y facilitan la sistematización de las proposiciones de derecho positivo, además de otorgar una mayor legitimidad a las proposiciones de la Dogmática[25].

Retomando la pregunta relativa a la orientación metodológica de este trabajo, proponemos estudiar la competencia tributaria desde tres enfoques[26]: sintáctico[27], semántico[28] y pragmático[29]. Sin embargo, evitaremos el uso de es-

---

negación de una tesis es hecha por otra tesis. Por ello, la verdad no se da por la correspondencia entre la proposición y el objeto a ser interpretado, sino por el consenso de verdad entre aquellos que lidian con la teoría. Veamos el ejemplo citado por el filósofo argentino: «Y si quiero refutar una teoría, no puedo remitirme a los hechos 'tal cual son' sino emitir otros enunciados, criticar, argumentar, exponer, en fin: hablar. En síntesis, la realidad nunca refutó un discurso o una interpretación de los hechos, siempre lo hicieron otros discursos y otras interpretaciones» (SCAVINO, Dardo. *La filosofía actual: pensar sin certezas*. Santiago del Estero: Paidós Postales, 1999, p. 12).

25 CARVALHO, Paulo de Barros. *Curso de direito tributário*. 19.ª ed. São Paulo: Saraiva, 2007, pp. 345 y ss.

26 Le corresponde el mérito de haber establecido la división de la semiótica en sintaxis, semántica y pragmática. Esa división proviene del análisis realizado por MORRIS del proceso semiótico (Cf. *Foundations of the theory of signs*. Chicago: University of Chicago Press, 1959).

27 «La sintaxis, según CARNAP, es la parte de la semiótica que, prescindiendo de los usuarios y de las designaciones, estudia las relaciones de los signos entre sí. Por lo tanto, la sintaxis es la teoría de construcción de todo el lenguaje» (WARAT, Luis Alberto. *O direito e sua linguagem*. 2.ª ed. Porto Alegre: Fabris, 1995, p. 40). Desde el punto de vista sintáctico, las normas jurídicas pueden ser analizadas desde dos enfoques: i) organización lógica de los enunciados prescriptivos y ii) análisis de las reglas de construcción de los enunciados.

28 «La semántica estudia los signos en sus relaciones con los objetos al que se refieren» (WARAT, Luis Alberto. *O direito e sua linguagem*. 2.ª ed. Porto Alegre: Fabris, 1995, p. 40). Desde el punto de vista semántico, las normas jurídicas son analizadas desde el prisma de su significación. Es en la semántica que se construye el significado de las palabras, por medio de ella se puede cotejar la compatibilidad entre el contenido de las normas jurídicas.

29 «Pragmática, conforme la definición proporcionada por CARNAP, es la parte de la semiótica que estudia la relación de los signos con los usuarios» (WARAT, Luis Alberto. *O direito e sua linguagem*. 2.ª ed. Porto Alegre: Fabris, 1995, p. 45). Desde este ángulo, se analiza cómo los usuarios utilizan el lenguaje. El análisis pragmático es el campo adecuado para que sean resueltos los problemas suscitados en el análisis semántico o sintáctico.

tas expresiones. Las razones del rechazo pueden ser resumidas en la intención de mantener la investigación libre, desvinculada de cualquier escuela semiótica específica. En este sentido, siempre es bueno recordar que nuestro campo de interés es el derecho positivo, y exclusivamente es sobre este que se articulan todas las categorías fundamentales de las cuales haremos uso. No pretendemos hacer Filosofía o Teoría General del Derecho. Por eso, a menos que sea imprescindible, no tomaremos partido en las disputas entre escuelas, modelos o conceptos, lo que sería de esperar de un filósofo, teórico general o semiótico.

Más bien, la idea es adoptar conceptos y clasificaciones como instrumentos de trabajo, vale decir, con el propósito de entender mejor y explicar el derecho positivo. Gracias a esta opción, y para otorgar una mayor libertad en la elección y selección de los instrumentos al estudio de la competencia tributaria, utilizaremos los términos «estructura», «sentido» y «función», en lugar de «sintáctica», «semántica» y «pragmática».

El mínimo común denominador: ¿Qué es?

Al hablar de estructura, sentido y función, esbozamos el plano de investigación sobre el concepto jurídico «competencia tributaria», con sus características, acepciones y utilidades. Así, podemos avanzar hacia la segunda duda: ¿Qué elemento constituye la esencia de la competencia tributaria?

En el sentido fenomenológico, entendemos *esencia* como el atributo fundamental presente en todo y cualquier tipo de otorgamiento de competencia. Como Lourival VILANOVA[30], podríamos denominar *método comparativo-generalizador* al ejercicio de confrontar diferentes tipos de lenguaje para, en un plano más abstracto, llegar a su común denominador. Esas categorías, vinculadas entre sí, forman la gramática universal de la lengua que, independientemente de su contenido, es capaz de evidenciar las formas de composición de sus elementos. Transportando esas ideas hacia nuestro tema, realizaremos una serie de comparaciones, con la finalidad de formar una gramática jurídica de segundo orden o, en una expresión más sencilla, un sintagma, demostrando los elementos comprendidos en el otorgamiento de competencia y las relaciones que mantienen entre sí.

Buscaremos fundamentar nuestra propuesta de sistematización en diversas obras que contribuyeron a dilucidar aspectos fundamentales de la dinámica jurídica, en especial de las normas que prescriben el otorgamiento de competencia. Tomaremos como fundamento del trabajo las ideas de Hans KELSEN[31], Jeremy BENTHAM[32] y, en lo que concierne a la individualización de las normas,

30 VILANOVA, Lourival. *Teoria das formas sintáticas (anotações à margem da Teoria de Husserl). Escritos jurídicos e filosóficos*. V. 2. São Paulo: Axis Mundi/IBET. 1994, p. 93.

31 KELSEN, Hans. *Teoria pura do direito*. 6.ª ed. São Paulo: Martins Fontes, 1999.

32 BENTHAM, Jeremy. *Of laws in general*. Oxford: The Athlone Press, 1970.

a Joseph RAZ[33], Lourival VILANOVA[34] y Paulo de Barros CARVALHO[35]. No por eso, dejaremos de examinar los modelos divergentes que ofrezcan ideas útiles a la concepción que pretendemos desarrollar. Es con ese espíritu que analizaremos aspectos del pensamiento de Herbert HART[36], Alf ROSS[37], Riccardo GUASTINI[38], Carlos ALCHOURRÓN y Eugenio BULYGIN[39].

Conduciremos nuestra investigación sobre la estructura de la competencia buscando responder las siguientes cuestiones: ¿Qué elementos concurren para el otorgamiento de la competencia? ¿Cuál es la relación entre antecedente de la norma de competencia, validez formal e instrumento introductor de normas? ¿Cuál es la relación entre consecuente de la norma de competencia, validez material y norma introducida? ¿La norma de competencia tiene alguna sanción prevista para su incumplimiento? Si es positiva la respuesta, ¿cuál sería el papel de una norma sancionatoria de competencia? ¿Cuáles son los ámbitos de vigencia personal, espacial, temporal, comportamental y procedimental de estas normas? ¿Qué vínculos pueden ser establecidos entre esas normas y los vicios de inconstitucionalidad, ilegalidad, nulidad, error de hecho y error de derecho?

Además de formar una estructura completa de significación, las normas de competencia se vinculan a otras en la formación del sistema de derecho positivo. Estudiaremos, de esta forma, el papel de la competencia en este sistema. Sin embargo, haremos ello desde dos perspectivas distintas. Hablaremos de aquellos que observan el sistema de derecho positivo para describir, y de los que lo interpretan para decidir prescribiendo nuevas normas jurídicas. Con el auxilio de esta clasificación demostraremos las asociaciones que son posibles de realizar entre las ideas de competencia y los atributos de unidad, coherencia y completitud del sistema jurídico.

Los sentidos, el sentido, el sinsentido: ¿Cómo es?

A continuación, pasaremos a estudiar el sentido de la competencia tributaria. Destacaremos algunos conceptos instrumentales de la semiótica y pasaremos al derecho positivo, donde investigaremos las proposiciones relati-

---

33 RAZ, Joseph. *The concept of legal system – an introduction to the theory of legal system*. 2.ª ed. Oxford: Clarendon Press, 1997.

34 VILANOVA, Lourival. *Estruturas lógicas e o sistema de direito positivo*. São Paulo: Noeses, 2005, p. 91.

35 CARVALHO, Paulo de Barros. *Fundamentos Jurídicos da Incidência*. 5.ª ed. São Paulo: Saraiva, 2007.

36 HART, Herbert. *O conceito de direito*. 3.ª ed. Lisboa: Fundação Calouste Gulbenkian, 2001.

37 ROSS, Alf. *Direito e justiça*. São Paulo: EDIPRO, 2000. Traducción de Edson Bini.

38 GUASTINI, Riccardo. *Distinguiendo: estudios de teoría y metateoría del derecho*. Barcelona: Gedisa, 1999.

39 ALCHOURRÓN, Carlos E. y BULYGIN, Eugenio. *Introducción a la metodología de las ciencias jurídicas y sociales*. Buenos Aires: Astrea, 2002.

vas al otorgamiento de competencia. Estableceremos una serie de diálogos entre la idea de competencia y los conceptos de Estado, Federación, autonomía, capacidad civil, capacidad delictiva, principios, inmunidades, enunciados complementarios y de autorización. Sin esos diálogos dichos conceptos perderían mucho de su valor.

No quedaría evidenciado el sentido sin definir, clasificar y proponer criterios para solucionar conflictos de competencia tributaria. Por eso mismo, solo después de estar evidenciado el diálogo mantenido entre los conceptos fundamentales de la Teoría General del Estado y de la Teoría General del Derecho es que pasaremos a definir el concepto de competencia y normas de competencia tributaria, con sus respectivas modalidades y atributos.

En este punto, nos aproximaremos a las doctrinas relativas de competencia tributaria, tomándola ora como concepto fundamental, ora como concepto dogmático.

Con el auxilio de la estructura de la norma de competencia, pasaremos al análisis del derecho positivo. Tomaremos el sintagma, construido en la primera parte del trabajo, como punto de partida para la articulación de proposiciones que prescriben cómo debe ser la dinámica de la tributación. Dividiremos el análisis, según los criterios de la tripartición de los poderes, en competencia legislativa, competencia ejecutiva y competencia jurisdiccional. Añadiremos a esta clásica división la competencia privada, otorgada al contribuyente, para aplicar las normas jurídicas tributarias al caso concreto. En la actual conformación del Sistema Tributario Nacional, los particulares son los mayores responsables por la producción de normas, ofreciendo, en efecto, la mayor contribución para la dinámica de la tributación. No se tendría por qué excluir su análisis en un estudio sobre la competencia como concepto dogmático.

La conclusión de esta parte será realizada con soporte en las ideas de Roque Antônio CARRAZZA y Paulo de Barros CARVALHO, relativas a los atributos de la competencia tributaria legislativa. Confrontaremos los atributos de esas competencias con los de la competencia infralegislativa en materia tributaria. Con eso esperamos llegar a algunas ideas generales relativas al tema.

La finalidad: ¿Para qué sirve?

Crear norma es una conducta. El derecho regula conductas. Las normas jurídicas prescriben conductas vinculando consecuencias a ciertos acontecimientos. Hay consecuencias que son positivas y otras que son negativas. En la sugestiva metáfora de Torquato de CASTRO JR.[40], lo bueno y lo

[40] CASTRO Jr., Torquato de. *Pragmática das nulidades e a teoria do ato jurídico inexistente (reflexões sobre metáforas e paradoxos da dogmática privatista romanista).* Tesis de doctorado presentada a la PUC/SP, São Paulo, 2003, pp. 178 y ss.

malo en el Derecho se denominan lícito e ilícito, legítimo e ilegítimo, válido e inválido, nulo y regular.

La forma en virtud de la cual el derecho regula comportamientos sociales consiste en atribuir consecuencias positivas a ciertos hechos deseados, y negativas a los acontecimientos no deseados. El género de las consecuencias negativas que se pueden atribuir a hechos no deseados se denomina *sanción*.

Por fuerza de lo que acabamos de decir: la conducta de crear normas puede ser valorada positiva o negativamente, sujetándose al juicio de licitud o ilicitud. Las normas creadas lícitamente son válidas, vigentes y deben ser aplicadas al caso concreto, siendo, pues, eficaces. Por otro lado, las normas creadas ilícitamente, no son deseadas en el sistema del derecho positivo y, por lo tanto, no deben ser aplicadas. Sin embargo, la ilicitud en la producción de normas no es algo que se encuentra fuera del derecho.

El sistema jurídico regula la licitud y la ilicitud en la creación de normas, de forma idéntica a lo que ocurre con las demás conductas. Así, imputa consecuencias positivas, determinando la aplicación efectiva de las normas creadas regularmente. Pero, por el contrario, sanciona las normas creadas irregularmente, determinando su no aplicación al caso concreto. Con ello, nos insertamos en el conjunto de los que entienden que la norma es inválida en el interior del sistema jurídico.

Estos breves esclarecimientos nos permiten volver a la pregunta: ¿Para qué estudiar la competencia tributaria? ¿Qué elementos en esta categoría nos ofrece para separar las normas que deben ser aplicadas de las normas que no deben ser aplicadas? ¿Cuáles son los ámbitos de vigencia personal, espacial, temporal, comportamental y procedimental de esas normas? ¿Qué relaciones son posibles de establecer entre las ideas de sanción imputada a la creación irregular de normas y los conceptos de inconstitucionalidad, ilegalidad, nulidad, anulabilidad, existencia, error de hecho, error de derecho, entre otros?

Sin embargo, estas preguntas serán respondidas con fundamento en lo que defienden la doctrina y la jurisprudencia. No pretendemos formular respuestas que se ajusten al plano de los conceptos filosóficos o fundamentales. La idea es llegar cerca de aquellos que interactúan con la dinámica de la tributación, ya sea para describir situaciones concretas, ya sea con la finalidad de decidir situaciones específicas. Por eso mismo no elegimos como título del trabajo la expresión «contribución para la teoría de la (in)validez de las normas jurídicas».

Otorgamos énfasis a la teoría de la nulidad -concepto dogmático- porque esta expresión se emplea comúnmente en la solución de conflictos de interés en materia tributaria. Por esa razón, incluso cuando hiciéramos uso de la locución «validez», lo que pretendemos desarrollar, genéricamente, son los fundamentos para una teoría de la nulidad en materia tributaria.

Pequeño glosario de instrumentos teóricos

Las dudas incitan el desarrollo de la ciencia. Sin embargo, la construcción ordenada del conocimiento presupone la definición de un estatuto teórico en el cual las preguntas ganan sentido y relevancia. Sin una precisa definición de lo que se entiende por derecho positivo, norma jurídica, validez e invalidez, no tiene ni siquiera sentido estudiar la competencia. Siendo así, pasemos a definir los conceptos que posibilitan la evaluación del tema de la competencia tributaria como algo relevante, verdadero mínimo común denominador del propio Sistema Tributario Nacional.

Ambigüedad: atributo de la palabra que sirve para significar objetos distintos e inconfundibles[41].

Actividad nomogenética: acción, o conjunto de acciones, que tiene como resultado la producción de normas en el sistema de derecho positivo.

Autonomía: es la aptitud que dispone una persona para regular normativamente sus propios negocios.

Autonomía privada: es la aptitud que dispone una persona para regular sus intereses en la esfera privada, vinculándose a otras en la asunción de derechos y deberes. Es sinónimo de capacidad civil.

Autonomía federativa: es la aptitud jurídicamente conferida a los entes federativos de editar normas para regular sus intereses en las áreas política, administrativa, legislativa y financiera.

Ciencia del Derecho: metalenguaje del sistema de derecho positivo[42]. Se trata de un sistema nomoempírico de naturaleza descriptiva, cuya función es la construcción del sentido de derecho positivo[43], describiendo las normas jurídicas que lo integran.

---

41 «Todas las palabras del léxico de un lenguaje natural están afectadas de polisemia. Esta afirmación puede verificarse en cualquier buen diccionario, consultando las diversas 'acepciones' que figuran a continuación de cada vocablo. Si el diccionario incluye nombres propios, la verificación no es tan sencilla. Pero sabemos que, por ejemplo, Franklin Delano Roosevelt es también el nombre de una avenida; Tomás Moro también el de una parroquia, etc. Las polisemias más burdas no entrañan un peligro para la ciencia porque se advierten fácilmente» (AFTALIÓN, Enrique R.; VILANOVA, José y RAFFO, Julio. *Introducción al derecho: conocimiento y conocimiento científico, historia de las ideas jurídicas, teoría general del derecho, teoría general aplicada*. 3.ª ed. Buenos Aires: Abeledo-Perrot, 1988, p. 91).

42 Alf ROSS sostiene que la Ciencia del derecho en sentido estricto es aquella que se ocupa de un ordenamiento jurídico definido (*Cf. Direito e justiça*. São Paulo: EDIPRO, 2000, p. 45).

43 Lourival VILANOVA explica el papel constructivo de la Ciencia del Derecho: «Téngase también en cuenta que en la obtención de los conceptos fundamentales y de los principios generales del sistema, la tarea de la dogmática científica no solo es reconstructiva del derecho: es constructiva; no reproductiva del objeto, sino productiva» (Norma jurídica - proposição jurídica [significação semiótica], *in Revista de Direito Público*. N.° 61. São Paulo, RT, 1982, p. 14).

Ciencia del Derecho Tributario: es el conjunto de proposiciones descriptivas de las normas que, directa o indirectamente, prescriben la creación, recaudación o fiscalización de tributos[44].

Dialogismo: circunstancia o atributo de un texto de estar en contacto con otros y que su sentido se forme en la relación con otros, con los que mantienen alguna relación.

Derecho positivo: es el conjunto de normas jurídicas[45] creadas para regular coercitivamente la conducta humana en relación con otros. Se trata de un sistema nomoempírico prescriptivo, puesto que está formado por proposiciones lingüísticas dirigidas a la regulación de la conducta humana en interferencia intersubjetiva.

Derecho tributario positivo: es el conjunto de normas jurídicas que disponen, directa o indirectamente, sobre la creación, recaudación y fiscalización de tributos[46].

Enunciación: actividad psicofísica productora de normas jurídicas[47]. El resultado de esta actividad es el conjunto de enunciados que forman los textos de derecho positivo[48].

Enunciado: es el conjunto de fonemas o grafemas, organizados según ciertas reglas, a partir de los cuales se forman proposiciones[49]. Es, también, el punto de partida para la construcción de proposiciones prescriptivas.

Enunciado de autorización: es el fragmento de derecho positivo que califica a un sujeto como competente para editar normas sobre cierta materialidad o estén destinados a alcanzar ciertos fines o, también, de ambos.

---

44 Marcelo FORTES destaca «tributo» como un «concepto aglutinante», puesto que actúa como punto de confluencia, tanto para las normas jurídicas que componen el sistema de derecho positivo, como para las proposiciones descriptivas que integran la Ciencia del Derecho Tributario (*Repetição do indébito tributário – delineamentos de uma teoria,* p. 65).

45 *Cf.* CARVALHO, Paulo de Barros. *Curso de direito tributário.* 19.ª ed. São Paulo: Saraiva, 2007, p. 2.

46 *Ibídem*, p. 3.

47 José Luiz FIORIN sostiene lo siguiente: «El primer sentido de 'enunciación' es el acto productor del enunciado». En efecto, la *actividad de enunciación* comprende a todos aquellos actos necesarios para la producción de un enunciado. *As astúcias da enunciação: as categorias de pessoa, espaço e tempo,* p. 31.

48 «La actividad de enunciación -entendida aquí como actividad exclusiva productora de normas, por lo tanto, fuente del derecho– se agota en sí misma, proyectando en el producto (documento normativo) las siguientes categorías: agente competente, tiempo, espacio donde fue producido el documento además del procedimiento utilizado para su elaboración» (MOUSSALLEM, Tárek Moysés. *Fontes do direito tributário.* 2.ª ed. São Paulo: Noeses, 2006, p. 137).

49 Paulo de Barros CARVALHO afirma que los enunciados son «un conjunto de fonemas o de grafemas que, obedeciendo a las reglas gramaticales de determinado idioma, concretizan el mensaje emitido por el sujeto emisor para ser recibido por el destinatario, en el contexto de la comunicación» (*Direito tributário: fundamentos jurídicos da incidência.* 5.ª ed. São Paulo: Saraiva, 2006, p. 20).

Enunciado prescriptivo: es el conjunto de fonemas o grafemas, organizados según las reglas del sistema de derecho positivo, a partir de los cuales se formulan proposiciones prescriptivas y, por consiguiente, normas jurídicas.

Estructura: es el conjunto de relaciones entre los elementos de un determinado sistema[50].

Hecho jurídico: descripción lingüística protocolar que denota un acontecimiento previsto en la hipótesis de una norma abstracta y promueve la creación, modificación o extinción de relaciones jurídicas. El hecho jurídico se confunde con el antecedente de las normas individuales y concretas y generales y concretas.

Función: es la utilidad atribuida a un determinado objeto cultural por los sujetos que integran un determinado grupo.

Hipótesis de incidencia: antecedente abstracto de la norma jurídica que describe, connotativamente, las notas de un hecho de posible ocurrencia.

Inmunidades: enunciados constitucionales que integran la norma de competencia tributaria, restringiendo la posibilidad de crear tributos. Por lo tanto, son enunciados que prescriben la competencia negativa respecto a ciertas personas, situaciones y cosas[51]. No presentan ninguna distinción esencial de los principios.

Intertextualidad: atributo de los textos de estar en contacto con todos los demás textos producidos acerca de un tema. Es por el atributo de la intertextualidad que se puede expresar el punto donde la construcción de sentido de un texto es condicionada por todos los demás textos que mantengan, entre sí, alguna especie de afinidad[52]. Es sinónimo de dialogismo.

---

50 Acerca de las normas que componen el sistema de derecho positivo, Paulo de Barros Carvalho aclara que «todas ellas exhiben una arquitectura formal idéntica. Hay homogeneidad desde el ángulo puramente sintáctico, puesto que en los planos semántico y pragmático, lo que se da es un fuerte grado de heterogeneidad» (*O direito positivo como sistema homogêneo de enunciados deônticos*. Año 12. N.° 45. São Paulo: Revista de Direito Tributário, RT, jul./set. de 1988, pp. 35 y 36).

51 Paulo de Barros CARVALHO, al tratar de la delimitación de la competencia, alude a competencias positivas y negativas. Denomina como «competencia positiva a aquella que otorga poderes a las personas políticas, de Derecho Constitucional interno, de crear tributos» y define competencia negativa como «aquella que prohíbe para ciertas personas, situaciones o cosas, la competencia de legislar de esas mismas personas políticas de Derecho Constitucional interno» (Limitações constitucionais ao poder de tributar, *in Revista de Direito Tributário*. N.° 46. São Paulo: RT, p. 151).

52 Como asevera Paulo de Barros CARVALHO, «(...) la intertextualidad es formada por el diálogo intenso que los textos mantienen entre sí, sean ellos pasados, presentes o futuros, importando poco las relaciones de dependencia que hubiera entre ellos. En realidad, a pesar de estar insertados en el sistema, pasan a conversar con otros contenidos, intrasistemáticos y extrasistemáticos, en un denso intercambio de comunicaciones» (*Direito tributário, linguagem e método*. 2.ª ed. Noeses: São Paulo, 2008, p. 17).

Lenguaje: capacidad humana de emitir y recibir informaciones por el uso de signos[53]. Puede ser percibida de dos formas distintas. En una de ellas, de forma restricta, es un instrumento de la comunicación, algo que media y propicia el vínculo entre sujeto y objeto. En otra, el lenguaje es más que un instrumento[54], pudiendo ser comprendida como condición de posibilidad de todo y cualquier conocimiento.

Modal alético: conectivo que vincula dos proposiciones descriptivas, exponiendo, por ejemplo, una ley de la naturaleza. Estos modales conectan una proposición antecedente a una proposición consecuente, de forma tal que, ocurriendo el antecedente A, ocurre el consecuente B. Este vínculo entre antecedente y consecuente suele ser fundamentado por la observación.

Modal deóntico: conectivo que vincula dos proposiciones prescriptivas, formando un juicio condicional normativo. La vinculación proporcionada por el modal deóntico es fruto de un acto de voluntad. De allí que se afirma que sintetiza una decisión tomada por un sujeto competente, de vincular un acontecimiento X a una consecuencia Y[55]. Solo otra decisión puede deshacer el vínculo deóntico establecido por dos proposiciones. En una norma jurídica es posible identificar, por lo menos, dos especies de modales deónticos. En una de ellas, denominada *modal interproposicional*, queda establecido el vínculo entre la proposición antecedente de una norma y la proposición consecuente. Esta modalización es invariable, diversamente de lo que ocurre con el *modal intraproposicional*, que vincula a los sujetos activo y pasivo de una relación jurídica. Esta conexión sí puede variar entre permitida, prohibida y obligatoria. De allí es que se pueda hablar de variable relacional, porque se trata de un modo de vincular a dos sujetos de derecho.

Naturaleza jurídica: es el conjunto de atributos que permite separar un instituto jurídico de otro. Segregar la naturaleza de un instituto jurídico sirve,

---

53 Sobre ello, Hans-Georg GADAMER es enfático: «El lenguaje es el medio donde se realiza el acuerdo de los interlocutores y el entendimiento sobre la cosa» (*Verdade e método: traços fundamentais de uma hermenêutica filosófica*. 3.ª ed. Petrópolis: Vozes, 1999, pp. 559 y 560).

54 Sintetizando esta propuesta, Manfredo Araújo de OLIVEIRA afirma que el lenguaje «es un momento necesario constitutivo de todo y cualquier saber humano, de tal modo que la formulación de conocimientos intersubjetivamente válidos exige una reflexión sobre la infraestructura del lenguaje» (OLIVEIRA, Manfredo Araújo de. *Reviravolta lingüístico-pragmática na filosofia contemporânea*. São Paulo: Loyola, 1996, p. 13).

55 «(...) cuando es usado y no simplemente mencionado, el 'deber-ser' denota una región, un dominio ontológico que se contrapone al territorio del 'ser', donde las proposiciones implicante e implicada son puestas por un acto de autoridad: D (P'!q) (debe-ser que p implique q). Hablamos, con ello, de un operador deóntico interproposicional, ponente de la implicación. Si no fuera el acto de voluntad de la autoridad que legisla la proposición-hipótesis no estaría conectada a la proposición-tesis. De allí por qué ese operador deóntico sea denominado neutro, puesto que nunca aparece modalizado» (CARVALHO, Paulo de Barros. *Direito tributário: fundamentos jurídicos da incidência*. 5.ª ed. São Paulo: Saraiva, 2006, p. 28).

por su parte, para separar el régimen jurídico que fundamenta su institución e interpretación[56]. Una cosa es la norma que podrá ser creada, instituyendo un tributo, un deber instrumental, una norma tributaria cualquiera. Esa norma tiene una naturaleza. Otra, muy distinta, es la competencia para crearla, el conjunto de proposiciones prescriptivas que determinan los aspectos formales y materiales de su creación. Este es su régimen jurídico. La naturaleza indica la norma que será creada; mientras que el régimen jurídico prescribe cómo esta norma debe ser producida. Por lo tanto, separar la naturaleza sirve para separar el régimen jurídico.

Nomogénesis: proceso en virtud del cual el sujeto competente crea, modifica o extingue una norma jurídica en un sistema de derecho positivo cualquiera.

Norma jurídica en sentido amplio: comprende todas las proposiciones prescriptivas que puedan ser construidas a partir de la lectura de los textos de derecho positivo. Es la acepción más amplia de norma jurídica.

Norma jurídica en sentido completo: composición formada por dos normas ligadas entre sí, siendo primaria la que prescribe la conducta lícita, y secundaria la que prevé el ilícito, consistente en el incumplimiento de la primaria, y le imputa una sanción coercitiva[57].

Norma jurídica en sentido estricto: juicio hipotético-condicional que vincula a la realización de un hecho la previsión de una consecuencia, invariablemente, consistente en una relación jurídica.

Ordenamiento jurídico: sinónimo de sistema jurídico, comprende el conjunto de normas jurídicas válidas, orientadas a la regulación coercitiva de la conducta humana. Se sujeta al análisis sincrónico, orientado a la compren-

---

56 En ese sentido, Eurico DE SANTI, acatando la lección de Paulo de Barros CARVALHO, argumenta lo siguiente: «Decir que el régimen jurídico define la naturaleza específica del tributo significa incurrir en la denominada *falacia de inversión del efecto por la causa*». Sus razones son expuestas en los siguientes términos: «La clasificación de un vínculo como prestación pecuniaria compulsoria que no deriva de acto ilícito es una condición suficiente para que este vínculo jurídico se subsuma al régimen jurídico propio de los tributos, no lo contrario. Los regímenes jurídicos tributarios específicos provienen de esta demarcación: son efectos, no causas distintivas de las distintas especies tributarias» (SANTI, Eurico Marcos Diniz de. Análise crítica das definições e classificações jurídicas como instrumentos para compreensão do direito, *in Direito global*. São Paulo: Max Limonad, 1999, p. 303).

57 «Si aisláramos el universo normativo, en aquello que él tiene de fenómeno lingüístico, aparecerá frente a nosotros un objeto uniforme (solo normas jurídicas), todas compuestas en la misma organización sintáctica, vale decir, mediante un juicio hipotético donde el legislador (sentido amplio) imputa, al acontecimiento de un hecho prescrito en el antecedente, una relación deóntica entre dos o más sujetos, como consecuencia» (CARVALHO, Paulo de Barros. *Sobre os princípios constitucionais tributários*. N.º 55. São Paulo: Revista de Direito Tributário, RT, p. 147).

sión de las normas válidas aquí y ahora, y al análisis diacrónico, que analiza las normas en diferentes marcos temporales.

Paradigma: conjunto de creencias compartidas por una determinada comunidad científica que condicionan la elección de métodos y la propia aceptación de una proposición como verdadera[58].

Polifonía: literalmente, es la existencia de otras voces en el texto, además de la más evidente que predomina sobre las demás. Puede ser entendida como atributo de un texto que transmite otros mensajes más sutiles además de la colocada en términos más evidentes.

Principios jurídicos: enunciados normativos que integran la estructura de las normas de competencia, componiéndoles el sentido, sea en el antecedente, sea en el consecuente, transportando valores o límites objetivos, ampliando o restringiendo sus ámbitos de vigencia.

Proposición: es la significación provocada en el usuario del lenguaje por el contacto con el enunciado[59].

Proposición prescriptiva: es la significación provocada en el usuario por el contacto con un enunciado prescriptivo.

Régimen jurídico: es el conjunto de disposiciones previstas en la Constitución de la República que determinan dónde, cuándo y de qué forma debe ser la enunciación de los textos de derecho positivo, así como las delimitaciones materiales relativas a los ámbitos de vigencia espacial, temporal y personal del tributo[60].

Relación jurídica: vínculo establecido entre dos sujetos de derecho teniendo como objeto la realización de una conducta, jurídicamente posible, modalizada como obligatoria, permitida o prohibida.

Sanción coercitiva: reacción del sistema de derecho positivo ante la práctica de un ilícito, vale decir, es la consecuencia negativa imputada a alguien que realiza una conducta no deseada.

---

58 De acuerdo con la definición de Thomas KUHN, «un paradigma es aquello que los miembros de una comunidad comparten e, inversamente, una comunidad científica consiste en hombres que comparten un paradigma» (KUHN, Thomas. *A estrutura das revoluções científicas*. São Paulo: Perspectiva, 2000, p. 219).

59 Como destaca Paulo de Barros CARVALHO, un único enunciado puede provocar la construcción de diversas proposiciones, de la misma forma que una proposición puede ser construida a partir de enunciados diversos (CARVALHO, Paulo de Barros. *Direito tributário: fundamentos jurídicos da incidência*. 5.ª ed. São Paulo: Saraiva, 2006, p. 20).

60 Geraldo ATALIBA enseña que «régimen jurídico tributario es el conjunto de principios, normas y categorías, que informa el funcionamiento del instituto jurídico del tributo» (ATALIBA, Geraldo. Hermenêutica e sistema constitucional tributário, *in Interpretação no Direito Tributário*. São Paulo: Saraiva, EDUC, 1975, p. 19).

Sanción nomogenética: es la reacción del sistema de derecho positivo contra la producción ilícita de normas jurídicas. Las normas creadas sin fundamento de validez se ajustan a las normas sancionatorias de competencia que prescriben la inconstitucionalidad, ilegalidad, nulidad, error de hecho, error de derecho como vicios que impiden la aplicación de la norma, limitando su eficacia o vigencia, de forma singular (*erga singulum*) o plural (*erga omnes*).

Sanción primaria: reacción negativa, sin naturaleza coercitiva, prevista por el incumplimiento de una obligación cualquiera, por ejemplo: multa por el no pago de un tributo en la fecha debida, multa por el incumplimiento de una cláusula contractual, entre otras.

Sanción secundaria: es la previsión de que el aparato jurisdiccional está al servicio de la aplicación coercitiva de lo que prescribe la norma primaria. Lourival VILANOVA y Paulo de Barros CARVALHO señalan que esta sería la nota distintiva entre derecho y no derecho: la existencia del proceso puesto al servicio de la eficacia de la norma primaria. Ningún otro sistema normativo social (esto es, moral, ético, religioso) dispone del proceso, cuya decisión es asegurada por el uso de la fuerza.

Signo simple: es aquel que posee un significado. Una proposición prescriptiva es un signo simple.

Signo complejo: formado por la reunión de dos o más signos simples, generando otro significado más complejo. Una norma jurídica en sentido estricto es un signo complejo.

Sintagma: combinación de signos presentes en el discurso y que dan forma a un mensaje.

Sistema jurídico: sinónimo de ordenamiento jurídico.

Sujeto activo de la competencia: sujeto habilitado por el derecho para, mediante la práctica de un acto/proceso, alterar el sistema de derecho positivo insertando nuevos enunciados prescriptivos.

Sujeto pasivo de la competencia: es la colectividad de sujetos de derecho sometidos al deber general de sujeción a las normas que sean enunciadas de forma lícita y versen sobre el contenido autorizado u obligado por la relación jurídica de competencia. *La sujeción pasiva* puede también ser clasificada como fuerte o débil. Será *débil* la sujeción a todo y cualquier sujeto de derecho que debe observar lo que prescribe la norma. Será *fuerte* la sujeción imputada a ciertos individuos que tienen legitimidad procesal para reaccionar contra la aplicación de la norma ilícitamente creada a un caso concreto, delante de su ilicitud.

Término: es el punto de partida intersubjetivo de la interpretación, la parte física, accesible a todos, de un signo.

Vaguedad: atributo de una palabra, término o expresión cuyo sentido es impreciso[61].

Vigencia: es la aptitud de la norma jurídica que puede regular conductas de manera coercitiva. La vigencia se subdivide en cuatro ámbitos, pudiéndose hablar de vigencia *personal, temporal, territorial* y *material*. La primera comprende el grupo de personas que están obligados a seguir la prescripción de una norma. La segunda, o vigencia temporal, comprende el tiempo en el cual la norma debe ser obedecida. La tercera, o territorial, es el espacio en el cual la prescripción de una norma debe ser cumplida. Por último, la vigencia material hace referencia a la específica conducta prescrita por una norma.

Validez: es una categoría fundamental de la teoría general del derecho que guarda una íntima relación con las ideas de existencia, licitud y eficacia de las normas jurídicas. Esta última idea confunde los conceptos de eficacia con el de validez, para entender que es más o menos válida la norma conforme sea más o menos eficaz. Mientras que la idea de ilicitud presupone que la norma exista previamente y solo entonces se haga el juicio de validez o invalidez, conforme la norma haya sido o no producida según lo que prescribe el propio sistema. Por último, la última idea es la de que valer es la especial forma de existir de una norma jurídica. Si la norma está en el sistema y regula conductas es porque ella existe, si no se aplica una norma es porque ella dejó de existir. En cualquiera de los casos, solo los intérpretes auténticos tendrían la competencia para juzgar si la norma fue o no creada según lo que prescribe la norma de superior jerarquía, alejando su validez o existencia, o afirmando su validez y existencia. Por ello, según este último punto de vista, no sería acertada la distinción entre validez y existencia de una norma. Dialógicamente, defendemos la idea de que todas las tesis que acabamos de describir son simultáneamente posibles y que representan perspectivas distintas de la relación entre la norma y el sistema jurídico. La equiparación entre validez y existencia es típica de los participantes, mientras que la distinción es propia de los observadores.

---

61 «Casi todos los nombres o sustantivos (y los adjetivos sustantivados) y en general todas las palabras de un idioma natural adolecen de vaguedad. Ello quiere decir que existen casos en los que la palabra se aplica sin duda alguna, otros en los que resulta también claro que no se aplica, pero existe también una zona de penumbra en la que es dudoso aplicar o no la palabra. No existe una clara línea definitoria que separe los casos de aplicación de los de no aplicación en la zona de penumbra» (AFTALIÓN, Enrique R.; VILANOVA, José y RAFFO, Julio. *Introducción al derecho: conocimiento y conocimiento científico, historia de las ideas jurídicas, teoría general del derecho, teoría general aplicada*. 3.ª ed. Buenos Aires: Abeledo-Perrot, 1988, p. 90).

PRIMERA PARTE

LA ESTRUCTURA

CAPÍTULO 1
EN BÚSQUEDA DE UN COMÚN DENOMINADOR

En esta parte del trabajo buscaremos comprender la estructura de la competencia tributaria. Tomaremos como punto de partida la noción de que las normas de competencia son aquellas que programan la creación, en sentido amplio, de otras normas jurídicas.

Para ello construiremos los próximos cinco capítulos, tratando en cada uno de ellos, respectivamente, de las siguientes ideas: i) nociones sobre la sintaxis del lenguaje jurídico; ii) ideas sobre la estructura de la competencia en la teoría general del derecho; iii) aplicación de esas ideas en la fundamentación de un modelo lógico-simbólico para la representación de una norma de competencia, así como para indicar un sintagma que sintetice los elementos necesarios a su individualización; iv) haciendo uso del sintagma al que acabamos de referirnos, formularemos la norma sancionatoria de competencia, indicando los efectos de la creación ilícita de normas; y, finalmente, v) demostraremos una serie de utilidades para la noción de competencia en el sistema de derecho positivo.

1.1. Sintáctica, síntesis, simplificación y sistematización

Primero, una justificación: el objeto de nuestro interés es el derecho positivo, en su aspecto dinámico, que será estudiado desde la óptica del concepto de competencia tributaria. Ese conjunto de proposiciones prescriptivas es un tipo de lenguaje, así como lo es el lenguaje de la Ciencia que lo describe. Por lo tanto, están comprendidos en aquella facultad genérica de emitir y recibir informaciones por medio del uso de signos.

Las normas jurídicas son signos que expresan órdenes coercitivas, emitidos por autoridades competentes. Por su parte, las teorías jurídicas son proposiciones descriptivas que se refieren a esos signos, vale decir, son metalenguajes de normas.

Las ciencias jurídicas se orientan, pues, hacia el mismo objeto, al igual que muchas de las ciencias del lenguaje[62]: al texto. En otras palabras, hay identidad de objetos entre la ciencia jurídica y otras ciencias que encuentran en el texto su objeto de estudios[63].

Esa percepción de que existe un campo común de intereses, según el pensamiento de Paulo de Barros Carvalho[64], sugiere, por sí misma, la posibilidad de un intercambio metodológico, por medio del cual la Ciencia del Derecho pueda sumar a su arsenal teórico una serie de ideas, construidas para explicar *qué es, cómo funciona* y *para qué sirve el lenguaje*[65]. Por esta razón adicional, se muestra legítima la exposición de conceptos de la teoría del lenguaje para comprender cómo se organiza el mensaje prescriptivo de la competencia tributaria.

Las reglas de organización y derivación de los signos en un mensaje[66], independientemente de su contenido o de su finalidad, son temas de la sintaxis. Mussalim y Bentes esclarecen lo siguiente:

> Del griego *sintaxis* (orden, disposición), el término sintaxis tradicionalmente remite a la parte de la Gramática dedicada a la descripción del modo cómo las palabras son combinadas para componer sentencias, siendo esa descripción organizada bajo la forma de reglas[67].

---

62 Con la expresión «ciencia del lenguaje» pretendemos significar todas las disciplinas que eligen al lenguaje como su campo de estudios; así, están incluidas en este rol la semiótica, la semiología, la lingüística, el análisis del discurso, finalmente todas las materias que puedan ofrecer conceptos que sirvan para intensificar las formas de comprensión y exposición dogmática del derecho positivo.

63 Sobre semiótica del lenguaje jurídico, *cf.* Araujo, Clarisse von Oertzen de. *Semiótica do direito*. São Paulo: Quartier Latin, 2005, *passim*.

64 Carvalho, Paulo de Barros. *Direito tributário, linguagem e método*. 2.ª ed. Noeses: São Paulo, 2008, p. 16.

65 Gregorio Robles sostiene que la primera consecuencia de colocar la interpretación del lenguaje como punto de partida para el estudio del Derecho es poder agregar a ese estudio todos aquellos conceptos forjados para el análisis de los demás textos (Robles Morchón, Gregorio. *El derecho como texto: cuatro estudios de teoría comunicacional del derecho*. Madrid: Civitas, 1998, p. 17). Ana Cebeira Moro ofrece un entendimiento semejante cuando defiende que «todo derecho es susceptible de expresarse en lenguaje y ser puesto por escrito. El lenguaje es el modo universal de presentación del derecho en la convivencia humana». Esta autora, siguiendo la línea de pensamiento de Gregorio Robles, defiende que el derecho como sistema de comunicación es lenguaje y, por lo tanto, texto (*Dogmática jurídica, sistema y norma jurídica*. Júris Poiesis. Revista do Curso de Direito da Universidade Estácio de Sá, p. 12).

66 «Cada término lingüístico es un miembro pequeño, un *articulus* donde una idea se fija en un sonido y que un sonido se torna el signo de una idea» (Saussure, Ferdinand de. *Curso de lingüística geral*. Lisboa: Publicações D. Quixote, 1986, p. 192).

67 Mussalim, Fernanda y Bentes, Anna Christina (orgs.). *Introdução à lingüística: domínios e fronteiras*. 6.ª ed. São Paulo: Cortez, 2006, p. 207.

En ese análisis, se abstraen las relaciones de los signos con los potenciales significados (semántica), así como los usos que reciban de la comunidad del discurso (pragmática). Las atenciones se orientan hacia las formas de combinación de los signos en la producción de mensajes con sentido.

Trayendo esas ideas para describir el derecho positivo, Clarice von Oertzen de ARAUJO propone lo siguiente: «definimos el aspecto sintáctico del sistema de Derecho Positivo como el conjunto de relaciones que se establecen entre las distintas unidades del sistema: las normas»[68]. En este sentido, diríamos que hay relaciones entre proposiciones que dan forma a las normas y hay relaciones entre normas que dan forma al sistema jurídico.

En el rol de las propiedades sintácticas podemos identificar poderosos instrumentos teóricos para el análisis del tema «competencia tributaria». Entre los méritos de esas investigaciones está el de ofrecer instrumentos para la intensa reducción de complejidades de los textos de derecho positivo.

Abstrayendo los contenidos de significación propios de los lenguajes natural, técnico o científico, el sujeto del conocimiento se concentra en delimitar un conjunto, percibir sus elementos y las relaciones que esos elementos mantienen entre sí. Esa posibilidad de poder agruparse los signos, formando nuevos signos, es uno de los fenómenos más importantes del lenguaje y, por consiguiente, tema preferente de los estudios semióticos.

En este sentido, DUCROT y TODOROV señalan lo siguiente: «No hay ningún enunciado, en una lengua, que no se presente como la asociación de varias unidades (sucesivas o simultáneas), unidades que son susceptibles de aparecer también en otros enunciados»[69]. Un rol limitado de signos simples, adecuadamente combinados, permite la producción de una variedad ilimitada de mensajes.

Solo para ilustrar lo que acabamos de exponer, tengamos presente nuestro alfabeto. A pesar de estar compuesto por apenas 23 letras, es capaz de producir un número interminable de mensajes. Siempre que se conozca sus elementos y sus reglas de formación y derivación, cualquiera puede producir el número de mensajes que requiera. Podemos decir lo mismo acerca del lenguaje musical, que, a partir de siete notas, genera la producción de toda la escala de sonidos que podemos oír.

De allí por qué la investigación sintáctica –o estructural, como preferimos– posibilita traducir el complejo y variado plexo de informaciones, propio del derecho positivo y de la doctrina, para un conjunto de reglas simples y aplicables respecto a las más variadas modalidades de competencia tributaria.

---

68 ARAUJO, Clarice von Oertzen de. *Semiótica do direito*. São Paulo: Quartier Latin, 2005, p. 25.

69 DUCROT, Oswald y TODOROV, Tzvetan. *Dicionário enciclopédico das ciências da linguagem*. Lisboa: Dom Quixote, 1991, p. 135.

1.2. Unidad e identidad de los signos

Vilém FLUSSER sostiene que un sistema es un conjunto de elementos que se relacionan[70]. Los elementos componen el repertorio del sistema. Las relaciones dan forma a su estructura. El análisis de las relaciones presupone identificar los objetos que se relacionan. Ferdinand de SAUSSURE[71] señala que los signos solo son signos por formar parte de un sistema, por estar en relación con otros.

Sin perder de vista la noción de sistema, fijemos nuestras atenciones en lo que permite delimitar un signo como unidad. Realizado ello, pasaremos al análisis de identidad del signo. En seguida, demostraremos cómo esas dos nociones ofrecen solución para el problema, denominado por Jeremy BENTHAM[72] como individualización de las normas.

Sobre la unidad del signo, retomemos una lección fundamental de Ferdinand de SAUSSURE: «La entidad lingüística no existe más que gracias a la asociación del significante y del significado; si no se retiene más que uno de esos elementos, se desvanece»[73]. Pues bien, lo que atribuye existencia y unidad al signo es el hecho de estar él (significante) en relación con un objeto distinto de él (significado). Esto de tal forma que, al tomar contacto con un signo cualquiera, el usuario es llevado a pensar en otro objeto, distinto de él, su significado. El «signo» es signo de algo y es esa relación signo-algo que nos permite aislar las unidades de un sistema cualquiera.

Es precisamente ello lo que explica Maria NAVES[74] cuando afirma lo siguiente: «Al estudiar las formas y las relaciones de los signos, (...) somos llevados necesariamente a tener en cuenta los valores semánticos como criterio para definir las unidades». Y no era diferente el criterio señalado por Ferdinand de SAUSSURE[75], al sugerir como método de delimitación de las unidades de la lengua, el paralelo que debe ser establecido entre unidades fonéticas y conceptos.

Concluyendo: la unidad del significante está ligada a su sentido; para saber si estamos frente a una parte de un signo, un signo entero o más de uno,

---

70 FLUSSER, Vilém. Para uma teoria da tradução, *in Revista Brasileira de Filosofia*. V. 19. N.° 73. São Paulo: Instituto Brasileiro de Filosofia, 1969, p. 17.

71 «Además de eso, la idea de valor, así determinada, nos muestra que es una gran ilusión considerar a un término solamente como la unión de un cierto sonido con un cierto concepto. Definirlo así sería aislarlo del sistema del que forma parte; sería creer que podemos comenzar por los términos y construir el sistema a partir de su suma; por el contrario, es del todo solidario que tenemos que partir para obtener, por análisis, los elementos que él encierra» (*Curso de lingüística geral*. Lisboa: Publicações D. Quixote, 1986, p. 193).

72 BENTHAM, Jeremy. *Of laws in general*. Oxford: The Athlone Press, 1970, pp. 156-158.

73 SAUSSURE, Ferdinand de. *Curso de lingüística geral*. Lisboa: Publicações D. Quixote, 1986, p. 176.

74 NAVES, Maria. *La semiología*. Madrid: Síntesis, 1989, p. 97.

75 SAUSSURE, Ferdinand de. *Curso de lingüística geral*. Lisboa: Publicações D. Quixote, 1986, p. 121.

necesitamos saber su significado. Si aquello que llamamos como signo está en el lugar de un objeto, estamos frente a una unidad de la lengua.

Algo distinto sucede con el tema de la identidad. En este campo, lo que se medita es el mantenimiento o no del vínculo entre significante y significado en situaciones variadas. La distinción es pertinente en virtud de la existencia de casos de ambigüedad, donde el mismo significante puede estar en relación con diferentes significados. Y lo inverso, también, puede ocurrir. Es posible imaginar significantes distintos en relación con el mismo significado.

De esta forma, podemos afirmar que el juicio de unidad sirve para determinar la unidad del signo. Mientras que el juicio de identidad sirve para delimitar su modificación. El primero estudia el valor semántico atribuido al signo. El segundo, los valores que ese signo asume en diversas situaciones de uso.

Poniendo en orden lo que acabamos de expresar: la unidad de un sistema (aspecto sintáctico) es delimitada por su sentido (aspecto semántico) que, por su parte, solo es efectivamente determinado cuando se identifican sus circunstancias de uso (aspecto pragmático).

Sin embargo, una conclusión como esa sería, aparentemente, paradójica. En un capítulo donde nos proponemos estudiar exclusivamente las relaciones sintácticas, acabamos siendo remitidos a dos instancias de las que pretendíamos distanciarnos (la semántica y la pragmática). Sin embargo, esa paradoja aparente, lejos de perturbar el análisis, apenas evidencia el carácter unitario de la lengua y la artificialidad de la suspensión de uno, o algunos, de sus planos de análisis.

Maria NAVES señala lo siguiente:

> El desarrollo interno de la investigación semiológica lleva, por lo tanto, de un modo progresivo, de la sintaxis a la semántica y de esta a la pragmática como consideración de todos los aspectos del uso del signo en los procesos semióticos[76].

No es por otra razón que partimos del análisis estructural de la competencia para la atribución del sentido y de esta para el análisis de su función.

Con base en estos fundamentos, podemos preguntar ¿qué utilidades pueden tener esas ideas para el tema de las normas jurídicas y, sucesivamente, de las normas de competencia tributaria? Ahora, transportando las ideas indicadas anteriormente al sistema de derecho positivo, emprendiendo una semiótica de segundo orden, podemos afirmar lo siguiente: i) el sistema jurídico positivo está compuesto por elementos (repertorio) que se relacionan (estructura); ii) los elementos son normas jurídicas; iii) la unidad de las normas jurídicas es determinada por el valor semántico que le es atribuido; iv) el sistema jurídico

[76] NAVES, Maria. *La semiología*. Madrid: Síntesis, 1989, p. 98.

contiene proposiciones que regulan la conducta humana de manera coercitiva; v) para ser una unidad del sistema, la norma debe prescribir una orden coercitiva e indicar las circunstancias donde esa orden se torna debida, así como los efectos prescritos para su incumplimiento; vi) sin que el significante norma esté en relación con los significados necesarios para la regulación de la conducta, no podemos hablar de norma jurídica como unidad del sistema.

En lo que se refiere a la identidad de las normas jurídicas, sabemos que puede variar lo que se entiende por «norma jurídica» y el sentido mismo de la norma, según las circunstancias de uso.

Esa orden de consideraciones se aplica, también, para explicar la unidad y la identidad de las normas de competencia tributaria. En efecto, no podrá ser denominado como norma de competencia, unidad del sistema, si no reuniera los elementos necesarios para la regulación de la conducta de crear una norma, así como los efectos de su incumplimiento.

Así, fijamos una premisa importante para todo el trabajo: solo podemos denominar como norma de competencia tributaria, entendida como unidad del sistema de derecho positivo, a los mensajes normativos que prescriban, de una sola vez, los siguientes criterios: i) sobre lo que podrá versar la norma que será creada; ii) cuáles son las circunstancias por medio de las cuales son creadas las normas jurídicas; iii) cuáles son los efectos de incumplirse las disposiciones i y ii. A falta de cualquiera de estos elementos, no será posible hablar de norma de competencia tributaria en el sentido que pretendemos adoptar en este trabajo.

Por su parte, el tema de la identidad de esas normas será objeto de las investigaciones desarrolladas en las próximas dos partes de este trabajo, en las cuales estudiaremos sus sentidos y funciones. En otras palabras, con el análisis paradigmático evidenciaremos los distintos sentidos que pueden ser atribuidos a cada uno de los elementos del término «norma de competencia».

1.3. El signo «norma de competencia tributaria» y los análisis sintagmático y paradigmático

Además del repertorio, un sistema posee una estructura, vale decir, un conjunto de relaciones que evidencian la forma mediante la cual los elementos se organizan al interior del sistema. Los contactos o relaciones que un signo venga a establecer con otros pueden ser divididos en dos clases distintas, dos órdenes de valor o, incluso, formas de organización, que, según SAUSSURE[77], corresponden a dos modos de nuestra actividad mental, igualmente indispensables para la vida de la lengua.

La primera de esas clases es la formada por los signos que se suceden en la formación de una palabra, frase o texto. También son conocidas como relaciones lineales, diacrónicas o de elementos presentes en el texto. Clarice von Oertzen de ARAUJO, al tratar de esa clase de relaciones, afirma lo siguiente:

> (...) en el eje horizontal, sintagmático, estarían comprendidas las operaciones o acciones lingüísticas que encierran el conocimiento de la sintaxis de una lengua, las normas de encadenamiento de una secuencia de signos o palabras, así comprendidas, por ejemplo, las nociones de gramática[78].

La formación de palabras, frases, períodos y textos, en general, impone la combinación de signos de forma sucesiva[79]. La expresión de una relación sintagmática o, simplemente, sintagma, es fruto de la composición lineal u horizontal de los signos. Todos los elementos que se suceden están presentes, vinculándose unos a otros según las reglas de combinación de los elementos en el sintagma. El aspecto fundamental de esa especie de relación está en el hecho de que todos los elementos estarán presentes en el texto. Son, en efecto, accesibles a todos los que mantengan contacto con él.

Por su parte, las relaciones paradigmáticas son de naturaleza distinta.

Una cosa es la relación entre términos que se asocian para formar otros más complejos, estando todos los elementos presentes. Otra, bien diferente, es la relación formada[80] por asociación (paradigmática), en la memoria del intérprete. En este caso, las palabras forman encadenamientos de sentidos con expresiones que, aunque no estén en el texto escrito, tienen características que funcionan como elementos de conexión. Este tipo de vínculo ocurre cuando, por ejemplo, la palabra «música» está presente en un texto, generando asociaciones con las palabras «melodía», «ritmo», «canción», entre otras.

Una vez más, acatamos las ideas de Clarice von Oertzen de ARAUJO, que, acerca de las relaciones paradigmáticas, afirma lo siguiente:

> En el eje paradigmático estarían comprendidas las operaciones relativas al dominio que un usuario o el emisor de un mensaje posee acerca del

---

77 «Las relaciones y las diferencias entre términos se despliegan en dos esferas distintas, cada una generadora de cierto orden de valores; la oposición entre esos dos órdenes nos hace comprender mejor la naturaleza de cada uno. Ellos corresponden a dos formas de nuestra actividad mental, ambos indispensables a la vida de la lengua» (SAUSSURE, Ferdinand de. *Curso de lingüística geral*. Lisboa: Publicações D. Quixote, 1986, p. 207).

78 ARAUJO, Clarice von Oertzen de. *Semiótica do direito*. São Paulo: Quartier Latin, 2005, p. 27.

79 El sintagma se compone siempre de dos o más unidades consecutivas (por ejemplo: releer, contra todos, la vida humana, Dios es bueno, mañana salimos, etc.). En un sintagma, el valor de un término surge de la oposición entre él y el que lo precede, o el que le sigue, o ambos» (SAUSSURE, Ferdinand de. *Curso de lingüística geral*. Lisboa: Publicações D. Quixote, 1986, pp. 207 y 208).

80 «Por otro lado, fuera del discurso, las palabras que tienen algo en común, se asocian en la memoria, y así se forman grupos, en el seno de los cuales se ejercen relaciones muy diversas. Por ejemplo, la palabra ausente hará surgir frente al espíritu, una serie de otras palabras (ausencia, ausentar, o incluso presente, clemente, o también distante, alejado, etc.), de una forma o de otra, todos tienen algo en común entre sí» (SAUSSURE, Ferdinand de. *Curso de lingüística geral*. Lisboa: Publicações D. Quixote, 1986, p. 208).

repertorio lexical de una lengua como código: el dominio del significado, variación que comprende, por ejemplo, el conocimiento de los sinónimos y también de los antónimos[81].

El rasgo fundamental de uno y otro tipo de relación es que los signos están, siempre, vinculados a otros signos. Ese vínculo puede acontecer entre los elementos que están en el texto, recibiendo el nombre de sintagma. Pero, también puede ocurrir entre elementos que no están propiamente en el texto, sino en la subjetividad del usuario.

La diferencia entre los dos tipos de relaciones está en que uno es realizado entre los elementos presentes en el texto -el sintagmático- y el otro, entre elementos que están fuera, pero asociados en virtud del sentido. Al respecto, las palabras de Ferdinand de SAUSSURE no dejan espacio para dudas: «La conexión sintagmática es *in praesentia;* se apoya en dos o más términos igualmente presentes en una serie efectiva. Por el contrario, la conexión asociativa une términos *in absentia* en una serie mnemónica virtual»[82]. El sintagma reúne signos presentes en el texto. Por el contrario, el paradigma asocia signos no presentes, pero vinculados a ellos por asociación del intérprete.

Un modelo que pretenda demostrar las relaciones sintagmáticas necesarias para la formación de una norma de competencia, debe vincular todos los enunciados prescriptivos, de forma que evidencie un doble juicio condicional (norma jurídica completa).

Por otro lado, cada uno de esos elementos, que surge vinculado a otro en un análisis sintagmático, puede generar diversas significaciones. Esas relaciones entre signos presentes en el texto y signos ausentes son asociaciones subjetivas, realizadas por el intérprete, y que dan forma a la organización paradigmática de la competencia.

El análisis sintagmático del modo de organización de los elementos que dan forma a la norma de competencia será realizado en el capítulo dedicado a la «estructura lógica de la competencia tributaria». Por su parte, el análisis que haremos de los distintos sentidos que pueden ser atribuidos a cada uno de los elementos que dan forma a los criterios de esa norma, será del tipo paradigmático.

1.4 Aislamiento temático, generalización y formalización

Las ideas que acabamos de exponer, relativas al sistema, sus elementos y relaciones, todavía no son suficientes para que podamos emprender un análisis estructural de la competencia tributaria. Y eso se debe al hecho de que, en medio del lenguaje impreciso del derecho positivo, poco sirve saber las reglas

---

81 ARAUJO, Clarice von Oertzen de. *Semiótica do direito*. São Paulo: Quartier Latin, 2005, p. 27.

82 SAUSSURE, Ferdinand de. *Curso de lingüística geral*. Lisboa: Publicações D. Quixote, 1986, p. 208.

de análisis sintagmático y paradigmático que acabamos de describir. Problemas semánticos de ambigüedad y vaguedad, propios de los lenguajes no formalizados, desplazan las atenciones para las disputas sobre el sentido de este o de aquel término. Una niebla de imprecisiones semánticas desvía la atención del intérprete hacia temas que nada tienen que ver con la estructura del discurso.

La epistemología jurídica preconizada por Lourival VILANOVA[83], que se orienta a analizar los fundamentos del positivismo jurídico con los subsidios de la fenomenología, sugiere algunas providencias para destacar la estructura del discurso jurídico. Ellas son el aislamiento temático, la abstracción generalizadora o generalización y la abstracción formalizadora o formalización.

La expresión «aislamiento temático» es intuitiva, pues sugiere lo que debe ser realizado por el sujeto del conocimiento: fijar criterios para distinguir su objeto de estudio de los demás. En una frase: ello consiste en aislar el tema o el objeto. Se delimita el objeto de estudio indicando criterios de pertinencia. Los elementos que atienden a esos criterios integran el sistema. Por eso, todos los elementos de un sistema son homogéneos. En sentido contrario, los elementos que no se ajusten a los criterios son sacados del sistema.

La delimitación de un objeto homogéneo posibilita un segundo paso: confrontar los diversos elementos de modo que se infiera lo que tienen en común esos elementos. Esa es la abstracción generalizadora, la cual busca captar aquello que todos los elementos mantienen entre sí: sus rasgos generales o su esencia. Podemos denominar, también, como reducción eidética a ese proceso de comparación entre elementos de un sistema cualquiera, realizado con el propósito de apartar los elementos accidentales, y retener solo aquellos que sean comunes a todos, que sean esenciales a su configuración como objeto. Con la reducción eidética apartamos lo accidental en nombre de lo esencial[84].

El resultado de la abstracción generalizadora es una colección de proposiciones genéricas que sirven para describir cualquiera de los elementos del sistema. Una abstracción generalizadora en el sistema del derecho positivo posibilita la formación de conceptos fundamentales, que sirven para describir sus más variadas ramas. Sin embargo, este estrato del lenguaje general también se compone de expresiones vagas y ambiguas. Y esto es tan cierto que no hay consenso sobre las acepciones de términos como norma jurídica, relación jurídica, sanción, entre muchos otros. ¿Qué hacer? La solución propuesta por Lourival VILANOVA es emprender una segunda abstracción, del tipo formalizadora.

---

83 VILANOVA, Lourival. *Estruturas lógicas e o sistema de direito positivo*. São Paulo: Noeses, 2005, p. 44.

84 *Cf.* VILANOVA, Lourival. *Escritos jurídicos e filosóficos*. São Paulo: Axis Mundi; IBET, 2003, p. 38.

Formalizar[85] es traducir proposiciones construidas en lenguaje natural, científico o técnico hacia el plano de las fórmulas lógicas. Una formula lógica es una proposición compuesta exclusivamente por símbolos que representan constantes (sincategoremas) y símbolos que representan variables (categoremas). Esa traducción posibilita elaborar un discurso completamente libre de ambigüedades y vaguedades, por la circunstancia de que todas las expresiones de una fórmula son objeto de definición, de elucidación.

En este trabajo, la formalización de la proposición jurídica sirve para evidenciar la estructura lógica de la norma de competencia tributaria. Este conjunto de símbolos pone, en una misma expresión, todos los elementos que deben ser reunidos en la formación de una norma de competencia en sentido completo. Una vez precisado este sintagma, se torna posible, también, emprender asociaciones de las más variadas, dejando en evidencia las relaciones paradigmáticas que pueden ser establecidas con cada uno de los elementos.

1.5 Modos de formación y transformación de los signos

Vamos a retomar aquí una peculiaridad de los sistemas simbólicos que comentamos anteriormente: un conjunto limitado de signos da lugar a la composición de un número ilimitado de mensajes[86]. Esto gracias a las reglas que prescriben cómo debe ser su combinación para obtener mensajes con sentido.

Nada más natural, entonces, que dispensar algún espacio para la comprensión de tales reglas de formación y transformación. Precisamente ello hacen Ricardo A. GUIBOURG, Alejandro M. GHIGLIANI y Ricardo V. GUARINONI[87], para quienes el lenguaje está formado por tres clases de elementos: un conjunto de signos primitivos, un grupo de reglas de formación y un grupo de reglas de derivación. Veamos:

a) *Un conjunto de signos primitivos.* Se llama signos primitivos a las entidades significativas de un lenguaje, dado que no requieren ser definidas explícitamente mediante otros signos del mismo lenguaje (...).

b) *Un grupo de reglas de formación.* (...) las palabras de un idioma han de combinarse según ciertas reglas que determinan qué ha de considerarse como expresión bien formada en ese lenguaje (...).

c) *Un grupo de reglas de derivación.* Se trata de las reglas que permiten transformar unas expresiones en otras u obtener nuevas expresiones

---

[85] *Ibídem*, p. 8.

[86] «No hay ningún enunciado, en una lengua, que no se presente como la asociación de varias unidades (sucesivas o simultáneas), unidades que son susceptibles de aparecer también en otros enunciados» (DUCROT, Oswald y TODOROV, Tzvetan. *Dicionário enciclopédico das ciências da linguagem*. Lisboa: Dom Quixote, 1991, p. 135).

[87] GUIBOURG, Ricardo A.; GHIGLIANI, Alejandro M. y GUARINONI, Ricardo V. *Introducción al conocimiento científico*. 3.ª ed. Buenos Aires: EUDEBA, 1984, pp. 42-44.

> a partir de otras que se toman como punto de partida (las cursivas son nuestras).

Desde ya debemos esclarecer que, entre otras funciones, las reglas de formación programan el modo de elaboración de las proposiciones complejas a partir de proposiciones simples. Mientras que las reglas de transformación evidencian cómo y qué tipos de proposición pueden ser inferidas a partir de las proposiciones de origen.

Las proposiciones complejas, reproducidas según ciertas reglas de formación, pueden ser objeto de estudios analíticos y sintéticos. Sin embargo, cada uno de esos puntos de vista siguen caminos diferentes, pero complementarios, para percibir los elementos que integran la proposición.

En la observación analítica, las proposiciones complejas son desdobladas en estructuras más simples. El punto final de esta actividad es la identificación de los elementos todavía más simples e indescomponibles.

Un camino complementario es propuesto por el análisis sintético, cuya observación es realizada tomando como punto de partida los elementos más simples, siguiendo articulaciones sucesivas para la composición de proposiciones más complejas.

La síntesis presupone el análisis, pero lo contrario no es verdadero.

Las dos orientaciones de investigación, aunque sugieran caminos opuestos, no se excluyen; por el contrario, más bien, se complementan. Nada impide, y todo recomienda, que el inicio de un estudio sea analítico, identificando, definiendo, sistematizando los elementos del conjunto demarcado y, enseguida, esos elementos sean rearticulados en una estructura más compleja. Esta, inclusive, sería una de las formas más simples y directas de componer un estudio analítico-sintético. Y este es el análisis que pretendemos emprender.

1.6 Síntesis de los conceptos estructurales para el análisis de la competencia

El análisis estructural de las normas de competencia tributaria puede ser realizado con el auxilio de cuatro dualidades fundamentales. Ellas son la unidad y la identidad; el análisis sintagmático y el paradigmático; la generalización y la formalización; por último, la identificación de las reglas de formación y derivación. Con el auxilio de estas dualidades es posible afirmar lo que sigue: i) para ser una unidad del sistema, la norma jurídica debe regular coercitivamente la conducta humana; ii) si no regulara cualquiera de los elementos de la conducta, apenas sería un fragmento de norma; iii) la norma de competencia, para ser entendida como norma, debe regular de manera total la actividad de crear otras normas, si no lo hiciera, no es norma; iv) la identidad de la norma varía según los usos que le son dados por los usuarios; v) por medio de los análisis sintagmático y paradigmático conseguimos elaborar, respectivamente, las reglas de formación de una proposición normativa y los sentidos que pueden ser asociados a cada uno de sus elementos; vi) la generalización y la formalización hacen todavía más evidente las reglas sintagmáticas de formación de las proposiciones de competencia, pues superan ambigüedades y vaguedades; y finalmente, vii) podremos comprender cómo el sintagma de la norma de competencia posibilita, en una sola estructura, reunir en un todo de sentido proposiciones que, aisladamente, no llegan a tener sentido jurídico completo.

CAPÍTULO 2
IDEAS SOBRE LA ESTRUCTURA DE LA COMPETENCIA

En este capítulo, discutiremos algunas de las propuestas más difundidas sobre el tema de la competencia en la Teoría General del Derecho. La primera de ellas analiza la competencia como norma que regula la creación de otras normas de forma coercitiva, imputando consecuencias a su incumplimiento. Las cuatro teorías siguientes realizan críticas y reparos al modelo inicial, sin embargo, resaltan puntos relevantes para su comprensión. En la primera teoría tenemos como presupuesto la posibilidad de reducir a una sola norma jurídica los dispositivos que regulan la creación de otras normas. Las demás niegan esta posibilidad. El primer modelo -enriquecido con las observaciones y la censura de los modelos posteriores- ofrecerá las bases de lo que denominaremos norma de competencia tributaria.

2.1. Normas incompletas, regulación coercitiva: un diálogo con Hans KELSEN

En el capítulo de la *Teoría pura del derecho* denominado «Dinámica jurídica», Hans KELSEN busca responder la cuestión relativa al fundamento de validez de las normas[88]. La respuesta atiende a sus presupuestos metodológicos, pues se encuentra en el propio sistema de derecho positivo: «El fundamento de validez de una norma solo puede ser otra norma»[89].

KELSEN describe el proceso de fundamentación y derivación de las normas jurídicas, que proporciona la unidad del sistema jurídico, de la siguiente manera:

> Su unidad está configurada por la relación resultante de que la validez de una norma, que fue producida conforme a otra norma, reposa en esa otra norma, cuya producción, por su parte, está determinada por otra (...)[90].

Una primera regla sobre las formas de relación que las normas establecen entre sí es su disposición jerárquica. Las normas que constituyen el dere-

---

[88] KELSEN, Hans. *Teoria pura do direito*. 6.ª ed. São Paulo: Martins Fontes, 1999, pp. 215-306.
[89] *Ibídem*, p. 213.
[90] *Ibídem*, p. 247.

cho no están ordenadas en el mismo plano, situadas unas al lado de las otras. Las normas jurídicas ocupan posiciones distintas, de acuerdo con el lugar en que se sitúa su fuente de validez.

Por ello la idea de que, en el ordenamiento jurídico, las normas se relacionan por procesos de fundamentación y derivación. Así, una norma individual y concreta (esto es, sentencia judicial) deriva de aquella que le sirve de fundamento de validez. Por otro lado, una norma jerárquicamente superior (esto es, ley o decreto) fundamenta la validez de la norma inferior (esto es, determinación de oficio). De ahí es posible identificar las normas integrantes del ordenamiento jurídico en nexos de subordinación (norma superior - norma inferior) y derivación (norma inferior - norma superior).

Si «norma fundamenta norma», ¿cuál sería la última norma que validaría todo el sistema jurídico? Para responder esta interrogante que, en último análisis, delimita el objeto jurídico, KELSEN propone la existencia de la «norma hipotética fundamental». Se trata de un presupuesto lógico-trascendente[91], necesario para la comprensión del sistema jurídico, cuya utilidad fue así demostrada:

> Puesto que el fundamento de validez de una norma tan solo puede ser otra norma, el presupuesto de esa norma no puede ser una norma impuesta por una autoridad jurídica, sino una norma presupuesta[92].

La norma hipotética fundamental otorga consistencia y unidad a la conceptuación desarrollada por ese autor. De hecho, todos los requisitos epistemológicos fueron cumplidos: objeto jurídico delimitado, homogéneo y pasible de estudio por una metodología específica. Así, ya se puede hablar de ciencia del derecho.

Insertado en ese contexto, KELSEN busca enfrentar el tema de las normas que confieren competencia.

Entonces, la solución propuesta fue la de que esas normas son jurídicas, pero incompletas. Veamos la expresión de su idea:

> La definición del Derecho como orden coactivo también puede sustentarse, pese a las normas que facultan una conducta carente del carácter de acto coactivo, o que permiten positivamente tal conducta, *en cuanto tales normas son normas no independientes que se encuentran en unión esencial con normas que estatuyen actos coactivos* (las cursivas son nuestras)[93].

---

[91] Según la lección de Hans KELSEN, este sería un presupuesto gnoseológico para el estudio del derecho. Si las normas jurídicas solo derivan de otras normas jurídicas, el punto de partida para el estudio del derecho solo podría ser una norma jurídica. No sería una norma puesta, sino una norma presupuesta: un axioma para garantizar la homogeneidad y uniformidad de este objeto de estudio.

[92] KELSEN, Hans. *Teoria pura do direito*. 6.ª ed. São Paulo: Martins Fontes, 1999, p. 224.

[93] *Ibídem*, p. 57.

Aunque no sea conclusiva, y no haber sido esta la interpretación dispensada por la doctrina que será expuesta en los próximos ítems, la afirmación citada nos autoriza a concluir que la creación de normas jurídicas es una conducta idéntica a las demás, pasible de ser aislada únicamente por su resultado, que consiste en la producción de más normas[94].

La competencia de órganos, la regulación de procedimientos, la indicación de lugares para su ocurrencia, el momento en el que puede ser realizado el proceso son, todos, elementos que necesitan ser reunidos para dar forma a la denominada norma que confiere poder, aquí denominada norma de competencia. Según el propio autor, serían normas de esta naturaleza: «(...) las normas de la Constitución que regulan la actividad legislativa, o establecen la costumbre como hecho productor de normas»[95]. En esta línea de pensamiento, las normas que regulan los procedimientos jurisdiccional y administrativo también serían de este tipo, las cuales, prescribiendo comandos generales y abstractos, determinan cómo las respectivas autoridades competentes podrán producir normas individuales y concretas, o generales y concretas.

Ahora bien, dado que califica las normas que confieren poder como reguladoras de la conducta de crear otras normas, Hans KELSEN se mantiene coherente con su sistema de referencia. Esto porque los presupuestos de unidad, homogeneidad y consistencia de su objeto de estudio son íntegramente mantenidos. Con la idea de que *norma fundamenta norma*, KELSEN instauró el presupuesto de que el derecho fundamenta el derecho, sin ningún recurso a hechos políticos, económicos, religiosos o, simplemente, metafísicos. De esta forma, ofrece instrumentos para la superación de las escuelas iusnaturalistas que estaban en boga en su tiempo.

Además, al considerar a esa clase de normas como normas incompletas, acabó por responder a aquellos que pudiesen cuestionar la naturaleza coercitiva de ese tipo de proposición. Esto porque en las normas de esta naturaleza no se vislumbra, a primera vista, una sanción por el incumplimiento del otorgamiento de poder. Sería necesario, entonces, buscar el complemento del comando prescriptivo de las normas que confieren poder, conectándolas con las disposiciones que establecen coerción.

En este punto, la habilidad verbal de KELSEN creó una distinción ilusoria que, al mismo tiempo, mantiene su sistema coherente y atiende las expectativas de aquellos que suponen que existe una diferencia formal entre normas que regulan la creación de otras normas y normas que prescriben conductas[96].

---

94 «Las normas jurídicas que otorgan competencia para realizar una determinada conducta también son normas no independientes, siempre que –por 'otorgar competencia'– entendamos otorgar a un individuo un poder jurídico, es decir, otorgarle el poder de producir normas jurídicas» (KELSEN, Hans. *Teoria pura do direito*. 6.ª ed. São Paulo: Martins Fontes, 1999, p. 62).

95 *Ibídem*, p. 63.

96 *Ibídem*, p. 57.

En efecto, hablar de normas incompletas sugiere la existencia, por otra parte, de normas completas que regulan conductas. De ahí por qué adoptar nombres distintos como norma de conducta y norma de estructura. Sin embargo, un examen más detenido sobre el tema demuestra que se trata de una distinción artificiosa, que sirve solo para calmar ánimos que no se conforman con la uniformidad sintáctica del sistema.

Veamos con más atención.

¿Qué es norma completa en el sistema de derecho positivo? ¿Hay alguna norma cuya formulación no exija recurso a proposiciones situadas en otros textos de derecho positivo para otorgarle sentido coercitivo completo? Ahora bien, desde cierta perspectiva, toda norma es incompleta, así como toda norma requiere complemento de otras, sea en la composición de la hipótesis, de la consecuencia o de la sanción.

Sin embargo, con esta idea de norma incompleta, la sutileza del genio de Hans KELSEN ofreció un instrumento hábil para que podamos atender a la demanda de diferenciación entre regulación de la conducta y regulación de las normas- sin hacer ninguna separación efectiva entre ambas. Finalmente, es el propio KELSEN quien defiende:

> La conducta humana también es regulada en un sentido positivo, cuando un individuo es facultado, por el ordenamiento normativo, a producir mediante una determinada acción ciertas consecuencias normadas por el mismo ordenamiento; en especial –cuando el orden regula su propia producción–, producir normas o intervenir en la producción de normas; o cuando el ordenamiento jurídico, que estatuye actos coactivos, atribuye a un individuo a llevar a cabo esos actos coactivos bajo las condiciones establecidas por el mismo orden jurídico[97].

Entonces, podemos afirmar que el ordenamiento regula acciones humanas que se dividen en sociales en general, y acciones de crear otras normas. Vale decir, crear normas es una conducta regulada por el propio sistema jurídico positivo.

Con fundamento en las ideas de KELSEN, estamos autorizados a afirmar que las normas de competencia, en último análisis, regulan la conducta de crear otras normas y establecen una sanción efectiva por el incumplimiento de sus preceptos: la invalidez de la norma creada. Ese pensamiento fue expuesto de forma clara por el mismo Hans KELSEN[98], con la publicación de la Teoría General del Derecho y del Estado, en la cual, sin medias palabras, afirmó su comprensión en el sentido de que la invalidez de actos normativos tiene una naturaleza sancionatoria.

---

[97] *Ibídem*, p. 17.

[98] KELSEN, Hans. *Teoria geral do direito e do estado*. 3.ª ed. São Paulo: Martins Fontes, 2000, p. 265.

El tema de la sanción por el incumplimiento de las normas de competencia, como será demostrado en los ítems siguientes, fue la piedra angular de la discusión relativa a la naturaleza de esas reglas, a lo largo de todo el siglo XX. Para ofrecer alguna contribución original, parte expresiva de la doctrina negó la naturaleza coercitiva de las normas de competencia, afirmando que no existe sanción para su incumplimiento.

En este sentido, se tornó casi un consenso entre muchos autores la íntima relación entre competencia y validez de las normas. Sin embargo, la gran mayoría evita equiparar la idea de sanción a la de invalidez de la norma, como si fuera posible pensar en alguna reacción más dañina, más punitiva, para un sujeto competente, que ver el producto de su acción -la norma jurídica- siendo neutralizada por el sistema de derecho positivo por ser incompatible con este.

Esta premisa es de singular importancia para la comprensión de todas las ideas desarrolladas a lo largo de este trabajo. Por eso mismo volveremos a ella en otra oportunidad, trayendo nuevas perspectivas y ofreciendo nuevos argumentos. Sin embargo, antes de ello, veamos con qué armas conceptuales trabajan los que piensan de forma diferente.

2.2. Normas primarias, normas secundarias: un diálogo con Herbert HART

Las premisas fijadas y desarrolladas por Hans KELSEN[99] para la construcción de la Ciencia del Derecho se fundamentaban en un modelo sintáctico-semántico, con una atención especial hacia la precisión de los conceptos y clasificaciones, teniendo el concepto de norma jurídica un papel fundamental.

Por otro lado, el modelo de Herbert HART[100] enfatiza el aspecto semántico-pragmático, dando enfoque a los usos que los sujetos, en la condición de observadores o participantes, hacen de las normas. En este punto, es muy interesante percibir que los dos autores vivenciaron momentos distintos de la Filosofía del Lenguaje. Sônia Maria Broglia MENDES[101] sostiene que KELSEN desarrolla sus conceptos antes del llamado giro lingüístico. Y HART opera en un contexto posterior a este movimiento, que propone una substancial modificación en la forma de concebir la relación entre el estudio del derecho, el lenguaje y el método.

Bajo la influencia de otra orientación metodológica, HART[102] formula tres objeciones a la concepción del derecho como orden coercitivo, compuesto homogéneamente por normas. La primera consiste en la existencia de una substanciosa variedad de leyes, siendo posible identificar disposiciones que

99 KELSEN, Hans. *Teoria pura do direito*. 6.ª ed. São Paulo: Martins Fontes, 1999, pp. 1-60.

100 HART, Herbert. *O conceito de direito*. 3.ª ed. Lisboa: Fundação Calouste Gulbenkian, 2001, pp. 111 y ss.

101 MENDES, Sônia Maria Broglia. *A validade jurídica: pré e pós giro lingüístico*. São Paulo: Noeses, 2007, *passim*.

102 HART, Herbert. *O conceito de direito*. 3.ª ed. Lisboa: Fundação Calouste Gulbenkian, 2001, p. 58.

no son órdenes emitidas a terceros[103]; la segunda oposición consiste en que las normas que confieren poderes no obligan nada a nadie, pues no atribuirían derechos o deberes a los agentes sociales[104]; y la tercera consistiría en que el derecho producido por la costumbre, no sería fruto de una decisión consciente[105]. En refuerzo a su tesis, trata de relacionar aquello que llama exageraciones en la llamada tesis normativista, afirmando lo siguiente:

> La idea originalmente simple de un mal amenazado o 'sanción' ha sido extendida hasta incluir la nulidad de un negocio jurídico; la noción de regla jurídica fue restringida, de forma que excluye las reglas que confieren poderes, consideradas meros fragmentos de reglas; dentro de la persona naturalmente única del legislador, cuyas leyes tienen fuerza autovinculativa, se descubrieron dos personas; la noción de una orden fue ampliada de una expresión verbal hasta una expresión «tácita» de la voluntad, que consiste en la interferencia en órdenes dadas por subordinados[106].

Sigue ofreciendo una argumentación contundente[107] al afirmar que, a pesar de las ingeniosas construcciones, el modelo de derecho como sistema

---

103 «La teoría del derecho como órdenes coercitivas, encuentra la objeción de que hay diversidad de leyes en todos los sistemas que, en tres aspectos principales, no pueden encuadrarse en aquella descripción. En primer lugar, incluso una ley penal, que es la que más se le aproxima, tiene a menudo un campo de aplicación diferente al de las órdenes dadas a los otros» (HART, Herbert. *O conceito de direito*. 3.ª ed. Lisboa: Fundação Calouste Gulbenkian, 2001, p. 57).

104 «En segundo lugar, otras leyes son distintas de órdenes, dado que no obligan a las personas a hacer cosas, sino pueden conferirles poderes, no imponen deberes, sino antes ofrecen dispositivos para la libre creación de derechos y deberes jurídicos dentro de la estructura coercitiva del derecho» (*Ídem*).

105 «En tercer lugar, aunque sancionar una ley es en ciertos aspectos algo análogo a dar una orden, algunas reglas de derecho se originan en la costumbre y no deben su estatus jurídico a ningún acto consciente de creación de derecho» (*Ídem*).

106 *Ídem*.

107 «Los puntos principales en los que la teoría falló son suficientemente instructivos para que merezcan un nuevo resumen. En primer lugar, se hizo claro que aunque entre todas las variedades de derecho son las leyes penales las que prohíben o prescriben ciertas acciones bajo castigo, las que más se parecen a órdenes respaldadas por amenazas dadas de una persona a otra y tales leyes, sin embargo, difieren de dichas órdenes en un aspecto importante, además de que por lo común se aplican a quienes las sancionan y no simplemente a otros. En segundo lugar, hay otras variedades de normas, principalmente aquellas que confieren potestades jurídicas para decidir litigios o legislar (potestades públicas) o para crear o modificar relaciones jurídicas (potestades privadas), que no pueden, sin caer en el absurdo, ser interpretadas como órdenes respaldadas por amenazas. En tercer lugar, hay reglas jurídicas que difieren de las órdenes en su modo de origen, porque ellas no son creadas por nada análogo a una prescripción explicita. Finalmente, el análisis del derecho en términos del soberano habitualmente obedecido y necesariamente libre de toda limitación jurídica, no ha dado razón de la continuidad de la autoridad legislativa, característica de un sistema jurídico actual, y la persona o personas soberanas no pueden ser identificadas con el electorado o con la legislatura de un Estado moderno» (HART, Herbert. *O conceito de direito*. 3.ª ed. Lisboa: Fundação Calouste Gulbenkian, 2001, pp. 89 y 90).

coercitivo obscurecería más de lo que revelaría, pues el esfuerzo de reducir el derecho a una variedad única de leyes, acabaría por «imponerle una uniformidad espuria»[108].

Defiende, también, que hay un error en la tesis formulada por KELSEN: «Buscar la uniformidad al tratar de definir al derecho, puede ser un error, porque una característica distintiva de este es precisamente la fusión de tipos diferentes de reglas»[109]. Al exponer esta crítica, HART[110] abre un espacio para desarrollar su propuesta epistemológica que parte de la idea de heterogeneidad sintáctica de las normas que integran el sistema jurídico.

Así, relaciona como condición de posibilidad de un sistema jurídico, el cumplimiento de los siguientes requisitos: por un lado, las normas de conducta que regulan el comportamiento de los agentes sociales y, por el otro, las reglas que indican cómo reconocer normas jurídicas, cómo producirlas válidamente y cómo determinar su expulsión del sistema. HART señala lo siguiente:

> Por lo tanto, hay dos condiciones mínimas necesarias para que exista un sistema jurídico. Por un lado, las reglas de comportamiento, que son válidas según criterios últimos de validez del sistema, deben ser obedecidas de manera general, y, por el otro, sus reglas de reconocimiento, que especifican los criterios de validez jurídica y sus reglas de modificación y de juicio, deben ser efectivamente aceptadas como patrones de comportamiento oficial, públicos y comunes, de sus funcionarios[111].

Aunque reconozca que la idea no sea de fácil explicación, trata de evidenciar su punto de vista según el cual sería necesario distinguir, por lo menos, dos tipos de normas, como forma de atender la complejidad del sistema jurídico. Un tipo sería el básico, o primario, cuyo papel radicaría en establecer derechos y deberes para los ciudadanos[112]. El otro tipo, el de las reglas secundarias, «aseguran que los seres humanos puedan crear o hacer o decir ciertas cosas, nuevas reglas del tipo primario, extinguir o modificar las reglas antiguas, o determinar de diferentes modos su incidencia o fiscalizar su aplicación»[113]. En la forma de ejemplos, indica la función concebida para cada uno de esos tipos:

> Las reglas del primer tipo imponen deberes; las del segundo tipo confieren potestades, públicas o privadas. Las reglas del primer tipo se refieren

---

108 *Ibídem*, p. 57.

109 *Ídem*.

110 *Ibídem*, p. 58.

111 *Ibídem*, p. 128.

112 «Según las reglas de uno de los dos tipos, que bien puede ser considerado el tipo básico o primario, se prescribe que los seres humanos hagan u omitan ciertas acciones, lo quieran o no» (*Ibídem*, p. 91).

113 *Ídem*.

a acciones que implican movimientos o cambios físicos; las del segundo tipo prevén actos que conducen no simplemente a movimiento o cambio físico, sino a la creación o modificación de deberes u obligaciones[114].

Sintetizando, sería como si las normas primarias prescribieran las reglas de relación de los ciudadanos entre sí, y las normas secundarias regularan la relación de los ciudadanos con las normas[115].

Son precisamente las reglas de esta última clase que regulan quién, cómo y dónde se pueden producir nuevas normas jurídicas válidas. Estas normas tratan de otras normas, de allí por qué no prescribirían derechos y deberes a quienquiera que sea. Su papel consistiría en calificar sujetos, atribuyéndoles la facultad de elaborar nuevas normas, estas sí, prescribiendo conductas.

HART enseña lo siguiente:

> Las reglas jurídicas que definen la manera de realizar contratos, celebrar matrimonios u otorgar testamentos válidos, no exigen que las personas actúen de modos determinados, lo quieran o no. Tales normas no imponen deberes u obligaciones. En lugar de ello, acuerdan a los particulares facilidades para llevar a cabo sus deseos, al otorgarles potestades para crear, mediante ciertos procedimientos específicos y bajo ciertas condiciones, estructuras de facultades y deberes dentro del cuadro coercitivo del derecho[116].

Desde este punto de vista, las normas de competencia o secundarias, de acuerdo con la terminología propuesta, establecerían las condiciones a ser observadas para que un derecho producido fuese válido. En este punto, de hecho, las normas de competencia continuarían desempeñando las funciones ya indicadas por Hans KELSEN –regular las condiciones para producir normas de jerarquía inferior–, pero sin prescribir de forma directa o indirecta cualquier tipo de sanción.

Después de delinear los contornos de su idea sobre las normas secundarias, HART[117] critica el modelo formulado por KELSEN. Sin embargo, estas críticas no resisten a un análisis más detallado, pues son establecidas en términos subjetivos e imprecisos, como los que dan forma a esta afirmación:

> Los que ejercen esos poderes para dictar medidas y decisiones dotadas de autoridad usan aquellas reglas en una forma de actividad guiada por

[114] *Ídem.*

[115] Esta clasificación puede ser vista como precursora de aquella que vendría a ser propuesta por Norberto BOBBIO para separar Normas de Conducta de Normas de Estructura (Cf. BOBBIO, Norberto. *Teoria do ordenamento jurídico*. 10.ª ed. Brasília: Editora Universidade de Brasília, 1999).

[116] HART, Herbert. *O conceito de direito*. 3.ª ed. Lisboa: Fundação Calouste Gulbenkian, 2001, p. 35.

[117] *Ibídem*, p. 50.

un propósito completamente diferente del cumplimiento del deber, o de la sumisión al control coercitivo[118].

Estos fragmentos de la obra de Herbert HART que acabamos de citar y, especialmente, el empleo de adjetivos como «oscurecedor», evidencian la antipatía del autor británico con el término «coercitivo» y, más todavía, por la propuesta de explicación científica del derecho presentada por KELSEN. Lo que no se observa, en ningún momento, es la indicación precisa de qué punto sería oscurecido por el modelo kelseniano. Finalmente, si los sujetos competentes, al crear normas, hacen algo diferente del cumplimiento de normas. ¿Qué cosa es este algo?

HART insiste en el ataque de las propuestas formuladas por Hans KELSEN y sentencia:

> Representar estas reglas como meros aspectos o fragmentos de las reglas que imponen deberes es, aún más que en la esfera privada, oscurecer las características distintivas del derecho y de las actividades posibles dentro de su estructura. Porque la introducción en la sociedad de reglas que habilitan a los legisladores para reformar y crear reglas de deber, y a los jueces para determinar cuándo las reglas de deber fueron violadas, es un avance tan importante para la sociedad, como la invención de la rueda[119].

El uso de la expresión «fragmento de norma» para designar a las normas de competencia, no serviría para «fragmentar» la importancia del papel desempeñado por esas normas en el sistema de derecho positivo. Por el contrario, la propia noción de validez de las normas jurídicas y, con ella, el establecimiento de los límites entre el derecho y el no-derecho están indisociablemente ligados a la cuestión de las normas que confieren poderes o competencias. Por lo tanto, se trata de una estrategia utilizada para ofrecer tratamiento diferenciado a cosas que no se distinguen: normas de conducta y normas de competencia. En realidad, en el modelo llamado normativista, toda norma sería incompleta y debería buscar su complemento en otras normas, tanto las de conducta como las que regulan la conducta de crear normas. Es de esta forma que se establece un objeto único, homogéneo y uniforme, pasible de constituirse en un campo de estudios científicos.

La mayor parte de las oposiciones que se puedan formular contra la concepción de derecho positivo, como sistema homogéneo de normas jurídicas, fue propuesta por Herbert HART o tiene en él su fuente próxima de inspiración. Demostrados sus términos y evidenciadas las razones por las cuales no adoptamos sus presupuestos en aquello que, específicamente, se refiere a las normas de competencia, veamos otra concepción sobre el tema de la competencia que es difundida en la doctrina.

---

118 *Ídem.*
119 *Ídem.*

2.3. Sobre conceptos y normas: la oposición de ALCHOURRÓN y BULYGIN

ALCHOURRÓN y BULYGIN critican, en la línea desarrollada por HART, la teoría normativista del derecho, según la cual el sistema jurídico estaría compuesto exclusivamente por normas[120]. Fundamentan su crítica en el hecho de que las proposiciones que integran un sistema de derecho positivo desempeñan funciones distintas e inconfundibles. Hablan, entonces, de proposiciones normativas y definiciones legales.

Las proposiciones normativas serían aquellas que regulan conductas prohibidas, permitidas u obligatorias. Son textos que prescriben derechos y deberes a ciertos sujetos[121]. Sin embargo, emitir el texto, el conjunto de signos, expresando una orden, es algo distinto de cómo esa orden será comprendida por sus destinatarios. Estos autores señalan lo siguiente: «Toda norma se formula o puede ser formulada en un lenguaje, sin embargo, la norma no es el conjunto de signos lingüísticos; es, sí, el sentido que estos signos expresan»[122]. Es importante, entonces, distinguir el texto, compuesto por enunciados, del sentido que la lectura de ese texto proyecta en la subjetividad de sus destinatarios. Por eso mismo concluyen lo siguiente:

> La captación de sentido del enunciado que expresa una norma por parte del destinatario es condición necesaria para que la norma pueda cumplir el papel que le asigna el legislador: el de motivar determinadas conductas sociales. Si el destinatario no captó ese sentido, no puede ser motivado por la norma y no puede obedecerla ni aplicarla[123].

Sin que se comprenda el mensaje del texto no es posible regular conductas y si, por casualidad, la conducta del destinatario de la norma coincidiera con su contenido, no es, propiamente, cumplimiento de la norma, sino una mera coincidencia.

Ocurre que, de acuerdo con estos autores, el sentido de la norma varía según una serie de factores relativos al contexto de su interpretación. El pasar del tiempo, la variación de lugar, el cambio del grupo social al que se destina, son factores que proyectan efectos directos en la formulación de sentido. De allí que afirmen que es ilusorio, o ineficiente, buscar el sentido de las normas en función a la simple verificación de las palabras que componen el mensaje normativo. ¿Qué hacer entonces?

---

[120] *Cf.* ALCHOURRÓN, Carlos E. y BULYGIN, Eugenio. *Análisis lógico y derecho*. Madrid: Centro de Estudios Constitucionales, 1991, pp. 439 y ss.

[121] *Ibídem*, p. 443.

[122] «Toda norma se formula o puede ser formulada en un lenguaje, pero la norma no es un conjunto de signos lingüísticos, sino el sentido que esos signos expresan» (*Ídem*).

[123] *Ídem*.

Correspondería a las definiciones legales, especificar el sentido de una serie de términos contenidos en las normas y, así, orientar su aplicación en cada circunstancia concreta. En este contexto, los autores mencionados apuntan las siguientes finalidades a las definiciones:

> i) Dar mayor precisión a un término dado, restringiendo su alcance (...); i) ampliar el alcance de su término para incluir en él situaciones que no se hallan (o no se hallan claramente) cubiertas por su sentido (...); iii) introducir un término nuevo, inexistente en el uso común, tomado por lo general del vocabulario jurídico elaborado por la doctrina[124].

En cualquiera de los casos, las definiciones actuarían otorgando más rigor al contenido del mensaje normativo, pero sin confundirse con ella. Aunque estén preordinadas al desempeño de funciones distintas, la diferencia entre definición legal y norma es difícil e imprecisa. La primera razón de esta dificultad, según exponen, es el hecho que ambas -definiciones y normas- son frutos de decisiones. Como consecuencia, las dos categorías integran el sistema de derecho positivo, sujetándose a los juicios de validez o invalidez[125]. Sin embargo, la forma como emplean las palabras es diferente.

La distinción lógica entre uso y mención de expresiones es el criterio sugerido por los autores argentinos para separar las normas de las definiciones. Analizando el texto de derecho positivo, sería posible percibir que, aunque las normas usen ciertas palabras para referirse a determinadas conductas con el propósito de regularlas (esto es, declararlas como obligatorias, prohibidas o permitidas), las definiciones, por el contrario, solo mencionan las palabras con el propósito de definir su sentido. Vale decir, se mencionan términos con el objetivo de indicar su sentido y, así, precisar las condiciones de aplicación de una norma. Las definiciones legales y las normas no se confunden, pues desempeñan funciones distintas en el discurso jurídico.

AUCHOURRÓN y BULYGIN parten de la idea de composición dual del sistema jurídico para explicar lo que entienden por competencia jurídica, ateniéndose, sin embargo, al análisis de la actividad de los jueces. Aplicando estas categorías, proponen la distinción entre normas de competencia y normas de obligación[126]. Estas prescribirían obligaciones y prohibiciones para los jueces, determinando cómo debe ser el ejercicio de la actividad jurisdiccional. Mientras que las normas de competencia serían aquellas que establecen en qué condiciones el juez puede juzgar y qué suerte de cuestiones puede resolver.

En una propuesta de definición, estos autores afirman lo siguiente:

---

[124] *Ibídem*, p. 448.
[125] *Ibídem*, p. 455.
[126] ALCHOURRÓN, Carlos E. y BULYGIN, Eugenio. *Introducción a la metodología de las ciencias jurídicas y sociales*. Buenos Aires: Astrea, 2002, p. 208.

> Siguiendo la terminología tradicional llamaremos normas de competencia a las que confieren a los jueces la jurisdicción, es decir, la facultad de juzgar. Tales normas establecen que ciertas personas pueden (son competentes para) entender en ciertos casos y dictar ciertas clases de sentencias, observando determinadas formalidades[127].

Y, para concluir:

> Las normas de competencia son normas de conducta para los jueces, si se las concibe como normas permisivas que establecen la permisión de realizar ciertos actos en ciertas circunstancias. Al mismo tiempo, son constitutivas de la autoridad judicial; nadie es juez sino en virtud de una norma de competencia y en la medida y con el alcance que esa norma determine[128].

Con estas aclaraciones, los autores sitúan la competencia en el rol de las definiciones de aquellos preceptos que delimitan el sentido de las normas, indicando las circunstancias de su aplicación.

De esta forma, la competencia sería un tipo especial de definición, integrante del sistema de derecho positivo, pero que no regularía la conducta de los agentes sociales. Tan solo las normas de obligación prescribirían propiamente deberes a los jueces.

Por último, niegan que la idea de sanción pueda ser equiparada a la de nulidad. En este punto, adoptan el modelo de HART[129], según quien nulidad y sanción serían conceptos diferentes, sea por el modo de operación, sea por el efecto que proyectan. Con esa clasificación, mantienen la consistencia de su discurso, pero caen en la inconsistencia de delimitar un objeto de estudio heterogéneo, puesto que mantienen la distinción entre definiciones y normas. Tendría sentido hablar de sanción cuando se percibe el incumplimiento de normas que establecen derechos y deberes. Por otro lado, si no hay deber, no se puede hablar de sanción.

La nulidad, en cualquiera de sus gradaciones, sería fruto de la falta de atención de los criterios expuestos por la definición. Incluso porque no habría cómo violar una norma que prescribe una facultad, ya que tanto el hacer como el no hacer estarían autorizados. Así, de forma circular, la existencia de institutos supuestamente distintos -nulidad y sanción- reforzaría la idea según la cual el sistema jurídico está compuesto por definiciones legales y normas.

En las palabras de ALCHOURRÓN y BULYGIN:

---

127 *Ídem*.

128 *Ibídem*, p. 209.

129 HART, Herbert L. A. *O conceito de direito*. 3.ª ed. Lisboa: Fundação Calouste Gulbenkian, 2001, p. 89.

La presencia de estas dos instituciones -sanción y nulidad- es un claro síntoma de la existencia en el derecho de dos tipos de reglas radicalmente diferentes: normas de conducta, por un lado, y reglas conceptuales o definiciones, por el otro. Curiosamente, los juristas no parecen haber advertido este hecho: lo muestra la popularidad de la tesis que hemos llamado normativismo[130].

No hay duda, pues, de que la propuesta de los autores argentinos, aunque sea expuesta con claridad e inteligencia, diverge de aquella que sostenemos aquí en por lo menos tres aspectos fundamentales: i. No trabaja con un modelo uniforme y homogéneo de norma jurídica; ii. No trabaja con la idea de que el sistema jurídico está compuesto exclusivamente por normas, pues existirían, también, las definiciones; por último, iii. Distingue sanción y nulidad, como si esta no fuera una especie del género sanción.

De esta forma, existen varios puntos de divergencia entre el modelo que escogimos para estudiar la competencia tributaria y aquel ofrecido por los profesores argentinos y por todos los que siguen sus propuestas. A pesar de ello, algunas de las ideas expuestas por estos autores serán utilizadas en la formación de los presupuestos para la construcción de la norma de competencia, que presentaremos como conclusión de este capítulo.

2.4. Normas formuladas de manera indirecta para regular la fuerza del Estado - ideas propuestas por Alf Ross

En la obra *Derecho y Justicia*, Alf Ross acoge la teoría normativista, aunque proponga la distinción entre normas directivas de conducta y normas de competencia[131]. Sin embargo, al hacer ello reconoce que, directa o indirectamente, las normas que integran un ordenamiento jurídico específico se orientan hacia la regulación del ejercicio de la fuerza pública. Este sería el atributo común de todas las normas jurídicas. El criterio para separar esos elementos en dos grupos, sería la circunstancia de que algunos de ellos se refieren directamente a la conducta humana, mientras que los otros lo hacen solo de modo indirecto[132].

De acuerdo con su definición: «Competencia es la capacidad jurídicamente establecida de crear normas jurídicas (o efectos jurídicos) por medio de y de acuerdo con enunciados»[133]. Según su punto de vista, la competencia podría ser entendida como una especie de poder, cuyo propósito sería la capacidad de producir, por medio de actos, los efectos jurídicos deseados.

---

130 ALCHOURRÓN, Carlos E. y BULYGIN, Eugenio. *Introducción a la metodología de las ciencias jurídicas y sociales*. Buenos Aires: Astrea, 2002, p. 463.

131 *Cf.* ROSS, Alf. *Direito e justiça*. São Paulo: EDIPRO, 2000, p. 63. Traducción Edson Bini.

132 *Ibídem*, p. 76.

133 ROSS, Alf. *Lógica de las normas*. Madrid: Tecnos, 1971, p. 123.

A la norma de competencia correspondería establecer las condiciones necesarias para crear normas válidas, pudiendo -las normas de competencia- ser divididas en tres grupos: i) aquellas que califican la persona que podrá crear la norma (competencia personal); ii) las que prescriben el procedimiento que debe ser seguido (competencia procesal); y iii) aquellas otras que establecen el alcance de la norma en relación a su sujeto, situación y tema (competencia material)[134]. Los tres tipos de competencia interactuarían en la delimitación de las condiciones para la creación de una norma.

La actividad enunciadora de normas, aquella acción humana que resulta en nuevos enunciados prescriptivos, para ROSS[135], es un acto jurídico. La competencia se ejercita por la producción de actos que son jurídicamente relevantes y que, también, hacen surgir, en el sistema de derecho positivo, nuevos enunciados. Este acontecimiento, fruto de la acción humana, al que el derecho atribuye relevancia, sería el especial modo de ejercer la competencia, haciendo surgir nuevas normas o efectos jurídicos.

Sin embargo, para este autor, una cosa es la competencia, o poder, de una persona; otra es la libertad de un sujeto para ejercer su competencia como quisiera. Otra, también, muy distinta, es la obligación de ejercerla de una u otra forma. Desde esta óptica, existiría una vinculación entre la norma de competencia y la norma directiva de conducta. La primera otorga poder; la segunda prescribe cómo debe ser su ejercicio. Veamos:

> El poder o competencia de una persona debe ser distinguido, tanto de la libertad de ejercer sus poderes como quiera (pero, desde luego, solo *intra vires*), como del deber de ejercerlos según ciertas directrices. Si existe tal deber, existe una norma de conducta, cuyo tema es la manera en que la persona competente ha de ejercer su poder. Es importante comprender esta distinción entre la norma de competencia y la norma de conducta que regula el ejercicio de tal competencia. Mientras que exceder la norma de competencia produce la invalidez, violar la norma de conducta no afecta la validez del acto jurídico, sino que encierra una responsabilidad, como cualquier otra violación de una obligación[136].

Esa distinción entre los términos del otorgamiento de la competencia y los términos de su ejercicio proyectaría, según ROSS[137], efectos prescriptivos. La norma de competencia regula cómo debe ser la creación de otra norma y, además de eso, establece consecuencias para la circunstancia en que sus determinaciones no fuesen atendidas. En efecto, el ejercicio irregular de la competencia implicaría la invalidez de la norma creada. Sin embargo, el ejercicio

---

[134] *Ídem.*

[135] *Ídem.*

[136] *Ibídem*, pp. 123 y 124.

[137] *Ibídem*, p. 125.

irregular de una norma que no sea de competencia genera, tan solo, un caso de responsabilidad para aquel que infringió los deberes que fueron impuestos.

Sin embargo, nuestras premisas nos llevan a conclusiones opuestas. La distinción entre invalidez y responsabilidad no se sustenta. Las dos circunstancias son especies del género sanción, ambas representan situaciones en las que el derecho positivo prescribe consecuencias indeseadas. Lo que existe, eso sí, es una variación de los efectos de esa consecuencia en virtud del tipo de conducta. No habría cómo prescribir de forma eficaz consecuencias idénticas para conductas que tienen naturaleza distinta.

Una conducta que tenga como resultado una nueva norma jurídica -conducta nomogenética-, si fuera practicada de forma ilícita, debe ser sancionada para recomponer la situación anterior a la creación de la norma (*ex nunc*), evitar que ella produzca efectos a partir de la decisión (*ex tunc*), o determinar una recomposición patrimonial para compensar eventuales lesiones a derechos. Mientras que otras conductas, que no tengan por resultado la creación de nuevas normas, son sancionadas en la forma de atribución de responsabilidades, vale decir, por la imputación de sanciones restrictivas de derechos, o compensatorias. Así, somos llevados a sostener que la responsabilidad y la invalidez no son conceptos contrapuestos, sino análogos, que se ajustan, en la condición de subespecies, al género sanción.

La competencia tendría, también, una contrafase, llamada por ROSS *sujeción*. En sus palabras:

> *Sujeción* es el correlato del poder o competencia. La persona sometida a B está determinada como cualquiera que, de acuerdo con las normas que definen el alcance material del poder de A, puede ser sujeto de una norma creada por A[138].

De esta forma, si es cierto que A tiene competencia para regular la conducta de B, es cierto, también, que B tiene el derecho correlativo de no ser obligado en nada que rebase los estrictos límites de la competencia otorgada a A. Y afirmamos ello no solo en relación a la competencia de A, sino al modo de ejercicio de esa competencia y a los condicionantes materiales de su ejercicio. Por eso, los derechos de A y B son instaurados en el cuerpo de una relación jurídica, como aspectos contrapuestos y complementarios de la delimitación de la competencia.

Persiguiendo el esfuerzo de comprender bien la teoría de las normas de competencia propuesta por este autor, veamos las distinciones sugeridas por él. Por un lado, estarían las normas de competencia, que crearían facultades relacionadas a la autonomía privada. Entre ellas, la capacidad que los individuos poseen de contraer derechos y deberes, gestionando, así, los actos de la propia vida.

138 *Ibídem*, p. 124.

Las competencias de esta naturaleza, según ROSS, podrían ser calificadas de la siguiente forma:

> Por consiguiente, se puede decir que la potestad que aquí estamos considerando es calificada (todos tienen), autónoma (mediante su uso, la persona competente se obliga a sí misma), discrecional (es ejercida libremente) y transferible (puede ser transferida al sucesor)[139].

Por otro lado, como se puede inferir, estarían las reglas de la llamada autoridad pública. Esas competencias solo podrían ser ejercidas por personas calificadas para crear normas que obligan a otras, para alcanzar situaciones de interés social y sin la posibilidad de ser transferidas. Por lo tanto, serían competencias calificadas, heterónomas, de interés público y no transferible.

Fijado este punto de partida, Alf ROSS pasa a enfrentar por qué una norma es válida. Realiza ello desde la influencia del principio de verificación, según el cual «el contenido real de las proposiciones de la ciencia del derecho se refiere a las acciones de los tribunales bajo ciertas condiciones»[140]. Con eso, propone alejar los argumentos metafísicos, sobrenaturales, intrasubjetivos, finalmente, cualquier tipo de afirmaciones que no sean pasibles de enfrentamientos con normas jurídicas.

Motivado por estos presupuestos epistemológicos, Alf ROSS ofrece una primera y genérica definición de validez: «una regla es derecho vigente cuando es aplicada en la práctica de los tribunales»[141]. El criterio para el análisis de la «vigencia» de las normas jurídicas no sería la estructura ni el sentido, sino la función atribuida por los tribunales a la norma. Utiliza, pues, una vía pragmática para separar las normas jurídicas, de las no jurídicas, fundada en el uso que los tribunales hacen de las normas. Sin embargo, es este mismo autor quien se apresura en ofrecer los criterios para la reconstrucción racional de esa afirmación.

El primer punto es saber lo que significa ser pasible de aplicación por un tribunal. Sin embargo, para explicar ese concepto, acaba por emitir nuevos juicios metafísicos del tipo:

> (...) si se inicia una acción respecto de la cual la regla jurídica particular tiene relevancia, y si en el ínterin no ha habido modificación en el estado del derecho (es decir, en las circunstancias que condicionan nuestra aserción de que la regla es derecho vigente), dicha regla será aplicada por los tribunales[142].

---

[139] ROSS, Alf. Grandeza y decadencia de la doctrina de las expresiones realizativas, *in El concepto de validez y otros ensayos*. México: Fontamara, 2001, p. 112.

[140] ROSS, Alf. *Direito e justiça*. São Paulo: EDIPRO, 2000, p. 64.

[141] *Ibídem*, p. 65.

[142] *Ibídem*, p. 66.

A partir de este criterio de relevancia de la regla jurídica en relación a la conducta, se llega a la identificación de las circunstancias en las que la norma puede o no ser aplicada. Y ser aplicada, por su parte, es ser utilizada para fundamentar la decisión del tribunal.

La premisa empirista con la cual lidia el realismo escandinavo, que tiene en ROSS su principal representante, trabaja equiparando el concepto de validez y vigencia de las normas. Según este punto de vista: valer es estar apta para irradiar efectos, por lo tanto, ser vigente. Además, defiende que existe una variación según la cual las normas serían más o menos válidas conforme fuera mayor o menor la probabilidad de ser aplicadas por los tribunales:

> Las condiciones indicadas determinan al mismo tiempo el método de verificación. Para verificar una proposición acerca del derecho vigente hay que satisfacer las condiciones prescriptas y observar la decisión. El hecho de que posiblemente yo no esté en situación de poner en marcha este proceso es irrelevante. El significado de una aserción está satisfactoriamente definido si ella puede ser verificada en principio, esto es, dejando a un lado las dificultades y obstáculos técnicos[143].

Ahora bien, las consideraciones desarrolladas desde este punto de vista, bajo el pretexto de construir una teoría realista del derecho, acaban por tratar conjuntamente conceptos inconfundibles, según las premisas que adoptamos aquí. Ya afirmamos que una cosa es la validez, el especial modo de existir de la norma en el sistema; otra es la vigencia, entendida como aptitud para regular; otra, también, es la eficacia que analiza el hecho que las normas efectivamente sean aplicadas. Se trata de tres conceptos distintos, que posibilitan el análisis de la norma jurídica bajo tres aspectos, diversos entre sí[144].

Sin embargo, tanto en uno como en el otro caso, las normas de competencia establecerían las condiciones para la creación de normas jurídicas válidas. El ejercicio de la competencia por actos que trasciendan sus contornos personales, procesales o materiales desencadenaría la creación de una norma inválida. Más que los anteriores, el modelo de ROSS se aproxima al kelseniano, dado que considera las normas de competencia como normas de conducta indirectas. Su propuesta es la de construir un modelo realista de explicación para los sistemas jurídicos, sin embargo, inserta conceptos incompatibles con las premisas de este trabajo.

Este es el caso, por ejemplo, de la equiparación entre validez de la norma y su efectividad. Así como la de que el juicio de validez es variable, dado que es mayor o menor la aplicación de las normas por los tribunales, siendo posi-

---

[143] *Ídem.*

[144] Otros por menores relativos a la definición del concepto de validez, vigencia y eficacia pueden ser encontrados en el Capítulo XI.

ble hablar de norma más o menos válida. A pesar de ello, las demás propuestas sugeridas por ROSS evidencian, como ninguna otra después de KELSEN, el carácter normativo de la competencia y el vínculo existente entre ese concepto y el de validez de las normas. En este punto, ella viene a fundamentar parte substancial de nuestras premisas.

2.5. Normas de conducta y normas de producción jurídica: algunas ideas de Riccardo GUASTINI

La clasificación de los elementos del sistema del derecho positivo en normas primarias y secundarias está presente, también, en el pensamiento de Riccardo GUASTINI. De acuerdo con este autor, lo que separa al derecho de otros subsistemas sociales es el hecho de contener, además de las normas de conducta, normas que prescriben el modo de producción de otras normas. El Derecho regula su propia creación. Sin embargo, sigue empleando la clasificación de las normas en primarias y secundarias, en la línea propuesta por HART. Veamos:

> (...) el derecho moderno –diferentemente de otros sistemas normativos (más simples)– regula, también, entre otras cosas, su propia creación y aplicación. Esto significa que el derecho, junto a las normas (llamadas 'primarias') que regulan la conducta de los ciudadanos, incluye, también, una amplia serie de normas (llamadas 'secundarias') que regulan la creación y aplicación del propio derecho por los órganos del Estado[145].

Estarían en este último grupo las llamadas normas de competencia o, como prefiere, las normas de producción normativa. Esta clase de normas establece cuál es el órgano competente y qué procedimiento es el debido para crear normas[146].

La introducción de nuevas normas en el ordenamiento jurídico sería un acto institucional, o una secuencia de actos institucionales, regulados por normas jurídicas constitutivas. No sería posible reconocer las normas jurídicas si ellas no pudieran ser reconducidas, posteriormente, a otras normas de carácter secundario. De allí el porqué de la afirmación que esas normas son normas relativas a la producción jurídica:

---

[145] GUASTINI, Riccardo. *Distinguiendo: estudios de teoría y metateoría del derecho*. Barcelona: Gedisa, 1999, p. 319.

[146] «En sentido estricto, son normas sobre la producción jurídica solo las que establecen qué órgano es competente para crear normas (por ejemplo, art. 70 de la Constitución de Italia) y con qué procedimiento debe ejercer esa competencia (por ejemplo, art. 72 de la Constitución de Italia). Sin embargo, en sentido amplio se incluyen también entre las normas sobre la producción jurídica, aquellas que predeterminan el contenido de las normas futuras (...)» (GUASTINI, Riccardo. *Distinguiendo: estudios de teoría y metateoría del derecho*. Barcelona: Gedisa, 1999, p. 319).

> (...) introducir las normas formuladas en el ordenamiento jurídico es un acto 'institucional' o, más bien, una secuencia de actos institucionales, gobernados por normas (jurídicas) constitutivas. No existiría ninguna «legislación» si las normas formuladas (...) no fuesen «dictadas» después, de conformidad con algunas normas secundarias o de segundo grado. Estas últimas, según una forma de expresión, difundida en la doctrina italiana, son «normas sobre la producción jurídica»: normas constitutivas que regulan la creación de «leyes»[147].

La contribución de ese autor sobresale por el tratamiento más analítico que otorgó a las llamadas normas secundarias, estando allí incluidas las normas de competencia. Tratando el tema, expone lo siguiente:

> La clase de las normas sobre la producción jurídica, entendida lato sensu, incluye (al menos) cinco subclases: 1) normas que confieren una competencia normativa; 2) normas que regulan el ejercicio de una competencia normativa; 3) normas que circunscriben el objeto de una competencia normativa; 4) normas que reservan una competencia normativa; 5) normas que limitan el posible contenido normativo de una competencia[148].

Todas esas normas[149] actuarían para regular la actividad productora de normas. Aunque actúen de forma conjunta, cada una de esas normas sobre producción normativa desempeñaría una función distinta, pero complementaria en relación a las otras. Las disposiciones que confieren competencia, calificando individuos como aptos a crear normas de un cierto tipo, actuarían como si fueran definiciones, pues servirían para calificar ciertos sujetos, sin imputarles ninguna sanción por la práctica de una conducta contraria a sus disposiciones[150].

La forma de ejercicio de esta competencia, según el pensamiento de GUASTINI, estaría regulada por otra norma de producción normativa. En la regulación del ejercicio de la competencia, estarían incluidos la prescripción del proceso de producción[151], el establecimiento de las condiciones de espacio,

---

147 *Ibídem*, p. 307.

148 *Ibídem*, p. 324.

149 Ver el pequeño glosario de instrumentos teóricos.

150 «En general, las normas que confieren poderes -'normas de competencia' en sentido estricto- son todas aquellas que atribuyen a un determinado sujeto (un órgano del estado) un poder normativo, es decir, el poder de crear normas jurídicas. En virtud de esas normas, el sujeto en cuestión está autorizado para dictar normas jurídicas de un cierto tipo» (GUASTINI, Riccardo. *Distinguiendo: estudios de teoría y metateoría del derecho*. Barcelona: Gedisa, 1999, p. 324).

151 «(...) las normas que regulan el ejercicio de una determinada competencia normativa, prescribiendo procedimientos para la creación de un cierto tipo de fuente, de modo que aquella competencia no puede ser ejercida (aquel tipo de fuente no puede ser creado) si no es a través de ese procedimiento» (*Ibídem*, p. 326).

tiempo y persona, así como todo lo demás que fuese relevante para la configuración del proceso de producción de nuevos textos de derecho positivo.

Al lado de esas normas, correspondería indicar, también, las que delimitan el contenido sobre el cual podrá versar la norma inferior. La delimitación del aspecto material pasa por la indicación del conjunto de relaciones o supuestos de hecho que pueden ser objeto de regulación jurídica[152]. Sin la indicación de la materia sobre la cual pueden versar los sujetos competentes, no se puede hablar, propiamente, de otorgamiento de competencia. Sería lo mismo que ofrecer los medios (sujeto y proceso), pero no indicar los fines (materia). Tienen la misma naturaleza de las normas de producción normativa que delimitan la materia, aquellas que califican un sujeto específico para disponer sobre cierta materialidad. Su papel sería el de, simplemente, transformar una competencia común, o concurrente, en privativa de un sujeto o de un grupo de sujetos. Por esa razón, no llega a constituir una clase propia de competencia, aunque así sea presentada por GUASTINI[153].

La clase de normas que disponen sobre la materia tendría una especie más: la de las normas substanciales que cumplen la función de prohibir u obligar la emisión de normas con cierto contenido por los sujetos competentes. En la primera especie, la norma de competencia indicaba la materia; en la segunda, hacía este contenido exclusivo de una persona, mientras que en esta modalidad impone o prohíbe un contenido junto a otros sujetos[154]. Hay, evidentemente, funciones distintas que serán desempeñadas por esas normas. Sin embargo, todas ellas pueden ser agrupadas por la circunstancia común de prescribir, desde ángulos distintos, cómo debe ser la materia de la norma inferior.

Esta breve exposición de los tipos de normas concebidos por GUASTINI ofrece, en buena cuenta, una contribución para el tema de las normas de competencia. Sin embargo, debemos remarcar que las funciones indicadas para cada una de las normas de producción normativa, son funciones parciales y que, por eso, se complementan sin excluirse. Aisladamente, ninguna de ellas prescribe un mensaje con sentido normativo completo. Solo con la

---

[152] «(...) las normas que atañen el ámbito 'material' de competencia de las diversas fuentes, esto es, el conjunto de relaciones o supuestos de hecho sobre los que cada fuente está autorizada a dictar normas (una 'materia' es precisamente un conjunto de relaciones o supuestos de hecho que pueden constituir el objeto de una disciplina jurídica)» (*Ibídem*, p. 328).

[153] «(...) (ii) Normas que reservan una competencia normativa. Son las nor- mas que reservan determinada materia a determinada fuente, de manera que ninguna otra fuente estaì autorizada a regular aquella materia» (*Ídem*).

[154] «(...) las normas -por así decirlo 'sustanciales'- que limitan el posible contenido normativo de la competencia conferida (por otras normas), vetándole la emisión de normas que tengan un cierto contenido, o también, más raramente, imponiéndole la producción de normas dotadas de un contenido concreto y no de otro» (*Ibídem*, p. 330).

reunión de todas las normas de producción normativa es posible saber dónde, cuándo y acerca de lo que una norma jurídica puede crear. De allí por qué no es posible identificar en ninguna de estas normas sobre producción jurídica, un mensaje normativo que exprese «el mínimo e irreductible de manifestación de lo deóntico».

Si esas «normas» precisan ser reunidas con otras para que tengan su sentido jurídico determinado, no podemos hablar de la existencia efectiva de una norma, sino de un fragmento de norma. Por esta razón, preferimos adoptar las proposiciones ofrecidas por GUASTINI, no bajo el nombre de norma, sino de proposición prescriptiva, fragmento del mensaje normativo que necesita ser reunido con otros para regular efectivamente la conducta de crear normas.

2.6. Aspectos de una teoría sobre la norma de competencia

La exposición de todas las concepciones sobre la competencia, que hicimos anteriormente, está al servicio de un solo propósito: ofrecer características útiles para la construcción de un modelo que establezca cómo pueden ser y cómo pueden funcionar las normas de competencia tributaria.

Con fundamento en las ideas que acabamos de exponer, buscaremos emprender una «reconstrucción racional» del concepto de competencia. Partiremos de la idea de homogeneidad sintáctica del sistema de derecho positivo propuesta por KELSEN. Otra premisa importante es aquella según la cual, la actividad enunciadora de normas -nomogenética- puede ser interpretada como una conducta que se distingue de las demás por su resultado: nuevas normas jurídicas.

Adoptaremos el pensamiento de HART, en lo referente a la idea de que las normas de competencia deben establecer la cualificación de los sujetos competentes y las condiciones de producción de las normas de inferior jerarquía. También buscaremos en su obra la noción de qué son las normas de competencia que suministran los criterios para separar el derecho del no derecho -normas de reconocimiento-. ALCHOURRÓN y BULYGIN refuerzan el vínculo entre las normas que definen las reglas del juego de la creación de normas y el concepto de validez. En GUASTINI, buscaremos las variaciones del concepto de producción jurídica, especialmente la idea de que la producción de la norma se sujeta a la regulación de tiempo, espacio, sujeto, procedimiento, materia, entre otros. ROSS sugiere, de forma enfática, el vínculo entre la norma de competencia y el concepto de validez de las normas jurídicas. Es de su autoría, también, la concepción de que las normas de competencia pueden ser reducidas a las normas de conducta, difiriendo de estas solo por el hecho de que su formulación es indirecta.

Para alcanzar ese propósito, agruparemos en una misma norma de competencia los siguientes elementos: i) calificar el sujeto que puede crear normas;

ii) indicar el proceso de creación de las normas, sugiriendo todos los actos que deben ser predestinados para alcanzar ese fin; iii) indicar las coordenadas de espacio en las que la acción de crear normas debe realizarse; iv) indicar las condiciones de tiempo en las que la acción de crear normas debe ser desempeñada; v) establecer el vínculo que existe entre quien crea la norma y quien debe sujetarse a la norma creada, según las condiciones establecidas por el propio derecho; vi) prescribir la modalización de la conducta de crear otra norma, bien siendo obligatoria, permitida o prohibida; y vii) establecimiento de la programación material de la norma inferior que es realizada según cuatro variables -sujeto, espacio, tiempo y comportamiento-.

CAPÍTULO 3
DE LA PLURALIDAD A LA UNIDAD DE LAS NORMAS DE COMPETENCIA I

En las próximas páginas, responderemos las preguntas sobre si es posible y útil construir una norma de competencia tributaria[155]. Después de dilucidar las acepciones adoptadas para los términos «norma»[156] y «competencia», quedará claro que la propuesta es ofrecer un modelo lógico-sintáctico de representación de las normas[157] que prescriben cómo otras normas deben ser realizadas. Para definir lo que debe estar contenido en esta representación, retomaremos algunas premisas ya expuestas con anterioridad.

La primera de ellas consiste en que la unidad del signo es dada por la relación entre significante y significado[158]. Con las debidas modificaciones, la unidad de la norma de competencia debe regular, íntegramente, la conducta de crear otras normas[159].

---

155 Este tema ya fue tratado por nosotros en otras oportunidades, cuando sostuvimos la posibilidad de reunir, en una única estructura normativa, todos los elementos necesarios para la regulación de la conducta de crear una norma (*Cf.* Gama, Tácio Lacerda. *Contribuição de intervenção no domínio econômico*. São Paulo: Quartier Latin, 2003). No cambiamos de idea. Por el contrario, la experiencia adquirida en los últimos años con la intensa utilización de este instrumento nos mostró su utilidad y operatividad.

156 Remitimos al lector, al concepto de norma en sentido completo que expusimos en el pequeño glosario de instrumentos teóricos (*cf.* ítem 1.7).

157 La posibilidad de representación formal del mensaje normativo fue preconizada, en el derecho tributario brasileño, por Paulo de Barros Carvalho (*Curso de direito tributário*. 19.ª ed. São Paulo: Saraiva, 2007, pp. 245-350), con la concepción de la regla matriz de incidencia tributaria.

158 Esta idea fue expuesta en la parte dedicada a la semiótica estructural y sus conceptos (*cf.* Capítulo 1).

159 En el Capítulo 2 desarrollamos algunos modelos relativos al tema de la competencia jurídica. En la parte final de ese Capítulo (*cf.* ítem 2.6) hicimos constar siete criterios que necesitan ser regulados para que se pueda hablar de norma jurídica de competencia. Esos siete criterios prescriben qué forma debe ser realizada para tratar de una materia, además de establecer las consecuencias -sanciones nomogenéticas- imputadas a los sujetos competentes en la hipótesis de ser creadas normas en conflicto.

Otra premisa relevante es la siguiente: los elementos del sistema de derecho positivo están dotados de heterogeneidad semántica y pragmática, pero también de homogeneidad sintáctica, pues se organizan según la misma forma[160]. Por último, relacionaremos siete elementos que necesitan ser, directa o indirectamente, regulados por la norma de competencia, so pena de que esta no prescriba el mínimo e irreductible de manifestación de lo deóntico.

Fundados en estos puntos de partida, veamos cómo construir una estructura lógica para la norma de competencia tributaria.

3.1. Enunciados, proposiciones, normas en sentido amplio, normas en sentido estricto y normas en sentido completo

Los enunciados son porciones de texto a partir de las cuales se formula el sentido. Paulo de Barros Carvalho afirma que los «enunciados» aparecen como «un conjunto de fonemas o de grafemas que, obedeciendo a las reglas gramaticales de determinado idioma, consubstancian el mensaje emitido por el sujeto emisor para ser recibida por el destinatario, en el contexto de la comunicación»[161]. Por su parte, los enunciados prescriptivos son fragmentos del derecho positivo, a partir de los cuales se forma el sentido de los mensajes normativos.

Cuando dejamos la objetividad de los textos y pasamos a la subjetividad del intérprete que elabora el mensaje, dejamos el plano de los enunciados y pasamos a operar con proposiciones. Si los enunciados eran jurídicos, las proposiciones formuladas a partir de ellos serán prescriptivas de conducta. En una definición: las proposiciones prescriptivas son el sentido construido a partir de los enunciados prescriptivos[162].

Sin embargo, no siempre podemos equiparar el concepto de «proposición prescriptiva» con el concepto de «norma jurídica», puesto que «norma jurídica» es un concepto polisémico que puede ser aplicado en diversas circunstancias, con diferentes acepciones.

---

160 Es precisa la lección de Paulo de Barros Carvalho en el siguiente sentido: «Hay homogeneidad, pero homogeneidad desde el ángulo puramente sintáctico, puesto que en los planos semántico y pragmático lo que se da es un fuerte grado de heterogeneidad, único medio del que dispone el legislador para cubrir la inmensa y variable gama de situaciones sobre las que debe incidir la regulación del derecho, en la pluralidad extensiva e intensiva de lo real-social» (*O direito positivo como sistema homogêneo de enunciados deônticos*. Año 12. N.º 45. São Paulo: Revista de Direito Tributário, RT, jul./set. de 1988, pp. 35 y 36).

161 Carvalho, Paulo de Barros. *Direito tributário: fundamentos jurídicos da incidência*. 5.ª ed. São Paulo: Saraiva, 2006, p. 20.

162 Mientras que las «proposiciones» son los contenidos, las significaciones, que el contacto con los enunciados provoca en el sujeto de la comunicación. Paulo de Barros Carvalho afirma que un único enunciado puede provocar la construcción de diversas proposiciones, de la misma forma que una proposición puede ser construida a partir de enunciados diversos (Carvalho, Paulo de Barros. *Direito tributário: fundamentos jurídicos da incidência*. 5.ª ed. São Paulo: Saraiva, 2006, p. 20).

Fijemos, para los fines de este trabajo, tres acepciones fundamentales: norma en sentido amplio, norma en sentido estricto y norma en sentido completo.

Norma jurídica en sentido amplio es sinónimo de proposición prescriptiva. La simple indicación de una alícuota, la cualificación de un sujeto pasivo o activo, la prescripción de una inmunidad, de un principio, etc. Todas ellas son ejemplos de proposiciones o normas jurídicas en sentido amplio.

A pesar de estar muy próxima al sentido común, esta idea de «norma» es vaga y, por ello, genera una imprecisión. Veamos, por ejemplo, una norma en sentido amplio que establezca «la alícuota del tributo es del 10%». De inmediato se cuestionaría: ¿qué tributo? ¿Debe ser aplicada sobre qué base de cálculo? ¿Qué hace al tributo debido? ¿Dónde y cuándo ese hecho puede ocurrir? ¿Quién debe pagar y quién debe recibir? Entre otras cuestiones igualmente posibles. Toda esa gama de dudas evidencia la necesidad de un concepto más preciso que agregue los elementos en una estructura con sentido jurídico.

Es precisamente para ello que se propone la «norma jurídica en sentido estricto»: agrupar los elementos necesarios para la expresión del mínimo e irreductible de manifestación de lo deóntico. Karl ENGISCH sostiene que es necesario «reconducir a un todo unitario los elementos o partes de un pensamiento jurídico-normativo completo que, por razones 'técnicas', se encuentran dispersos -para no decir violentamente separados-»[163]. En efecto, las proposiciones prescriptivas deben ser reunidas, una a una, en un juicio condicional vinculante de un acontecimiento a una consecuencia jurídica. El acontecimiento es un hecho. La consecuencia, una relación[164]. El vínculo entre antecedente y consecuente es la expresión de la voluntad competente para crear la norma, es el deber-ser.

El antecedente de la norma jurídica puede mencionar un hecho pasado, siendo, en estos casos, concreta la norma[165]. Pero puede connotar atributos para un hecho de futura ocurrencia. En esas situaciones, el antecedente de la

---

[163] ENGISCH, Karl. *Introdução ao pensamento jurídico*. 9.ª ed. Lisboa: Fundação Calouste Gulbenkian, 2004, p. 116.

[164] Paulo de Barros CARVALHO afirma que la estructura básica de una norma sería «un juicio hipotético en el que el legislador (sentido amplio) imputa, al acontecimiento de un hecho prescrito en el antecedente, una relación deóntica entre dos o más sujetos, como consecuencia» (CARVALHO, Paulo de Barros. *Sobre os princípios constitucionais tributários*. N.º 55. São Paulo: Revista de Direito Tributário, RT, p. 147).

[165] «No hay hecho jurídico, en sentido técnico, sin norma jurídica», dice Lourival VILANOVA, y, en otro punto, más adelante, completa: «Lo que se constituyan o desconstituyan hechos jurídicos depende de las reglas de formación del sistema» (VILANOVA, Lourival. *Causalidade e relação no direito*. 4.ª ed. São Paulo: Revista dos Tribunais, 2000, p. 55). En otras palabras, los hechos que no son constituidos según las reglas del sistema no deberían haber ingresado en el sistema de derecho positivo.

norma asume una forma abstracta[166]. En el antecedente abstracto, o hipótesis, se describen características, notas, que posibilitan la identificación de acontecimientos jurídicamente relevantes[167]. Por su parte, el antecedente concreto de la norma se orienta al pasado, trayendo hacia el mundo jurídico un hecho ya ocurrido en el espacio y en el tiempo.

No es relevante para el derecho positivo el acontecimiento social, todo él, sino solo aquel conjunto de características previstas en la hipótesis como relevantes. Pontes de Miranda señala lo siguiente: «El hecho jurídico proviene del mundo fáctico, sin embargo, no todo aquello que lo componía entra, siempre en el mundo jurídico (...)». Más adelante, concluye:

> En lo que cabe ingresar en el soporte fáctico de la regla jurídica, o, mejor dicho, en lo que recibe su impresión, su incidencia, la regla jurídica determina qué entrará y, pues, por omisión, lo que no puede entrar[168].

Este aspecto selector de propiedades[169] de la hipótesis normativa demarca los contornos que separan el hecho jurídico de los demás hechos sociales. Es, precisamente, este elemento de la realidad, traduciendo hacia el mundo del derecho por el lenguaje competente, que Paulo de Barros Carvalho llama «hecho jurídico»[170].

Veamos, en el orden, lo que acabamos de exponer: i) el sujeto competente prescribe una hipótesis normativa; ii) la hipótesis transporta una elección por

---

166 En el supuesto que se prescribieran hechos imposibles o necesarios, las normas nunca o siempre incidirían, representando un sinsentido jurídico, de allí por qué Lourival Vilanova (*Causalidade e relação no direito*. 4.ª ed. São Paulo: Revista dos Tribunais, 2000, p.11) insiste: «Si el deber-ser de lo normativo no cuenta con el poder ser de la realidad, si se hace frente con el imposible-de-ser o con el necesario-de-ser, el sistema normativo es superfluo. No es posible querer imponer una causalidad normativa contraria a la causalidad natural, o contra la causalidad social».

167 «La apertura por donde entran los hechos, son las hipótesis fácticas; y sus consecuencias en hechos se transforman por la realización de los efectos» (Vilanova, Lourival. *Causalidade e relação no direito*. 4.ª ed. São Paulo: Revista dos Tribunais, 2000, p. 55). De modo diferente, de los hechos naturales, cuya relación de causa y efecto es fundamentada por la observación, los hechos jurídicos son vinculados a sus efectos por actos de voluntad. El efectual del proceso legislativo, que es un hecho jurídico complejo, es la creación de la ley. La vinculación entre causa y efecto, entre realizar el proceso e instituir la ley, es fruto del acto de voluntad establecido en las reglas de organización del sistema, denominadas aquí «normas de competencia».

168 Miranda, Francisco Cavalcanti Pontes de. *Tratado de direito privado*. Parte Geral. T. 2. Río de Janeiro: Borsoi, 1954, p. 183.

169 Según Paulo de Barros Carvalho, «al conceptuar el hecho que dará lugar al nacimiento de la relación jurídica del tributo, el legislador también selecciona las propiedades que juzgó importantes para caracterizarlo» (*Direito tributário: fundamentos jurídicos da incidência*. 5.ª ed. São Paulo: Saraiva, 2006, p. 82).

170 Carvalho, Paulo de Barros. *Direito tributário: fundamentos jurídicos da incidência*. 5.ª ed. São Paulo: Saraiva, 2006, p. 81.

ciertas características de un acontecimiento futuro e incierto; iii) ese acontecimiento sucede en el mundo social; iv) no ingresa en el mundo jurídico aquello que ocurre en el medio social (evento), sino la traducción de elementos de este hecho social hacia el lenguaje prescriptivo de las normas (hecho jurídico), conforme la elección programada normativamente por la hipótesis.

Observemos, ahora, lo que acabamos de manifestar en la forma de un ejemplo: i) la Unión eligió una serie de hipótesis para el Impuesto a la Renta; ii) en una de ellas, previó la circunstancia en la que un contribuyente brasileño, en un determinado lapso, percibiera renta o ingreso de cualquier naturaleza; iii) Pedro, residente y domiciliado en el país, percibe una serie de ingresos en el ejercicio financiero del 2007; frente a ello, iv) él describe las ganancias percibidas y sus respectivos orígenes, en la forma prevista por la ley.

Esta circunstancia, pasada o futura, prevista en el antecedente de la norma, debe ser contingente, vale decir, posible y no necesaria. Hechos imposibles no ocurren en el espacio y en el tiempo, por ello no se ajustan a la hipótesis de las normas jurídicas. Hechos necesarios no dependen de la voluntad y, por lo tanto, siguen las leyes de la naturaleza y no del derecho. En los dos casos, no tendría sentido meditar sobre una regulación jurídica[171].

El antecedente de las normas jurídicas relata un hecho, de modo concreto o abstracto, cuya ocurrencia genera la imputación de efectos jurídicos individuales o generales. Es abstracta la mención de acontecimiento futuro contingente, vale decir, de ocurrencia incierta, pero probable.

Veamos más: para regular la conducta, la norma prevé o relata un hecho e imputa efectos que son, necesariamente, relaciones jurídicas. Una relación jurídica es el vínculo establecido entre dos sujetos, en la cual uno de ellos puede exigir un comportamiento del otro, siendo el primero denominado sujeto activo; y el otro, pasivo. Paulo de Barros CARVALHO define la relación jurídica como «un vínculo abstracto según el cual, en virtud de la imputación normativa, una persona, llamada sujeto activo, tiene el derecho subjetivo de exigir de otra, denominada sujeto pasivo, el cumplimiento de una determinada prestación»[172]. En el mismo sentido son las palabras de Karl ENGISCH[173]: «las consecuencias jurídicas, que en las reglas de Derecho aparecen ligadas a las hipótesis legales, son constituidas por derechos y deberes». Este también nos enseña lo siguiente:

---

171 «Pero la hipótesis, en relación al hecho que la verifica (...) no lo regula, no lo preceptúa, diciendo que existe o no existe porque debe existir o debe no existir. Si existe, si se da el hecho F: así dice la hipótesis. La hipótesis de la norma jurídica funciona como descriptor. Y el descriptor asienta en el modo ontológico de la posibilidad» (VILANOVA, Lourival. *Estruturas lógicas e o sistema de direito positivo*. São Paulo: Noeses, 2005, p. 83).

172 CARVALHO, Paulo de Barros. *Curso de direito tributário*. 19.ª ed. São Paulo: Saraiva, p. 278.

173 ENGISCH, Karl. *Introdução ao pensamento jurídico*. 9.ª ed. Lisboa: Fundação Calouste Gulbenkian, 2004, p. 35.

Nos será permitido pensar aquí en derechos y deberes positivos - aunque eventualmente podamos aún pensar en aquellos derechos y deberes que son negativos, un *non facere* u omisión. Ellos representan la propia substancia del Derecho. Frente a ellos, las negaciones (slc. efectos jurídicos) se presentan solo como limitaciones, como algo secundario. El centro gravitacional del Derecho reside en esto: conferir positivamente en él derechos e imponer deberes[174].

El vínculo efectivo, con sujetos individualizados y prestación igualmente determinada, se llama relación jurídica individual. Emplearemos, también, el término «relación jurídica» para nombrar aquellas previsiones normativas en las que los sujetos no están individualizados. Sin embargo, en este caso, la relación es general.

El derecho de insertar nuevas normas en el sistema de derecho positivo, así como el deber de cumplirlas de forma coercitiva, surgen en el seno de vínculos jurídicos mantenidos entre sujetos de derecho[175].

Combinando los atributos del antecedente y del consecuente podremos hablar de normas generales y abstractas, individuales y concretas, generales y concretas e individuales y abstractas. En este capítulo, comentaremos las normas de competencia, generales y abstractas. Describiremos los elementos que integran su antecedente y su consecuente, así como la relación de estos con la norma de inferior jerarquía.

Las ideas que desarrollamos anteriormente dejan en evidencia el atributo de la norma jurídica en sentido estricto de agrupar, en una única estructura, las referencias al hecho jurídico y a sus consecuencias: la relación jurídica.

Sin embargo, este modelo todavía no puede ser considerado unidad del sistema jurídico. De hecho, toda y cualquier norma (esto es, ética, profesional, religiosa) está formada por la estructura condicional del tipo «si A entonces B». No obstante, solo la norma jurídica tiene una sanción coercitiva para asegurar una reacción a su incumplimiento. Solo la norma jurídica es aplicada por el aparato jurisdiccional del Estado, incluso en contra de la voluntad de sus destinatarios. De allí por qué las normas jurídicas en sentido completo, además de un antecedente y de un consecuente, deben prever su propio incumplimiento, imputando una consecuencia negativa a aquel que infringiese sus preceptos[176].

---

174 *Ídem.*

175 *Ibídem*, pp. 32 y 33.

176 Hans KELSEN, por ejemplo, distingue el Derecho de la Moral afirmando que «la reacción del Derecho consiste en una medida de coerción decretada por el orden y socialmente organizada, mientras que la reacción moral contra la conducta inmoral no es ni establecida por la moral, ni es, cuando sea establecida, socialmente organizada» (*Teoria geral do direito e do estado*. 3.ª ed. São Paulo: Martins Fontes, 2000, p. 28).

Para que se pueda hablar de una norma jurídica en sentido completo, es necesario que existan dos estructuras condicionales, siendo una la que prescribe un hecho y vincula una relación jurídica; y otra, la que prescribe el hecho del incumplimiento e imputa a su autor una sanción. Hans KELSEN, al respecto, señala lo siguiente: «(...) si se presupone que cada norma jurídica general sea la conexión de dos normas, de las cuales una establece como debida una cierta conducta, y la otra pone como debida la fijación de un condicional acto de coacción por parte de un órgano judicial para el caso de violación de esta norma»[177]. Veamos lo que expone Lourival VILANOVA al respecto: «Abstractamente, si ocurre el hecho G (no-observancia del deber), entonces A exigirá de B la sanción por el no-cumplimiento, llegando hasta el límite del ejercicio de la coacción judicial para el cumplimiento de lo debido»[178]. En esta acepción estricta, la sanción será la norma que anula el acto violador de la norma primaria, prescribiendo su aplicación coercitiva. Esto, por su parte, es llevado a cabo por los órganos que desempeñan competencias jurisdiccionales.

3.2. El verbo como núcleo de una norma y sus ámbitos de vigencia: personal, territorial, temporal y material

Un hecho de posible ocurrencia tiene como núcleo de su previsión un *verbo*. El deber que constituye el objeto de una relación jurídica es, también, un verbo. Podemos afirmar, en la línea de cuanto propone Ulises SCHMILL[179], que todo hecho o deber previsto, sea como causa, sea como un deber, tiene, siempre, un verbo como núcleo.

Veamos algunos ejemplos: «obtener renta» debe ser «pagar impuesto sobre la renta»; «matar a alguien» debe ser «someterse a la pena de reclusión de 6 a 20 años»; «no votar en una elección para concejal» debe ser «el pago de multa de R$ 2,5 reales». Con eso percibimos que hay un verbo que es el núcleo del antecedente de una norma, así como un verbo como núcleo de su consecuente.

Las acciones previstas normativamente, cuyo núcleo es un verbo, tienen cuatro ámbitos de vigencia. Esos ámbitos corresponden a los sujetos y predicados de la acción, así como a los condicionantes de espacio y de tiempo. De allí que hablemos de ámbito subjetivo, material en sentido estricto, espacial y temporal de la acción. El ámbito subjetivo es representado por los sujetos que realizan o sufren la acción. Los ámbitos espaciales y temporales tienen que ver con las circunstancias de espacio y de tiempo en

---

177 KELSEN, Hans. *Teoria geral das normas*. Porto Alegre: Sergio Antonio Fabris Editor, 1986, p. 68.

178 *Ídem.*

179 SCHMILL, Ulises. El modelo del mandato, el orden jurídico y las normas de competencia, *in Doxa* (*Publicaciones periódicas*). N.° 25. Alicante: Biblioteca Virtual Miguel de Cervantes, 2002, p. 229.

los cuales la conducta descrita por el verbo puede ser realizada. El criterio material en sentido estricto es el comportamiento mismo (esto es, obtener, matar, pagar) previsto por la norma jurídica.

Toda acción prevista por una norma jurídica se sujeta a esos ámbitos de validez. Cuando las normas jurídicas vinculan dos acciones, estando una en el antecedente y la otra en el consecuente, cada una de estas acciones puede ser identificada con mayor o menor precisión.

Sin embargo, no siempre esos ámbitos de vigencia están delimitados con precisión. En la mayor parte de los casos, los límites son inferidos a partir de proposiciones como la promulgación de la norma, la competencia legislativa o territorial del sujeto competente, y así sucesivamente.

Podríamos, inclusive, fijar una regla según la cual mientras más general y abstracta sea la norma, más indeterminados son sus ámbitos de vigencia. Ulises Schmill[180] sostiene que positivizar el derecho, creando normas más objetivas a partir de normas superiores más vagas consiste, precisamente, en aumentar la precisión con la que se prescribe cada uno de los ámbitos de validez de una norma[181].

En la base del ordenamiento están las normas más objetivas y las que más de cerca llegan a la conducta, por la circunstancia de tener sus ámbitos de vigencia subjetiva, material en sentido estricto o comportamental, espacial y temporal determinados con la máxima precisión.

3.3. Una primera aproximación al concepto de competencia tributaria y norma de competencia para los fines del análisis estructural

Antes de entrar, propiamente, en el tema de las normas de competencia tributaria, debemos retomar algunas nociones relativas a la definición del concepto de competencia tributaria y de la norma que la prescribe. Estas son las siguientes:

---

180 *Ibídem*, p. 230.

181 Sobre el proceso de positivización de las normas, Marcelo Neves afirma que «el proceso concretizador no debe suscitar, de ninguna manera, la ilusión de plena correspondencia de lo abstracto y de lo concreto, pero sí, como problema, a ser resuelto a través de una forma de no-identidad, integrada entre lo abstracto y lo concreto» (*A constitucionalização simbólica*. São Paulo: Acadêmica, 1994, p. 46). Friedrich Müller comenta el proceso de creación de normas inferiores a partir de la concretización de las normas de superior jerarquía: «Las competencias *stricto sensu*, repartidas por el ordenamiento constitucional y jurídico entre los poderes Legislativo, Ejecutivo y Judicatura no son competencias para la 'explicación' [*Auslegung, Interpretation*], recapitulación [*Nachvollzug*] de textos de normas, sino competencias para la concretización jurídica y la decisión del caso con carácter de obligatoriedad» (Müller, Friedrich. *Métodos de trabalho do direito constitucional*. 2.ª ed. São Paulo: Max Limonad, 2000, p. 67). Aunque no se exija una identidad entre la norma producida y la que le sirve de fundamento, no podrá haber incompatibilidad entre ambas, so pena de quedar comprometida la validez de la norma editada.

I. Por competencia entendemos la aptitud para crear normas jurídicas que, directa o indirectamente, dispongan sobre la institución, recaudación o fiscalización de tributos;

II. La norma de competencia en sentido amplio engloba toda y cualquier proposición que concurra para programar esa aptitud;

III. La norma de competencia, en sentido estricto, es el juicio hipotético condicional que prescribe, en su antecedente, los elementos necesarios para la enunciación válida y, en su consecuente, una relación jurídica que tiene como objeto la validez del texto que verse sobre determinada materia o comportamiento; y

IV. La formación de la norma de competencia en sentido completo presupone reunir, además de la norma de competencia en sentido estricto, una norma jurídica que prescriba la sanción por el ejercicio ilegítimo de aquella, vale decir, la reacción del sistema por la creación de una norma jurídica sin fundamento de validez.

Sin embargo, una pregunta persiste: ¿Cómo traducir el lenguaje del derecho positivo, principalmente vago y ambiguo, hacia el plano de las fórmulas lógicas? Ya vimos que es posible llegar a la estructura de la competencia tributaria mediante la realización de los siguientes pasos: i) partiremos de la estructura básica prevista para toda y cualquier norma jurídica, según la cual (F'! Rj) v (-Rj'! Rj'), vale decir, dado un hecho, debe ser la instauración de una relación jurídica y, no cumplida la relación jurídica, debe ser una nueva relación de cuño sancionatorio coercitivo; ii) con fundamento en las ideas expuestas sobre competencia jurídica, promoveremos sucesivos enriquecimientos semánticos, saturando de sentido a las variables de la fórmula que acabamos de enunciar; iii) evidenciadas las peculiaridades de la hipótesis de la norma de competencia y de la respectiva relación jurídica, ofreceremos una nueva estructura simbólica, a la cual denominaremos norma de competencia; así, iv) dejaremos en evidencia las relaciones mantenidas entre los enunciados de derecho positivo en la regulación de la conducta de crear otras normas.

Sin embargo, haremos ello sin perder de vista el propósito que anima la formulación de este capítulo: identificar un punto de partida unitario para la comprensión de los dispositivos que concurren para la regulación de las formas de producir otras normas jurídicas.

Ese esquema representativo de la estructura lógica de la norma jurídica constituye una estrategia para una intensa reducción de complejidad. Ofrece, en una reescritura simplificada, aquello que en el derecho positivo está puesto en términos complejos y dispersos. Hacemos ello porque estamos convencidos de que tan solo las normas completas pueden ser consideradas elementos del sistema de derecho positivo. Observadas aisladamente, las proposiciones prescriptivas simples, no regulan la conducta humana; no ofrecen criterios para que sean diferenciadas de otros enunciados normativos propios de la religión, de la ética o de la moral; no son coercitivas, pues no tienen una sanción ligada a su incumplimiento; y tampoco indican criterios que definan dónde y cuándo pueden ser aplicadas. Por ello acatamos la premisa según la cual solo la norma completa regula conductas[182].

Este conjunto de ideas sobre la competencia sugiere un guion para generalizaciones en el campo del derecho tributario positivo. En medio de la diversidad de textos jurídicos, pero orientado por la estructura lógica que será presentada, construiremos nociones generales sobre quién puede crear normas en el derecho tributario, de qué forma, en qué circunstancias de espacio y de tiempo, y acerca de qué pueden versar dichas normas.

Las proposiciones inferidas por la abstracción formalizadora ofrecen ideas esenciales para la comprensión del tema. Presentan, así pues, medios que otorgan una intensa reducción de complejidades para esta materia -competencia tributaria-, la cual es amplia y multifacética.

3.4. Descripción hipotética del hecho productor de normas (Hj)

Si adoptáramos la premisa de que el derecho positivo surge, se expande, se transforma, se propaga y se extingue en la forma de textos, somos llevados a la conclusión de que crear derecho es crear texto[183]. El sentido primero de la actividad creadora de enunciados es la enunciación[184], acontecimiento fugaz que ocurre y se agota, dejando en el producto de su creación solo las marcas de autoría, tiempo y lugar de la creación[185].

---

182 Las constantes y variables de esta estructura ya fueron, de cierta forma, indicadas por las obras de los autores estudiados en el capítulo precedente. Las ideas de Hans KELSEN, Herbert HART, Alf ROSS, Riccardo GUASTINI, ALCHOURRÓN y BULYGIN, Norberto BOBBIO (BOBBIO, Norberto. *Teoria do ordenamento jurídico*. 10.ª ed. Brasília: Editora Universidade de Brasília, 1999, pp. 33 y 34), Lourival VILANOVA, Paulo de Barros CARVALHO y Tércio Sampaio FERRAZ JUNIOR (FERRAZ JÚNIOR, Tércio Sampaio. Competência tributária municipal, *in Revista de Direito Tributário*. Año 14. N.° 54. São Paulo: Malheiros, oct.-dic. de 1990, pp. 158 y 159) aunque sean divergentes, indican los aspectos que deben ser regulados por las normas que otorgan competencia. A su modo, cada uno de esos autores pone énfasis en aspectos distintos, pero complementarios, del interesante proceso de autorregulación previsto por el derecho positivo.

183 Aquí, aplicamos al derecho positivo y a la ciencia que lo coloca como objeto de sus consideraciones las ideas de Vilém FLUSSER (*Língua e realidade*. 2.ª ed. São Paulo: Annablume, 2004), según las cuales el lenguaje sería, formaría, crearía y propagaría la realidad.

184 «Enunciación: es la instancia de mediación entre las estructuras narrativas y discursivas que, presupuesta en el discurso, puede ser reconstruida a partir de las pistas que en él esparce; es también mediadora entre el discurso y el contexto socio-histórico y, en ese caso, se deja aprehender gracias a las relaciones intertextuales. Enunciado: es el objeto-textual resultante de una enunciación» (BARROS, Diana Luz Pessoa de. *Teoria semiótica do texto*. 4.ª ed. São Paulo: Ática, 2003, p. 86). En el mismo sentido, José Luiz FIORIN expone lo siguiente: «El primer sentido de enunciación es el de acto productor del enunciado».

185 *Cf.* notas N.° 33 y 34.

Si son estos los elementos de la enunciación, es de esperar que la hipótesis de la norma de competencia prescriba, aunque sea indirectamente, cada uno de estos criterios. Es, pues, a partir de su análisis que verificaremos la programación formal de la norma de competencia. Hagamos un análisis más detenido de cada uno de estos ítems.

3.4.1. Sobre quién puede crear normas jurídicas (s)

Es competente para crear normas el sujeto S que, mediante la práctica de un acto o conjunto de actos P, introduzca una norma jurídica válida N en el sistema de derecho positivo SP. Torben Spaak afirma que es competente el sujeto que tiene la posibilidad de modificar, por acto propio, el sistema de derecho positivo[186]. Jordi Ferrer Beltrán adiciona que las normas de competencia constituyen ese sujeto de la misma forma que las demás normas califican un sujeto como capaz de realizar una conducta cualquiera[187].

Esa función nomogenética -productora de normas- se encuentra dividida entre varios sujetos de derecho que pueden, mediante la práctica de diferentes actos, insertar comandos normativos que transporten los más diversos mensajes[188].

Torben Spaak[189], con la precisión analítica que caracteriza su pensamiento, llama la atención sobre la diferencia entre los requisitos que alguien debe

[186] «(...) one who has competence is thus in a legal position and has as well the possibility of changing legal positions» (Spaak, Torben. *The concept of legal competence: an essay in conceptual analysis*. Vermont: Dartmouth, 1994, p. 77) [«(...) aquel que tiene competencia, está de esta forma en una posición jurídica y tiene también la posibilidad cambiar las posiciones jurídicas»].

[187] La identificación del sujeto competente es fundamental para el estudio de la competencia, puesto que es este sujeto que será el encargado de desempeñar la enunciación, creando normas jurídicas. Jordi Ferrer Beltrán destaca la identificación del sujeto por la norma de competencia: «*Las normas de competencia constituyen al sujeto de las mismas en competente para realizar un determinado acto jurídico sobre una determinada materia*» (Beltrán, Jordi Ferrer. *Las normas de competencia: un aspecto de la dinámica jurídica*. Madrid: CEPC, 2000, p. 147).

[188] Lourival Vilanova (*Causalidade e relação no direito*. 4.ª ed. São Paulo: Revista dos Tribunais, 2000, p. 265) entiende que el Estado, repartido en funciones para el ejercicio de actividades estatales (legislar, ejecutar y juzgar), se divide en órganos, atribuidos de competencia: «Con la repartición de funciones, institución de órganos específicos para funciones específicas, cada órgano es el centro parcial de imputación, como el Estado es el centro total de imputación, de creación y de aplicación del derecho. Cada órgano es un plexo de atribuciones, de facultades, de poderes y de deberes: es un conjunto de competencia».

[189] En sus palabras, «(...) we must distinguish between (i) the question as what the conditions are that must be fulfilled for a person to have competence and for a legal norm to be valid and (ii) the question of what it means that a person has competence and that a legal norm is valid» (Spaak, Torben. *The concept of legal competence: an essay in conceptual analysis*. Vermont: Dartmouth, 1994, p. 65) [«(...) debemos diferenciar entre (i) la cuestión sobre qué condiciones son las que deben ser cumplidas por una persona para tener competencia y para una norma jurídica sea válida y (ii) la cuestión de qué significa que una persona tenga competencia y que una norma jurídica sea válida»].

cumplir para ser sujeto competente y el sentido de ser titular de alguna competencia. Para ser competente, el sujeto debe atender los requisitos de la norma[190]. El primer análisis enfatiza lo que «debe ser hecho para ser competente»; mientras que la segunda, lo «que se puede hacer siendo competente». Es competente el sujeto que atiende los requisitos previstos por el derecho positivo para ser calificado como tal. Solo así esos sujetos pueden ser agentes de la enunciación de nuevos textos de derecho positivo.

En el Sistema Tributario Brasileño hay varias clases de sujetos competentes, aptos, por lo tanto, a crear normas con diferentes grados de abstracción y generalidad, con contenidos distintos y orientados al cumplimiento de funciones igualmente diversas. Veamos, por ejemplo, algunos de los sujetos competentes para producir normas en la cadena de positivización del Impuesto sobre Servicios (ISS):

i) La Asamblea Constituyente otorgó a los Municipios y al Distrito Federal la competencia para instituir el ISS, según las reglas de la Ley Complementaria (art. 156, III, de la CR);

ii) La Unión, actuando en nombre de la Federación, publicó la Ley Complementaria N.° 116/03, que insertó la lista de servicios e introdujo otras prescripciones;

iii) El Municipio de Belmonte instituyó la Ley N.° 3.227/05, prescribiendo las reglas matrices de incidencia tributaria del ISS, además de instituir una serie de deberes instrumentales;

iv) El Alcalde emitió el Decreto N.° 5.114/05 para disponer analíticamente sobre temas que fueron tratados sintéticamente por la ley.

v) El Secretario de Finanzas municipal estableció un acto normativo prescribiendo otros pormenores para que fuera cumplida la obligación tributaria, tales como la indicación del código de pago municipal, el formato del documento de recaudación, entre otras;

vi) Mévio, prestador de servicios en carácter oneroso en la circunscripción de la citada municipalidad, presentó una declaración relatando que prestó un servicio y se vinculó al pago del ISS en el valor de R$ 6.000,00 (seis mil reales) en el citado Municipio. Sin embargo, efectuó el pago al día siguiente de lo previsto;

vii) El agente fiscal del Municipio, al día siguiente de haberse efectuado el pago, verificando su irregularidad, emitió un auto de infracción e imposición de multa;

---

[190] Ese aspecto atributivo de la facultad de crear normas es destacado por Daniel MENDONCA cuando defiende que «(...) las normas de competencia tienen por función atribuir poder a una autoridad para ejecutar determinados actos de derecho sobre ciertas materias y de conformidad con ciertos procedimientos» (*Las claves del derecho*. Barcelona: Gedisa, 2000, p. 134).

viii) Reconociendo la procedencia de la actuación, Mévio efectuó el pago de la cuantía exigida en el auto, documentándolo en la guía de recaudación municipal.

En el ejemplo simple que acabamos de exponer, hubo creación de, por lo menos, siete normas jurídicas, con seis sujetos competentes distintos. La Asamblea Constituyente, la Unión, el Municipio de Belmonte, el Alcalde de la Municipalidad, el Secretario de Finanzas, Mévio y el Fiscal del Municipio fueron los sujetos de la enunciación de cada una de las normas. Sin que ellos trataran de promover su creación, ningún texto nuevo habría surgido válidamente.

En efecto, en la descripción abstracta del hecho que genera la producción de normas, el primer elemento a ser prescrito es la competencia del sujeto que podrá crear nuevos textos de derecho positivo.

3.4.2. Sobre cómo debe ser la creación de normas [p(p1.p2.p3...)]

El segundo enriquecimiento semántico que realizaremos será sobre la forma de ejercer la competencia. Es cierto que una cosa es ser sujeto competente, otra, muy distinta, es ejercer la competencia de la cual se es titular. Para ser competente es necesario ser calificado, adjetivado por el derecho positivo como tal. Para ejercer la competencia es necesario realizar un acto, o conjunto de actos, previstos por el derecho positivo para legitimar la enunciación de nuevos textos jurídicos. En ese campo del ejercicio de la competencia, están comprendidos todos los elementos envueltos en la enunciación de los textos de derecho positivo.

De hecho, al prescribir la acción de crear otras normas, la hipótesis de la norma de competencia toca en el principal punto de la actividad enunciadora de textos: ella indica el verbo. Este es el elemento central, tanto de la hipótesis como del consecuente de las normas jurídicas.

En el antecedente, el verbo describe la conducta que necesita ser realizada para la inserción de nuevas normas en el sistema de derecho positivo[191].

Mientras que en el consecuente está la conducta atribuida como efecto de la realización del hecho hipotéticamente descrito. Se vincula a la realización de la conducta prevista en la hipótesis normativa otra conducta, que surge como derecho o deber de un sujeto A ante un sujeto B.

---

191 La enunciación sería productora del enunciado, que consistiría, según Paulo de Barros CARVALHO, en el «(...) producto de la actividad psicofísica de enunciación. Se presenta como un conjunto de fonemas o de grafemas que, obedeciendo a las reglas gramaticales de determinado idioma, consubstancia el mensaje emitido por el sujeto emisor para ser recibida por el destinatario, en el contexto de la comunicación» (CARVALHO, Paulo de Barros. Formalização da linguagem. Proposições e fórmulas, *in Revista do Programa de Pós-Graduação em Direito da PUC/SP*. V. 1. São Paulo: Max Limonad, 1995, p. 143).

En el campo de la competencia tributaria, el verbo descrito en la hipótesis normativa hace referencia a la actividad enunciadora de textos. Así, cuando hablamos en el antecedente, ese verbo constituye su núcleo significativo. Ello porque todos los demás criterios se vinculan a este verbo.

El criterio personal, que citamos en el ítem anterior, se refiere al sujeto del verbo, aquel que desempeña la conducta de enunciar.

El criterio espacial es el lugar donde el sujeto puede realizar el verbo «enunciar».

El criterio temporal establece las circunstancias de tiempo en el cual el verbo puede ser enunciado.

Y no podríamos dejar de citar, por su absoluta pertinencia al tema, el criterio procedimental, que es la referencia al modo de realización del verbo «enunciar». Por su parte, esa referencia puede ser de dos especies: un acto o un procedimiento, conforme prescriba el derecho positivo.

Tomemos como criterio el tipo de enunciación que genera la creación de la norma. Ese tipo de enunciación al que nos referimos ya no es el acontecimiento social, sino su versión en lenguaje jurídico, aquello que el derecho positivo capta del proceso de enunciación, vale decir, la enunciación-enunciada. Los elementos de ese hecho jurídico son positivizados en el antecedente de los instrumentos introductores de normas jurídicas y pueden ser clasificados en instrumentos introductores primarios y secundarios[192].

Los primarios insertan normas jurídicas generales y abstractas que pueden innovar el orden jurídico, disponiendo sobre nuevos derechos y deberes. Mientras que los instrumentos secundarios insertan disposiciones destinadas a aplicar aquello que está previsto por los instrumentos primarios. Pueden hacer eso mediante la publicación de actos infralegales generales y abstractos, como decretos, reglamentos, instrucciones normativas. Y pueden, también, insertar normas individuales y concretas. Estas, por su parte, pueden ser producidas por sujetos competentes.

Veamos lo que acabamos de exponer con el auxilio del ejemplo proporcionado en el ítem anterior. En los ítems i, ii, iii, vii y viii, tenemos la producción de texto constitucional, de textos de leyes complementaria y municipal, además de la constitución de una norma individual y concreta, a partir de la cual se instauró un proceso administrativo contra Mévio y la constitución de la norma jurídica que positiviza -documenta- el pago efectuado.

---

[192] *Cf.* CARVALHO, Paulo de Barros. *Curso de direito tributário*. 19.ª ed. São Paulo: Saraiva, 2007, pp. 58-77.

Los tres primeros ítems tienen su forma regulada bajo el nombre de proceso legislativo[193], en el cual se puede percibir un iter procedimental, compuesto por una serie de actos legislativos. En los dos últimos, existen, también, actos que se concatenan en el tiempo, iniciando con la intimación de Mévio, apertura de plazo para el pago o defensa, además de otros que se sucederán hasta el final del proceso administrativo. No hay razón para ignorar el acto de pago que, de forma idéntica a los demás, es un modo de producir enunciados normativos. En todos esos casos, lo que se percibe es la posibilidad de realizar el verbo «enunciar» de diferentes modos, en la forma de un acto aislado o de un proceso, siendo el resultado siempre el mismo: producción de enunciados prescriptivos.

Los términos «Constitución de la República», «Enmienda Constitucional», «Ley Complementaria», «Ley Ordinaria», «Determinación de Oficio», «Norma de Pago» y otros tantos utilizados para denotar el «instrumento introductor de normas», son solo locuciones diferentes para identificar la misma conducta. Son formas de legitimar la creación de normas jurídicas, atendiendo a las propias elecciones positivizadas por el Sistema Constitucional Tributario.

El modo de realizar la enunciación es un elemento fundamental en la compostura interna de la hipótesis de las normas de competencia tributaria. Ignorando cualquiera de sus aspectos, vale decir, realizada la enunciación de los textos de derecho positivo sin la atención de cualquiera de los elementos previstos en el modo de enunciación, el texto no habrá sido enunciado de la forma correcta. El hecho enunciación no habrá ocurrido de acuerdo con el sistema. Por lo tanto, la norma jurídica insertada por ese instrumento introductor será inválida.

De allí la relevancia de destacar los elementos esenciales de la enunciación. Por ello, además del sujeto competente y del modo de realizarse la enunciación, destacaremos las referencias de espacio y de tiempo.

3.4.3. Sobre dónde las normas deben ser producidas (e)

Todo verbo que describe una acción o estado objetivo[194] hace referencia a la circunstancia de espacio y en el tiempo. Esto ocurre de tal forma que sería posible y hasta intuitivo afirmar que los indicadores de espacio y de tiempo son presupuestos a la enunciación de cualquier acto. La referencia de tiempo delimita el lapso temporal en el que la conducta puede ser realizada. Mientras que la referencia de espacio indica dónde la enunciación debe ocurrir. Veamos

---

[193] *Cf.* FERREIRA FILHO, Manoel Gonçalves. *Do processo legislativo*. 5.ª ed. São Paulo: Saraiva, 2002. *Passim*, SAMPAIO, Nelson de Sousa. *O processo legislativo*. São Paulo: Saraiva, 1968, *passim*.

[194] Subjetivamente, podemos afirmar qué acciones o estados poseen solo referencia de tiempo y no de espacio. Pero estos hechos no son tratados por el derecho.

este último aspecto -el espacial- para, a continuación, dedicarnos a las referencias de tiempo.

Vimos que la separación de facultades impositivas proporciona una numerosa variedad de sujetos, de procedimientos y, así pues, de lugares para el ejercicio de la competencia[195]. Podemos, también, analizar el derecho positivo y proponer criterios para la sistematización de las reglas que hagan posible indicar, con alguna previsibilidad, los lugares donde las normas jurídicas pueden ser elaboradas. Haremos esto de forma pormenorizada en el capítulo 8, que estará dedicado a explorar los aspectos formales y materiales de algunas modalidades de competencia. En cualquiera de los casos, la práctica de un acto fuera de la circunscripción provoca problemas.

Los actos infralegales individuales y concretos pueden ser practicados por agentes públicos (e.g., la constitución de autos de infracción y determinación de oficio) y por particulares (e.g., presentación de declaración de ajuste anual). En el caso de los agentes públicos, la competencia es atribuida en razón del lugar o de la actividad que desarrolla. Mientras que los particulares pueden practicar actos con mayor libertad, aunque tengan que indicar un domicilio fiscal, que equivale, jurídicamente, al lugar de práctica de todos los actos tributarios del contribuyente.

3.4.4. Sobre cuándo las normas pueden ser producidas (t)

Ya adelantamos más arriba que la referencia de tiempo sirve para indicar el marco temporal, aquel lapso de tiempo en el que la norma debe ser producida para ser válida en el sistema de derecho positivo. En este punto, hablaremos de los límites cronológicos de la enunciación, vale decir, cuándo ella debe ser desempeñada para ser válida[196]. Veamos el aspecto temporal del verbo «enunciar», previsto en la hipótesis de toda y cualquier norma de competencia, con la ayuda de ejemplos.

En la competencia legislativa, el caso de las medidas provisionales es muy elocuente. Desde que fue promulgada la Constitución de 1988, el Presidente de la República dispone de la prerrogativa de promulgar medidas provisionales con fuerza de ley para tratar de ciertos temas, en los casos que se configuren como urgentes y relevantes. Publicado el acto normativo, debe ser inmediatamente convertido en proyecto de ley para la apreciación del Congreso Nacional, en el plazo de sesenta días, prorrogables una única vez. No realizada la enunciación en el plazo debido, el acto perderá su eficacia desde la publicación, reservadas las excepciones de los § 11 y § 12 del artículo 62 de la Constitución. El ejercicio de la enunciación fuera de plazo crea un obstáculo intrascendente para la validez del acto normativo.

---

[195] *Cf.* Ivo, Gabriel. *Norma jurídica*: produção e controle. São Paulo: Noeses, 2006, p. 71.
[196] *Ibídem*, p. 73.

Muchos otros ejemplos pueden ser relacionados para ilustrar la relevancia del aspecto temporal de las normas. Los plazos procesales en los que se opera la figura de la preclusión, por ejemplo, son casos típicos en los que la validez de un acto normativo está vinculada a su creación en un determinado espacio de tiempo.

Con estas aclaraciones, delineamos la última de las variables en los que la acción de producir enunciados prescriptivos debe ser ejercida.

3.4.5. Síntesis de la hipótesis que describe los hechos productores de normas

Programar la enunciación de nuevos textos de derecho positivo es la principal función de la hipótesis de las normas de competencia tributaria. Para eso, es necesaria la indicación de un verbo personal -enunciar-, transitivo directo o indirecto. Quién enuncia (s), enuncia algo (t), de cierta manera [p(p1.p2.p3...)], en un determinado lugar (e), para alguien que es el destinatario de la enunciación. Vale decir, la enunciación prevista por la norma de competencia debe ser desempeñada por un sujeto competente, por medio de cierto procedimiento, en condiciones de espacio y de tiempo. La positivización de esa hipótesis hace surgir el hecho jurídico ejercicio de la competencia, que coincide con lo que la doctrina denomina instrumento introductor de norma.

En términos de análisis del discurso, podríamos hablar de enunciación-enunciada, pues es la parte de los enunciados en la que se proyectan las marcas de la enunciación, vale decir, las informaciones sobre la forma de producción de los textos de derecho positivo[197]. La hipótesis de la norma de competencia selecciona propiedades de la enunciación-enunciada que deben estar presentes, so pena de no ocurrir la subsunción del hecho a la norma. En otras palabras, la enunciación que no corresponde a la hipótesis de la norma de competencia entra en conflicto con el propio sistema y provoca la invalidez formal del texto[198].

Pues bien, el antecedente de la norma de competencia indica, hipotéticamente, por quién, dónde, cuándo y cómo la norma debe ser producida. Sin embargo, esas indicaciones solo tienen sentido jurídico cuando son vinculadas a una materia.

---

[197] Como explica Tárek Moysés MOUSSALLEM (*Fontes do direito tributário*. 2.ª ed. São Paulo: Noeses, 2006, p. 139): «No podemos denominar el hecho enunciación como hecho jurídico, puesto que jurídico es aquel hecho que sufrió incidencia normativa, que, como dijimos, solo sobreviene con el acto de aplicación del derecho, transfigurado en el seno de una norma concreta».

[198] La primera vez que defendimos esta idea fue en *A norma de competência tributária para a instituição de contribuições interventivas* (*cf.* nota 1), disertación de la maestría defendida el 18 de agosto del 2002. Aunque utilizando signos distintos, la idea subyacente permanece inalterada.

3.5. El vínculo entre forma y contenido ('!)

Una norma jurídica en sentido estricto describe en su hipótesis un hecho, a cuya ocurrencia el derecho positivo vincula ciertas consecuencias. Karl ENGISCH, con referencia a este tema, enseña lo siguiente:

> Me refiero a la cuestión de saber cuál es la relación en la que se encuentran entre sí la hipótesis legal y la consecuencia jurídica. Hasta aquí nos limitamos a caracterizar esta relación como una relación de condicionalidad: la hipótesis legal, como elemento constitutivo abstracto de la regla jurídica, define conceptualmente los presupuestos bajo los cuales el establecimiento de la consecuencia jurídica interviene, la consecuencia jurídica es desencadenada[199].

El hecho descrito por la norma de competencia es la enunciación. El antecedente de la norma de competencia prescribe qué hechos (sujeto, procedimiento, espacio y tiempo) deben concurrir para que se realice la producción de una norma válida. El consecuente de la norma de competencia es la materia sobre la cual la norma podrá versar.

Fundamentamos esas ideas afirmando que el aspecto formal de una norma solo existe en función de una materia. Lourival Vilanova señala lo siguiente: «Lo que una norma de derecho positivo enuncia es que, dado un hecho, se seguirá una relación jurídica, entre sujetos de derecho, correspondiendo, a cada uno una posición activa o pasiva»[200]. No hay sentido jurídico en la prescripción de un tipo de acto o proceso que no sea para poder crear normas con el objetivo de regular ciertos comportamientos, vale decir, tratar de una cierta materia.

Ya hemos observado que la forma es descrita por la hipótesis de la norma de competencia; por su parte, la materia se encuentra delineada en el objeto de la relación jurídica. El vínculo entre ambas, entonces, solo puede ser establecido por el conectivo deóntico neutro ('!), aquel que vincula el acontecimiento A a la consecuencia B. Por ello, el encuentro entre forma y materia es sintetizado por el «deber-ser» que vincula la previsión hipotética del hecho - enunciación de la norma- a la relación jurídica entre sujeto competente y los demás que integran la sociedad, teniendo como objeto la posibilidad de insertar un texto jurídico versando sobre cierta materia. Y ese conectivo interproposicional sintetiza la decisión, positivizada en la norma de competencia, de someter determinada materia a la enunciación de cierto tipo.

Puesto en términos formales lo que acabamos de exponer, tendríamos lo siguiente:

---

[199] ENGISCH, Karl. *Introdução ao pensamento jurídico*. 9.ª ed. Lisboa: Fundação Calouste Gulbenkian, 2004, p. 58.

[200] VILANOVA, Lourival. *Causalidade e relação no direito*. 4.ª ed. São Paulo: Revista dos Tribunais, 2000, p. 102.

$$C = E. M$$

Donde se lee: competencia (C) es el vínculo jurídico que se establece entre la programación de un tipo de enunciación (E) para regular cierta materia (M). Libre de la materia, toda enunciación es posible.

De forma idéntica, toda materia contingente (esto es, la conducta humana que puede ser realizada o no, sin ser necesaria o imposible) es susceptible de regulación jurídica. Los desajustes que proyectan efectos relativos a la validez de las normas jurídicas surgen, precisamente, de la divergencia entre forma y contenido. Eso de tal modo que no se puede meditar de uno sin el otro. Así, ya habiendo superado la exposición de la forma, veamos cómo se da la programación de la materia.

3.6. Relación jurídica de competencia (Rj)

Realicemos una breve distinción: una cosa es la relación jurídica general, prevista para todo aquel que realizara el hecho jurídico; otra es la individual, con sujetos y objeto bien definidos.

Haciendo una simple inferencia: si el antecedente de la norma programa el ejercicio de la competencia (la enunciación), el consecuente define los contornos de la norma que va a ser creada (los enunciados-enunciados).

Hj(com)	→	Rj(com)
↓		↓
Fj(instrumento introductor)		Rj(norma introducida)

Por ello, los contornos materiales de la norma creada deben ser compatibles con el contenido de los dispositivos que integran el consecuente de la norma de competencia. Ocurriendo lo contrario, y siendo esta incompatibilidad reconocida por la persona jurídica interesada[201], la norma será nula.

3.6.1. El sujeto activo de la relación de competencia (s)

En la estructura de la norma de competencia, el sujeto competente desempeña dos papeles fundamentales: es el agente de la enunciación y es, también, quien puede disponer sobre cierta materia. El sujeto competente ocupa la posición de sujeto activo de una relación jurídica. En virtud de ello, es el titular de un derecho subjetivo: crear una norma jurídica para versar sobre determinado tema.

---

201 En este punto, reiteramos que la incidencia de la norma de competencia, como ocurre con las demás, presupone una decisión del sujeto competente de captar el hecho social, traduciéndolo hacia el lenguaje jurídico e imputando a él la instauración de relaciones jurídicas. Así, la incidencia de la norma se confunde con su aplicación y, también, con la creación de más normas para el sistema de derecho positivo (CARVALHO, Paulo de Barros. *Direito tributário: fundamentos jurídicos da incidência*. 5.ª ed. São Paulo: Saraiva, 2006, p. 9).

En el otro extremo de ese derecho está la responsabilidad por crear una norma. En efecto, siempre que se pretenda obstar a la producción de los efectos prescriptivos de una norma jurídica, se abre la oportunidad para que el agente enunciador -sujeto activo de la competencia- se manifieste, argumentando en favor de la compatibilidad de la norma con el sistema jurídico y, en especial, con la norma que le sirve de fundamento de validez. Siempre que se argumente por la invalidez -el género-, el agente enunciador podrá ser llamado a manifestarse como forma de preservar su derecho de ver mantenido el texto de derecho positivo creado por él, existiendo y, así, regulando conductas.

Explicaremos mejor con el auxilio de algunas de las circunstancias previstas en el ejemplo de Mévio, hipotético contribuyente de ISS del Municipio de Belmonte:

i) Propuesta la acción para el reconocimiento, en control difuso, de la inconstitucionalidad parcial de la Ley N.º 3.227/05, bajo el argumento de que una de las reglas matrices describe en su hipótesis un hecho que no se ajusta a la definición del concepto de servicio, la Procuraduría Municipal, u otro ente designado, tratará, en este caso, de ofrecer una defensa en nombre del Municipio, buscando preservar el mantenimiento de la Ley en el sistema jurídico.

ii) Ocurrirá lo mismo en control de legalidad, si el Decreto N.º 5.114/05, publicado por el Alcalde de Belmonte, contiene disposiciones contrarias a los términos de la ley.

iii) La Procuraduría del Municipio es también el órgano encargado de actuar en juicio, ofreciendo razones para preservar la integralidad de los actos normativos emitidos por el Secretario de Finanzas, en la hipótesis que la validez de esos actos sea cuestionada en la esfera judicial.

iv) Mévio, en caso discrepe con el auto de infracción constituido por la autoridad municipal, será sujeto competente, así como fue para realizar el acto normativo de la declaración, para presentar una defensa administrativa, exponiendo razones en el sentido de haber sido correcta la norma que emitió para constituir la obligación (declaración) y extinguirla (guía de recaudación municipal).

En estos ejemplos, y en otros que se puedan relacionar sobre la actividad creadora de normas, hay algunos puntos en común que merecen ser destacados:

i) Existe una distinción entre ser calificado como sujeto competente, ejercer la competencia y tener derecho a ver el producto de la enunciación produciendo sus efectos prescriptivos. Por regla general, el sujeto competente para elaborar la norma es el llamado, directamente o por medio de algún órgano que lo represente, a sostener la validez del texto jurídico producido, vale decir, su compatibilidad con el sistema de derecho positivo;

ii) Cada tipo de instrumento introductor de norma puede tener un foro competente para el análisis de su validez; y

iii) El derecho del sujeto competente de realizar la enunciación y preservar la validez de la norma que creó, tiene como contrapartida el deber de los sujetos pasivos de aceptar el texto creado lícitamente, vale decir, de acuerdo con los condicionantes formales y materiales del propio sistema.

Sim embargo, antes de pasar a la figura del sujeto pasivo de la relación jurídica de competencia, es pertinente insistir en un punto: esa relación es atributiva de derechos y deberes. No obstante, corresponde resaltar que la sujeción activa en la relación de competencia envuelve el propio acto de creación del derecho positivo. Es la posición del sujeto que edita el texto y se responsabiliza por el producto de su creación. El atributo fundamental de esa posición está en la prerrogativa, o deber, de exigir la juridicidad de la norma creada -que es sinónimo de defender su validez- y no cualquier pretensión introducida por su texto.

Orientemos nuestras atenciones hacia el otro término de la relación de competencia, aquel ocupado por los que deben soportar su ejercicio legítimo.

3.6.2. El sujeto pasivo de la relación de competencia (sp)

Se define como sujeto pasivo a aquel que puede ser llamado al cumplimiento de un deber[202]. Ese deber es correlativo al derecho del sujeto competente de crear la norma jurídica. De esta forma, la imposición al sujeto activo de la relación de competencia es de respetar el derecho atribuido al sujeto pasivo. Hay dos modalidades fundamentales al respecto: no crear obstáculos en el ejercicio de la competencia, ni ejercer la competencia de otro. Realizando estos dos deberes, que se completan bajo la idea de respeto al derecho del sujeto activo -competente-, aquel que ocupa la posición pasiva cumple su deber jurídico.

El poder de crear normas jurídicas proyecta efectos distintos sobre los sujetos que soportan la creación de esas normas. Para algunos, la creación de

---

[202] «Téngase en cuenta lo siguiente: toda relación tiene términos y tiene su relación reflexiva (recíproca). Si A es comprador frente a B, B es vendedor frente a A. La relación jurídica reflexiva de comprar es vender, y la de vender es comprar. Fundado en esa estructura relacional es que cada término de la relación A y B tiene correlativamente derecho subjetivo y deber jurídico. Cuando A tiene el deber jurídico, B tiene, correlativamente, el derecho subjetivo. Derecho subjetivo y deber jurídico son derechos correlatos: solo existen en la relación, no fuera o por encima de relaciones jurídicas» (Vilanova, Lourival. *Causalidade e relação no direito*. 4.ª ed. São Paulo: Revista dos Tribunais, 2000, p. 186).

nuevos textos jurídicos es irrelevante. Siendo Mévio, por ejemplo, un prestador de servicios del Municipio de Belmonte, poco importan las alícuotas de ese tributo vigentes en los Municipios de Chuí. Destacándose alguna circunstancia no prevista en el ejemplo, como un viaje o un cliente que resida en ese municipio, Mévio no será afectado por esas prescripciones. Y esa sujeción débil que pintamos con colores fuertes, en beneficio de la didáctica, ocurre a cada momento, en un sinnúmero de situaciones en las que poco o nada vale saber de una norma que ingresó o no en el sistema de derecho positivo.

Sin embargo, otros tienen en el ejercicio de ciertas competencias ajenas el riesgo de sufrir lesiones o amenazas en sus derechos. Aquí, la sujeción pasiva es plena de significado jurídico, puesto que los sujetos pasivos son, también, agentes legitimados a cuestionar, vía acción judicial o defensa administrativa, eventuales lesiones o amenazas que puedan llegar a sufrir. Este es, por ejemplo, el caso de Mévio en aquellas situaciones en las que la legislación del Municipio de Belmonte -legislación en sentido amplio- es modificada por la introducción de nuevos enunciados prescriptivos. Aquí, Mévio puede accionar los medios que el sistema jurídico pone a su disposición para no sufrir ninguna lesión o amenaza a derechos que el orden jurídico le asegure.

¿Cómo, entonces, superar la ambigüedad en la sujeción pasiva de la competencia tributaria, considerando la citada diferencia entre el conjunto de sujetos pasivos?

Proponemos, entonces, dividir la clase de los sujetos pasivos en sujeción pasiva débil y sujeción pasiva fuerte. La sujeción pasiva débil engloba a todos los que simplemente deben «saber» la existencia de la norma, sujetándose a sus comandos. Mientras que la sujeción pasiva fuerte es compuesta solo por aquellos que, estando en el ámbito de incidencia de la norma creada, tienen la legitimidad para accionar ante el Poder Judicial, suspendiendo o alejando la juridicidad de la norma creada de forma ilícita.

El criterio fundamental para esta subdivisión en la clase de los sujetos pasivos es la legitimidad activa para requerir que sea reconocida la incompatibilidad de la norma inferior con aquella que le sirve de fundamento de validez o, tan solo, la aplicación de la norma sancionadora de (in)competencia. Esta posición surge del hecho de que el ejercicio de la competencia pudiera causar alguna lesión o amenaza a derechos. Sí, pues, en estos casos, es el propio sistema constitucional que asegura el carácter necesario de apreciación del Poder Judicial de cualquier acto que pueda causar lesión o amenaza de esa naturaleza (art. 5º de la Constitución de la República).

Con ello, la legitimidad activa para requerir a la Judicatura la invalidez de una norma es otorgada conforme exista, en el caso concreto, lesión o amenaza de lesión a derecho. Este es, pues, el caso de los tributos inconstitucionales.

El conjunto de individuos obligados al pago del tributo comprende lo que denominamos sujeción fuerte.

Los demás integran la llamada sujeción débil, pues, aunque estén obligados a conocer y respetar la norma jurídica, no pueden cuestionar su validez.

3.6.2.1. Sujeción pasiva y otros esclarecimientos: isomorfismos con el derecho de propiedad y los derechos potestativos

Para reducir las ambigüedades y vaguedades del término «sujeción pasiva» es importante dejar en claro otra distinción: el sujeto pasivo de la relación jurídica de competencia no se confunde con aquel que ocupa la sujeción pasiva en una relación jurídica tributaria, sea en las relaciones que transporten deberes instrumentales, sea en la propia obligación tributaria. En estas, el sujeto pasivo se obliga al cumplimiento de conductas ciertas y determinadas.

Por su parte, la sujeción pasiva en la relación jurídica de competencia[203] obliga a un deber específico, que no se confunde con los demás y está relacionado a la actividad de subordinarse al contenido de la norma que será creada, no impedir su creación y tampoco ejercer la competencia propia de otro. Como se puede notar, estructuralmente, las posiciones son idénticas, ambas son sujeción pasiva, pero con contenidos inconfundibles.

Para facilitar la exposición del modo en cómo comprendemos la relación jurídica de competencia, podríamos establecer un paralelo con dos tipos de relación jurídica: la del derecho de propiedad y la del derecho potestativo[204].

Este último caso -relación jurídica de derecho potestativo- ocurre cuando alguien, sujeto activo, posee alguna prerrogativa cuyo ejercicio deba ser sopor-

---

[203] Roque Antônio Carrazza utiliza la expresión «estado genérico de sujeción» para referirse a lo que se llama aquí sujeción pasiva de la competencia. He aquí su lección: «la competencia tributaria, cuando es adecuadamente ejercida (...), hace nacer para los virtuales contribuyentes, un *estado genérico de sujeción*, consistente en la imposibilidad de sustraerse a su esfera de influencia» (Carrazza, Roque Antonio. *Curso de direito constitucional tributário*. 11.ª ed. São Paulo: Malheiros, 2003, p. 307).

[204] Sobre el paralelo entre norma de competencia y derecho potestativo: «(...) el derecho posee ciertas normas o reglas relativas a la validez de un acto para producir ciertos efectos o consecuencias jurídicas (a veces llamada vigencia) que, apreciadas desde el punto de vista de su destinatario, le otorgan una potestad (a veces llamada facultad y, con menor alcance, capacidad o competencia). (...). Yo prefiero llamar a estas reglas normas potestativas, precisamente por la función que cumplen, pues no se limitan a establecer quién es el órgano público encargado o apto para cumplir cierta actividad (concepto clásico de competencia en lenguaje jurídico) o el sujeto de derecho privado idóneo jurídicamente para llevar a cabo cierta acción (concepto clásico de capacidad en lenguaje jurídico), sino que su función se extiende a regular quién, cómo y hasta con qué limitaciones de contenido puede realizar una acción que produzca consecuencias jurídicas» (Maier, Julio B. J. Reflexiones acerca de la vigencia del derecho, *in* Bulygin, Eugenio [coord.]. *El lenguaje del derecho: homenaje a Genaro R. Carrió*. Buenos Aires: Abeledo-Perrot, 1983, pp. 241-243).

tado por todos, sin que alguien pueda imponer cualquier obstáculo. En este sentido, Lourival VILANOVA sostiene lo siguiente:

> El titular pasivo en la relación de derecho potestativo no tiene deber de prestar, pues queda reducido a la posición de sujeción. Soporta los efectos jurídicos del ejercicio de poderes de su titular, que por acto unilateral, por sí solo, es capaz de provocar la constitución, modificación o extinción de relaciones jurídicas[205].

El derecho subjetivo imputado al sujeto competente tiene esa forma de modificar relaciones jurídicas por acto unilateral. En contrapartida, existe el deber jurídico de respeto a esa modificación, que es imputado a todos los demás sujetos de la sociedad.

Algo semejante sucede con el derecho de propiedad. El propietario puede oponer su derecho de uso, disfrute, disposición y persecución del bien contra todos los demás integrantes de la sociedad. Sin embargo, especialmente en el ámbito de los derechos reales, el uso y disfrute de un bien deben ser ejercidos según los límites de reglas jurídicas que disponen acerca de su función social, por ejemplo. El derecho de propiedad, por esta razón, es *erga omnes*, pero sujeto a condicionamientos, incontrastable, así como no es absoluto el derecho de crear normas jurídicas. En los dos casos -derecho de propiedad y competencia-, tenemos derechos atribuidos a un sujeto -propietario o sujeto competente- que pueden ser ejercidos frente a las demás personas jurídicas, según las disposiciones de la Ley.

Las observaciones que desarrollamos arriba nos permiten afirmar que el elemento común entre el derecho potestativo, el derecho de propiedad y la competencia jurídica está en el hecho que crear normas establece relaciones jurídicas *erga omnes*, vale decir, que disponen sobre derechos oponibles a toda la sociedad[206]. La precisa caracterización de los derechos subjetivos absolutos fue puesta en los siguientes términos por Lourival Vilanova:

---

205 VILANOVA, Lourival. *Causalidade e relação no direito*. 4.ª ed. São Paulo: Revista dos Tribunais, 2000, p. 231.

206 Acerca de relaciones *erga omnes* o absolutas y relativas, Hermes LIMA menciona lo siguiente: «La relación jurídica, conforme acentuó Ferrara, es siempre una relación entre personas, porque si ella implica un poder jurídico, aquel poder no puede dirigirse contra una materia inerte, insensible, sino contra seres sensibles, sobre los cuales únicamente puede actuar, puesto que en el derecho solo existe un medio de proceder: órdenes a las personas y no a las cosas. La dificultad para la aceptación de este punto de vista estaría en la naturaleza de los derechos reales. Pero el derecho real, esclarece FERRARA, solo es derecho mientras expresa relación del titular con otros sujetos, comenzando por el respeto que los demás deben al objeto de la posesión: 'aquello que en el derecho real se considera contenido -la posibilidad física de disponer, gozar o destruir la cosa- no es derecho, sino simple actividad material y económica que el derecho tiende a garantizar. El derecho protege esta esfera de poder con una muralla, se arma como si fuera plaza fuerte, pero ¡la fortaleza no

Derechos subjetivos absolutos son relacionales. Se tienen derechos subjetivos absolutos en relación a otros titulares de deberes subjetivos, los sujetos-de-derechos pasivos totales, o la universalidad de los sujetos-de-derecho de los cuales se exige el deber de respeto. (...) Todavía, no hay prestación a cumplir para con los titulares activos. Existe el deber jurídico negativo de abstenerse de interferir en la esfera de licitud del derecho subjetivo absoluto[207].

En otras palabras, y con la misma precisión, este autor sintetiza la idea que pretendemos exponer: «En los derechos subjetivos absolutos (personales o reales), no habiendo por correlato el deber de prestar de ningún sujeto pasivo, se ejercita el derecho exigiéndose la simple omisión del sujeto pasivo»[208]. Esa omisión, que percibimos en los derechos potestativos y de propiedad, es un deber común de todo sujeto que ocupe la posición de sujeto pasivo de la competencia.

Corresponde destacar la distinción entre aquellos que están legitimados a cuestionar el producto del libre ejercicio de la competencia -norma jurídica-, frente a eventuales ilícitos nomogenéticos, de los demás individuos de la sociedad que se sujetan a observar ese ejercicio, pura y simplemente.

3.6.3. ¿Permiso, facultad u obligación?

En la composición interna de la norma jurídica, el conectivo deóntico desempeña, por lo menos, dos funciones: conecta el antecedente normativo al consecuente, de forma neutra, y vincula a los sujetos de una relación jurídica de forma modalizada en permitido, prohibido u obligatorio[209]. En el primer caso, actúa como functor deóntico[210]; en el segundo, como functor de functor[211], determinando, en la condición de variable relacional, cómo debe ser cumplida la obligación que es el objeto de la relación jurídica[212].

---

es el país fortificado!' Después de esa crítica, Ferrara propone la siguiente clasificación: relaciones jurídicas relativas y absolutas; las primeras solo son exigibles para determinadas personas, las segundas lo son *erga omnes*. Relativas son las relaciones de familia, las corporativas, las obligacionales; absolutas son las relaciones de personalidad (derecho al nombre, a la integridad física, a la libertad) y las relaciones reales» (LIMA, Hermes. *Introdução à ciência do direito*. 18.ª ed. Río de Janeiro: Freitas Bastos, 1968, pp. 56 y 57).

207 VILANOVA, Lourival. *Causalidade e relação no direito*. 4.ª ed. São Paulo: Revista dos Tribunais, 2000, pp. 219 y 220.

208 *Ídem*.

209 En una síntesis, Lourival VILANOVA (*Causalidade e relação no direito*. 4.ª ed. São Paulo: Revista dos Tribunais, 2000, p. 45) propone lo siguiente: «La hipótesis describe un hecho de posible ocurrencia (hecho natural o conducta). Después, conecta una consecuencia que ordinariamente tiene como referente la conducta humana. La consecuencia es prescriptiva: prohíbe, permite, obliga -lo que solo es posible sobre la conducta-».

210 *Cf. Pequeno glossário de instrumentos teóricos*.

211 *Cf. Pequeno glossário de instrumentos teóricos*.

212 «En la proposición normativa o deóntica, el *deber-ser* (que se triparte en las modalidades O, P, V, obligatorio, permitido y prohibido) es constitutivo de la estructura formal, es el

Para una mejor comprensión, veamos las dos funciones de los modales en un ejemplo: una cosa es el establecimiento de que, al prestar un servicio, en carácter oneroso, un sujeto debe sujetarse al pago de una cuantía X al Municipio de Belmonte a título de ISS. Esta forma de vinculación entre antecedente y consecuente es neutra, invariable. Se trata de una constante relacional. Otra cosa es la forma de vincular sujetos ante una obligación determinada. Aquí ya no se discute qué hecho genera el deber de pagar, sino el modo de prescripción de ese deber.

En este sentido, lo que se busca responder es lo siguiente: ¿A Mévio es obligatorio, permitido o prohibido entregar al Municipio la cuantía en dinero? Siendo una relación tributaria en sentido estricto, sabemos que es una obligación. Sin embargo, tratándose de una relación jurídica de competencia, que tiene por objeto la inserción de una norma en el sistema de derecho positivo, ¿cuál debe o puede ser la modalización de la conducta?

Meditando sobre este tema, Torben SPAAK[213] sostiene que «la competencia puede ser reducida a una obligación o permiso». La misma relación jurídica, conforme el punto de vista, podrá ser considerada bien como obligación, o como permiso. Aquello que es deber para el agente competente, es derecho de los demás sujetos pasivos; inversamente, lo que fuera deber de los sujetos pasivos es derecho de los sujetos competentes. Es como el verso y el anverso de la misma moneda[214].

Si bien existen dudas sobre la posibilidad de formulación de una norma de competencia en sentido estricto, el tema de la modalización de la relación de competencia no genera grandes discusiones.

Existe prácticamente un consenso acerca de que esta es una relación jurídica modalizada por el conectivo deóntico permitido. Georg Henrik von WRIGHT, por ejemplo, afirma que, aunque en medio de las llamadas normas de primer orden sean predominantes las relaciones modalizadas en prohibido y permitido, las normas superiores son predominantemente permisivas:

> Un permiso de orden superior se da para que una determinada autoridad pueda dar normas de un determinado contenido. Es, podríamos de-

---

operador específico que conduce a la proposición deóntica. Faltando, se deshace la estructura, como se deshace aquella otra estructura si suprimimos el conectivo apofántico *es*» (VILANOVA, Lourival. *Estruturas lógicas e o sistema de direito positivo*. São Paulo: Noeses, 2005, p. 70).

213 «(...) competence can be reduced to duty or permission» (SPAAK, Torben. *The concept of legal competence: an essay in conceptual analysis*. Vermont: Dartmouth, 1994, p. 78.)

214 «Cuando A tiene el deber jurídico, B tiene, correlativamente, el derecho subjetivo. Derecho subjetivo y deber jurídico son derechos correlativos: solo existen en la relación, no fuera o encima de las relaciones jurídicas» (VILANOVA, Lourival. *Estruturas lógicas e o sistema de direito positivo*. São Paulo: Noeses, 2005, p. 186).

cir, una norma que concierne a la competencia de una determinada autoridad de normas. Llamará a las normas permisivas de orden superior, normas de competencia[215].

En el mismo sentido, Paulo de Barros Carvalho[216] y Tércio Sampaio Ferraz Júnior[217] defienden que las normas de competencia son del tipo permisivas. Sin embargo, este último autor hace una reserva al insertar la distinción entre permiso fuerte y débil: «(...) las normas de competencia tienen la estructura de normas permisivas, vale decir, su deber ser es expresado por medio de conjuntores del tipo: 'es autorizado, es facultado, puede, cabe', que constituyen los llamados permisos fuertes»[218].

Esa distinción entre especies de la modalidad «permitido», sirve para separar aquellas situaciones no expresamente reguladas, y por eso permitidas, de aquellas en las que hay autorización expresa. Las normas de competencia están insertadas en aquellas situaciones en las que se permite expresamente que el sujeto realice una conducta.

En efecto, analizando las diversas manifestaciones de la norma de competencia, es posible percibir casos en los que el ejercicio es obligatorio. La competencia jurisdiccional, la competencia administrativa para constituir determinaciones de oficio, la competencia del particular para presentar declaración de tributos son ejemplos de competencia modalizada en obligatorio. Podríamos, inclusive, afirmar que aquellas competencias calificadas como vinculadas, todas ellas, tienen el atributo de ser de ejercicio obligatorio, siempre que estén presentes ciertos requisitos. Mientras que las competencias discrecionales serían modalizadas en facultado (permitido hacer y no hacer). Por lo tanto, su ejercicio es la síntesis de dos permisos puestos a la disposición del sujeto competente, pues él puede crear o dejar de crear una norma, según su juicio de conveniencia y oportunidad.

¿Cómo separar entonces las competencias modalizadas en obligatorio de aquellas que son simples facultades? La respuesta es dada por Ulises Schmill[219], quien afirma que son de ejercicio facultativo las competencias no condicionadas, y de ejercicio obligatorio las competencias cuyo ejercicio está sujeto al

---

215 Wright, Georg Henrik von. *Norma y acción: una investigación lógica*. Madrid: Tecnos, 1970, p. 198.

216 Carvalho, Paulo de Barros. *Curso de direito tributário*. 19.ª ed. São Paulo: Saraiva, 2007, p. 221.

217 Ferraz Júnior, Tércio Sampaio. Competência tributária municipal, *in Revista de Direito Tributário*. Año 14. N.º 54. São Paulo: Malheiros, oct.-dic. de 1990, p. 159.

218 *Ídem*.

219 Schmill, Ulises. La derogación y la anulación como modalidades del ámbito temporal de validez de las normas jurídicas, *in Doxa* (*Publicaciones periódicas*). N.º 19. Alicante: Biblioteca Virtual Miguel de Cervantes, 1996, p. 237.

cumplimiento de ciertas condiciones. Las competencias vinculadas, o de ejercicio obligatorio, son del tipo condicionadas, vale decir, hay ciertos requisítos que, una vez presentes, la competencia debe ser ejercida.

Las demás competencias modalizadas en facultado, o de ejercicio discrecional, como dijimos anteriormente, no tienen como presupuesto de su ejercicio el cumplimiento de esos requisitos, por eso, el sujeto competente puede ejercer o no su derecho de crear normas.

3.6.4. El aspecto material del otorgamiento de competencia m (s.e.t.c.)

Cuando desarrollamos la hipótesis de la norma de competencia, hablamos sobre quién puede ejercer la competencia, cómo dónde y cuándo. Vimos que el núcleo de la hipótesis normativa es un verbo, personal, transitivo directo o indirecto, orientado hacia el futuro. También percibimos que el modal deóntico neutro vincula una especie de enunciación a una conducta, prevista en el núcleo de una relación jurídica. Esa conducta, modalizada en toda y cualquier norma de competencia, es la creación de nuevas normas, o mejor, el derecho de exigir la validez de textos jurídicos creados para disponer sobre determinado tema. Ese tema es lo que la doctrina acostumbra a denominar materia o materialidad de la norma.

Analicemos esto que acabamos de decir desde otra perspectiva: el objeto de toda y cualquier relación jurídica es una conducta, modalizada en permitido, prohibido u obligatorio, que puede ser exigida por el sujeto activo del sujeto pasivo. Entonces, hay tres elementos fundamentales: los sujetos, la modalización y la conducta. En el caso de las normas de competencia tributaria, el objeto de esta relación es la posibilidad de obligar a alguien a realizar una conducta X, Y o Z, o mejor, es la posibilidad de producir textos jurídicos que obliguen a otros sujetos de derecho a realizar conductas relativas a la tributación.

En síntesis, si el sujeto competente S crea un texto jurídico atendiendo a todos los requisitos de la enunciación (modo, espacio y tiempo), puede exigir que sus textos regulen coercitivamente -sean válidos jurídicamente- la conducta de una clase determinable de sujetos Sp.

Genéricamente, las normas jurídicas indican -hechos- y atribuyen efectos a esas situaciones -relación-. Ese modo de organizar los elementos de la experiencia jurídica acaba por prescribir que un sujeto (s) desempeñe un comportamiento (c) en ciertas circunstancias de espacio (e) y de tiempo (t). Lo esencial de esta prescripción es el comportamiento, la acción (c) del sujeto. Siempre es un verbo transitivo personal que prescribe la conducta que será realizada. Las acciones referidas por los verbos (c) ocurren en el espacio (e), en el tiempo (t) y son realizadas por sujetos de derecho (s). Esa es la razón del por qué esos aspectos, directa o indirectamente, deben estar presentes en las normas que regulan cómo otras normas deben ser producidas.

Ocurre que las normas de competencia no regulan sino conductas de crear otras normas en el sistema, sin referencia directa a la conducta humana propiamente dicha. Alf Ross sostiene que las «normas de competencias son normas de conducta indirectamente formuladas»[220]. Esto porque el objeto de la relación de competencia es precisamente el conjunto de condicionantes materiales a los cuales la norma de inferior jerarquía se debe ajustar, para ser materialmente válida. Por ello, bajo la perspectiva de quien construye la norma de competencia, no hay enunciados que se expresen respecto al titular de una relación jurídica constituida en el consecuente de la norma fundada, pero sí al sujeto titular de la competencia.

Fijemos una idea importante: el consecuente de la norma de competencia establece los condicionantes materiales de la norma de inferior jerarquía.

¿Cuál es la composición de aquello que denominamos materia? La materia está compuesta por uno o más verbos que describen una conducta. Así, toda referencia a la materialidad es siempre una referencia a verbos y sus respectivos complementos. Por eso, cuando hablamos de condicionantes materiales, estamos hablando de enunciados que programan -delimitan- la materia de la norma que será creada. Veamos cómo puede ocurrir esa programación en casos concretos.

Retomemos el caso del ISS, ya utilizado anteriormente. El texto constitucional optó por no especificar el verbo que expresa la conducta, indicando solo el complemento verbal «servicio». La Ley Complementaria N.° 116/03, en su artículo 1°, cumpliendo el papel atribuido por el artículo 156, I, de la Constitución de la República, trató de especificar el verbo previsto para desencadenar la incidencia de ese tributo:

> El Impuesto sobre Servicios de Cualquier Naturaleza, de competencia de los Municipios y del Distrito Federal, tiene como hecho generador la *prestación* de servicios constantes en la lista de servicios anexa, aunque no se constituyan como actividades preponderantes del prestador (la cursiva es nuestra).

Con ello, las variables de comportamiento comienzan a ser delineadas. Hay que considerar los servicios constantes de la lista y, además de ellos, los que disponen principios, inmunidades y otros enunciados constitucionales que condicionan la validez de la norma en el espacio y en el tiempo.

La reunión de todos esos dispositivos, en la conformación del aspecto material de la competencia, actúa programando cómo debe ser la creación de la norma de inferior jerarquía. En otras palabras, esos dispositivos prescriben la conducta, el respectivo sujeto y los correspondientes condicionantes de es-

[220] Ross, Alf. *Direito e justiça*. São Paulo: EDIPRO, 2000, p. 76.

pacio y de tiempo. De ello podemos extraer una conclusión más: en el contenido de la relación jurídica de competencia está la regulación de la validez de las normas de inferior jerarquía en aquello que se refiere a sus límites subjetivos (s), espaciales (e), temporales (t) y materiales en sentido estricto (c). Esos criterios son constantes en la prescripción de cualquier norma de competencia tributaria. Retomaremos, con otros pormenores, el tema de la prescripción material de las normas de competencia cuando lo analicemos desde la perspectiva del sentido y de la función.

3.7. Njcom = H{[s.p(p1,p2,p3...)] . (e.t)} → R [S(s.sp) . m(s.e.t.c)][221]

Abstrayéndose los contenidos de significación de las normas de competencia, para identificar solo sus aspectos formales, es posible construir la siguiente estructura lógica:

Njcom = H {[s.p (p1, p2, p3...)] . (e.t)} → R [S (s.sp) . m(s.e.t.c)]

Donde se lee: norma jurídica de competencia Njcom es igual al vínculo que se establece entre un tipo de enunciación: {[s.p(p1,p2,p3...)] . (e.t)}, donde están prescritos el sujeto, el procedimiento, las referencias de espacio y de tiempo. Otro punto relevante, el vínculo entre antecedente y consecuente, expresa la decisión de conectar cierta materia a determinado tipo de enunciación. La programación sobre la materia es hecha por dispositivos que determinan un sujeto y una conducta, indicando el espacio y el tiempo de su realización. Además de ello, esa programación de materia es hecha en el interior de una relación jurídica, donde dos o más sujetos se unen por el deber de emitir enunciados de forma vinculada o discrecional.

3.8. Sobre la programación del ámbito de vigencia de la norma inferior

Toda orden puede ser analizada desde cuatro perspectivas: quien da y quien recibe; dónde la orden regula comportamientos; desde cuándo hasta cuándo esta orden debe ser cumplida y cuál es la orden propiamente dicha.

Estos ámbitos de análisis corresponden a los cuatro ámbitos de vigencia de la norma, a saber: el personal, el espacial, el temporal y el material. Algunos de esos ámbitos son determinados directamente. En esos casos, existe una indicación expresa de la conducta que debe ser cumplida, además de los sujetos activo y pasivo de esas prescripciones, así como los condicionantes de espacio y tiempo.

Sin embargo, no siempre la indeterminación de uno o más de los ámbitos de vigencia compromete la efectiva regulación de las conductas. Estas indeterminaciones son propias de la abstracción de las normas jurídicas: mien-

---

[221] Los contenidos de sentido de esta fórmula fueron desarrollados a lo largo de los últimos tópicos, por ello optamos por no presentar, nuevamente, su sentido desformalizado.

tras más abstracta la norma, más indeterminados son sus criterios de validez. En un contrasentido, podríamos imaginar el proceso de positivización de las normas jurídicas, el flujo incesante de producir nuevas normas con base en lo que establecen las normas superiores, como un proceso de determinación de los ámbitos de vigencia. En este sentido, Ulises SCHMILL señala lo siguiente:

> (...) todo orden normativo tiende a completar la totalidad de sus ámbitos de validez y esto lo hace a través del establecimiento positivo de los mismos, desde la generalidad hasta la individualidad. La positividad del orden jurídico es la complementación hasta la individualidad de los ámbitos de validez de las normas que lo integran[222].

Con ello percibimos que cuanto más concreta sea la norma, más determinados son sus ámbitos de vigencia. Para comprender el tema de la derogación debemos observar el ámbito de vigencia temporal de las normas jurídicas. Al respecto, Ulises SCHMILL[223] destaca la existencia de *proposiciones normativas* con los siguientes contenidos: i) data inicial de la vigencia; ii) data final de vigencia; iii) plazo de vigencia que es el lapso temporal en que la norma estuvo vigente; y iv) determinación completa del plazo de vigencia, cuando el texto normativo trae informaciones sobre el inicio y el fin de la vigencia de la norma.

3.9. Sobre los papeles de la estructura de la norma de competencia

Todo lo que hicimos a lo largo de este capítulo fue sintetizar, en una estructura lógico-simbólica de representación, los elementos que deben ser reunidos para que se tenga la regulación de la conducta de crear normas jurídicas. Partimos del modelo de norma preconizado por Hans KELSEN, refinado por las contribuciones de Lourival VILANOVA y Paulo de Barros CARVALHO, denominado norma jurídica completa. Este modelo está compuesto por dos juicios condicionales, llamados *normas primaria* y *secundaria*. En la norma de competencia primaria, queda establecido el procedimiento [P (p1.p2.p3...)] que debe ser desempeñado por el sujeto competente (s), en el espacio (e) y en el tiempo (t) para crear un texto normativo que trate sobre cierta materia [m(s.c.e.t)], sin que los sujetos destinatarios de la norma (sp) puedan impedirlo de exigir esta norma como válida. De esta forma, se demuestra cómo la estructura de una norma jurídica puede, después de sucesivas internalizaciones de sentido, resumir los elementos necesarios para la regulación de la conducta de crear normas.

En otra síntesis, de orden funcional, relacionamos los papeles de la norma de competencia según la perspectiva de quien es competente y bajo la

---

222 SCHMILL, Ulises. La derogación y la anulación como modalidades del ámbito temporal de validez de las normas jurídicas, *in Doxa* (*Publicaciones periódicas*). N.º 19. Alicante: Biblioteca Virtual Miguel de Cervantes, 1996, p. 236.

223 *Ibídem*, p. 232.

óptica de aquellos que deben soportar el ejercicio de la competencia. Para estos, la estructura lógica propuesta ofrece lo siguiente: i) reglas para la identificación del derecho válido en un sistema de derecho positivo cualquiera; ii) una guía para la organización de los enunciados que fundamentan la validez de una norma -régimen jurídico-; y iii) un camino para la identificación de los enunciados que condicionan la forma de interpretar una norma de inferior jerarquía. De forma complementaria, los sujetos competentes pueden valerse de esa estructura para: i) delimitar los condicionantes formales y materiales de ejercicio de su competencia; ii) identificar cómo pueden crear, transformar y extinguir la validez de normas jurídicas; y iii) percibir qué sanciones pueden ser imputadas al ejercicio indebido de su competencia.

Otro punto fundamental: la estructura de la norma de competencia tributaria, en la forma que proponemos, evidencia el tipo de conexión que se establece entre los más diversos enunciados prescriptivos en la regulación de cómo el derecho debe ser producido. Hipótesis normativas, relaciones jurídicas, hecho jurídico, sujeción activa y pasiva, modalización de conductas, entre muchos otros enunciados y conceptos de teoría general acabarían por ser reconducidos a la norma de competencia. Por eso mismo, desde dicha perspectiva, la norma de competencia puede ser entendida como un mínimo común denominador de conceptos filosóficos y de teoría general que, en un primer contacto, se muestran sueltos y dispersos, sin ningún vínculo aparente.

CAPÍTULO 4
DE LA PLURALIDAD A LA UNIDAD DE LAS NORMAS DE COMPETENCIA II

IDEAS SOBRE LA NATURALEZA SANCIONATORIA DE LA INVALIDEZ

En el capítulo anterior, vimos que la norma jurídica completa es construida por la reunión de dos juicios condicionales. En el primero de ellos se prescribe la conducta lícita; en el segundo, la ilícita. La norma de competencia primaria prescribe, en su hipótesis, los criterios formales para la creación válida de otra norma. En su consecuente, está la relación jurídica entre sujeto competente y demás agentes sociales, teniendo como objeto la validez material de un texto jurídico que verse sobre determinado tema.

Este capítulo está dedicado a la norma de competencia secundaria o sancionatoria, a aquella norma que prescribe una reacción negativa frente al ejercicio irregular de la competencia. Identificaremos, también, un antecedente y un consecuente, con los mismos criterios de forma y contenido que identificamos en la norma de competencia primaria. Esas normas tienen una enunciación específica. Así como una peculiar relación jurídica, cuyo objeto es la invalidez de la norma producida por el ejercicio irregular de la competencia. Percibiremos, también, la existencia de conductas que se realizan en los ámbitos de vigencia personal, temporal, espacial y territorial.

Comentando cada uno de estos puntos, podremos, finalmente, establecer algunos paralelos entre las sanciones por el ejercicio irregular de la competencia y los conceptos de validez, vigencia y eficacia de las normas jurídicas.

4.1 La positivización de la norma de competencia tributaria

La existencia de una norma de competencia que califique al sujeto competente (s), establezca la forma de la enunciación (p), las respectivas condiciones de espacio (e) y de tiempo (t), así como la materia sobre la cual podrá versar la norma [m(s.c.e.t.)] no hace surgir, automáticamente, nuevos enunciados prescriptivos[224].

Entre la programación prescrita por la norma de competencia y el surgimiento de un derecho nuevo, existe el acto de voluntad. Lourival Vilanova enseña lo siguiente: «(...) el traspaso de la norma general hacia la concreta, se hace mediatamente, en los actos de poder. Es preciso un acto de poder, manifestación de voluntad del órgano (legislativo, administrativo o jurisdiccional) para la realización de la regla abstracta»[225]. Ese acto de voluntad se materializa en la forma de normas introductoras y de enunciados introducidos.

Las normas introductoras traen impresas las marcas de la enunciación, refiriéndose al sujeto enunciador (s), al proceso de producción (p) (esto es, proceso legislativo, acto administrativo, sentencia judicial y otros); así como a las condiciones de espacio (e) (esto es, Distrito Federal, Municipio de Belmonte) y de tiempo (e) (esto es, 5 de junio de 1976). En su antecedente, prescriben la forma de producción de los textos normativos y, por fuerza de ello, determinan que los enunciados introducidos deben ser aceptados como enunciados jurídico-positivos.

Según el orden de consideraciones que desarrollamos en el capítulo anterior, podemos afirmar lo siguiente: el antecedente del instrumento introductor de normas coincide con el hecho jurídico de la enunciación, previsto en la hipótesis de la norma de competencia.

Los enunciados introducidos, por su parte, deben versar sobre la materia programada en la norma de competencia, no pudiendo entrar en conflicto con sus disposiciones materiales **m(s.c.e.t.)**. Incluso porque en el proceso de positivización del derecho, desde el punto de vista material, la función de la norma inferior es prescribir, con mayor precisión que la anterior, los ámbitos de vigencia personal, comportamental, espacial y temporal.

Por lo tanto, es fácil inferir que la norma introducida debe corresponder con el objeto de la norma jurídica de competencia tributaria. Los enunciados producidos mediante el ejercicio de la competencia tienen como finalidad, entonces, prescribir conductas de manera más concreta de lo que prescribe la norma superior, pero sin ser incompatibles con ella.

En términos estructurales, son conceptos análogos: positivización, aplicación e incidencia de la norma jurídica. Paulo de Barros CARVALHO afirma que esos actos consisten en la realización de dos operaciones lógicas llamadas subsunción e imputación[226].

---

[224] «La norma jurídica, general y abstracta (generalidad y abstracción que no es de todas las normas), no se realiza, esto es, no pasa del nivel conceptual para lo real social, sin el hecho que corresponde, como soporte fáctico de su hipótesis fáctica» (VILANOVA, Lourival. *Causalidade e relação no direito*. 4.ª ed. São Paulo: Revista dos Tribunais, 2000, p. 144).

[225] *Ibídem*, p. 150.

[226] CARVALHO, Paulo de Barros. *Direito tributário: fundamentos jurídicos da incidência*. 5.ª ed. São Paulo: Saraiva, 2006, p. 9.

En la norma de competencia, la subsunción es el acto que coteja la compatibilidad entre instrumento introductor y su antecedente normativo. Esa es la operación que permite cotejar la compatibilidad entre hecho jurídico e hipótesis normativa. Tengamos presente que esa hipótesis describe el hecho en el cual un sujeto competente (s) desempeñe el acto/proceso (p), en circunstancia de espacio (e) y de tiempo (t). El hecho (instrumento introductor) que se ajuste a los criterios previstos por la hipótesis es compatible con ella. En esos casos, decimos que el hecho se subsume a la hipótesis de la norma de competencia.

Paulo de Barros Carvalho[227], meditando sobre el tema de la incidencia de las normas jurídicas, inauguró la idea, hoy consolidado en la doctrina, según la cual el ingreso de acontecimientos en el mundo jurídico no se procesa intrasubjetivamente, de forma automática e infalible, sin la acción de un sujeto competente.

Siendo el derecho un conjunto de normas que se objetivizan en textos prescriptivos, para que surjan nuevos hechos, antecedentes de normas, es necesario que aparezcan nuevos textos prescriptivos.

La distinción kelseniana entre sistemas estáticos y dinámicos ilustra bien lo que pretendemos decir en este momento. Kelsen[228] enseña que se percibe la modificación de un sistema estático por el contenido de dos proposiciones. Una simple inferencia intelectual posibilita percibir si se trata de una nueva proposición o no. En un sistema de normas éticas, por ejemplo, un sujeto sabe si violó o no una norma cualquiera por el simple examen de su conciencia.

Mientras que las proposiciones de un sistema dinámico solo se modifican si fueran producidas por alguna persona competente.

De allí la relevancia de separar las proposiciones descriptivas de las proposiciones prescriptivas. La descripción relata la existencia de normas con el significado X, Y o Z. Sin embargo, solo las proposiciones prescriptivas modifican el sistema de derecho positivo, componiendo nuevas normas.

He allí el porqué de ser el sujeto competente quien se encarga de traducir el acontecimiento social en hecho jurídico, promoviendo la incidencia/aplicación de la norma. La simple descripción, hecha por la dogmática, no proyecta ninguna repercusión en el sistema jurídico. Así, entre la abstracción de la hipótesis normativa y la concreción del hecho, se encuentra el sujeto competente destacando aspectos relevantes de lo real social y, con ello, haciendo surgir nuevos textos de derecho positivo, nueva realidad jurídica.

Pues bien, la consecuencia lógica de la subsunción es la imputación de consecuencias que, según el modelo que adoptamos, será, necesariamente, una

---

227 *Ídem.*

228 *Cf.* Kelsen, Hans. *Teoria pura do direito*. 6.ª ed. São Paulo: Martins Fontes, 1999, p. 217.

relación jurídica. Así, podemos afirmar que, frente al hecho jurídico, invariablemente será prescrito un vínculo entre sujetos de derecho, teniendo como objeto una prestación determinada. Si estamos hablando del ejercicio de la competencia, prestación determinada será el conjunto de enunciados prescriptivos producidos según la descripción contenida en el antecedente del instrumento introductor de normas.

Con ello, demostramos que la norma de competencia, en la forma defendida en este trabajo, prescribe cómo debe ser enunciada la norma y sobre qué debe versar. La forma de elaboración de la norma es positivizada en el instrumento introductor. Mientras que la materia que es introducida, según aquella forma de enunciación, es prevista por el consecuente del instrumento introductor, vale decir, son los enunciados introducidos (enunciados-enunciados).

Pues bien, si no hay consecuencias jurídicas sin que un sujeto competente relate en lenguaje competente un hecho y le impute los efectos previstos por la propia norma de competencia, tampoco se puede hablar del surgimiento de nuevas normas jurídicas sin que un sujeto competente realice el proceso de enunciación debido para tratar de una materia específica.

Fundamenta esas ideas con el fragmento extraído de la obra de Herbert Hart, que, en la línea preconizada por Hans Kelsen, defiende que no existe una clara distinción entre aplicar el derecho y producir derecho:

> Según esta tesis, no puede trazarse una distinción nítida entre producción y aplicación del derecho. Todo acto jurídico es, al mismo tiempo, tanto de creación de normas (generales o individuales, no importa), como de aplicación de normas. Así, por ejemplo, la legislación es obviamente creación de normas (generales), pero es también al mismo tiempo aplicación de normas y, especialmente, de normas constitucionales. La jurisdicción, a su vez, es tanto aplicación de normas (legislativas) como creación de normas individuales[229].

Rafael Hernández Marín también defiende esto de la siguiente manera:

> (...) el sentido de una norma jurídica de competencia es: «Los enunciados que procedan de un órgano O, que hayan sido creados con arreglo al procedimiento P y referentes a la materia M son válidos (esto es, son jurídicos)»[230].

Veamos un ejemplo de lo que acabamos de afirmar. La Constitución de la República otorga a los municipios la competencia para, mediante una ley,

---

229 Hart, Herbert L. A. *O conceito de direito*. 3.ª ed. Lisboa: Fundação Calouste Gulbenkian, 2001, p. 95.

230 Marín, Rafael Hernández. *Teoría general del derecho y de la ciencia jurídica*. Barcelona: PPU, 1989, p. 162.

instituir, en su territorio, las reglas matrices del Impuesto sobre Servicios de Cualquier Naturaleza (ISS). La Ley Orgánica del Municipio de Belmonte reproduce ese otorgamiento de competencia en los términos previstos por la Constitución de la República. El Municipio, por medio de los órganos que forman su voluntad (Alcalde y Cámara de Concejales), realiza el proceso legislativo debido y publica en el Diario Oficial del Municipio, el día 15 de diciembre de 1989, la Ley N.° 1.555.

Con esta norma introductora inserta en el derecho positivo todos los enunciados normativos que dan forma a la respectiva regla matriz de incidencia tributaria del ISS. Así prescribe quién debe pagar, quién debe recibir y la forma de calcular la respectiva prestación. Así pues, realizando la enunciación adecuada y haciendo insertar nuevos enunciados-enunciados, el Municipio de Belmonte aplicó la norma de competencia, haciendo surgir nuevas disposiciones normativas en el sistema de derecho positivo.

En este ejemplo, el ejercicio de la competencia fue regular, pues el instrumento introductor hacía referencia a los elementos de la hipótesis normativa y los enunciados-enunciados no contrariaban los dispositivos materiales previstos en la Constitución de la República. Sin embargo, la acción de crear normas no siempre es legítima. Hay muchas situaciones en las que el ejercicio de la competencia produce normas incompatibles con su otorgamiento. En esas situaciones, no hay cómo cumplir la norma ilegítima sin violar la norma de competencia. ¿Qué hacer entonces?

4.2. Ejercicio regular e irregular de la competencia, cláusula alternativa tácita y normas sancionatorias de competencia

En la *Teoría Pura del Derecho*, Kelsen defiende que la validez de una norma deriva del hecho de que ella ha sido producida de acuerdo con lo que prescribe otra norma[231]. Ser válida sería el específico modo de existir de la norma. De modo que la expresión «norma inválida» encerraría una contradicción en términos y «norma válida», una redundancia.

Sin embargo, es innegable que existen normas jurídicas que no fueron producidas de forma regular en el sistema de derecho positivo. Todos los casos de nulidad, entendida como género que incluya la inconstitucionalidad, la ilegalidad, la nulidad en sentido estricto, la anulabilidad, el error de hecho y de derecho, son previstos por el derecho positivo como situaciones en las que la norma inferior fue producida de forma irregular, divergiendo, así, de la norma de competencia.

[231] Hans Kelsen señala que «la norma superior puede no solo fijar el órgano por el cual y el proceso en el cual la norma inferior es producida, sino también determinar el contenido de esta norma» (*Teoria pura do direito*. 6.ª ed. São Paulo: Martins Fontes, 1999, p. 261).

Ese hecho, por sí solo, ya evidencia la posibilidad que las normas jurídicas que fueran producidas, asumieran plenas vigencia y eficacia y, posteriormente, vinieran a ser declaradas incompatibles con el sistema. Además, en virtud de nuestro sistema difuso de control de constitucionalidad, no es difícil encontrar normas que, según un tribunal, sean constitucionales y según otro, inconstitucionales.

La existencia de normas que son insertadas en el sistema de derecho positivo, pasando a existir y, posteriormente, sean consideradas como inválidas, evidenció una paradoja en el pensamiento kelseniano: la idea de que una norma producida irregularmente sea válida.

Sin alterar ninguno de sus presupuestos, KELSEN solucionó la paradoja sugiriendo la existencia de una cláusula alternativa tácita. Con esta idea, se fijó lo siguiente: toda norma producida se ajusta a una norma de competencia o a una cláusula alternativa que, aunque no esté expresa, determina la invalidez de la norma creada. Es como si existiera una norma prescribiendo la validez y otra, la invalidez[232]. La primera incide sobre las normas producidas regularmente; la segunda, sobre las normas irregulares. Así, toda norma jurídica se ajusta a una norma que fundamenta su validez o, si es incompatible con esta, se ajusta a otra que prescribe su invalidez. La norma de competencia, la primera; y cláusula alternativa tácita, la segunda.

En una representación de lo que acabamos de decir, tendremos lo siguiente:

---

[232] Ulises SCHMILL relata la circunstancia que llevó a KELSEN a adoptar la cláusula alternativa tácita: «However, there is an undeniable fact expressly granted by Kelsen: the existence of irregular norms, i.e., norms that have been issued or established with some irregularity in acts that stem from the superior norm. Despite this, the norm exists and can be the object of judicial review before a constitutional court. Facing this dilemma, Kelsen assumes a really heroic theorical position: he does not abandon any of his theses, but formulates the meaning of the empowering norms, especially the constitution, as a set of norms that have an alternative character, that contain a tacit alternative clause» (*Cf.* The dynamic order of norms, empowerment and related concepts, *in Law and Philosophy*. N.° 19. Netherlands: Kluwer Academic Publichers, 2000, p. 304). [Traducción libre: «Sin embargo, hay un hecho innegable aceptado expresamente por KELSEN: la existencia de normas irregulares, por ejemplo, normas que han sido promulgadas o establecidas con alguna irregularidad en actos que contradicen la norma superior. No obstante ello, la norma existe y puede ser objeto de revisión judicial ante una corte constitucional. Frente a este dilema, KELSEN asume una posición teórica realmente heroica: él no abandona ninguna de sus tesis, y más bien formula el significado de las normas de empoderamiento, especialmente la constitución, como un conjunto de normas que tienen un carácter alternativo, que contienen una cláusula tácita alternativa»].

Producción regular de la norma	o	Producción irregular de la norma
↓		↓
Validez		Invalidez
↓		↓
Aplicación		No aplicación

No nos guiaremos por las críticas y por los problemas que la idea de una cláusula alternativa tácita provoca[233]. Ello desbordaría los objetivos dogmáticos de este trabajo. Sin embargo, es curioso notar en esta dualidad una versión, aplicada al plano de las normas de competencia, de la dualidad lícito e ilícito, vale decir, de las conductas regulares, acordes al derecho, y de las conductas irregulares, que generan la aplicación de sanciones.

De hecho, defendemos la premisa según la cual el acto de crear una norma es una conducta como cualquier otra. Podemos diferenciarla de las demás solo por su resultado, que es la producción de enunciados prescriptivos a partir de los cuales se pueden elaborar normas jurídicas. Al confrontar ese resultado con lo que prescriben las normas de competencia, la conducta de crear normas jurídicas puede ser considerada lícita o ilícita, conforme sea compatible o no con la norma de competencia primaria.

Entonces, es fácil relacionar la idea de nulidad de las normas jurídicas, o invalidez, a la idea de sanción por el ejercicio irregular de la competencia. Siendo sanción, no tenemos, propiamente, una cláusula alternativa, sino una norma que prescribe la reacción del sistema jurídico por la práctica de una conducta ilícita.

De esta forma, siempre que alguien pretenda argumentar por la no aplicación de una norma al caso concreto, o por la suspensión de su vigencia en el sistema de derecho positivo, lo que se está pidiendo, en último análisis, es la aplicación de una norma sancionatoria, frente al ejercicio irregular de la competencia.

4.3. La estructura de las normas sancionatorias

El ejercicio de la competencia está íntegramente regulado por el derecho positivo. Hans KELSEN[234] señala lo siguiente: «(...) el Derecho debe regular su

---

[233] Una de las más firmes oposiciones a la idea de una cláusula alternativa tácita es la de Ulises SCHMILL. Este autor defiende que esa idea transformaría el derecho en un sistema tautológico donde existe siempre una norma fundamentando la validez o invalidez de otra (*cf.* The dynamic order of norms, empowerment and related concepts, *in Law and Philosophy*. N.° 19. Netherlands: Kluwer Academic Publichers, 2000, p. 303).

[234] «Esto puede operarse de forma que una norma solo determina el proceso por el que otra es producida. Pero es posible que sea determinado también -en cierta medida el contenido de la norma a producir» (KELSEN, Hans. *Teoria pura do direito*. 6.ª ed. São Paulo: Martins Fontes, 1999, p. 246).

propia creación». Y la forma específica de la que dispone para regular comportamientos, ya vimos, es prever circunstancias cuya ocurrencia proyecta relaciones jurídicas, para cuyo incumplimiento el derecho establece reacciones adversas (sanciones).

En una primera aproximación, un enunciado sancionatorio nos remite a la idea de una consecuencia gravosa, imputada a aquel que realiza una conducta valorada negativamente por el sistema. Así, propone KELSEN, está presente la idea de «sanción» siempre que se perciba la imputación de una consecuencia negativa a un sujeto de derecho por la práctica de una conducta jurídicamente indeseada.

Veamos la precisa forma de su pensamiento:

> (...) el concepto de sanción puede ser extendido a todos los actos de coerción estatuidos por el orden jurídico, siempre que con ellos no se quiera expresar otra cosa salvo que el orden jurídico, a través de estos actos, reacciona contra una situación de hecho socialmente indeseable y a través de esta reacción, define el carácter indeseable de esta situación de hecho[235].

Sin embargo, en esta acepción amplia el término «sanción» es ambiguo. Aludir a la imputación de un mal cualquiera es un atributo común de las normas éticas, religiosas y morales. He aquí el motivo para ser presentadas nuevas elucidaciones a la definición de un sentido más técnico del término «sanción». Y es ese mismo autor que añade, en un trabajo posterior, la idea según la cual:

> (...) si se presupone que cada norma jurídica general es la conexión de dos normas, de las cuales una establece como debida una cierta conducta y la otra pone como debida la fijación de un condicional acto de coacción por parte de un órgano judicial para el caso de violación de esta norma[236].

De esta forma, tomada como acto condicional de coacción ejercido por un órgano del Estado, la sanción asume su porción más técnica, pasible, inclusive, de operar como criterio de distinción entre el sistema jurídico y los demás sistemas normativos vigentes en una sociedad. Recorriendo el camino abierto por KELSEN, Lourival VILANOVA ofrece una contribución precisa sobre aquello que se podría llamar *estructura completa de la norma jurídica*:

> Haciéndose un corte abstracto en la serie de normas que componen unitariamente el sistema del derecho positivo, vemos que una regla jurídica completa consta de dos normas. En la norma primaria, se tiene el

---

[235] KELSEN, Hans. *Teoria pura do direito*. 6.ª ed. São Paulo: Martins Fontes, 1999, p. 46.
[236] KELSEN, Hans. *Teoria geral das normas*. Porto Alegre: Fabris, 1986, p. 68.

presupuesto fáctico (o hipótesis de incidencia) en relación-de-implicación con la consecuencia: la relación jurídica. Abstractamente, si ocurre el hecho F, entonces A se quedará en una relación R con B. En la norma secundaria, la hipótesis fáctica es la no-observancia del deber de la parte del sujeto pasivo, la cual implica el ejercicio de la sanción y de la coacción (ya aquí a través del órgano jurisdiccional)[237].

El pensamiento de Lourival VILANOVA es claro en lo referente a la distinción entre sanciones jurídicas y las demás:

> En rigor, todas las normas sociales se acompañan de sanciones ante su incumplimiento. Lo que destaca a la sanción jurídica es su previsibilidad típica y la posibilidad del uso de la coacción organizada (a través del órgano jurisdiccional) para hacer valer las obligaciones principales y las obligaciones accesorias[238].

El «mal» previsto por la norma jurídica puede ser aplicado de forma objetiva, sin que para eso concurra la voluntad del infractor[239]. En ese plano abstracto de consideraciones, toda norma jurídica dispone de una sanción coercitiva[240]. Las dos normas, primaria y secundaria, coexisten en el sistema de derecho positivo, son válidas simultáneamente[241]. Por lo tanto, el hecho de que una venga a ser aplicada y la otra no, es insuficiente para sostener la existencia de normas jurídicas sin sanción. Eso porque norma jurídica sin sanción, deja de ser jurídica. Y la sanción sin norma no tiene sentido jurídico[242]. Precisamente esta es la idea que se extrae del pensamiento de Lourival VILANOVA, según el cual tenemos lo siguiente:

> Norma primaria (oriunda de normas civiles, comerciales, administrativas) y norma secundaria (oriunda de normas de derecho procesal objetivo) componen el carácter bimembre de la norma jurídica: la primaria

---

237 VILANOVA, Lourival. *Causalidade e relação no direito*. 4.ª ed. São Paulo: Revista dos Tribunais, 2000, p. 175.

238 *Ibídem*, p. 174.

239 *Ibídem*, p. 176.

240 «La coercitividad es la posibilidad que el derecho tiene para hacerse valer, en primer lugar a través de la incidencia de una especie particular de sanción por el incumplimiento de la norma jurídica, y posteriormente por la posibilidad de constreñir al sujeto a cumplirlo. Es la posibilidad de violencia legítima. Nótese que la coercitividad es esencial al derecho, pero no la coacción o la sanción, que pueden o no efectivizarse. La inclusión de la coercitividad como característica del derecho en frente de los demás órdenes normativos, así como la bilateralidad, fue útil al positivismo emergente y tuvo un papel fundamental en la configuración específica del objeto jurídico» (ADEODATO, João Maurício. *Ética e retórica: para uma teoria da dogmática jurídica*. São Paulo: Saraiva, 2002, p. 24).

241 VILANOVA, Lourival. *Estruturas lógicas e o sistema de direito positivo*. 3.ª ed. São Paulo: Noeses, 2005, p. 112.

242 *Cf.* VILANOVA, Lourival. *Causalidade e relação no direito*. 4.ª ed. São Paulo: Revista dos Tribunais, 2000, p. 190.

sin la secundaria se desjuridiciza; la secundaria sin la primaria se reduce a instrumento, medio, sin fin material, a adjetivo sin el soporte del sustantivo[243].

El incumplimiento de toda y cualquier norma proyecta efectos. El efecto que califica a una norma como jurídica es, precisamente, la previsión de una consecuencia coercitiva para su incumplimiento.

En síntesis, agruparemos, en lenguaje formalizado, los elementos que integran la sanción jurídica:

Ncom.s = H [s.p(-c).e.t.] → R [S(s.sj) . m(s.e.t.c)]

La norma sancionatoria tiene como hipótesis el incumplimiento de la relación jurídica de competencia tributaria (-c). Es la violación de aquello que disponen los condicionantes materiales de la norma de competencia que justifica la aplicación de la norma sancionatoria de competencia. En medio de los signos de su composición, es posible leer que violada la relación de competencia -**R(S.M)**-, se debe imputar una relación entre el destinatario de la norma y el Estado jurisdicción. El objeto de esa relación será la norma que prescribe la no aplicación de la norma creada ilícitamente. Esa norma es, también, denominada norma anulatoria.

Retomando parte de la discusión que desarrollamos en el capítulo 3, podríamos preguntarnos: ¿cuál es la naturaleza de las normas anulatorias? Según Schmill:

> (...) en esta concepción, la nulidad no es una sanción, aunque sí es la consecuencia de ciertas condiciones establecidas normativamente. Es la determinación de la fecha final de vigencia del AT de la norma[244].

En este punto, discordamos de la conclusión expuesta.

Fundamentamos nuestra posición con los siguientes argumentos: i) quedó claro que, entre los requisitos necesarios para la aplicación de la norma sancionatoria de competencia, está la constatación de que una norma fue producida irregularmente; ii) esta irregularidad se evidencia por el conflicto con la norma de superior jerarquía; iii) la producción irregular de normas jurídicas es un ilícito nomogenético; iv) la norma anulatoria es una reacción negativa para aquel que crea normas, pues impide que esa norma sea aplicada en el caso concreto, regulando conductas; y v) la reacción negativa por la práctica de un ilícito es, como ya vimos, una sanción. Por lo tanto, concluimos que la norma anulatoria tiene naturaleza de sanción nomogenética.

---

243 *Ibídem*, p. 188.

244 SCHMILL, Ulises. La derogación y la anulación como modalidades del ámbito temporal de validez de las normas jurídicas, *in Doxa* (*Publicaciones periódicas*). N.º 19. Alicante: Biblioteca Virtual Miguel de Cervantes, 1996, p. 239. Esclarecemos que en el simbolismo adoptado por este autor, AT significa Ámbito Temporal.

Frente a estos argumentos, mantengamos esta idea: la sanción por el incumplimiento de la norma primaria de competencia es prevista por la norma secundaria que prescribe la invalidez como sanción por el ejercicio irregular de la competencia. Utilizaremos los términos «sanción nomogenética», «norma sancionatoria de competencia» y «norma anulatoria» indistintamente, como sinónimos.

4.4. La hipótesis de las normas sancionatorias de competencia H [s.p(-c).e.t.]

La aplicación de la norma sancionatoria de competencia es del tipo condicionada, vale decir, presupone la presencia de algunos requisitos que están indicados en la respectiva hipótesis.

El primero de ellos es la competencia de un sujeto (s) para el ejercicio típico o atípico de la jurisdicción[245]. Siendo el derecho positivo un sistema dinámico, no basta percibir la existencia de ilícitos, no es suficiente la descripción de antinomias, es necesario que un órgano competente lo haga.

El segundo requisito es que esa enunciación sea hecha en un proceso, administrativo o judicial, en control concentrado o difuso, en el que quede evidenciada, después del contradictorio y la amplia defensa, la existencia de una norma que fue fruto del ejercicio irregular de la competencia **p(-c)**. Como toda enunciación, las normas sancionatorias de competencia son creadas en ciertas condiciones de espacio (e) y de tiempo (t). Dependiendo del tipo de norma, es posible que se establezca un lapso temporal para el ejercicio legítimo de la competencia sancionatoria. Esos son los casos en los que existen, por ejemplo, plazos de prescripción o de caducidad a ser observados. Dado que hay casos (esto es, declaración de tributos con algún vicio de legalidad) en los que, una vez transcurrido el plazo, se torna legítima la norma creada indebidamente.

Siguiendo, una vez más, las lecciones de Ulises SCHMILL[246], sería posible destacar, en medio de muchos otros requisitos que pueden ser establecidos por el derecho positivo, los siguientes: i) demostración de irregularidad en la creación de normas, evidenciada por la incompatibilidad entre norma superior y norma inferior, o entre normas de igual jerarquía, cuando se tratara de cláusulas pétreas; y ii) proceso regular, administrativo o judicial, por medio del cual el Estado ejerza la jurisdicción creando una norma que impide la aplicación de normas irregularmente creadas.

Cumplidos esos requisitos, la competencia para constituir la norma anulatoria deberá ser ejercida obligatoriamente.

---

245 En el capítulo 8 definimos el concepto de competencia jurisdiccional típica y atípica.

246 SCHMILL, Ulises, La derogación y la anulación como modalidades del ámbito temporal de validez de las normas jurídicas, *in Doxa* (*Publicaciones periódicas*). N.° 19. Alicante: Biblioteca Virtual Miguel de Cervantes, 1996, p. 239.

4.5. El consecuente de las normas sancionatorias de competencia R [S(s.sj). m(s.e.t.c.)]

El consecuente de las normas sancionatorias de competencia, como toda y cualquier norma en sentido estricto, vincula a dos o más sujetos [S(s.sj)] frente a una prestación determinada [M(s.e.t.c.)]. Esta prestación, tratándose de una competencia condicionada, es modalizada en obligatorio. Por ello, una vez que sea provocada la jurisdicción, obligatoriamente, deberá ser emitida una decisión favorable o contraria a quien tomó la iniciativa de provocarla.

En lo que concierne a los sujetos, afrontamos el tema de la legitimidad procesal para provocar la jurisdicción, en cualquiera de sus modalidades.

El aspecto material de las normas sancionatorias refleja la materia prevista por las normas de competencia primaria. En este punto, siempre es bueno recordar que la sanción procesal está al servicio de la eficacia de la norma primaria. Luego, cualquier aspecto de la norma de competencia que sea violado por la norma inferior podrá tener su validez, vigencia o eficacia suspendida, conforme sea el caso, por la norma sancionatoria.

4.5.1. Sobre la legitimidad activa y pasiva para cuestionar la validez de una norma jurídica producida ilícitamente

El sujeto pasivo de la relación sancionatoria de competencia es el Estado-jurisdicción. No distinguimos, en este caso, si se trata de jurisdicción típica o atípica. El trazo relevante es la capacidad de ejercer competencias jurisdiccionales. Según los límites previstos para la repartición de competencias jurisdiccionales, será posible identificar los distintos sujetos que pueden producir normas apartando la aplicación de otras, creadas de forma ilegítima.

En lo que se refiere a la legitimidad activa, o sujeción activa, para requerir la aplicación de las normas sancionatorias de competencia, tenemos una regla fundamental: solo hay nulidad cuando existe una lesión potencial o efectiva a derecho subjetivo. Sin demostrar amenaza o efectiva violación de derechos propios, o de terceros por los cuales es responsable, ningún sujeto puede provocar la jurisdicción para ver aplicada una norma anulatoria[247].

Cumplido ese requisito, que sintetiza el propio interés de actuar de la parte, todo y cualquier sujeto puede requerir al Poder Judicial la aplicación de una norma que dispense el cumplimiento de otra, creada sin fundamento de validez.

4.5.2. Efectos materiales de la aplicación de la norma anulatoria

El objeto de la relación jurídica de la norma sancionatoria de competencia establece los contornos materiales (M) de la norma anulatoria, vale decir,

[247] Esta es una aplicación analógica al principio según el cual no hay nulidad sin perjuicio, daño o amenaza a derecho.

prescribe su alcance subjetivo (s), espacial (e), temporal (t) y material en sentido estricto (c) o comportamental. Todo ello, cabe enfatizar, reflejando lo que prescribe la norma de competencia primaria. Por lo tanto, la norma anulatoria inferior deberá ser creada dentro de esos límites, para prescribir la no-aplicación de la norma creada de forma irregular, en los puntos en los que ella entrase en conflicto con la norma de competencia.

El ámbito material (M) de las normas anulatorias consistirá en la declaración de invalidez de la norma inferior y en la prescripción de restricciones a la aplicación de la norma inválida, sea en lo concerniente a su vigencia o a su eficacia. Esos efectos, conforme veremos, varían de caso en caso. Nunca está de más tener presente que la norma anulatoria es producida para restringir uno o más de los ámbitos de vigencia o eficacia de la norma ilegítima, precisamente en aquel punto en el que entra en conflicto y que, frente al conflicto, provoca perjuicios a los sujetos de derecho.

Veamos, a continuación, cómo cada uno de los ámbitos de vigencia de una norma puede ser restringido por la prescripción de una norma anulatoria.

4.5.2.1. Eficacia material en sentido estricto o comportamental de la norma anulatoria: total o parcial

El criterio material en sentido estricto o comportamental de una norma, ya vimos, es la conducta regulada. Instituir tributo sobre servicios, regular la recaudación de ese tributo, aplicar la norma tributaria a un caso concreto para calificar sujetos pasivos, activo y el valor de la obligación, promover el pago de la prestación tributaria, son acciones previstas por el aspecto material de normas jurídicas. Cuando esas acciones son prescritas de conformidad con la norma de competencia, afirmamos su regularidad, su validez.

Sin embargo, en muchas situaciones, podemos identificar que el tributo creado es inconstitucional; su reglamentación es ilegal; su incidencia fue hecha de forma nula o la norma de pago indica un sujeto diverso de aquel que debería. En todos estos casos, lo que tenemos es la norma inferior siendo producida en conflicto con la superior. Es precisamente aquí que se delimita el ámbito de vigencia material de las normas sancionatorias: en la proposición que es divergente de la norma de superior jerarquía.

Hablamos de proposición y no de enunciado, pues hay muchas situaciones en las que el sujeto competente, para positivizar la norma anulatoria, puede dejar de lado, tan solo, el sentido de una norma, manteniendo intacto su texto, vale decir, sus enunciados.

De hecho, solo hay ilícito en la creación de normas cuando se configura la divergencia de sentidos entre la norma inferior y aquella que le sirve de fundamento de validez. Y esto se da de tal forma que no es posible aplicar la inferior, sin violar la superior. Luego, es en el punto en el que las normas son conflictuantes que se hace necesaria la positivización de la norma anulatoria, dejando de lado la norma irregular y, con ello, preservando la consistencia del sistema jurídico.

De esta forma, y tomando como criterio la amplitud de la norma anulatoria en relación a la norma irregular, podríamos clasificar su extensión como total o parcial. Existen situaciones en las que, solo parcialmente, una norma diverge de lo que prescribe la norma superior. Y en otras, por su parte, la norma irregular es completamente incompatible. En un caso y en otro, tendremos, respectivamente, alcance total y parcial de la norma.

4.5.2.2. Eficacia personal de la norma anulatoria: *erga omnes* o *erga singulum*

Otro criterio relevante hace referencia al alcance de la norma anulatoria en relación a sus destinatarios, su eficacia personal. Este tema no despierta gran interés cuando tratamos de normas individuales y concretas, puesto que, por regla general, estas normas proyectan repercusión solo entre los sujetos vinculados entre sí por la relación jurídica. En esos casos los efectos son siempre entre las partes -*erga singulum*-.

Muy diversa es la situación cuando hablamos de normas generales y abstractas, especialmente las sometidas al control de constitucionalidad. En esos casos, y de acuerdo con nuestro ordenamiento jurídico, tenemos la posibilidad que la norma anulatoria proyecte efectos entre las partes de un proceso -*erga singulum*-, para todos los sujetos destinatarios de la norma general y abstracta -*erga omnes*- y, en algunos casos, los dos efectos sucesivos. Este es, por ejemplo, el caso en el que un juzgado reconoce la inconstitucionalidad por el control difuso y el Senado Federal, en el ejercicio de sus atribuciones, publica una resolución atribuyendo efecto *erga omnes* a la decisión del Supremo Tribunal Federal.

En ese ámbito de análisis, en el que privilegiamos el aspecto estructural de las normas anulatorias, no es posible ingresar por el proceso judicial constitucional para percibir sus diversas particularidades. Por ello, dejaremos solo registrado lo que nos interesa en el momento: las normas anulatorias pueden prescribir efectos que alcancen solo a los sujetos directamente involucrados en una relación procesal (*erga singulum*), pero, dependiendo del caso, pueden prescribir efectos generales, suspendiendo la propia vigencia de la norma creada (*erga omnes*).

4.5.2.3. Eficacia espacial de la norma anulatoria: total o parcial

Hay situaciones en las que solo la amplitud espacial prescrita por la norma viola lo que prescribe la norma de competencia. Y eso puede acontecer cuando el criterio espacial de la norma tributaria va más allá de lo que fue programado por la norma de competencia.

Veamos un ejemplo para ilustrar lo que acabamos de manifestar. El Municipio de Belmonte promulga una ley para hacer incidir el Impuesto Predial y Territorial Urbano (IPTU), previsto en el artículo 156, I, de la Constitución de la República, sobre áreas rurales. Los criterios que definen el concepto de «área urbana», para fines de incidencia de ese tributo, están previstos en el artículo 32 del Código Tributario Nacional (CTN). Luego, la extensión del ámbito territorial del IPTU sobre áreas no urbanas es un típico caso de violación del ámbito espacial de la norma de competencia.

Este sería un tipo de ilícito derivado de la ultraactividad de la norma tributaria. Compete a la norma anulatoria incidir para dejar de lado la aplicación de la norma del IPTU sobre propiedades localizadas en aquellas regiones que, de acuerdo con el artículo 32 del CTN, son consideradas rurales. Su efecto, en el caso, será sobre el ámbito de vigencia espacial de la norma.

Podemos hablar de reducción indebida del ámbito de vigencia espacial de la norma cuando esta no alcanza, de forma isonómica, a sujetos que están en igualdad de condiciones, difiriendo entre sí solo por el lugar en el que están situados. En esas hipótesis, la norma anulatoria puede prescribir la derogación del criterio ilegítimo de discriminación, ampliando el ámbito espacial de incidencia de la norma tributaria.

En cualquiera de las dos situaciones, podemos clasificar ese tipo de eficacia en total o parcial. La eficacia parcial deroga parte de la norma, aquella creada contrariando la competencia, manteniendo plenamente válidos, vigentes y eficaces los demás criterios. Sin embargo, puede haber situaciones en las que el ámbito espacial sea completamente ilegítimo, comprometiendo la propia validez de la norma. En esas situaciones, la eficacia de la norma anulatoria será total.

4.5.2.4. Eficacia temporal de la norma anulatoria: *ex nunc* o *ex tunc*

Las normas jurídicas ingresan en el sistema de derecho positivo con presunción de validez. Y mantiene esa presunción hasta que otra norma sea producida prescribiendo el fin de su vigencia temporal, por el hecho de haber sido producida ilícitamente -contrariando la norma de competencia-. Frente a esta fenomenología que acabamos de describir, es fácil inferir que la norma anulatoria incide siempre luego de haber sido dictada la norma irregular. Incluso porque, antes de su promulgación, no estarían cumplidas las condiciones para la enunciación de la norma anulatoria, también llamada en el proceso civil como condiciones de la acción (ver ítem 4.4).

De inmediato, podemos decir que las normas anulatorias pueden tener, fundamentalmente, dos eficacias temporales. En una de ellas prescribe que el ámbito de vigencia temporal de la norma irregular produzca efectos retroactivamente, a la fecha de su publicación, como si la norma anulada nunca hubiese existido. Hablamos, en estos casos, de eficacia *ex tunc*. En otros casos, la norma anulatoria prescribe que solo después de su publicación los efectos de la norma irregularmente creada deben cesar. Llamamos a estas situaciones como eficacia *ex nunc*.

El derecho positivo brasileño prevé circunstancias en las que la autoridad jurisdiccional puede prescribir la eficacia de la norma anulatoria de diferentes maneras. Este tema es tratado bajo el título de modulación de los efectos de la decisión de inconstitucionalidad. Se trata, para utilizar la terminología que venimos utilizando, de modular la eficacia de la norma anulatoria que prescribe la invalidez de una norma por ofensa a la Constitución de la República. Esa posibilidad fue insertada, expresamente, en el derecho positivo por el artículo 27 de la Ley N.° 9. 868, al prescribir lo siguiente:

> Al declarar la inconstitucionalidad de ley o acto normativo, y teniendo las razones de seguridad jurídica o de excepcional interés social, el Supremo Tribunal Federal podrá, por mayoría de dos tercios de sus miembros, restringir los efectos de aquella declaración o decidir que ella solo tenga eficacia a partir de su firmeza o de otro momento que venga a ser fijado.

La programación de efectos de la inconstitucionalidad requiere presencia de lo que sigue: i) proceso para el control concentrado de constitucionalidad; ii) decisión emitida de, por lo menos, dos tercios de los jueces del tribunal, en su composición plena; y iii) razones de seguridad jurídica o de excepcional interés social.

Con estas aclaraciones podemos afirmar que el sistema de control de legitimidad de las leyes y de los actos normativos vigentes en el país, prevé tres tipos de efectos temporales para las normas producidas ilícitamente. En el primero, la eficacia es retroactiva, pues la norma anulatoria reconoce la invalidez de la otra norma y anula su vigencia desde su publicación -eficacia *ex tunc*-. En el segundo, la eficacia es solo prospectiva, pues la norma anulatoria tan solo restringe la aplicación de la norma inválida a partir de su decisión. Por último, y en algunas circunstancias especiales, es posible la modulación de los efectos previstos para la eficacia de la norma anulatoria, postergando para fechas futuras el fin de la vigencia de la norma.

En cualquiera de los casos, a la autoridad jurisdiccional no se le permite modificar los efectos propios de la aplicación de las sanciones de invalidez (transformar el pasado en futuro y viceversa), salvo en aquellos casos en los que el derecho expresamente lo permite.

4.6. Ilícitos nomogenéticos y sus efectos sobre la validez, vigencia y eficacia de las normas jurídicas

En el pequeño glosario de instrumentos teóricos, que compone la introducción de este trabajo, fijamos los sentidos de validez, vigencia y eficacia con los cuales trabajaríamos. Después de la exposición hecha anteriormente, tenemos nuevos fundamentos para demostrar la relación que existe entre estos conceptos y los tipos de eficacia proyectados por las normas anulatorias.

Veamos cada una de las relaciones presentadas:

i. Es válida la norma producida de acuerdo con los límites formales y materiales previstos por la norma de competencia;

ii. Es inválida la norma que, habiendo sido creada de manera irregular, se ajusta a lo que prescribe la norma sancionatoria de competencia;

iii. La norma válida es plenamente vigente (apta para regular conductas) y eficaz (regula efectivamente las conductas);

iv. La norma inválida puede tener su eficacia suspendida en los casos en que, siendo general y abstracta, su invalidez es reconocida con efectos entre las partes -*erga singulum*-;

v. La norma inválida puede tener su vigencia suspendida cuando, siendo general y abstracta, su invalidez es reconocida con efectos *erga omnes* y *ex tunc;*

vi. La norma inválida puede tener solo su vigor –vigencia prospectiva– limitado en el tiempo cuando, siendo general y abstracta, su invalidez es reconocida con efectos *erga omnes* y *ex nunc;*

vii. La norma inválida puede tener vigencia y eficacia completamente suspendidas cuando fuera norma individual y concreta.

En cualquiera de los casos, el acto de crear normas es una conducta que puede ser clasificada como lícita o ilícita. Como el sistema de derecho positivo sigue el principio dinámico, esas clasificaciones dependen de una decisión, emanada de autoridades competentes, según procedimientos previstos por el propio sistema.

La invalidez o nulidad de una norma es construida por una decisión competente. Por eso mismo, de nada vale que toda la ciencia del mundo sustente la invalidez de una norma si el sistema jurídico así no lo hiciera. De la misma forma que de nada sirve la afirmación de que alguien practicó un ilícito penal, si este no fuera posteriormente reconocido en un proceso judicial. En otras palabras, solo el propio sistema es capaz de crear normas jurídicas y de calificarlas como lícitas o ilícitas, pasibles o no de producir efectos, regulando conductas.

CAPÍTULO 5
DE LA UNIDAD A LA PLURALIDAD DE LAS NORMAS DE COMPETENCIA TRIBUTARIA

En este capítulo, daremos continuidad al análisis estructural de la norma de competencia, esta vez, sin embargo, investigaremos cómo esas normas se relacionan en la composición del sistema jurídico.

Entonces, el primer paso será superar algunas ambigüedades en el uso de la expresión «sistema jurídico». Con un sentido técnico en mano, pasaremos a analizar los respectivos atributos de unidad, coherencia y completitud[248]. Tratando de cada uno de esos puntos, tendremos la oportunidad de demostrar la importancia de la estructura completa de la norma de competencia para la comprensión de los siguientes temas: i) fuentes del derecho tributario; ii) jerarquía de normas; iii) conflicto entre normas y las formas de solución para esos conflictos; iv) derogación de normas jurídicas; y v) anulación de normas. Sin embargo, haremos ello dialógicamente, comentando bien bajo la perspectiva de quien participa del sistema (participantes) o como quien se pone frente al sistema para describir y sistematizar su objeto (observadores)[249].

---

248 Es sobre el sentido y la consecuencia de esos atributos que los autores de Teoría General del Derecho se detienen. En este sentido, ver: Aftalión, Enrique R.; Vilanova, José y Raffo, Julio. *Introducción al derecho (conocimiento y conocimiento científico, historia de las ideas jurídicas, teoría general del derecho, teoría general aplicada)*. 3.ª ed. Buenos Aires: Abeledo-Perrot, 1988; Alchourrón, Carlos E. y Bulygin, Eugenio. *Introducción a la metodología de las ciencias jurídicas y sociales*. Buenos Aires: Editorial Astrea, 2002; Alves, Alaôr Caffé. *Lógica, pensamento formal e argumentação*. 2.ª ed. São Paulo: Quartier Latin, 2002; Bobbio, Norberto. *Teoria do ordenamento jurídico*. 10.ª ed. Brasília: Editora Universidade de Brasília, 1999; Canaris, Claus-Wilhelm. *Pensamento sistemático e conceito de sistema na ciência do direito*. 2.ª ed. Lisboa: Fundação Calouste Gulbenkian, 1996; Carvalho, Paulo de Barros. *Direito tributário, linguagem e método*. 2.ª ed. Noeses: São Paulo, 2008; Diniz, Maria Helena. *Conflito de normas*. 5.ª ed. São Paulo: Saraiva, 2003; Ferraz Jr., Tércio Sampaio. *Introdução ao estudo do direito: técnica, decisão, dominação*. 2.ª ed. São Paulo: Atlas, 1994. Kelsen, Hans. *Teoria pura do direito*. 6.ª ed. São Paulo: Martins Fontes, 1999; Vilanova, Lourival. *Estruturas lógicas e o sistema de direito positivo*. São Paulo: Noeses, 2005.

249 La distinción entre «observador» y «participantes» que adoptamos aquí se inspira en la distinción propuesta por Hans Kelsen, en la *teoria pura do direito* (p. 387), entre intérprete

5.1. Ordenamiento, sistema y algunos problemas semánticos

Con el uso de la expresión «sistema», pretendemos significar la existencia de un conjunto formado por elementos que se relacionan según ciertos patrones de racionalidad. En ese sentido, Lourival VILANOVA afirmaba que «donde hay sistema hay relaciones y elementos, que se articulan según leyes»[250]. Por eso, hablar de «sistema» es hablar de la totalidad de elementos, reunidos por una característica común, y organizados de acuerdo con ciertos patrones.

En la Ciencia del Derecho, el término «sistema de derecho positivo» designa al conjunto de normas jurídicas que se vinculan en nexos de coordinación y fundamentación. Sin embargo, este término es ambiguo y, por sugerir la idea de «racionalidad» y «consistencia», acaba siendo utilizado para los más diversos fines, sirviendo a la legitimación de las más diferentes ideas. Todos hablan en nombre del sistema con la misma facilidad con que hablan en nombre de la lógica. Llega a ser insólita la idea de que un sujeto declare: mi interpretación es sistemática, pero usted tiene razón. Ello porque todos los que hablan en nombre del sistema hablan, en último análisis, en nombre de la verdad, de la validez de sus afirmaciones.

Este uso exclusivamente retórico, sin un compromiso con ninguna acepción técnica, acabó por generar un cierto desgaste semántico de la expresión, haciéndola un lugar común, en medio de expresiones vacías de sentido. Este desgaste fue denunciado por Norberto BOBBIO[251], cuando afirmó que el término «sistema» es utilizado indiscriminadamente, conforme a las conveniencias de cada intérprete.

Sin embargo, el flujo continuo del lenguaje no se somete al control de quienquiera que sea. Su desarrollo se da como una institución formada bajo la

---

auténtico -aquel que conoce el derecho para aplicarlo, construyendo una norma inferior a partir de una norma superior- e intérprete no auténtico, que es el sujeto que se pone frente al derecho para conocerlo. Discordamos de las críticas apuntadas por Eugenio BULYGIN a esta clasificación (Sobre observadores y participantes, *in Doxa* [*Publicaciones periódicas*]. N.° 21. Alicante: Biblioteca Virtual Miguel de Cervantes, 1998, pp. 41-48). Lo hacemos porque estamos convencidos de la tesis opuesta de J. C. BAYÓN (Participantes, observadores e identificação do direito, *in* CAMANDUCCI, P. & GUASTINI, Riccardo. *Struttura e dinamica dei sistema giuridici, a cura di*. Torino: G. Giappichelli Editore, 1996), que defiende que existe la misma base empírica para los observadores y participantes, procesos subjetivos de construcción de sentido que no se pueden controlar metodológicamente, pero que el uso dado por los participantes o por los observadores a sus proposiciones es completamente distinto: uno prescribe la conducta y otro describe los requisitos. Por lo tanto, están sujetos a racionalidades completamente diferentes.

[250] VILANOVA, Lourival. *Estruturas lógicas e o sistema de direito positivo*. 3.ª ed. São Paulo: Noeses, 2005, p. 87.

[251] BOBBIO, Norberto. *Teoria do ordenamento jurídico*. 10.ª ed. Brasília: Editora Universidade de Brasília, 1999, p. 76.

influencia de factores culturales de los más diversos. Esta alerta que acabamos de formular tan solo sirve para destacar nuestra opción por el uso técnico del término. Hablaremos de sistema de la Ciencia del Derecho y sistema del derecho positivo. Sin embargo, en los dos casos estaremos refiriéndonos a un conjunto de proposiciones, descriptivas en un caso, y prescriptivas en otro, que mantienen entre sí ciertas relaciones. Sin embargo, para el uso pleno de ese sentido hagamos otras aclaraciones, con las cuales pretendemos dejar muy en claro nuestra posición, distinguiéndola de otras inconfundibles con ella.

5.1.1. Ordenamiento como sinónimo de sistema jurídico

En este trabajo, tomaremos las expresiones «ordenamiento jurídico» y «sistema jurídico» como sinónimos perfectos. Una y otra sirven para designar un conjunto de normas jurídicas válidas en ciertas condiciones de espacio y tiempo. Siendo esta nuestra premisa, no podemos aceptar distinciones como aquella propuesta por Gregorio ROBLES[252], que reserva significaciones distintas para las dos locuciones. Este autor defiende que «el ordenamiento es el texto jurídico en bruto en su totalidad, compuesto por textos concretos, los cuales son el resultado de decisiones concretas»[253]. En relación al sistema jurídico, su posición es igualmente clara:

> El sistema es el resultado de la elaboración doctrinal o científica del texto bruto del ordenamiento. El sistema implica la ordenación del material jurídico y su interpretación. Es la presentación del derecho de una manera sistemática, conceptualmente depurada, libre de contradicciones y de ambigüedades[254].

Vale decir, el texto construido a partir de la interpretación descriptiva del derecho positivo sería el «sistema»; sin embargo, antes de ese esfuerzo de construcción racional de sentidos, existiría solo aquello que se llama ordenamiento jurídico, es decir, texto bruto.

A pesar de su fuerza didáctica, y a pesar de la importancia atribuida a la actividad definidora y sistematizadora del científico del derecho, aquello que propone es incompatible con la premisa que fijamos para desarrollar este trabajo. Atribuir a los productores del «sistema» el monopolio de la racionalidad en el derecho es calificar de irracionales a las decisiones emitidas por los órganos del «ordenamiento». Contra esa comprensión, sostenemos que existe racionalidad y sistematicidad tanto en el llamado sistema, que es dominio de la Ciencia del Derecho, como en el derecho positivo, que es el campo del ordenamiento jurídico. En estas dos hipótesis, el producto de la interpretación

---

252 ROBLES MORCHÓN, Gregorio. *Teoría del derecho: fundamentos de teoría comunicacional del derecho*. V. 1. Madrid: Civitas, 1998, p. 111.

253 *Ídem*.

254 *Ibídem*, p. 113.

varía, pues en la Ciencia se producen proposiciones descriptivas y en el derecho positivo se producen normas. Sin embargo, en ambos hay esquemas racionales que determinan cómo se da la relación entre las proposiciones. Justificamos, así, el porqué de no acatar la distinción entre ordenamiento y sistema, expuesta anteriormente de forma clara y didáctica.

5.1.2. Análisis sincrónico y diacrónico del sistema jurídico

Los fenómenos del lenguaje pueden ser sincrónicos o diacrónicos, según Oswaldo DUCROT y Tzvetan TODOROV, cuando, respectivamente, «los elementos y factores que emplea pertenecen a un único y mismo momento de un único y mismo lenguaje»[255] o «cuando hace intervenir elementos y factores pertenecientes a estados de desarrollo diferentes de una misma lengua»[256]. Estos autores sostienen que no hay, propiamente, fenómenos diacrónicos o sincrónicos, sino una perspectiva distinta para estudiar el mismo hecho: el lenguaje[257]. En la primera, el fenómeno es analizado sin el transcurso del tiempo. En la otra, el mismo fenómeno es analizado con el auxilio de la sucesión de momentos distintos[258].

Aceptada la premisa de que un conjunto de normas jurídicas es, también, un conjunto de fenómenos lingüísticos, podemos examinarlo desde las perspectivas sincrónica y diacrónica. E, intuitivamente o no, solemos desarrollar con intensidades diferentes las dos formas de estudio. Son ejemplos de investigación diacrónica los capítulos dedicados a la «evolución histórica» de un determinado instituto jurídico. Las percepciones sincrónicas, por su parte, consideran las normas jurídicas válidas en un determinado momento histórico, abstrayéndose la sucesión del tiempo. En cualquiera de esas perspectivas, según la premisa que adoptamos, lo que se analiza es el único y mismo sistema jurídico.

---

255 DUCROT, Oswald y TODOROV, Tzvetan. *Dicionário enciclopédico das ciências da linguagem*. Lisboa: Dom Quixote, 1991, p. 137.

256 *Ídem*.

257 *Ibídem*, p. 138.

258 «Un enfoque sincrónico permite el estudio de una lengua en un momento dado del tiempo. Como si efectuásemos un corte temporal. Obtendremos así el código de significantes y sus correspondientes significados y las reglas para el uso de los primeros. Pero ese enfoque es insuficiente, pues toda lengua está en cambio constante, no solo en los sonidos (fonemas) y correspondiente grafía de los mismos, sino también en la relación misma significante-significado. El habla es la responsable de estos cambios y su papel apenas se vislumbra en un enfoque puramente sincrónico. Por su parte el enfoque diacrónico tiene en cuenta los cambios que se producen en las palabras, fonemas y grafías como en la relación del significante con el significado» (AFTALIÓN, Enrique R.; VILANOVA, José y RAFFO, Julio. *Introducción al derecho: conocimiento y conocimiento científico, historia de las ideas jurídicas, teoría general del derecho, teoría general aplicada*. 3.ª ed. Buenos Aires: Abeledo-Perrot, 1988, p. 84).

«Ordenamiento» y «sistema» significarían, desde este punto de vista, realidades distintas, construidas a partir de observaciones dinámicas y estáticas. Carlos E. ALCHOURRÓN y Eugenio BULYGIN aclaran que «llamaremos ordenamiento al conjunto formado por todos los enunciados válidos conforme a un cierto criterio de identificación[259]. La unidad del ordenamiento está dada por el criterio de identificación». Mientras que el sistema jurídico es definido por los citados autores de la siguiente manera: «En este sentido los sistemas normativos son relativos a un momento cronológico dado: son sistemas momentáneos»[260]. Reconocemos que la distinción es útil y didáctica, especialmente cuando pone en el centro de las atenciones el hecho del conjunto de las normas jurídicas que puedan ser analizadas desde diferentes perspectivas.

Por su parte, estos puntos de vista son igualmente relevantes para comprender las dos formas fundamentales de relación entre las normas. El análisis sincrónico del sistema jurídico posibilita la verificación de la compatibilidad entre normas que se relacionan en nexos de subordinación y derivación. Mediante la abstracción del tiempo, es posible saber qué norma fundamenta la validez de otra, y si hay compatibilidad entre la norma superior y la inferior. En otras palabras, el análisis sincrónico es el que posibilita cotejar si la norma inferior fue producida de acuerdo con la norma superior.

Mientras que la observación diacrónica hace posible percibir la relación entre normas que entran en el sistema de derecho positivo en momentos distintos. Las relaciones de coordinación posibilitan la comprensión de las normas en el curso del tiempo.

Sin embargo, en uno y en otro caso lo que se analiza es el Sistema Jurídico, sus elementos y relaciones. De allí por qué no adoptamos nombres distintos para hablar del mismo objeto, visto solo desde perspectivas diferentes.

5.1.3. Definición del concepto de sistema de derecho positivo y sus atributos

Definir el concepto de «sistema de derecho positivo» significa definir los contornos del propio derecho, de aquello que elegimos como objeto de la Ciencia Jurídica. Norberto BOBBIO, al tratar de este tema, acaba por ofrecer cuatro criterios distintos y complementarios, siendo uno formal, otro material y otros dos subjetivos, relacionados a los sujetos que ponen normas o a aquellos a los cuales se destinan ellas[261].

Desde el punto de vista formal, el sistema jurídico posee atributos estructurales que lo separan de los demás conjuntos. El primero de esos atributos

---

[259] ALCHOURRÓN, Carlos E. y BULYGIN, Eugenio. *Introducción a la metodología de las ciencias jurídicas y sociales*. Buenos Aires: Editorial Astrea, 2002, p. 121.

[260] *Ídem*.

[261] BOBBIO, Norberto. *Teoria do ordenamento jurídico*. 10.ª ed. Brasília: Editora Universidade de Brasília, 1999, p. 23.

está en el hecho de que solo las normas jurídicas vinculan su incumplimiento a una sanción coercitiva, que puede ser aplicada con el uso de la fuerza, incluso contra la voluntad de sus destinatarios. Además de ese atributo formal, habría que considerar el hecho de que, para que una norma sea jurídica, ella debe ser creada con fundamento en lo que prescribe otra norma jurídica. De esa forma, una norma deriva siempre de otra norma. Pero no es solo ello.

En aquello que se denomina criterio material, una norma es jurídica cuando regula conductas sociales, intersubjetivas y contingentes. Poco importan al derecho positivo las conductas que solo hagan referencia a su agente, sin proyectar ninguna consecuencia en sus destinatarios. El carácter contingente se desdobla en dos consideraciones: la conducta regulada no puede ser necesaria, tampoco imposible. En el primer caso, no podrá ser incumplida; y, en el segundo, ella nunca podrá ser aplicada. Por ello, sin que se atienda a cualquiera de los criterios materiales que acabamos de describir, las normas no tendrán sentido jurídico, no formarán parte del sistema de derecho positivo. Pero esos atributos, como los anteriores, no se sustentan aisladamente.

Si el criterio distintivo fuera el sujeto competente, las normas jurídicas pueden ser separadas de las no jurídicas en virtud del origen. Podríamos decir que integran el sistema de derecho todas las normas producidas por un sujeto competente.

Invirtiendo la perspectiva y adoptando como criterio al sujeto destinatario, podemos afirmar que la norma jurídica es aquella impuesta incluso contra la voluntad del destinatario. Aquel a quien se destina la norma jurídica sabe que, si no la cumpliese, podrá sufrir consecuencias impuestas institucionalmente por el Estado, generando, inclusive, la propia pérdida de la libertad.

Todos esos criterios apuntan hacia aspectos distintos de las normas jurídicas. Su forma, su contenido prescriptivo, aquellos que las crean y a quienes se destinan son aspectos igualmente relevantes y que concurren para segregar las normas jurídicas de las demás. Sin embargo, de manera aislada no atienden a la necesidad de destacar las normas jurídicas de otros sistemas normativos vigentes en la sociedad.

Solo la reunión de todos ellos fundamenta la distinción entre el derecho positivo y el no derecho positivo. Por su parte, todos esos criterios están, de cierta forma, sintetizados en la estructura de la norma de competencia tributaria. El vínculo entre comando normativo y sanción, el aspecto material de la conducta impuesta a los destinatarios, aquel que puede crear y los que tienen el deber de recibir las normas jurídicas son elementos de una sola norma que llamamos *completa*. Además, son atributos de una norma jurídica, aisladamente considerada.

Sin embargo, el ser norma jurídica no lo es aisladamente. Una proposición jurídica surge, gana forma, sentido, función y se extingue por el hecho de existir otras normas. Ello nos lleva a afirmar que una norma es jurídica en la relación con otras normas, también jurídicas.

Los criterios mencionados líneas arriba dejan en claro el hecho de que una norma es válida, porque es pasible de ser aplicada coercitivamente. Y la aplicación coercitiva presupone un mínimo de organización y de complejidad, porque es el sistema jurídico el que constituye sujetos competentes y prevé la concatenación de normas que se suceden en un flujo incesante de positivización, hasta prescribir, con la máxima concreción, los ámbitos de vigencia de la norma jurídica.

Pensar en el sistema de derecho positivo es pensar en un conjunto de normas jurídicas, que poseen las características previstas anteriormente y que se organizan según patrones de racionalidad, sintetizados en los atributos de unidad, coherencia y completitud. En virtud de ellos, el sistema jurídico sería uno, y solo un conjunto de normas, sin proposiciones que entran en conflicto u omisiones. Estos atributos, como demostraremos a continuación, varían según sea hecha la observación por los propios órganos del sistema (participantes) o por otros (observadores) que se ponen frente a él con propósitos exclusivamente descriptivos.

5.1.4. El sistema de los observadores y el sistema de los participantes: puntos de vista semejantes, funciones diferentes

Interpretar el sistema de derecho positivo puede servir a dos propósitos fundamentales: crear nuevas normas jurídicas, positivizando los contenidos prescriptivos de las normas superiores, o formular propuestas descriptivas, ofreciendo informaciones racionales acerca de los contenidos normativos. Esas dos formas de interacción entre sujetos y sistema jurídico tienen un punto de partida común: los textos jurídicos.

Hay, también, una esfera subjetiva presupuesta, de construcción de los sentidos, que huye al objeto de las ciencias sociales. Acaban ahí las semejanzas. El resultado proyectado por la interpretación de los observadores y de los participantes es radicalmente distinto.

Esa diferencia fue destacada por Hans KELSEN[262] que, al analizar los diferentes modos de interpretación, otorgó nombres diferentes a los sujetos que la realizan: intérpretes auténticos y no-auténticos. Sin embargo, adoptaremos la distinción propuesta por Herbert HART[263], que denominó a esos mismos sujetos participantes y observadores. Los participantes serían los órganos del sistema de derecho positivo que interpretan y aplican normas, produciendo, así, más

---

262 KELSEN, Hans. *Teoria pura do direito*. 6.ª ed. São Paulo: Martins Fontes, 1999, pp. 387-397.

263 HART, Herbert. *O conceito de direito*. 3.ª ed. Lisboa: Fundação Calouste Gulbenkian, 2001, pp. 111 y ss.

normas. Esos sujetos positivizan sus interpretaciones. Mientras que los observadores, diversamente, exponen aquello que entienden de la lectura de los textos legales. Fijan conceptos, clasificaciones y sugieren cómo debe ser entendida una norma. Al hacer ello, producen doctrina, ciencia jurídica, no derecho positivo[264].

Esa distinción es crucial para la adecuada comprensión del sistema jurídico y, en especial, para explicar gran parte de la divergencia de opiniones que existe acerca de temas como validez de las normas jurídicas, organización jerárquica de las normas, antinomias y anomias. No es difícil aceptar que son diversos los propósitos de quienes simplemente describen, y de los que están obligados a decidir de forma legítima. Ese sujeto participante, por imposiciones operacionales del propio sistema, no puede percibir sistemas plurales, incoherentes o lagunosos. Tampoco puede decidir afirmando que muchas otras podrían ser las decisiones, por el hecho que el sistema es vago, ambiguo o, simplemente, inconsistente. Su función, como órgano habilitado para producir el derecho, es actuar en nombre de la unidad, coherencia y completitud. Si, por alguna razón, se perciben normas incompatibles, estas no deben ser aplicadas al caso concreto, debiendo ser alejadas en nombre de la coherencia del sistema.

Muy diversa es la posición de quien no está obligado a decidir. Aquel que observa un sistema jurídico cualquiera puede, por ejemplo, indicar subsistemas autónomos, que no buscan su fundamento de validez en una misma constitución positiva. Esa es la situación propuesta por Boaventura de Sousa SANTOS[265] para fundamentar la existencia de sistemas jurídicos no oficiales en algunas regiones de la ciudad de Río de Janeiro. La existencia de complejos normativos coercitivos al margen del Estado generaría la idea de ordenamientos jurídicos autónomos, conviviendo en un mismo espacio territorial. Dos órdenes jurídicos paralelos que configurarían una pluralidad de ordenamientos, de Estados, jurisdicciones, en lugar de solo uno.

Puede, también, indicar disposiciones contradictorias que configuren, desde el punto de vista descriptivo, casos de inconstitucionalidad, ilegalidad,

---

[264] Paulo de Barros CARVALHO, en la posición de quien describe el sistema, afirma lo siguiente: «Cuando menciono el derecho legislado, en la condición de sistema, es para encararlo no como sistema lógico, dotado de consistencia, libre de contradicciones, como el modelo del sistema de las ciencias, sino como un conjunto de proposiciones lingüísticas que se orientan a cierta y determinada región material -la región material de la conducta-. El discurso del cual hablo, aunque abrigue proposiciones contradictorias y lagunas, incluso así viene cargado de una porción de racionalidad, que consideramos suficiente para otorgarle fotos del sistema, no lógico, sino empírico, precisamente por el compromiso que mantiene con el tejido social, ordenados por él de manera prescriptiva» (*O direito positivo como sistema homogêneo de enunciados deônticos*. Año 12. N.° 45. São Paulo: Revista de Direito Tributário, RT, jul./set. de 1988, p. 33).

[265] SANTOS, Boaventura de Sousa. *Pelas mãos de Alice*. 3.ª ed. São Paulo: Cortez, 1999, *passim*.

nulidades, errores de hecho o de derecho. Las afirmaciones constantes en charlas, artículos y manuales sobre los vicios de validez de una especie tributaria cualquiera son de esa naturaleza. Además de ello, se puede hasta afirmar que existen situaciones en las que el derecho positivo es omiso, buscando configurar lagunas en el ordenamiento jurídico.

Lo que es relevante percibir, especialmente para discernir las diferentes posiciones existentes sobre cada uno de los atributos del sistema, es que los discursos de los observadores y de los participantes son distintos, pues cumplen funciones pragmáticas que en nada se confunden.

Esta es precisamente la diferencia entre principio de imputación y principio de causalidad. Es posible, inclusive, afirmar que no se transita libremente del mundo de la Ciencia (de los observadores) hacia el mundo del derecho positivo (participantes). De la misma forma que no se transita libremente del mundo del ser hacia el universo del deber ser. Sin embargo, de esta afirmación no se puede inferir la irrelevancia de la Ciencia para el derecho positivo y viceversa, pues influenciar, aunque sea psicológicamente, la decisión de los participantes es la función máxima que se puede anhelar para el discurso de los observadores.

En otra orden de consideraciones, podemos sintetizar de esta forma los puntos de proximidad entre observadores y participantes: i) la base sobre la cual operan observadores y participantes es el texto de derecho positivo - el soporte físico; ii) de ese contacto, cada sujeto construye, subjetivamente, el sentido de las proposiciones, articulándolo en normas jurídicas. Hasta aquí, participantes y observadores interaccionan con el derecho positivo de la misma forma. Sin embargo, la divergencia entre participantes y observadores surge en el momento en el que deciden objetivizar las ideas formadas a partir del contacto con el derecho positivo. Mientras que los observadores producen textos de dogmática jurídica, según los patrones vigentes para la legitimidad del discurso de la Ciencia del Derecho, los participantes producen normas jurídicas.

Entonces, pasemos a analizar cada uno de los atributos que mencionamos arriba, comentando ora la posición de los observadores, ora la posición de los participantes. El enfrentamiento entre esos puntos de vista ofrecerá la mejor perspectiva para comprender las razones ofrecidas por la doctrina sobre el tema. Además de ello, a cada una de las etapas buscaremos evidenciar el papel de las normas de competencia en la configuración de cada uno de los atributos del sistema de derecho positivo.

5.2. Unidad del sistema de derecho positivo

En los próximos ítems discutiremos algunas de las soluciones ofrecidas por la doctrina para que sea posible imaginar el sistema jurídico como un conjunto unitario, destacado de los demás sistemas normativos vigentes en una determinada sociedad. Para ello discutiremos, necesariamente, la forma de producción del derecho positivo, relacionando a aquello que se denominó «fuentes del derecho positivo». Esas fuentes permiten no solo identificar el derecho válido, sino situar la norma en una determinada posición jerárquica en el interior del sistema jurídico. Por ese camino, el tema de la unidad del sistema jurídico posibilita tanto la comprensión de los modos por los cuales el derecho se diferencia de los demás sistemas normativos sociales -moral, ética, civilidad-, se produce y se organiza jerárquicamente, así como el papel que las normas de competencia desempeñan en esa organización.

5.2.1. Norma de competencia como criterio de distinción entre derecho y no derecho

Retomemos una premisa: las normas jurídicas son aquellas que se diferencian de las demás porque tienen garantizado su cumplimiento por una sanción externa, institucionalizada e impuesta contra la voluntad de sus destinatarios. La institucionalización presupone un mínimo de organización, de órganos encargados de aplicar las normas jurídicas. Ese hecho, por sí solo, deja en evidencia que el derecho positivo no puede ser definido en función de una norma o del atributo de una norma. Siendo así, se percibe que la juridicidad no es atributo de la norma, aisladamente considerada, sino del sistema al cual ella pertenece. En otras palabras, la juridicidad es atributo de la relación entre norma y sistema.

Las normas son jurídicas porque integran un sistema jurídico. E integran un sistema por haber sido producidas según lo que prescribe el propio sistema. De esta forma, para saber si una norma cualquiera es o no jurídica, para saber si existe o no una sanción coercitiva, institucionalizada, para asegurar su aplicación, tenemos que saber si esa norma fue o no producida según lo que prescriben otras normas.

5.2.2. Norma de competencia y modos de producción del derecho positivo

El tema de las fuentes del derecho está, pues, íntimamente relacionado con la definición de la unidad del sistema de derecho positivo. La metáfora de las fuentes del derecho puede ser desdoblada en, por lo menos, tres preguntas: ¿Quién puede producir el derecho? ¿Cómo puede ser producido el derecho? ¿Sobre qué materia puede versar el derecho? Responder estas cuestiones es dar un paso más en la determinación de los criterios que permitan separar el derecho del no derecho, vale decir, es indicar criterios para el reconocimiento de las normas jurídicas, separándolas de aquellas que no son elementos del ordenamiento jurídico.

A la denominada norma de competencia le corresponde indicar el sujeto de la enunciación. Es aquel que debe desempeñar el acto o conjunto de actos necesarios para la producción válida de normas en el sistema jurídico. Es también esta norma la que vincula, por medio de una relación jurídica, el sujeto competente y los demás sujetos de derecho. En el corazón de ese vínculo se encuentra la posibilidad de producir normas sobre una materia cualquiera. Una vez más, las respuestas sobre quiénes, cómo y acerca de lo que deben versar las normas para que sean jurídicas se encuentran en las normas de competencia.

5.2.3. Norma de competencia y disposición jerárquica de las normas jurídicas

La validez, desde esta perspectiva, no es un atributo de la norma, sino de la relación de compatibilidad entre la norma creada y la norma de competencia. Es precisamente lo que Norberto BOBBIO defiende cuando afirma que las normas que integran un sistema jurídico no están en el mismo plano, pues hay normas superiores y normas inferiores: «las inferiores dependen de las superiores»[266]. Estas normas, por su parte, dependen de aquellas que les fundamentan la validez y así sucesivamente. Esto ocurre de tal forma que, en un determinado punto, habrá una norma que fundamenta la validez de todas las demás normas, sin que ninguna le sirva de fundamento de validez[267].

Siguiendo el camino inverso a lo que acabamos de describir, podríamos formalizar un sistema jurídico a partir de una serie de normas de competencia que se conectan desde la más abstracta hasta la más concreta. Evidenciando la estructura formal de esas normas, aquello que Lourival VILANOVA[268] llamaba sintaxis formal, o analítica formal, tendríamos la siguiente composición:

1) H → RJ (Norma hipotética fundamental)
2) H{[s.p(p1,p2,p3...)] . (e.t)} → R [S(s.sp) . m(s.e.t.c)] (Competencia constitucional)
3) H{[s.p(p1,p2,p3...)] . (e.t)} → R [S(s.sp) . m(s.e.t.c)] (Competencia legislativa)
4) H{[s.p(p1,p2,p3...)] . (e.t)} → R [S(s.sp) . m(s.e.t.c)] (Competencia reglamentaria)
5) H{[s.p(p1,p2,p3...)] . (e.t)} → R [S(s.sp) . m(s.e.t.c)] (Competencia privada)
6) H{[s.p(p1,p2,p3...)] . (e.t)} → R[S(s.sp) . m(s.e.t.c)] (Competencia jurisdiccional)

---

266 BOBBIO, Norberto. *Teoria do ordenamento jurídico*. 10.ª ed. Brasília: Editora Universidade de Brasília, 1999, p. 49.

267 En este punto, tendremos aquello que Hans KELSEN denominó como Norma Hipotética Fundamental (*Teoria pura do direito*. 6.ª ed. São Paulo: Martins Fontes, 1999, pp. 215-245).

268 «En ese plano, es un esquema puro, librado de una referencia especificada al contenido del ordenamiento jurídico positivo» (VILANOVA, Lourival. *Escritos jurídicos e filosóficos*. V. 1. São Paulo: Axis Mundi, 2003, p. 304).

Esta concatenación de normas, vista desde arriba hacia abajo, liga normas de competencia que programan cómo la norma inferior debe ser creada. Desde esta perspectiva dinámica, la norma creada se convierte en norma de competencia, relativamente de la inferior, y así sucesivamente. Invirtiendo la perspectiva, vemos una (6) sentencia que ordena el cumplimiento de una (5) autodeterminación; creada con fundamento en un (4) decreto, emitido para positivizar los términos genéricos de una (3) ley, insertada en el sistema jurídico en los términos prescritos por la (2) Constitución de la República que tiene su validez atribuida en la (1) norma hipotética fundamental que es, por decisión del jurista, el último fundamento de validez del sistema.

Existe una relación de jerarquía entre las normas, desde el punto de vista formal, siempre que una busca fundamento de validez en otra, siendo esta jerárquicamente superior y aquella inferior. Esa conexión de supra-infra ordenación entre las normas jurídicas es lo que posibilita hablar de la unidad del sistema de derecho positivo, puesto que, en un último análisis, toda norma deriva de la Constitución de la República. Y esta, por su parte, deriva de una norma hipotética fundamental. Es lo que resalta Norberto Bobbio al entender lo siguiente:

> (...) por más numerosas que sean las fuentes del derecho en un ordenamiento complejo, dicho ordenamiento constituye una unidad por el hecho de que, directa o indirectamente, con vueltas más o menos tortuosas, todas las fuentes del derecho pueden ser remontadas a una única norma[269].

Se trata de norma que existe en función de un acto de voluntad del científico, que la toma como presupuesto gnoseológico del estudio científico del Derecho, sin cuya presencia no tendríamos: unidad del sistema jurídico, pues cada norma jurídica encuentra en otra su fundamento de manera indefinida; fundamento normativo para el surgimiento del propio derecho, pues no faltan aquellos, como Carl Schmitt[270], que buscan explicar su surgimiento a partir de hechos políticos, económicos o religiosos. Acatamos la teoría de la norma hipotética fundamental como quien acata una premisa, un dogma no necesariamente demostrable y sin la convicción de quien relata un hecho cualquiera.

5.2.4. La unidad para los observadores y la unidad para los participantes

La unidad del sistema de derecho positivo no es algo dado, sino algo construido, un presupuesto para el trabajo de sistematización de las normas jurídicas. Aquel que observa, sin el compromiso de decidir o de proponer

---

269 Bobbio, Norberto. *Teoria do ordenamento jurídico*. 10.ª ed. Brasília: Editora Universidade de Brasília, 1999, p. 49.

270 Después de tratar sobre la controversia establecida entre Kelsen y otros autores, entre los cuales estaba Carl Schmitt, Lourival Vilanova afirma que «precisamente para tomar el hecho inicial o protohecho, desvinculándolo de la trama compleja en la que está inmerso, es que se postula la norma fundamental» (Vilanova, Lourival. *Escritos jurídicos e filosóficos*. V. 1. São Paulo: Axis Mundi, 2003, p. 340).

interpretaciones que auxilien en la adopción de decisiones puede, si se entiende bien, identificar subsistemas autónomos o también negar la posibilidad de que el derecho positivo se organice bajo la forma de sistema. En una investigación de carácter zetético, donde prima la investigación en nombre de la investigación, tomar como hipótesis de trabajo la inexistencia de unidad o el desorden, es una opción plenamente legítima.

Sin embargo, aquellos que participan del sistema jurídico, como sujetos obligados a decidir no pueden ignorar la idea de unidad del sistema jurídico. Este presupuesto de organización sistemática de las normas es un criterio indispensable para la adopción de decisiones jurídicamente legítimas. El propio sistema de derecho positivo brasileño prescribe una serie de disposiciones orientadas a la preservación de su coherencia y unidad. En el campo estrictamente tributario, las disposiciones que prohíben que los contribuyentes que se encuentren en una situación idéntica reciban un tratamiento diverso, son también disposiciones que imponen una concepción unitaria y racional de las normas jurídicas. En la hipótesis, siempre posible, de haberse dispensado un tratamiento diferente a sujetos que están en igualdad de condiciones, hay también enunciados prescriptivos para que los órganos encargados de fiscalizar la regularidad y aplicar las leyes, promuevan la unificación de sus comprensiones. Finalmente, el propio sistema jurídico trata de prescribir disposiciones orientadas a la preservación de su unidad, sin contradicciones o incoherencias.

5.3. Consistencia del sistema de derecho positivo

Un sistema jurídico es consistente, cuando cumplir una norma no implique incumplir otra. Eso significaría afirmar la coexistencia de normas contrarias o contradictorias.

En la doctrina la idea de que el sistema jurídico positivo no es consistente es bastante difundida, pues hay conflicto de normas por todas partes. Por otro lado, es innegable que la superación de conflictos en la aplicación de normas, es una de las principales funciones del Poder Judicial. Si así es, ¿cuál es el sentido, entonces, de hablar de la consistencia del sistema? ¿Qué mecanismos prevé ese mismo sistema para superar dichas inconsistencias? Y el más importante para los fines de este trabajo: ¿Las normas de competencia pueden prescribir la institución de normas que entren en conflicto? Conforme a la respuesta anterior, ¿esas mismas normas de competencia ofrecen criterios para la superación de esos conflictos? Estos son algunos de los temas de los que trataremos, con el pretexto de investigar la consistencia del sistema de derecho positivo.

5.3.1. Conexiones entre normas en el sistema jurídico

Las normas que integran cualquier sistema jurídico, están unidas por la circunstancia de tener un mismo fundamento de validez. Este aspecto hace que toda y cualquier norma esté, directa o indirectamente, vinculada a las demás. Lógicamente, por la ley de la transitividad [(ArB) . (BrC) '! (ArC)], donde se lee: si A está relacionado a B y B está relacionado a C, entonces A está relacionado a C[271]. Sin embargo, una cosa es estar vinculada a otra norma. Otra, bien distinta, es la conexión ocurrida entre normas jurídicas de forma armónica. Hay situaciones en las que no se puede aplicar una norma sin violar lo que prescribe otra, integrante del mismo sistema jurídico. Estas situaciones suelen ser denominadas por la doctrina como antinomia o conflicto de normas. Y esas situaciones de conflicto, por el hecho de comprometer el propio mensaje normativo, ocupan un espacio privilegiado entre aquellos que se dedican a la conceptuación y clasificación de las normas jurídicas.

Sin embargo, el conflicto entre normas exige un vínculo efectivo entre las proposiciones normativas, pues la idea de que las normas de un sistema jurídico se relacionan, todas ellas, es aceptable solo desde el punto de vista conceptual y abstracto. Desde la perspectiva de quien pretende aplicar el derecho positivo, o en la de quien pretende describirlo objetivamente, poco importa la incidencia de normas que no posean algún criterio de conexión. Si no incidieran sobre una misma circunstancia, buscando prescribir conductas que mantengan entre sí algún vínculo, no se podrá hablar de la conexión objetiva a la que nos referimos, porque, en esos casos, no habrá posibilidad de conflicto entre las normas jurídicas.

Siendo el caso de conflictos lo que más interés despierta en la comprensión de las reglas de consistencia del sistema jurídico, pasemos inmediatamente al estudio de sus presupuestos, requisitos y reglas de superación. Al final, volveremos a la cuestión de saber si esos elementos son comunes al sistema de los participantes y de los observadores, o solo de estos últimos.

5.3.2. El conflicto entre normas en el sistema jurídico: las antinomias

Las normas que existen en el sistema jurídico tienen cuatro ámbitos de vigencia: el personal, el material, el espacial y el temporal. Esto significa que las normas prescriben[272]: el sujeto (s) que debe realizar una conducta (m) y en qué condiciones de espacio (e) y de tiempo (t). Ocurre que, en algunas circunstancias, uno o más de los ámbitos de vigencia de una norma coinciden con el de otra. Ello de tal forma que no sea posible pensar en la incidencia de una norma sin imaginar la violación de otra. Veamos la razón.

---

271 GUIBOURG, Ricardo A. *Pensar en las normas*. Buenos Aires: Eudeba, 1999.

272 «Las normas integrantes de un orden jurídico tienen, como es muy conocido, cuatro ámbitos de validez: el material, el personal, el espacial y el temporal. Esto significa que las normas que regulan la conducta humana especifican esta en las cuatro determinaciones mencionadas» (SCHMILL, Ulises La derogación y la anulación como modalidades del ámbito temporal de validez de las normas jurídicas, *in Doxa* (*Publicaciones periódicas*). N.° 19. Alicante: Biblioteca Virtual Miguel de Cervantes, 1996, p. 229).

5.3.2.1. Requisitos, definición y clasificación de las antinomias

Hans KELSEN[273] afirma que existe una antinomia cuando «una norma determina una cierta conducta como debida y otra norma determina también como debida otra conducta, inconciliable con aquella». La misma conducta, sujeta a dos normas igualmente obligatorias, hace surgir el conflicto normativo.

Norberto BOBBIO[274] exige el concurso de dos requisitos para que se pueda hablar de una antinomia jurídica, a saber: que las normas que entran en conflicto formen parte de un mismo ordenamiento jurídico y que tengan ámbitos de vigencia en conflicto. Sería, pues, impropio sostener el conflicto entre normas que integran sistemas distintos, puesto que ello equivaldría a negar la unidad del sistema jurídico y, con ello, la propia idea de conjunto que hace posible hablar de disposiciones en conflicto. Por otro lado, la coincidencia entre los ámbitos de vigencia configura aquella indeseable situación del sujeto que, para cumplir una norma, acaba por incumplir otra.

Analizando el tema de las antinomias desde una triple perspectiva -sintáctica, semántica y pragmática-, Tércio Sampaio FERRAZ JUNIOR propone que existen otros criterios para que se pueda afirmar la existencia de un conflicto de normas. Según su punto de vista, sería necesario, en primer lugar: «normas que expresan órdenes al mismo sujeto, emanen de autoridades competentes en un mismo ámbito normativo (...)»[275].

Este primer criterio es semejante al exigido por BOBBIO, cuando se refería a la necesidad de las normas en un supuesto conflicto que integren el mismo sistema jurídico.

Un segundo requisito «exige que las instrucciones dadas al comportamiento del receptor se contradigan, pues, para obedecerlas, él también debe desobedecerlas. Esa condición es lógica»[276]. Si fuera posible cumplir una norma sin incumplir la otra, lógicamente no podrá hablarse de conflicto de normas. Sin embargo, la presencia de estos dos requisitos no es suficiente para configurar, definitivamente, la presencia de un conflicto entre proposiciones normativas.

Entonces, un tercer y decisivo criterio es ofrecido cuando sostiene que «*el sujeto tiene que quedar en una posición insustentable, vale decir, no tendrá ningún recurso para librarse de ella*»[277]. Configurada esta tercera situación, de orden

---

273 KELSEN, Hans. *Teoria pura do direito*. 6.ª ed. São Paulo: Martins Fontes, 1999, p. 228.

274 BOBBIO, Norberto. *Teoria do ordenamento jurídico*. 10.ª ed. Brasília: Editora Universidade de Brasília, 1999, pp. 86 y 87.

275 FERRAZ JÚNIOR, Tércio Sampaio. *Introdução ao estudo do direito: técnica, decisão, dominação*. 2.ª ed. São Paulo: Atlas, 1994, p. 205.

276 *Ibídem*, p. 206.

277 *Ibídem*, p. 208.

pragmático, juntamente con las demás, tendríamos condiciones para hablar de una antinomia jurídica[278].

Esa indeseable situación de conflicto puede ser comprendida por diferentes perspectivas, así como el conjunto de las antinomias se sujeta a clasificaciones de las más diversas[279].

Alf ROSS[280], por ejemplo, propone que las modalidades de antinomias sean segregadas según el criterio de la amplitud. Desde esta perspectiva, habría antinomias totales-totales, cuando dos normas fueran creadas para incidir sobre una misma situación, con coincidencia total en los respectivos ámbitos de validez. En este caso, no habría posibilidad de que una de las normas sea aplicada sin violar lo que prescribe la otra.

---

278 En el mismo sentido, Maria Helena DINIZ afirma que son requisitos para configurar una antinomia que existan, en lo mínimo, dos normas jurídicas; que ambas tengan vigencia en un mismo ordenamiento jurídico; y además «emisión de esas normas por una autoridad competente en un mismo ámbito normativo, prescribiendo órdenes al mismo sujeto; existencia en esas normas de operadores opuestos, pues su contenido debe ser la negación interna uno de otro; posición insustentable del sujeto a quien se dirigen las normas inconsistentes». Finalmente, concluyó: «para que exista antinomia real será preciso incompatibilidad, indecidibilidad y necesidad de decisión». El conflicto de normas impide una decisión en un caso en el que sería necesario decidir (DINIZ, Maria Helena. *Conflito de Normas*. 5.ª ed. São Paulo: Saraiva, 2003, p. 92).

279 Tércio Sampaio FERRAZ JÚNIOR clasifica las antinomias del siguiente modo: «a) Antinomia lógico-matemática. STEGMULLER (1957:21) nos habla, de esta forma, de antinomia como un enunciado que es simultáneamente contradictorio y demostrable. Esa definición corresponde a la llamada antinomia lógico-matemática y ocurre en sistemas formales. (...), b) Antinomia semántica. Esta, como la anterior, también puede ser definida como una contradicción que resulta de una deducción correcta basada en premisas coherentes. Sin embargo, a diferencia de aquella esta deriva de algunas incoherencias, ocultas en la estructura de niveles del pensamiento y del lenguaje, c) Antinomia pragmática: tenemos antinomia pragmática cuando las siguientes condiciones son cumplidas: (1) fuerte relación complementaria entre el emisor de un mensaje y su receptor, esto es, relación fundada en la diferencia (superior-inferior, autoridad-sujeto, señor-esclavo, jefe-subordinado, etc.); (2) en los cuadros de esa relación es dada una instrucción que debe ser obedecida, pero que también debe ser desobedecida para ser obedecida (esto es, se presupone una contradicción en el sentido lógico-matemático y semántico); (3) el receptor, que ocupa una posición inferior, queda en una posición insustentable, esto es, no puede actuar sin herir la complementariedad ni tiene medios para salir de la situación» (FERRAZ JÚNIOR, Tércio Sampaio. *Introdução ao estudo do direito: técnica, decisão, dominação*. 2.ª ed. São Paulo: Atlas, 1994, pp. 203-205).

280 ROSS simplifica el lenguaje empleando otra terminología: «1) Inconsistencia total o incompatibilidad absoluta; 2) Inconsistencia total-parcial, o inconsistencia entre la regla general y la particular. *Las expresiones* regla general *y* regla particular *son correlativas. Una regla es particular en relación a otra si su hecho condicionante es un caso particular del hecho condicionante de la otra regla. (...) y* 3) Inconsistencia parcial, o superposición de reglas» (*Direito e justiça*. São Paulo: EDIPRO, 2000, pp. 158 y 159).

En los conflictos del tipo parcial-total, una norma posee parte de su ámbito de vigencia coincidiendo de manera total con el de otra norma. Así, la norma no puede ser aplicada, pudiendo tan solo incidir a otra en algunas situaciones, sin violar lo que prescribe aquella. Por último, el conflicto del tipo parcial-parcial permite que las dos normas sean eventualmente aplicadas, sin que ocurra, necesariamente, incumplimiento de otra[281].

Otros puntos de vista sobre el conflicto de normas generan nuevas clasificaciones. Tomando en cuenta el contenido de las normas, se puede hablar de antinomia propia o impropia[282]. Si el ámbito de vigencia de las normas fuera el criterio electo, será posible hablar de antinomia de derecho nacional e internacional. Habría, también, las antinomias teleológicas, identificadas en aquellos casos en los que una norma que establece una finalidad es conjugada con otra que establece un medio ineficaz para alcanzarse el propósito de la ley.

En otra perspectiva, las antinomias pueden ser divididas según la forma de su solución, vale decir, pueden ser superadas con el simple auxilio de los métodos interpretativos o si, por el contrario, es necesario derogar una o las dos normas en conflicto. Este criterio posibilita, según la lección de Norberto BOBBIO[283], segregar las antinomias reales, cuya solución presupone que sean expulsadas las normas en conflicto, de las aparentes, pasibles de ser solucionadas vía interpretación[284]. Por eso, nos concentraremos en identificar, con el auxilio de la idea de competencia, qué criterios ofrece el sistema para solucionar esos conflictos, recomponiendo su consistencia.

---

281 En el mismo sentido, *cf.* FERRAZ JUNIOR, Tércio Sampaio. *Introdução ao estudo do direito: técnica, decisão, dominação.* 2.ª ed. São Paulo: Atlas, 1994, pp. 208-211; BOBBIO, Norberto. *Teoria do ordenamento jurídico.* 10.ª ed. Brasília: Editora Universidade de Brasília, 1999, p. 49.

282 Según la definición de Tércio Sampaio FERRAZ JUNIOR: «Antinomias propias e impropias. Se llaman antinomias propias a las que ocurren por motivos formales (...) y son impropias las que se dan en virtud del contenido material de las normas. Entre estas, se incluyen las antinomias de principios (...), antinomias de valoración (...) antinomias teleológicas (...) En esos casos, la antinomia es impropia porque nada impide que el sujeto actúe conforme a las normas, aunque, en virtud de un juicio particular de valor, él no concuerde con ellas. (...)» (*Introdução ao estudo do direito: técnica, decisão, dominação.* 2.ª ed. São Paulo: Atlas, 1994, p. 207).

283 BOBBIO, Norberto. *Teoria do ordenamento jurídico.* 10.ª ed. Brasília: Editora Universidade de Brasília, 1999, p. 90.

284 En sentido diverso, Tércio Sampaio FERRAZ JUNIOR advierte acerca de la distinción entre antinomias reales y aparentes: «Sería preciso suponer, en principio, que las reglas de solución forman parte, como normas, del ordenamiento jurídico; caso contrario, todas las antinomias serían reales, siendo necesaria, para su eliminación, la elaboración de una nueva norma». A continuación, propone una nueva definición de antinomia real, que debería ser entendida como «aquella en la que la tercera condición es cumplida, es decir, la posición del sujeto es insustentable porque no hay criterios para su solución, o porque entre los criterios existentes hay conflicto, y es aparente en caso contrario (...)». Más adelante, presentaremos las razones de no adherirnos a esta propuesta, en el tópico que evidenciaremos la diferencia de perspectiva entre observadores y participantes (*Introdução ao estudo do direito: técnica, decisão, dominação.* 2.ª ed. São Paulo: Atlas, 1994, p. 207).

5.3.2.2. Normas de competencia y reglas para la superación de antinomias

Veamos algunas ideas que ya expusimos sobre el papel de las normas de competencia:

i. Las normas de competencia regulan la creación de otras normas, sirviéndoles, simultáneamente, de fundamento de validez;

ii. El ejercicio irregular de la competencia, o la propia forma de interpretación de comandos regularmente creados, posibilitan el surgimiento de antinomias; y

iii. La solución de esas antinomias deberá ser enunciada de forma compatible con la norma de competencia.

Eso nos lleva a concluir que el inicio y el fin de las antinomias presuponen la aplicación de las normas de competencia. Esas ideas relativas a la competencia sirven, también, al propósito de legitimar jurídicamente las tres reglas fundamentales que son enunciadas siempre que se habla de antinomias. Estas son las siguientes: i) la regla cronológica; ii) la regla jerárquica; y iii) la regla de la especialidad. Estas tres disposiciones encuentran fundamento de validez en diversos artículos del ordenamiento jurídico brasileño y sintetizan, por así decir, los fundamentos operacionales del sistema de derecho positivo.

La regla cronológica determina que, estando dos normas en conflicto, debe prevalecer la que fue publicada posteriormente -*lex posterior derrogat priori*-. Es fácil que la intuición capte la idea según la cual, existiendo dos expresiones de voluntades sobre el mismo tema, aquella emitida posteriormente debe prevalecer. El derecho positivo prescribe una serie de disposiciones que refuerzan esas ideas de la tradición y transforman en elementos del sistema jurídico aquello que es divulgado en cualquier manual de teoría jurídica. Este es el caso, por ejemplo, de la Ley Complementaria N.º 95/98, cuando establece las reglas de derogación de los textos de derecho positivo. Vale lo mismo para el caso de los dispositivos de la Ley de Introducción al Código Civil, que determinan la forma por la cual se da la derogación de normas.

Nada impide, también, que el propio derecho positivo prescriba excepciones a la regla general. Un caso donde prevalece la norma anterior en relación a la posterior es el de las cláusulas pétreas, previsto en el artículo 60, § 4º, de la Constitución de la República. Una enmienda constitucional que pretenda modificar la forma republicana de gobierno, modificar el sistema federativo o derogar derechos y garantías individuales, entra en conflicto con el dispositivo que prohíbe la propuesta de enmienda destinada a prescribir cualquiera de esas disposiciones. De allí la conclusión: la regla cronológica, aunque pretenda solucionar parte substancial de las antinomias, puede ser exceptuada por el propio derecho positivo, el cual, al establecer competencias, puede prohibir que las normas posteriores deroguen lo que prescriben las normas anteriores.

La segunda regla para la superación de antinomias prescribe que, siendo simultáneas dos normas con diferentes ámbitos de vigencia, debe la especial prevalecer sobre la general -*lex specialis derogat generali*-. La racionalidad prescrita es la de que, existiendo una norma para regular un tema específico, debe prevalecer sobre la de carácter general. Frente a la expresión simultánea de dos voluntades -y tengamos siempre presente que una norma es una expresión de la voluntad competente-, debe ser aplicada al caso concreto aquella que fuera más específica. Son específicas las voluntades que establecen excepciones a las reglas generales, tratando situaciones diferentes de forma diferente.

La tercera y última regla general y, posiblemente, la más importante, prescribe la prevalencia de la norma superior en relación a la inferior, en el caso de conflictos -*lex superior derogat inferiori*-. El sentido de esta regla es el de más simple demostración. Veamos: i) una norma es jurídica por haber sido creada según lo que prescribe una norma de competencia; ii) esta, por su parte, prescribe la creación de la norma inferior necesitando sus cuatro ámbitos de validez (personal, material, temporal y especial); iii) la producción de una norma inferior incompatible, en cualquiera de los ámbitos, genera una inadecuación entre la norma inferior y la superior, vale decir, incumplimiento de la norma superior; luego, iv) en la parte en la que diverge con la norma superior, la norma inferior perderá su juridicidad. Las disposiciones del sistema jurídico prescriben la prevalencia de las normas superiores sobre las inferiores.

En la Constitución de la República, por ejemplo, se prescribe un sistema mixto[285] de control de la constitucionalidad de leyes y otros actos normativos. Las leyes ordinarias prohíben la posibilidad de decisiones judiciales que dispongan de modo contrario a la expresa disposición de ley[286]. Finalmente, hay una serie de proposiciones normativas que aseguran la jerarquía entre las normas para, con ello, preservar la consistencia del sistema jurídico, evitando situaciones de conflicto en las cuales el cumplimiento de una norma provoque el incumplimiento de otra.

Sin embargo, este plexo de orientaciones no atiende a todas las situaciones de conflicto. Hay especies de antinomias que no son dirimidas por las tres reglas fundamentales que acabamos de enunciar. En estos casos, surge aquello que podemos denominar antinomia de segundo orden, vale decir, antinomia entre las reglas para la solución de antinomias.

---

[285] El sistema mixto de control de la constitucionalidad de los actos administrativos reúne, en un solo sistema, el control concentrado, ejercido por un órgano, y el control difuso, en el cual la competencia para decidir sobre la constitucionalidad de las leyes es atribuida a los diversos órganos.

[286] En ese sentido el artículo 485, V, del Código Procesal Civil: «La sentencia de mérito firme, puede ser rescindida cuando: (...)
V. Violara la literal disposición de ley».

5.3.2.3. Antinomias de segundo orden: identificación y superación

Hay antinomia de segundo orden cuando el conflicto entre normas no puede ser solucionado por ninguna de las reglas indicadas anteriormente o cuando más de una regla puede ser aplicada. En otras palabras, las reglas enunciadas anteriormente no solucionan antinomias formadas entre normas: contemporáneas, del mismo nivel e igualmente generales.

Combinando los criterios para la solución de antinomias, es posible identificar los siguientes conflictos: el conflicto entre el criterio jerárquico y cronológico; el conflicto entre el criterio cronológico y el de la especialidad; y, también, el conflicto entre el criterio jerárquico y el de la especialidad. Estas tres situaciones representan casos de difícil solución. Pero, los presupuestos de unidad y consistencia del sistema jurídico ofrecen respuestas para todo y cualquier conflicto, de modo que es posible aplicar las normas al caso concreto sin que ello signifique violar otras normas.

Sin embargo, superar las antinomias de segundo orden requiere el establecimiento de un orden de preferencia entre los criterios de solución de antinomias. Es lo que haremos a continuación con fundamento en el derecho positivo y en las propias reglas que acabamos de ver.

En la primera situación, una norma constitucional determinando como materialidad posible de una contribución: la facturación. Posteriormente, se crea una norma prescribiendo la equiparación del concepto *facturación* -ingresos resultantes de la venta de productos o servicios- con el de *renta* -ingresos percibidos durante un lapso de tiempo, descontados los gastos-. Estas dos disposiciones normativas mantienen entre sí un caso claro de antinomia del tipo total-total, puesto que la norma inferior entra en conflicto en relación a los ámbitos de validez de la norma superior.

Dos soluciones simultáneas pueden ser ofrecidas para la superación de ese conflicto: por el criterio jerárquico, la norma inferior debe ser derogada por la superior y, por el criterio cronológico, la ley anterior debe ser derogada en favor de la posterior. Es curioso observar que la Ley de Introducción al Código Civil establece una prescripción dudosa al respecto. Percibimos, entonces, que existe un conflicto entre las formas de solución de la antinomia.

Precisamente en casos como este es necesario establecer una orden de preferencia entre los criterios de solución de conflictos. Para determinar la elección entre los dos criterios citados, debemos tener en cuenta lo que fue expuesto en la parte relativa a la unidad del sistema: una norma es jurídica porque es creada de acuerdo con la norma superior que le sirve de fundamento de validez. En caso fuese posible que una norma inferior prevalezca sobre la superior, no tendría sentido hablar de norma superior, tampoco correspondería hablar de organización jerárquica, unidad del sistema o incluso de validez de las normas. Los presupuestos operacionales de estructuración del sistema jurídico se desmoronarían. Ni siquiera un estudio sobre competencia tendría sentido, desde el punto de vista jurídico. Por eso podemos afirmar que el criterio de superioridad prevalece sobre el criterio cronológico.

Otra situación: una norma jurídica prevé la posibilidad para que las sociedades compuestas por médicos o compuesta por abogados no paguen ningún tipo de tributo. Posteriormente, una norma jurídica, de idéntica jerarquía, establece el deber para que las sociedades uniprofesionales -concepto más amplio que el anterior- paguen el Impuesto sobre Servicios de Cualquier Naturaleza. El conflicto entre dos normas está configurado. Dos soluciones se presentan nuevamente: la regla cronológica, determinando la prevalencia de la norma posterior, y la regla de la especialidad indicando la prevalencia de la norma más específica. Un conflicto y dos soluciones, ¿cómo escoger? Nuevamente, Norberto Bobbio enseña que «el conflicto entre el criterio de la especialidad y el criterio cronológico debe ser resuelto en favor del primero: la ley general sucesiva no saca del camino a la ley especial precedente»[287]. El fundamento racional de esa «norma de norma» sería el hecho de que, en la existencia de un sujeto competente que pueda disponer sobre la misma materia, mediante el mismo proceso de enunciación, se debe dar la prevalencia a las normas expedidas para tratar situaciones específicas frente a las normas generales. Incluso porque esa es una de las formas que el derecho dispone para tratar de manera diferente situaciones que no se confunden, atendiendo, de esta forma, al principio de igualdad.

El último ejemplo: norma constitucional establece inmunidad de los servicios de telecomunicación, prohibiendo la incidencia de cualquier otro tributo, salvo algunas excepciones que discrimina. Posteriormente, una ley ordinaria crea una contribución de intervención en el dominio económico para incidir sobre esos servicios. Otra vez, tenemos una regla general superior inmunizante y una especial inferior, determinando la incidencia de una contribución interventora sobre servicios de telecomunicación.

En efecto, dos criterios pueden ser igualmente utilizados, generando, sin embargo, respuestas completamente distintas. ¿Cómo escoger entre uno de ellos? Debemos dar preferencia al criterio de la jerarquía sobre el de la especialidad. Sin embargo, las razones de esa elección ya fueron indicadas cuando justificamos la prevalencia de la regla de la jerarquía sobre la regla cronológica[288].

---

287 Bobbio, Norberto. *Teoria do ordenamento jurídico*. 10.ª ed. Brasília: Editora Universidade de Brasília, 1999, p. 108.

288 Reforzando esta posición, agregamos el fragmento de Alf Ross en el cual afirma lo que sigue: «*Lex superior* quiere decir que en un conflicto entre previsiones legislativas de diferente nivel, la ley de nivel más alto, cualquiera sea el orden cronológico, se hallará en una situación de preferencia respecto de la de nivel más bajo: la Constitución prevalece sobre una ley, una ley sobre un decreto y así sucesivamente» (*Direito e justiça*. São Paulo: EDIPRO, 2000, p. 161).

No podríamos concluir este ítem sin reiterar un criterio común a las más diversas formas de solución, sea en las antinomias de primer orden, sea en las de segundo. Independientemente del criterio adoptado para definir qué norma debe prevalecer, lo que no se admite es la elección y aplicación de norma divergente de aquella que prescribe la competencia para su creación. Sea cual fuera el conflicto de normas, de primer o de segundo orden, la norma de competencia será siempre un parámetro que establece los ámbitos de validez de la norma inferior, posterior o más específica y que, por eso, debe ser tomada en cuenta.

5.3.3. El sistema de los participantes: conflictos como causa de pedir

Los comentarios mencionados hace un momento, sintetizan la opinión dominante sobre el tema de la consistencia del ordenamiento jurídico. Algunos puntos gozan inclusive de una amplia aceptación, como, por ejemplo, la idea de que el sistema jurídico no es un sistema consistente, pues hay normas con disposiciones contrarias y contradictorias que no pueden ser simultáneamente aplicadas, o mejor dicho, no hay cómo aplicar una sin violar la otra; y, en algunos casos, denominados como antinomias reales, tan solo con la expulsión de una, o de las dos normas, sería posible pensar en la superación de las antinomias.

Sin embargo, estas ideas conviven con claras determinaciones jurídicas orientadas hacia la preservación de la consistencia del sistema jurídico. Es el caso, por ejemplo, de la disposición del Código Procesal Civil que autoriza el ejercicio de la acción rescisoria de sentencia emitida en clara divergencia con los términos de la ley[289]. El control de constitucionalidad, por su parte, también es un mecanismo destinado a otorgar consistencia al sistema de derecho positivo, pues autoriza a los sujetos competentes a negar la eficacia, vigencia e, incluso, la validez de los actos normativos creados sin fundamento en el sistema jurídico.

Estos dispositivos evidencian tres factores: los textos de derecho positivo son los mismos; la forma intrasubjetiva de construcción de los sentidos no es pasible de verificación empírica, pues varía de sujeto en sujeto; y el modo como se relacionan los observadores y los participantes, acerca de la consistencia del sistema jurídico, es frontalmente divergente.

Dos frases sintetizan lo que pretendemos significar con esta distinción: para los observadores, las normas jurídicas pueden prescribir comandos contrarios o contradictorios y, por ello, el sistema jurídico no es consistente; para los participantes, que orientan su comprensión de las normas para adoptar decisiones, regulando derechos y deberes en los casos concretos, el sistema no posee contradicciones y es, por ello, consistente.

---

[289] Artículo 485, V, del Código Procesal Civil.

Explicando mejor esa posición: el sujeto competente para decidir, no habla en nombre de conflictos, sino de norma que es fruto de la aplicación de la norma de competencia. Si en su parte interna, en el ámbito de su subjetividad, el juez percibe y pondera acerca de las diversas posibilidades de decidir un mismo caso, al tomar su decisión, hace como si la norma aplicable al caso fuera solo una: aquella que deriva de la ley. A lo mucho, la existencia de conflictos es causa de actuar de los participantes.

Cuando reconoce que existe una antinomia, el sujeto competente la toma como hecho motivador, de modo que esa inconsistencia esté superada después de su decisión[290].

Quien necesita decidir habla en nombre de la consistencia del sistema jurídico. Y, siendo necesaria la decisión, el mensaje normativo emitido por el sujeto participante es producto de la aplicación de las normas superiores, nunca es autónomo y un descomprometido juicio de enfrentamiento entre elementos del sistema jurídico.

5.3.3.1. La norma de competencia y la derogación de normas jurídicas

Los sujetos que interactúan con el sistema jurídico, en la condición de participantes, no describen conflictos, sino prescriben normas que ofrecen una solución para las antinomias. En otras palabras, los sujetos participantes son los responsables por la dinámica del sistema, donde las normas surgen, se modifican y se extinguen a cada momento. Pasemos, entonces, a percibir qué papeles desempeñan los sujetos participantes en la construcción de un sistema coherente y libre de contradicciones.

La derogación de una norma jurídica consistiría en poner término a su vigencia temporal, en la hipótesis de indeterminación de la fecha final de vigencia, o establecer un nuevo y más corto plazo a aquellas que ya poseen plazo cierto. Una vez más, en este punto, destacamos las siguientes palabras de Ulises SCHMILL:

> La derogación de una norma es un acto de establecimiento, similar al de la norma derogada, en el que se determina o se completa la regulación sobre el ámbito temporal de validez que se había dejado indeterminado como la fecha final de vigencia[291].

Y, añadimos, todavía en aquellas situaciones en las que ya existe una determinación final de vigencia de la norma, tiene naturaleza derogatoria el

[290] Volveremos a tratar de este tema cuando estudiemos las normas anulatorias emitidas por los sujetos participantes del sistema jurídico.

[291] SCHMILL, Ulises, La derogación y la anulación como modalidades del ámbito temporal de validez de las normas jurídicas, *in Doxa* (*Publicaciones periódicas*). N.° 19. Alicante: Biblioteca Virtual Miguel de Cervantes, 1996, p. 234.

enunciado normativo que prescriba nueva fecha, anticipando el final de la vigencia temporal de la norma.

Con estas aclaraciones, podríamos hacer referencia, también, a la norma derogadora, cuyo papel es prescribir el plazo final de vigencia de una norma. Y a la norma derogada, cuya vigencia se extingue con la determinación de su ámbito de vigencia temporal.

Fijemos la premisa expuesta arriba: derogar, en su más amplia acepción, consiste en determinar el ámbito de vigencia temporal de una norma. Buscando aproximar esa premisa de la realidad del derecho positivo, sería posible identificar dos modalidades derogatorias, siendo una de ellas propia de las normas generales y abstractas, llamada *derogación*, y otra propia de las normas individuales y concretas, llamadas *anulación*. Veamos ahora la derogación y dejemos para el próximo ítem la anulación.

En el plano de las normas generales y abstractas, ¿quiénes pueden derogar una norma? ¿Qué procedimiento necesita ser cumplido para ello? ¿Existe una función prescriptiva autónoma para las normas de derogación, el establecimiento de alguna especie de «no deber», como sostuvo KELSEN? ¿Hay alguna función atípica para esas normas? Todas esas respuestas pueden ser construidas a partir del esquema de las normas jurídicas de competencia tributaria, pues condicionar la posibilidad de regular cierto comportamiento -m(s.e.t.c)- a tener que realizar un tipo de enunciación -[s.e.t.p (p.1p.2p.3...)]- vincula el sujeto, el procedimiento y la materia.

No es solo para instituir la ley que la enunciación debe ser desempeñada, sino también para establecer su modificación o el fin de su vigencia. De esta forma, también es fácil percibir que no existe naturaleza *sui generis* en la derogación. La forma de crear, modificar y extinguir el derecho es una sola: aquella prescrita por la norma de competencia.

El mismo sujeto que crea una norma puede poner fin a su existencia en el sistema de derecho positivo. Basta, para ello, que siga el procedimiento adecuado previsto por el derecho. Sin embargo, hay situaciones en las que el establecimiento del término final de vigencia de una norma no es establecido por el mismo sujeto que es competente para instituir esa norma. Estamos hablando de aquellos casos en los que el término final de vigencia de una norma es establecido por otra persona, competente para cotejar la validez de la norma y promover su aplicación al caso concreto. Cuando ocurre esto, estamos frente a normas que prescriben la anulación de otras normas.

5.3.3.2. La norma de competencia y la anulación de reglas jurídicas

La tarea de poner fin a la vigencia temporal de una norma solo puede ser desempeñada por otra norma. Hay casos en los que esa determinación es prescrita por el propio sujeto competente para crear la norma, la cual trae en sí el término final de su vigencia. Hace ello como simple ejercicio de su competencia. Sin embargo, hay situaciones en las que la derogación de la norma es realizada por otros sujetos encargados de cotejar la validez de la norma y promover su aplicación a casos concretos. Sin embargo, en esas situaciones, para que sea fijado el plazo final de vigencia de la norma, es necesario el cumplimiento de ciertas condiciones. Se trata de una determinación condicionada del término final de vigencia de una norma.

Entonces, tenemos dos formas de poner fin a la vigencia temporal de una norma: siendo una de ellas incondicional, realizada por el propio sujeto competente y de forma debida, que llamamos derogación; y otra condicionada, hecha por los sujetos encargados de cotejar la validez de la norma y promover su aplicación al caso concreto, que, por su parte, recibe el nombre de norma anulatoria o sancionatoria. Hay otros pormenores relativos a esta última en el capítulo anterior, en el cual tratamos de las normas sancionatorias de la competencia.

5.4. La completitud del sistema jurídico

El tercero y último de los atributos del sistema jurídico es la completitud. Se entiende por completitud la circunstancia por la cual el juez dispone de normas jurídicas para decidir todo y cualquier caso que se le presente[292]. Inversamente, ordenamiento incompleto es aquel que no dispone de normas para regular algún caso concreto. Se trata, pues, de atributo complementario a la coherencia[293].

Mientras que la coherencia niega la posibilidad de que exista más de una norma para regular -de forma contraria o contradictoria- un mismo caso, la completitud cuida para que no falten normas, y todas las conductas sean decididas con fundamento en una norma del sistema. En este sentido, Norberto Bobbio señala lo siguiente:

> Denominaremos «incoherente» un sistema en el cual existen tanto la norma que prohíbe un cierto comportamiento, como aquella que lo permite; «incompleto», un sistema en el que no existe ni la norma que prohíbe un cierto comportamiento ni aquella que lo permite[294].

De esa forma, percibimos que la coherencia resuelve problemas de conflicto normativo, en virtud del exceso de normas. Mientras que la completitud ofrece solución para los casos en los que puede haber falta de

---

292 Bobbio, Norberto. *Teoria do ordenamento jurídico*. 10.ª ed. Brasília: Editora Universidade de Brasília, 1999, p. 115.

293 «Completitud e incompletitud son propiedades de los sistemas normativos en general, y de los sistemas jurídicos especialmente. Se dice 'completo' al sistema jurídico que no tiene 'lagunas'» (Guastini, Riccardo. *Das fontes às normas*. São Paulo: Quartier Latin, 2005, p. 174. Traducción de Edson Bini).

294 Bobbio, Norberto. *Teoria do ordenamento jurídico*. 10.ª ed. Brasília: Editora Universidade de Brasília, 1999, p. 115.

normas. Por lo tanto, dos atributos complementarios reunidos frente a la unidad del sistema jurídico.

5.4.1. El sistema de los observadores: identificación, clasificación y superación de lagunas

Quien admite la existencia de lagunas en el sistema de derecho positivo lo hace bajo el siguiente argumento: es inconcebible la idea de que, en un mundo marcado por el intenso crecimiento de las complejidades, existan normas jurídicas para resolver todo y cualquier caso. Admitiendo, aunque sea hipotéticamente, la existencia de lagunas, el intérprete debe desarrollar instrumentos para identificar y superar la falta de normas regulando situaciones ciertas y determinadas.

Retomando un concepto ya expuesto: tendremos una laguna normativa siempre que no se consiga inferir del sistema de derecho positivo una norma que establezca la prohibición, el permiso o la obligación de un comportamiento[295]. Sin embargo, esta no es la única acepción del término.

La doctrina indica la existencia de otras modalidades de incompletitud del sistema de derecho positivo. La primera de ellas es la *laguna ideológica*. En este caso, no se da la ausencia de la norma que será aplicada al caso, lo que existe es la ausencia de una norma justa, de una solución ideal para el caso. Relacionando otras especies de laguna, de forma análoga a lo que hicimos con las antinomias, podríamos hablar, también, de lagunas propias y lagunas impropias. Estas serían lagunas construidas por la comparación entre la norma que existe en el sistema y aquella que debería existir en un sistema ideal. Mientras que las lagunas propias son aquellas que describimos anteriormente, fruto de la ausencia de normas para regular una situación cualquiera. Norberto Bobbio[296] añade, además, la existencia de lagunas objetivas y subjetivas, pudiéndose dividir estas en voluntarias e involuntarias, además de aquellas que serían *praeter legem* e *intra legem*. De todas esas posibilidades, interesa al jurista percibir y superar las lagunas jurídicas, propiamente dichas, que sugieren la inexistencia de normas de un mismo ordenamiento jurídico para regular una conducta individualmente considerada.

Esta situación, que podemos llamar *anomia*, necesita ser identificada en un caso concreto para, a partir de allí, determinar qué soluciones pueden ser ofrecidas para resolver el problema.

El ordenamiento omiso necesita ser integrado. La integración consiste en la búsqueda de soluciones legítimas para regular la conducta que no es claramente regulada por el derecho positivo. El artículo 108 del Código Tributario

---

[295] *Ibídem*, p. 115.
[296] *Ibídem*, p. 145.

Nacional, por ejemplo, ofrece alternativas para los casos en los que no hay disposición expresa en la ley. Así, faculta a la autoridad administrativa que aplique la legislación tributaria utilizando los siguientes instrumentos, sucesivamente, en el orden indicado: i) analogía; ii) los principios generales del derecho tributario; iii) los principios generales del derecho público; y iv) la equidad.

Después de enumerar esos instrumentos, añade que la analogía no podrá provocar el cobro de tributos no previstos en ley (art. 108, § 1°, del CTN) y, en el sentido inverso, la equidad no podrá generar una dispensa de tributo debido (art. 108, § 2°, del CTN).

De esta forma, el sistema de derecho positivo brasileño, destacándose la parte que nos interesa en este estudio -el Sistema Tributario Nacional-, prescribe una serie de criterios que deben ser usados para resolver situaciones de anomia en las relaciones entre sujetos de derecho, en lo general, y entre administración tributaria y contribuyente, en lo particular.

5.4.2. El sistema de los participantes: inexistencia de lagunas y norma de competencia

Los que participan del sistema jurídico no pueden dejar de decidir bajo el argumento de haberse configurado un caso de anomia. La falta de norma no legitima la falta de decisión. Además, las decisiones deben ser realizadas con fundamento en lo que prescribe el derecho positivo, la ley en una acepción amplia. Por ello, incluso el recurso a principios como aquellos que prevé el Código Tributario Nacional debe ser usado con cautela, de forma que no configure una decisión contra la ley. Esos argumentos nos llevan a afirmar lo mismo que dijimos en relación al conflicto de normas: para el sujeto participante, aquel que detenta la competencia para cotejar la regularidad y aplicar el derecho al caso concreto, el sistema es completo y ofrece normas que regulan todas las situaciones concretas.

Por eso, para quien juzga, así como no existe conflicto de normas, no hay, tampoco, falta de norma. Aunque tanto el conflicto como la ausencia puedan ser percibidos en el ámbito intrasubjetivo, al objetivar su interpretación del derecho positivo, el sujeto participante decide con fundamento en la ley. Y hace eso en nombre de los atributos de operatividad del sistema, vale decir, hace eso en nombre de su unidad, coherencia y completitud.

5.5. Sobre los papeles de la norma de competencia en el sistema

A lo largo de este capítulo, demostramos una serie de relaciones entre la idea de norma de competencia y la de sistema de derecho positivo. Definimos una acepción técnica para el término «sistema jurídico», comprendiéndolo como un conjunto ordenado según una cierta racionalidad. Esta racionalidad es construida para responder a las preguntas sobre si el sistema jurídico es un conjunto dotado de unidad, coherencia y completitud.

En el curso de la exposición quedó en evidencia que existen dos formas nítidas y distintas para responder a esas cuestiones. Una es la del sujeto que observa el sistema y que tiene libertad para describir sistemas no unitarios, contradictorios e incompletos. Mientras que los sujetos que participan del sistema jurídico, en la condición de agentes competentes para crear normas, toman la unidad, coherencia y completitud como presupuestos operacionales. Estos atributos, en un último análisis, son los que posibilitan que esos sujetos atiendan la imposición de decidir todo y cualquier caso con fundamento en la ley. En las dos formas de comprender el sistema, la norma de competencia puede ser vista como un elemento unificador que, formal y materialmente, ofrece los fundamentos positivos para afirmar o negar la unidad, coherencia y completitud del sistema.

SEGUNDA PARTE

EL SENTIDO

CAPÍTULO 6
INSTRUMENTOS PARA LA CONSTRUCCIÓN DEL SENTIDO

Esta parte del trabajo está dedicada a la investigación del sentido, o sentidos, usualmente atribuidos a la competencia tributaria por la doctrina, jurisprudencia y derecho positivo. En el desarrollo de esta investigación pretendemos aproximar los conceptos estructurales de la realidad que lidian con cuestiones tributarias, especialmente en lo que se refiere a la legitimidad de las normas jurídicas. Para ello, establecemos cuatro preguntas fundamentales que sintetizan, en sus respuestas, todo lo que pretendemos hablar más adelante: i) ¿Qué conceptos desarrollados por la semiótica pueden explicar el sentido de términos y expresiones?; ii) ¿Qué elementos se articulan en la formación de una norma de competencia?; iii) ¿Cómo se clasifican las competencias tributarias?; y iv) ¿Qué atributos generales caracterizan a las competencias? Después de responder estas preguntas, daremos por concluido el análisis del sentido.

6.1. Objeto y finalidades de la investigación sobre el sentido

El signo es una entidad relacional[297]. Para que se forme, según SAUSSURE[298], es necesaria la combinación de un significante con un significado. Tomemos

---

[297] «A signal is a pertinent unit of a system that may be an expression system ordered to a content, but could also be a physical system without any semiotic purpose; as such is studied by information theory in the stricter sense of the term. A signal can be a stimulus that does not mean anything but causes or elicits something» (ECO, Umberto. *A theory of semiotics*. Bloomington: Indiana University Press, 1979, p. 17). [Traducción libre: «Un signo es una unidad relevante de un sistema, el cual podría ser un sistema de expresión ordenado hacia un contenido, pero que también podría ser un sistema físico sin ningún objetivo semiótico; tal como es estudiado por la teoría informática en el estricto sentido del término. Un signo puede ser un estímulo, lo que no significa nada, pero que causa o provoca algo»].

[298] «La entidad lingüística solo existe por la asociación del significante y del significado; cuando retenemos solamente uno de estos elementos, ella desaparece; en lugar de un objeto concreto, tenemos frente a nosotros una abstracción pura (...) Una serie de sonidos es lingüística si es el soporte de una idea, tomada en sí misma solamente puede ser materia para un estudio fisiológico» (SAUSSURE, Ferdinand de. *Curso de lingüística geral*. Lisboa: Publicações D. Quixote, 1986, p. 176).

el signo «competencia tributaria». El conjunto de caracteres a los que tenemos acceso con el contacto visual es el significante, el punto de partida para llegar al significado. El significado de la norma de competencia es la prescripción normativa de que un sujeto S puede, mediante la realización de ciertos actos, elaborar una norma jurídica que verse sobre una materia M. Como se ve, el contacto del usuario con el plano de la expresión lo lleva al plano del contenido. Eso nos autoriza a reafirmar que el signo está en la relación.

La forma didáctica de explicar las relaciones que constituyen el signo sugiere la construcción de una semántica, fundada solo en elementos pasibles de ser verificados objetivamente, también llamados como sentido y referencia. Esta dualidad, sugerida por Gottlob FREGE[299], orienta la conducción de los estudios semánticos por caminos objetivos. De allí la importancia de que «la referencia y el sentido de una señal deben ser distintos de la representación asociada a esta señal»[300]. Esa propuesta se justifica con la idea de que tanto el sentido como la referencia son sensorialmente perceptibles, pasibles de verificación empírica. Mientras que la representación subjetiva, formada por un usuario de un signo, es marcada por la subjetividad así como variable, de hombre en hombre, de cultura en cultura.

La construcción de una semántica objetiva presuponía la atención de las siguientes reglas: i) todo sentido sin referente sería un sinsentido; ii) el referente es el objeto de existencia real, extralingüística; y iii) el sentido no sería una representación subjetiva, como vimos, sino caracterizada por el conjunto de atributos genéricos propios del referente al que se vincula.

Sin embargo, esta propuesta, fundada en la metáfora de la referencialidad entre mundo y lenguaje, no se sostiene. Según las premisas con las cuales trabajamos, no hay cómo disociar mundo y lenguaje, pues es por medio del lenguaje que comprendemos el mundo. Y es por hacer posible la comprensión del mundo que afirmamos, en la línea de Vilém FLUSSER[301], que el lenguaje *es, crea, transforma* y *propaga* la realidad.

A lo largo de las últimas décadas, diversas orientaciones de investigación fueron siendo construidas para explicar las relaciones de sentido, sin recurso a la referencialidad. Las escuelas de semántica enunciativa[302] y

---

299 FREGE, Gottlob. *Lógica e filosofia da linguagem*. São Paulo: Cultrix e Ed. Da Universidade de São Paulo, 1978, p. 64.

300 *Ídem*.

301 FLUSSER, Vilém. *Língua e realidade*. 2.ª ed. São Paulo: Annablume, 2004, *passim*.

302 Mientras la semántica formal piensa en la relación entre lenguaje y objeto extralingüístico, la semántica de la enunciación concibe una función creadora absoluta para el lenguaje. A ella correspondería articular el pensamiento y posibilitar el acceso a la realidad, siendo todos estos elementos creados del lenguaje, como juegos argumentativos. «Para la Semántica de la Enunciación, heredera del estructuralismo, el significado es el resultado del juego argumentativo creado en el lenguaje y por él. (...) Su significado es la sumatoria de

cognoscitiva[303] son solo algunas de las propuestas de volver a pensar la relación entre lenguaje y conocimiento, sin la ilusión de subjetividad denunciada por las demás escuelas.

A pesar que los presupuestos de referencialidad hayan sido superados por las nuevas investigaciones semióticas, la distinción entre sentido y referencia continúa siendo útil. Es precisamente esta distinción que ilustra la diferencia entre concepciones didácticas, vistas anteriormente, y triádicas.

Charles PEIRCE, tratando este tema, ofrece un modelo triádico para la comprensión de los signos: «La parte del signo que puede hacerse sensible se denomina (...) SIGNIFICANTE, la parte ausente, SIGNIFICADO, y la relación mantenida por ambos, SIGNIFICACIÓN»[304]. Este último elemento no ocurre en el mundo de la vida. Es la representación subjetiva hecha por el usuario -la significación- que vincula el significante al significado. Y si decimos, como SAUSSURE, que, sustraído cualquiera de los términos, no tendremos presente la idea de signo, seremos llevados, también, a afirmar que, si fuera sustraído el usuario, no habrá significación. Luego, no habrá signo.

Veamos dos ejemplos para ilustrar esta forma de concebir el signo. Es publicada una ley que introduce en el sistema de derecho positivo la regla matriz de un nuevo tributo: el *significante* sería el conjunto de caracteres impresos; la *significación* sería el conjunto de ideas formadas en la subjetividad de cada intérprete acerca de los contenidos prescriptivos -orden para pagar el nuevo tributo- transportados por la nueva ley. ¿Y si el signo fuera un texto doctrinario producido para describir esta nueva ley? El *significante* continuaría siendo el conjunto de caracteres impresos en el libro o artículo; el *significa-*

---

sus contribuciones en innumerables fragmentos del discurso: 'compré una mesa', 'siéntate allí en la misma'» (OLIVEIRA, Roberta Pires. Semântica, *in* MUSSALIM, Fernanda y BENTES, Anna Cristina [orgs.]. *Introdução à linguística: domínios e fronteiras*. 5.ª ed. V. 2. São Paulo: Cortez, 2006, pp. 18 y 19).

303 «La semántica cognitiva, así como la enunciativa, niega la referencialidad entre lenguaje y objeto extralingüístico, sin embargo, se preocupa de los procesos de adquisición del lenguaje. El significado sería fruto de las interacciones físicas y corpóreas con el mundo en el que vivimos. La significación lingüística emerge de nuestras significaciones corpóreas, de los movimientos corporales en contacto con el medio. Hay, pues, un origen físico para el surgimiento del lenguaje, aunque no se pueda hablar de referencialidad. Para la Semántica Cognitiva, mesa es la superficie lingüística de un concepto mesa, que es adquirido por medio de nuestras manipulaciones sensoriales-motoras con el mundo. Es tocando cosas que son mesas que formamos el concepto prelingüístico de mesa. Este concepto tiene estructura prototípica, porque se define por el miembro más emblemático: objeto de cuatro piernas» (OLIVEIRA, Roberta Pires. Semântica, *in* MUSSALIM, Fernanda y BENTES, Anna Cristina [orgs.]. *Introdução à linguística: domínios e fronteiras*. 5.ª ed. V. 2. São Paulo: Cortez, 2006, p. 19).

304 DUCROT, Oswald y TODOROV, Tzvetan. *Dicionário enciclopédico das ciências da linguagem*. Lisboa: Dom Quixote, 1991, p. 102.

do sería la opinión del autor acerca de la nueva ley y la *significación* sería la idea que formamos sobre el texto del autor.

Otra utilidad para la distinción entre sentido y referencia es demostrar el objeto de las investigaciones semánticas[305]. Charles Morris[306] deja clara su posición en el sentido de que el objeto de las investigaciones semánticas es el conjunto de reglas que orientan la aplicación de una palabra a un objeto o situación. En nuestro caso, el objeto de la investigación de sentido establecerá las reglas semánticas para la atribución del término «competencia tributaria» a cierto conjunto de enunciados prescriptivos.

Podemos apreciar que estudiar el sentido no es estudiar el significado mismo, sino las reglas por medio de las cuales se puede vincular un significante a un significado. Podemos relacionar algunas finalidades inmediatas para estudios como este: i) necesitar el sentido de ciertas expresiones; ii) superar problemas de ambigüedad, evitando, con ello, discusiones verbales; iii) evitar falacias de ambigüedad y vaguedad; iv) comprender y manejar formas de definición de los conceptos; y v) identificar formas de legitimar la definición de sentido. Entre otras, esas finalidades ya justifican la necesidad de descender a pormenores en el tratamiento del sentido de la competencia tributaria.

6.2. Elementos del sentido I: término y concepto

Los significantes, o soportes físicos, pueden ser clasificados según el vínculo que mantienen con sus significados. Hablamos, entonces, de índice, ícono y símbolo. El primero sugiere algún tipo de conexión física, del tipo: donde hay humo, hay fuego. En el segundo, el significante reproduce aspectos esenciales del significado, hace una especie de escultura, fotografía, dibujo cualquiera. El tercero y último tipo de vínculo es aquel establecido sin que sea posible justificar la relación entre sentido y referencia. En este último caso, solo las razones culturales pueden ser indicadas para justificar el hecho de que alguien use uno u otro símbolo para representar un significado cualquiera.

Esta clasificación, que podría ser reelaborada con fundamento en diversos criterios distintos, sirve para dejar en claro que una cosa es el significante

[305] «El pronunciamiento a favor de que *el objeto o estado de cosas al que se refiere la oración constituye su significado,* requiere aquí tan solo una advertencia precautoria. Como lo muestran los ejemplos puestos (acontecimientos naturales, acciones humanas, entes matemáticos), no debe caerse en ningún *fisicalismo* reduccionista que otorgue *status* de 'objeto' solamente a entidades físicas» (Aftalión, Enrique R.; Vilanova, José y Raffo, Julio. *Introducción al derecho: conocimiento y conocimiento científico, historia de las ideas jurídicas, teoría general del derecho, teoría general aplicada*. 3.ª ed. Buenos Aires: Abeledo-Perrot, 1988, p. 87).

[306] «Un signo denota lo que quiere que se conforma a las condiciones establecidas en la regla semántica, mientras que la propia regla establece las condiciones de designación y, de esta forma, determina el *designatum*» (Morris, Charles. *Foundations of the theory of signs*. Chicago: University of Chicago Press, 1959, p. 16).

y otra el significado y, aunque ellos puedan ser vinculados, son aspectos distintos de la relación de significación[307].

Eros Roberto GRAU[308] articula nociones de semiótica y filosofía del lenguaje para explicar los conceptos jurídicos de la siguiente manera:

i. A cada concepto corresponde un término; este -el término- es el signo lingüístico del concepto; así, el concepto, expresado en su término, es cosa (signo) que representa otra cosa (su objeto); el concepto, en la concepción aristotélica, está referido, por la mediación del término (signo del concepto), a un objeto;

ii. Los conceptos jurídicos no son referidos a objetos, sino a significaciones; no son conceptos esencialistas;

iii. El concepto -esencialista o no- es producto de la reflexión, expresando una suma de ideas;

iv. El concepto esencialista, expresado, es el signo de una cosa; su objeto es la cosa; está en el lugar de la cosa; es el primer signo del objeto;

v. El concepto jurídico, expresado, es el segundo signo de un primer signo: la significación de la cosa (cosa, estado o situación); está en el lugar no de la cosa (cosa, estado o situación);

vi. Así, los conceptos jurídicos son los signos, vale decir, signos de significaciones atribuibles -o no atribuibles- a cosas, estados o situaciones.

En esa orden de ideas, es evidente que son igualmente distintos el «término» y el «concepto». El término es el soporte físico, el significante, a partir del cual se construye una significación acerca de un significado. Esta significación es el concepto, la idea suscitada por el contacto con el término, y que puede, por su parte, ser connotativa o denotativa.

6.3. Elementos del sentido II: connotación y denotación

Las conexiones establecidas entre significante y significado -la idea suscitada en el intérprete por el contacto con el término- pueden ser percibidas de

307 «El símbolo nunca es completamente arbitrario; él no es vacío; hay siempre un rudimento de conexión natural entre el significante y el significado. (...) Pero, ¿qué quiere decir arbitrario? Cuando decimos que el signo es arbitrario eso no debe dar la idea de que el significante depende de la libre elección del sujeto hablante; queremos decir que él es inmotivado, es decir, arbitrario en relación al significado, con el cual no tiene, en realidad, alguna conexión natural» (SAUSSURE, Ferdinand de. *Curso de lingüística geral*. Lisboa: Publicações D. Quixote, 1986, p. 126).

308 GRAU, Eros Roberto. *O direito posto e o direito pressuposto*. 5.ª ed. São Paulo: Malheiros, 2003, pp. 195 y 196.

dos formas, siendo una llamada connotativa o intencional, y la otra, denotativa o extensional[309]. HJELMSLEV[310] hizo la distinción entre una semiótica denotativa y una semiótica connotativa.

La primera tendría como objeto un sistema sígnico, mientras que la segunda, en el plano de la expresión, un sistema semiótico. La investigación por la denotación de un concepto sería aquella que busca percibir qué elementos se ajustan a las palabras. Mientras que aquella que pone en el centro de sus intereses las características del concepto, serían el campo de la llamada semiótica connotativa. Veamos lo que Oswald DUCROT y Tzvetan TODOROV enseñan sobre esta materia:

> La denotación se produce, no entre un significante y un significado, sino entre el signo y el REFERENTE, esto es, en el ejemplo más fácil de imaginar, un objeto real: ya no es la secuencia sonora o gráfica 'manzana' que se conecta al sentido manzana, sino la palabra (el propio signo) 'manzana' a las manzanas reales. Es preciso añadir que la relación de denotación concierne, por un lado, a los signos-ocurrencias y no a los signos-tipo; y que, por otro lado, ella es mucho menos frecuente de lo que se cree: se habla más bien de las cosas en su ausencia que en su presencia; al mismo tiempo es difícil concebir cuál sería el 'referente' de la mayoría de los signos[311].

GUIBOURG, GHIGLIANI y GUARINONI, al tratar del mismo tema, afirman lo siguiente: «Existen ciertas razones, más o menos uniformes, por las que inclui-

---

[309] «En las versiones formales de la semántica, el sentido de una forma lingüística es frecuentemente formalizado como su intención, es decir, como el conjunto, en el sentido matemático del término, de todas las propiedades que un objeto necesita tener para que la forma se aplique a él de manera pertinente. Es muy común oponer el sentido a la referencia, que, esencialmente, es otra manera de considerar el mismo tipo de significado que se tiene en vista, en un abordaje diferente, cuando se habla en denotación» (TRASK, R. L. *Dicionário de linguagem e lingüística*. 2.ª ed. São Paulo: Contexto, 2006. Traducción de Rodolfo Ilari, p. 265).

[310] «(...) denotative semiotic, by which we mean a semiotic none of whose planes is a semiotic. It still remains, through a final broadening of our horizon, to indicate that there are also semiotics whose expression plane is a semiotic and a semiotics whose content plane is a semiotic. The former we shall call connotation semiotics, the later metasemiotics» (HJELMSLEV, Louis. *Prolegomena to a theory of language*. Madison: The University of Wisconsin Press, 1961, p. 114). [«(...) por semiótica denotativa, entendemos una semiótica de la cual ninguno de sus planos es una semiótica. Todavía está allí, a través de una ampliación final de nuestro horizonte, para indicar que también hay una semiótica cuya expresión en el plano es una semiótica y una semiótica cuyo plano del contenido es una semiótica. Llamaremos semiótica connotativa a la primera, a la otra metasemiótica»].

[311] DUCROT, Oswald y TODOROV, Tzvetan. *Dicionário enciclopédico das ciências da linguagem*. Lisboa: Dom Quixote, 1991, p. 103.

mos un objeto en una clase o lo excluimos de ella»[312]. Esas razones serían los llamados criterios de uso de la expresión, aquellos atributos según los cuales un término puede o no ser utilizado.

Pasando a analizar los objetos que se ajustan a los conceptos, estaremos en el plano de las denotaciones (extensión). De allí el por qué HJELMSLEV diga que, en el plano de la denotación, no se tiene como base, propiamente, un sistema sígnico; lo que se analiza no son los signos, sino los objetos que caen bajo los signos.

En un esfuerzo de síntesis, podríamos decir, como Irving M. COPI[313], que connotación y denotación son ámbitos de significación de un término que apuntan hacia aspectos distintos, pero complementarios, de la relación entre significante y significado.

6.4. Elementos del sentido III: los problemas del sentido: vaguedad y ambigüedad

El lenguaje natural, usado en las conversaciones informales, está compuesto por términos que suscitan ideas imprecisas. La riqueza de elementos contextuales, gestos, expresiones, entonaciones hace que la comunicación ocurra de forma eficiente, entre personas que se entienden, sin recurso a expedientes que pretendan aclarar el sentido de uno u otro término.

Sin embargo, en otras circunstancias los llamados «ruidos de la comunicación» generan problemas de las más diversas naturalezas en la comprensión de los sujetos de una conversación cualquiera. En el plano de los lenguajes descriptivos, propios de la Ciencia del Derecho, los «ruidos de la comunicación» llevan a desentendimientos, disputas verbales e incomprensiones. En los lenguajes prescriptivos los daños no son menores, puesto que los problemas en la transmisión de mensajes jurídicos precisos generan conflictos de interés.

Son dos los problemas fundamentales del sentido: en uno de ellos, hay objetos de naturalezas distintas en la denotación del término, tornándolo ambiguo. En otros casos, los criterios de uso de una expresión no son suficientemente precisos para distinguir su significado del significado de otras expresiones. Cuando ello ocurre, tenemos un caso de vaguedad. Estos dos problemas del lenguaje son tratados por Paulo de Barros CARVALHO de la siguiente forma:

---

312 En el original: «Existen ciertas razones, más o menos uniformes, por las que incluimos un objeto en una clase o lo excluimos de ella». Y continúan los autores: «Estas razones forman el criterio de uso de la palabra de clase, y tal criterio es la piedra de toque del concepto. (...) El conjunto de estos requisitos o razones, vale decir, el criterio de uso de una palabra de clase (determinante y demostrativo del concepto correspondiente) se llama designación de esa palabra» (GUIBOURG, Ricardo A.; GHIGLIANI, Alejandro M. y GUARINONI, Ricardo V. *Introducción al conocimiento científico*. 3.ª ed. Buenos Aires: EUDEBA, 1984, p. 59).

313 COPI, Irving Marmer. *Introdução à lógica*. 2.ª ed. São Paulo: Mestre Jou, 1978, p. 119.

Existen factores que distorsionan, dificultan o retardan el recibimiento del mensaje, técnicamente denominados 'ruidos'. La ambigüedad y la vaguedad, por ejemplo, son problemas semánticos presentes donde exista lenguaje. Un término es vago cuando no existe una regla que permita decidir los exactos límites de su aplicación, habiendo un campo de incertidumbre relativa al encuadramiento de un objeto en la denotación correspondiente al signo. Mientras que la ambigüedad es el caso de incertidumbre designativa, en virtud de la coexistencia de dos o más significados[314].

Si ambigüedad y vaguedad son ruidos que entorpecen la comunicación, deben ser superados. Epistemológicamente, esa superación puede ser alcanzada por dos medios fundamentales: sustitución del término por otro que sea unisignificativo o definición del concepto vago o ambiguo.

La sustitución de un término por otro no dispensa la elucidación del significado/significación de la nueva palabra, tampoco su contextualización. Una propuesta curiosa, y exitosa, de sustitución de signos fue propuesta por Hans KELSEN al hacer uso de la expresión «modos de producción del derecho» en el lugar de la metáfora «fuentes». Al intercambiar una expresión por otra, KELSEN redujo y objetivó su significado. Sin embargo, en otras circunstancias la sustitución no es aconsejable. Cuando ello acontece, la solución es emprender definiciones.

6.5. Elementos del sentido IV: instrumentos para la precisión del discurso

Todo lo que dijimos anteriormente sobre la relación de significación puede ser resumido así: el lenguaje no toca la realidad, ni se confunde con ella. El lenguaje traduce la realidad hacia un sistema de signos. De estas premisas, podemos inferir que, por más que tarden las elucidaciones, no llegaremos nunca a los significados. Los esclarecimientos relativos a una expresión cualquiera son también otros signos que necesitan ser interpretados, contextualizados y comprendidos.

A pesar de ello, las palabras que integran un discurso con pretensiones de rigor y precisión son susceptibles de sufrir aquello que Carlos ALCHOURRÓN y Eugenio BULYGIN[315] denominan reconstrucción racional de un concepto. Este

---

314 CARVALHO, Paulo de Barros. *Sobre os princípios constitucionais tributários*. N.º 55. São Paulo: Revista de Direito Tributário, RT, pp. 22-23.

315 «La explicación o reconstrucción racional de un concepto, es el método por medio del cual un concepto inexacto y vago -que puede pertenecer al lenguaje ordinario o a una etapa preliminar en el desarrollo de un lenguaje científico- es transformado en un concepto exacto o, por lo menos, más exacto que el primitivo. En lugar de *transformación*, sería más correcto hablar aquí de *sustitución* de un concepto más o menos vago por otro más riguroso» (ALCHOURRÓN, Carlos E. y BULYGIN, Eugenio *Introducción a la metodología de las ciencias jurídicas y sociales*. Buenos Aires: Astrea, 2002, p. 29).

proceso consiste en explicar un concepto originalmente vago y ambiguo, transformándolo en un concepto más exacto.

De acuerdo con esos autores, el proceso de reconstrucción racional sería realizado en dos etapas, siendo que en la primera:

> El concepto que se quiere explicar se denomina *explicandum* y el nuevo concepto que lo ha de sustituir, *explicatum*. El proceso de explicación abarca dos etapas: 1. la elucidación informal del *explicandum*, y 2. la construcción del *explicatum*. La importancia de la primera etapa no siempre es apreciada suficientemente; pero para poder sustituir un concepto por otro, capaz de realizar las tareas del primero con ventajas, es necesario clarificar al máximo el alcance del *explicandum*, vale decir, el significado del término que se usa para designarlo. Esto puede lograrse mediante diversos procedimientos, tales como la ejemplificación y la descripción de los usos de ese término en situaciones típicas[316].

Superada esta etapa, se daría inicio a la segunda, que consiste, básicamente, en la reconstrucción del *explicatum*, vale decir, un concepto más preciso que el anterior. He aquí los atributos que deben estar presentes en el nuevo concepto:

> El *explicatum* debe cumplir con ciertos requisitos, como: a) Debe ser lo más exacto posible, es decir, las reglas de su uso deben estar formuladas explícitamente en la forma más exacta posible (por ejemplo, por medio de definiciones explícitas). b) Debe tener el máximum de fecundidad, vale decir, ser útil para la formulación del mayor número posible de enunciados universales (leyes empíricas o teoremas lógicos). c) El *explicatum* debe, en lo posible, ser similar al *explicandum*, en el sentido de que se lo pueda usar en la mayoría de las ocasiones en las que se usa este último. En otras palabras, la extensión del *explicatum* debe acercarse en lo posible a la del *explicandum*. Desde luego, esa similitud no puede ser total: los dos conceptos no pueden ser idénticos y ni siquiera coextensivos, puesto que entonces el *explicatum* no sería más exacto que el *explicandum*. d) Por último, cabe mencionar el requisito de la simplicidad aunque su papel es más restringido que el de los tres anteriores»[317].

Dicho eso, podemos afirmar, también, que el conjunto de referencias que dan forma al esclarecimiento y precisión del sentido de un término puede ser dividido en dos partes. Aquel término objeto de la definición es el *definiendum*. Mientras que el conjunto de características u objetos que pueden ser relacionados para esclarecer su sentido es llamado *definiens*. La variación en la forma de construir *definiens* está en la base de la diferencia entre las formas disponibles para precisar el sentido de un término.

---

[316] *Ibídem*, p. 30.
[317] *Ibídem*, p. 31.

6.5.1. Definición estipulativa

Hay circunstancias en las que, para formar mensajes más precisos, es conveniente la creación de nuevas palabras o la utilización de términos fuera de su contexto habitual[318]. Este es, por ejemplo, el caso en el que se utilizan términos filosóficos o de semiótica como «reducción eidética», «fenomenología» y «functor de functor», para explicar, con más precisión, ciertos y determinados institutos jurídicos. Términos filosóficos son utilizados, así, para traducir dimensiones de la experiencia jurídica que pasaban desapercibidas por las doctrinas tradicionales.

El uso de estos términos, en sustitución de los que ordinariamente son utilizados por la doctrina, proporciona una mayor precisión al discurso, pero no dispensa la elaboración de definiciones.

En los casos en los que un término es creado, o simplemente se modifica el contexto de su utilización, la definición que se formula es del tipo estipulativa[319]. La característica fundamental de estas definiciones está en la mayor libertad atribuida a su destinatario para formularlas. Si el sujeto propone tratar de un término de una u otra forma, es lícito que a él corresponda especificar el sentido que pretende atribuir a la expresión.

Por ello, Irving COPI defiende que «una definición estipulativa no es verdadera ni falsa, sino que debe ser considerada una propuesta o una resolución de usar el *definiendum* de modo que signifique lo que el *definiens* significa»[320]. En otras palabras, la definición es una propuesta, una sugerencia, para que el término sea tomado en esa o en una u otra.

6.5.2. Definiciones lexicográficas

La relativa libertad en el establecimiento del *definiens*, que vimos es atributo de las definiciones estipulativas, no está presente en las definiciones lexicográficas. Este modo de necesitar el sentido de un término, puede ser considerado verdadero o falso, conforme esté o no de acuerdo con los usos vigentes en una determinada comunidad del discurso[321]. Sin embargo, la idea de «usos vigentes en una comunidad» es una noción imprecisa.

En un esfuerzo de síntesis, podríamos decir que existen usos ortodoxos de ciertas palabras -aquellos indicados en los diccionarios-, acatados por los autores de primera línea y que reflejan la forma usual de empleo de una cierta expresión. En contraposición, existen los usos heterodoxos de expresiones, que ejercen funciones diversas de las comúnmente practicadas.

---

318 COPI, Irving Marmer. *Introdução à lógica*. 2.ª ed. São Paulo: Mestre Jou, 1978, p. 110.
319 *Ibídem*, p. 113.
320 *Ibídem*, p. 114.
321 *Ibídem*, p. 116.

Las definiciones lexicográficas son las que definen el sentido ortodoxo de expresiones, alejando sus ambigüedades y vaguedades[322]. Por eso mismo, esas definiciones se sujetan a los juicios de verdad y falsedad, conforme atiendan o no a los criterios indicados por el uso común de una expresión.

Además de las definiciones lexicográficas y estipulativas, es posible apuntar otras, de acuerdo con la forma de necesitar el sentido del *definiendum*. Este es el caso, por ejemplo, de las definiciones: i) aclaradoras, cuyo propósito consiste en eliminar vaguedades, necesitando los criterios de uso de la expresión; ii) teóricas, que son orientadas a la definición teóricamente adecuada de los objetos al que se aplican; y iii) aquellas reputadas como persuasivas, por la circunstancia de estar más preordinadas a orientar el comportamiento de alguien en una dirección que simplemente dilucida el sentido de un término.

6.5.3. Definición denotativa y definición connotativa

Otro criterio válido para diferenciar las formas de definición es aquel que toma por base el tipo de sentido atribuido al término.

Necesitar el sentido de un término mediante la indicación de sus criterios de uso es lo que se llama definición connotativa o intencional. Mientras que la determinación de sentido hecha por la indicación de los objetos significados por la palabra es una definición del tipo extensional o denotativa[323].

Veamos esa distinción en un caso concreto, donde se busca precisar el sentido de la palabra «tributo». En una definición intencional -connotativa-, orientada, pues, a la indicación de sus características individualizadoras, podemos, valiéndonos de las prescripciones del artículo 3°, del Código Tributario Nacional, decir lo que sigue:

> Tributo es toda prestación pecuniaria compulsoria, en moneda o en cuyo valor ella pueda expresarse, que no constituya sanción de acto ilícito, instituida en ley y cobrada mediante una actividad administrativa plenamente vinculada.

Cada una de estas calificaciones opera como criterio de uso que orienta la utilización de ese término, delimitando el conjunto de los objetos que pueden ser calificados como de naturaleza tributaria o no.

---

322 *Ídem*.

323 GUIBOURG, GHIGLIANI y GUARINONI, adoptando la lección del matemático alemán Gottlob FREGE, identifican dos formas o componentes del significado: la denotación y la connotación. Según enseñan, el conjunto de todos los elementos que caben en una palabra se denomina denotación. Mientras que los requisitos que deben ser cumplidos para que un objeto esté incluido en la clase representada por una palabra se denomina connotación de esa palabra (GUIBOURG, Ricardo A.; GHIGLIANI, Alejandro M. y GUARINONI, Ricardo V. *Introducción al conocimiento científico*. 3.ª ed. Buenos Aires: EUDEBA, 1984, pp. 41 y 42).

Sin embargo, «tributo» puede ser igualmente definido por medio de ejemplos, vale decir, a través de la indicación de los objetos que se le ajustan. En este caso, tenemos las definiciones extensionales o denotativas. Se trata de una enumeración de los elementos que se ajustan al concepto. Una definición denotativa de «tributo» es ofrecida por la Constitución de la República cuando, en su artículo 145, prescribe lo siguiente:

> La Unión, los Estados, el Distrito Federal y los Municipios podrán crear los siguientes tributos: I. Impuestos; II. Tasas, en razón del ejercicio del poder de policía o por la utilización, efectiva o potencial, de servicios públicos específicos y divisibles, prestados a los contribuyentes o puestos a su disposición; III. Contribución de mejora, resultante de obras públicas.

La palabra de clase «tributo» es definida por la indicación de ejemplos, enumeración de especies que se ajustan al conjunto representado por este término.

Tanto en un caso como en el otro, las definiciones intencionales y extensionales necesitan el significado de las palabras, delimitando las circunstancias de uso de los términos y contribuyendo a perfeccionar aquello que Charles MORRIS[324] indicó ser el objeto de la semántica: identificar las reglas por las cuales una palabra puede ser aplicada a un objeto o circunstancia.

6.6. Elementos del sentido IV: el texto y el contexto

Los conceptos presentados hasta aquí sugieren que las relaciones de significación son construidas, exclusivamente, por vínculos entre los tres vértices del triángulo semiótico: significante, significado y significación. En una primera lectura, esta relación enfatizaría la importancia de los textos en la elaboración del sentido[325].

Sin embargo, el signo es una relación entre símbolos y objetos simbolizados, mediado por el usuario que, al tomar contacto con uno, proyecta subjetivamente el otro. Un sujeto que tome contacto con el término «casa» proyecta subjetivamente la idea de edificio, edificación para servir de morada o residencia. El término es la parte presente (el significante), la habitación es la

---

[324] MORRIS, Charles. *Foundations of the theory of signs*. Chicago: University of Chicago Press, 1959, p. 16.

[325] Al respecto, resalta Paulo de Barros CARVALHO: «El texto es el punto de partida para la formación de las significaciones y, al mismo tiempo, para la referencia de los entes significados, formando aquella estructura triádica o trilateral que es propia de las unidades sígnicas. En el texto las manifestaciones subjetivas ganan objetividad, tornándose intersubjetivas. En cualquier sistema de signos, el esfuerzo de decodificación tomará por base el texto y el desarrollo hermenéutico fijará en esa instancia material todo el apoyo de sus construcciones» (CARVALHO, Paulo de Barros. *Direito tributário, linguagem e método*. 2.ª ed. Noeses: São Paulo, 2008, p. 9).

parte ausente (el significado). La proyección subjetiva, aquel aspecto incontrolable y variable de hombre a hombre -tan despreciado por los presupuestos de la semántica objetiva de FREGE[326]- es lo que se llama significación. Esta, que representa el modo de relacionar significante y significado, está condicionada por la subjetividad del usuario de los signos. Con ello hacemos referencia al conjunto de condicionantes culturales, sociales, valorativos, que lo lleva a formular una significación de un modo y no de otro. Ese conjunto de factores que operan junto a la subjetividad del sujeto, condicionando su forma de percibir los textos, son también textos que dan forma al llamado contexto, porque son susceptibles de interpretación, aunque sea indirectamente. De esa forma, podemos imaginar los textos que dan forma al significante y aquellos otros que influencian la significación.

Así pues, la modificación del contexto proporciona modificaciones en la forma de justificar el sentido de una expresión[327].

Estas aclaraciones evidencian la circunstancia de que existen dos vectores fundamentales para la construcción del sentido: el texto y el contexto. En el primero, identificamos los significantes, en relaciones sintagmáticas, organizados según lo que prescribe la gramática vigente y las reglas semánticas. Sin embargo, en el segundo la investigación es externa al texto, y busca aprehender los factores que pueden influenciar las relaciones de significación, de manera marcada en aquellos puntos que tienen que ver con los valores aceptados y practicados en un grupo social.

Por último, resaltamos que la conjugación entre texto y contexto ofrece respuestas útiles para la construcción de una teoría sobre la legitimidad de los sentidos, o, mejor dicho, sobre la forma de definición de los sentidos. El análisis del contexto posibilita la percepción de los valores vigentes en una sociedad, del conjunto de creencias divididas por los sujetos de una comunidad.

---

326 FREGE, Gottlob. *Lógica e filosofia da linguagem*. São Paulo: Cultrix e Ed. Da Universidade de São Paulo, 1978, p. 64. Selección, introducción, traducción y notas de Paulo Alcoforado.

327 Atento a este fenómeno, Paulo de Barros CARVALHO llama la atención sobre la dualidad entre texto y contexto en la formación del sentido de los discursos prescriptivos, afirmando que «(...) no hay texto sin contexto, pues la comprensión del mensaje presupone necesariamente una serie de asociaciones que podríamos referir como lingüística y extralingüística. Por lo tanto, habrá un contexto de lenguaje comprendiendo inmediatamente el texto, como las asociaciones del eje paradigmático, y otro, de índole extralingüística, contorneando los dos primeros. De esta forma, podemos mencionar el texto según un punto de vista interno, eligiendo como foco temático la organización que hace de él una totalidad de sentido -operando como objeto de significación en el hecho comunicacional que se da entre emisor y receptor del mensaje- y otro corte metodológico que concentra sus atenciones en el texto en cuanto instrumento de la comunicación entre dos sujetos, tomado ahora como objeto cultural y, así pues, insertado en el proceso histórico-social, donde actúan determinadas formaciones ideológicas» (CARVALHO, Paulo de Barros. *Direito tributário, linguagem e método*. 2.ª ed. Noeses: São Paulo, 2008, p. 10).

Esta percepción es, por su parte, imprescindible para que se consiga aceptar como legítima la definición de términos presentes en un texto. En otras palabras, la producción del sentido es fruto del diálogo entre texto y contexto, y solo la conjugación entre ellos posibilita las construcciones de sentido que sean predominantes entre aquellos a los que se destina.

6.7. Elementos del sentido V: reenvío, jerarquías intrincadas y problemas de legitimidad

El diálogo entre normas jurídicas, visto desde la perspectiva estructural, es ordenado y claramente jerarquizado. La norma producida por la autoridad superior prevalece sobre aquella elaborada por la autoridad inferior. Es fácil percibir las relaciones de subordinación entre la Constitución y la ley, entre esta y el reglamento, y entre este y el acto terminal de aplicación de la norma. Tomando como criterio al sujeto competente para producir normas, nadie osaría afirmar que, en el sistema jurídico tributario brasileño, el reglamento prevalece sobre la ley, o que esta pueda prevalecer sobre la Constitución.

Sin embargo, aquello que es unánime entre los observadores y participantes, desde el punto de vista estructural, se muestra controvertido cuando es examinado desde la perspectiva del sentido de las proposiciones.

Abstrayendo a los sujetos competentes, y tomando como objeto de estudio el sentido de los textos jurídicos, es posible establecer diálogos entre texto constitucional, legal, reglamentario, privado o jurisdiccional. No es simple, sin embargo, saber qué sentido debe prevalecer, si el de la norma superior o el de la norma inferior. En este sentido, J. J. GOMES CANOTILHO señala lo siguiente:

> La concretización sería la 'densificación' o el 'proceso de densificación' de las normas o reglas de gran 'apertura' -principios, normas constitucionales, cláusulas legales indeterminadas- de forma que posibilite la solución de un problema[328].

En otras palabras: el proceso de positivización del derecho coincide con la concretización de sentido de sus ámbitos de validez. Y por su parte, la concretización de estos ámbitos genera discursos normativos más concretos. Esto acontece de tal forma que, si es comparada la norma inferior con la superior, esta será siempre más vaga que aquella. Ahora bien, si la concretización de sentido es progresivamente mayor, no es difícil imaginar que, para saber lo que efectivamente prescribe la norma superior, sea necesario analizar la norma inferior.

En lo cotidiano de las relaciones entre Fisco y contribuyentes, las dudas relativas a la incidencia de normas tributarias, con mucha frecuencia, son

---

[328] CANOTILHO, José Joaquim Gomes. *Constituição dirigente e vinculação do legislador*. 2.ª ed. Coimbra: Coimbra, 2001, pp. 321 y 322.

resueltas por actos infralegales -reglamentos, normativas, actos interpretativos- que positivizan el sentido más analítico del texto, si es comparado con el que es puesto de forma sintética por la ley. Por ello, es intuitiva la noción de que el acto infralegal atribuye sentido a lo legal, de la misma forma que la ley atribuye sentido a la Constitución. Los aspectos negativos de ese fenómeno no pasaron desapercibidos a J. J. GOMES CANOTILHO, que se refiere a la «ley de los reglamentos» y a la «constitución de las leyes» para hacer referencia a los reenvíos de sentido hechos a partir de las normas inferiores para precisar el significado de las normas superiores. He aquí la expresión de su pensamiento:

> Es que la *constitución según leyes* es el más importante caso de 'cumplimiento de abajo hacia arriba', derivando, en gran medida, de la extensión de la noción de *constitución material*, con la consecuencia de la 'determinación' de la ley fundamental en la 'empíria', en la 'llama de la ideología', en lo 'extrajurídico'. (...) La vía de solución del problema no está, propiamente, como reconoce LEISNER, en combatir el concepto material de constitución, sino en evitar que este sea 'ocupado' por el derecho infraconstitucional, por sus conceptos, sus teorías y tradiciones. De allí que, correctamente: (1) se imponga el agotamiento de las posibilidades de interpretación autónoma de los conceptos constitucionales antes de pasar al auxilio legal; (2) se interpreten o deban interpretar los conceptos legales en el sentido constitucional (muchas veces atécnico) y no en el sentido supuestamente técnico, fundamentado en el derecho infraconstitucional; (3) se deba cuestionar la dimensión de garantía institucional, que conduce a una interpretación según la tradición, y no según los preceptos constitucionales[329].

La posibilidad de llegar al sentido de las normas superiores con base en lo que prescriben las inferiores, pone en duda la propia idea de norma superior, de organización escalonada, de diálogo entre normas en las relaciones de fundamentación.

La idea de que la forma viene de arriba y el contenido, de abajo, según CANOTILHO: «debe merecer una enérgica resistencia dogmática: en un Estado constitucional democrático la forma y el contenido principal vienen de arriba»[330]. Pues bien, la jerarquía de los sujetos competentes también debe proyectar efectos en la forma de producir sentido.

Lo que no se admite, por ser ingenuo e ineficaz, es ignorar los diálogos mantenidos entre norma superior e inferior. Solo en la situación de configurarse una incompatibilidad entre estos dos planos de sentido es que debe prevalecer lo producido por una autoridad superior, en la línea de lo que defende-

---

[329] *Ibídem*, p. 409.
[330] *Ibídem*, p. 410.

mos en el capítulo VI de este trabajo, cuando tratamos de las cuestiones relativas a la coherencia del sistema de derecho positivo.

6.8. Elementos del sentido VI: el sentido de los observadores y el sentido de los participantes

La forma de deducir el sentido a partir de los textos de derecho positivo es idéntica entre observadores y participantes. El texto es el punto de partida común para todos aquellos que quieren iniciar el contacto con el sistema jurídico tributario.

Por ello, es útil a esas dos clases de sujetos saber cómo se da una relación de significación, los tipos de sentido, las formas de definición de los significados. Y eso ocurre por una simple razón: la base sobre la cual se orientan los intérpretes auténticos (participantes) y los no auténticos (observadores) es la misma: el texto jurídico.

Ya hemos puesto en evidencia en la primera parte del trabajo que la diferencia esencial entre observadores y participantes es el resultado de su actividad de interpretación. Mientras que el sentido construido por los participantes es prescriptivo, consubstanciado en nuevos textos de derecho positivo, lo producido por los observadores es descriptivo. Por ello, no sirve como decisión que prevalezca coercitivamente y con fuerza de cosa juzgada.

Sin embargo, el sentido de los observadores y el sentido de los participantes dialogan entre sí. Las sentencias citan doctrina y la doctrina toma como referencia, mediata o inmediata, los textos de derecho positivo. No hay cómo imaginar el sentido de la doctrina sin el sentido del derecho positivo. En grado menor, pero igualmente importante, se encuentra el sentido de la doctrina para el derecho positivo, especialmente para la fundamentación de las decisiones judiciales. Inclusive, según esclarece Niklas LUHMANN[331], la primera función de las teorías dogmáticas es organizar el sentido de las decisiones judiciales, de modo que se aplique la experiencia pasada a situaciones futuras. La doctrina traduciría la experiencia jurídica vivida para que ella pueda influenciar las decisiones en el futuro.

El intenso diálogo entre los sentidos de los observadores y de los participantes es fácil de percibir. Lo que no siempre se muestra es la circunstancia de que esos discursos sigan reglas de legitimación completamente distintas. Y ello ocurre por el hecho de que uno está orientado a la regulación de conductas y el otro a la descripción de normas. Aquel que prescribe conductas habla en nombre del sistema jurídico, prescribe en nombre de lo que prescriben otras normas. Su deber consiste en ser coherente con el sistema y con otras interpretaciones suscitadas por el propio sistema. Mientras que aquellos que describen hablan en nombre de la coherencia, de la consistencia y de la precisión de su discurso.

---

[331] LUHMANN, Niklas. *Sociologia do direito II*. Río de Janeiro: Tempo Brasileiro, 1985, pp. 34 y ss.

El sistema de referencias teóricas está para el observador como el sistema jurídico está para los participantes. Y la legitimidad de sus proposiciones será tanto mayor cuanto mayor sea la coherencia entre sus proposiciones y el sistema del cual forma parte. Todo ello, no se puede olvidar, con el intenso diálogo entre los dos tipos de sentido.

En resumen, podemos hablar en el sentido de los participantes, que es construido y positivizado por aquellos que tienen el poder de prescribir conductas. Y podemos hablar, también, en el sentido de los observadores, formulado por los sujetos que hacen ciencia. A contrario sensu, y buscando evidenciar la relación dialógica entre esas dos modalidades, podríamos hablar de la ciencia del poder, que otorga legitimidad a las decisiones. Y, por qué no, del poder de la ciencia, manifestado en la influencia que ejerce sobre las decisiones de los sujetos competentes.

CAPÍTULO 7
VARIACIONES DE SENTIDO DEL TÉRMINO «COMPETENCIA TRIBUTARIA»

En el capítulo anterior, incluimos la ambigüedad entre las especies de ruido de la comunicación, responsable por los discursos inconsistentes, incoherentes, falaces y, en muchas circunstancias, causa primera de divergencias verbales. No es casualidad, es consensual la opinión de que un término polisémico, insertado en un discurso con pretensiones científicas, debe ser sustituido por otro más preciso o tener su sentido dilucidado.

Sin embargo, consideramos que las elucidaciones expresan una opción por un sentido, en detrimento de otros igualmente posibles. Por ello, suspenderemos nuestra decisión temporalmente. Seguiremos, por cierto tiempo, el camino inverso: usaremos la ambigüedad como recurso metodológico, para explorar los diversos sentidos, establecer diálogos y, de esta forma, intentar percibir las particularidades que serían inmediatamente colocadas de lado por una definición ortodoxa. Emprenderemos aquello que en teoría musical se llama «variaciones sobre el mismo tema», vale decir, discurriremos sobre un mismo concepto, pero desde varias perspectivas.

Este camino puede ser dividido en tres etapas, desarrolladas según tres ejes temáticos: i) competencia y Estado; ii) modalidades de competencia; y iii) los sentidos de la norma de competencia tributaria. Al final, retomaremos el núcleo de la proposición y definiremos los sentidos de «competencia» y «norma de competencia tributaria».

7.1. Idea de competencia tributaria en la Teoría General del Estado

Poder, Estado, Federación, autonomía son conceptos propios de la Teoría General del Estado que mantienen una estrecha relación con la idea de competencia tributaria. Estas relaciones evidencian la importancia del concepto de competencia para comprender lo que es el propio Estado y sus modos de organización. Así, siempre que expliquemos qué es y cómo funciona el Estado, tendremos nuevos elementos para enriquecer el sentido que atribuiremos a la expresión «competencia tributaria».

7.1.1. Competencia y poder

El texto constitucional prescribe lo siguiente: «Todo poder emana del pueblo, que lo ejerce por medio de representantes electos o directamente, en los términos de esta Constitución» (art. 1°, párrafo único). Por lo tanto, corresponde a la Constitución de la República prescribir cuáles son los poderes, quiénes deben ejercerlos y cómo deben ser ejercidos en el territorio alcanzado por la soberanía nacional. Hay, como se ve, muchas referencias al término «poder» en el texto constitucional. Veamos nuevos ejemplos: en el artículo siguiente (art. 2°) hay una referencia expresa a los poderes de la Unión, entre los cuales estaría el Ejecutivo, el Legislativo y el Judicial. En otras oportunidades el texto habla de poderes, especificando agentes, materias, formas de acción. Hay, inclusive, toda una Sección del Sistema Tributario Nacional titulada «De las Limitaciones al Poder de Tributar».

Sin embargo, el sentido atribuido al término «poder» es controvertido, generando animadas controversias. Como veremos más adelante, una simple investigación semántica evidencia varias formas de usar y definir el citado vocablo[332]. Fijando solo tres de esos modos, tendríamos aquellos que equiparan la idea de «poder» a la «competencia»; otros que vinculan uno al otro como si fueran género y especie, respectivamente, y, también, aquellos que sostienen no solo la diferencia de las acepciones, sino la inadecuación del término «poder» al discurso de la dogmática jurídica. Observaremos con más atención cada una de esas teorías para, entonces, sustentar nuestra posición acerca del tema.

---

[332] «El jurista utiliza la expresión poder, dándole diferentes connotaciones, conforme a la necesidad teórica, sin que los sentidos diferentes puedan ser llevados a un denominador común, por ejemplo: a) en el Derecho Público, el poder es señalado en los procesos de formación del derecho, en realidad como un elemento importante, pero que agota su función cuando surge el derecho, pasando de allí en adelante a contraponerse a él en términos de una dicotomía entre el *poder* y el *derecho*, como si, nacido el derecho, el poder se mantuviese un fenómeno peligroso, a ser controlado siempre en sentido de poder del estado jurídicamente limitado; b) de esta forma, poder sería, inicialmente, *alguna cosa*, poder es cosa, una sustancia, en el hombre, en la naturaleza. Se habla de fuerza, de facultad o capacidad para actuar, hacer. Algo que el hombre posee, gana, pierde, limita, aumenta. Poder en esa acepción tiene que ver con *imperio*, capacidad para producir obediencia, atributo esencial de la autoridad política, judicial, legislativa, administrativa, policial; c) para el Derecho, el poder como la capacidad para producir obediencia está estrechamente vinculado al de derecho subjetivo y, a veces, hasta se confunde con él. En este sentido, se usa poder como *facultad* de exigir contribuciones pecuniarias (poder tributario), facultad de actuar y reaccionar protegido por la ley (poder jurídico), facultad para ejercer cierta función (poder legal o competencia), facultad de ejercer libremente la autoridad según su voluntad en determinadas circunstancias (poder discrecional), etc.» (FERRAZ JUNIOR, Tércio Sampaio. *Estudos de filosofia do direito: reflexões sobre o poder, a liberdade, a justiça e o direito*. São Paulo: Atlas, 2002, pp. 19 y 20).

En la obra *Conceitos de direito tributário*, C. M. Giuliani FONROUGE explora una serie de acepciones que la doctrina presta a la expresión «poder». Enseguida, concluye, implícitamente, por la posibilidad de ser usados «poder» y «competencia» como sinónimos:

> La expresión poder tributario significa la facultad o la posibilidad jurídica del estado para exigir contribuciones con respecto a personas o bienes que se encuentren en su jurisdicción. Este concepto -tan genéricamente consignado- ha dado lugar a interpretaciones divergentes, que comienzan con la terminología. Hay quien habla de supremacía tributaria (Berliri), de potestad impositiva (Micheli), de poder tributario (Cocivera, Alessi-Stammatti), poder fiscal (Bielsa), poder de imposición (Ingrosso, Blumenstein), poder tributario concebido como el poder general del estado aplicado a determinado sector de la actividad estatal, a la imposición (Hensel), sin embargo, son variantes de la idea expuesta[333].

En la misma línea de lo que acabamos de exponer, Fernando SAINZ DE BUJANDA[334] defiende que el poder tributario es un aspecto esencial del Estado. Sin embargo, resalta que, en el Estado moderno, este poder dejó de ser una fuerza para convertirse en poder jurídico que -a semejanza de lo que prescribe el artículo 2° de la Constitución, referido anteriormente- debe ser ejercido según los dictámenes del orden jurídico. Así, después de defender la idea de que no se puede concebir una organización política sin poder, define que el poder tributario es la facultad de instituir tributos para la satisfacción de sus fines[335].

Por lo tanto, la facultad de instituir, recaudar y fiscalizar tributos sería lo que se llama «poder tributario», que existiría y sería aplicado en los términos de lo que prescriben las normas del Sistema Tributario Nacional[336]. Entre nosotros, mucha gente pensó y piensa así. Bastaría relacionar a Alfredo Augusto BECKER[337],

---

333 FONROUGE, C. M. Giuliani. *Conceitos de direito tributário*. São Paulo: Lael, 1973, p. 30.

334 BUJANDA, Fernando Sáinz de. Estructura jurídica del sistema tributario, *in Revista de Derecho Financiero y de hacienda pública*. Madrid: Editorial de derecho financiero, 1964, pp. 28 y 29.

335 He aquí la expresión de su pensamiento: Como es sabido, el poder tributario constituye un atributo esencial del Estado. No es posible concebir ninguna organización política en la que falte este poder, que no es, en definitiva, sino la facultad de imponer tributos que procuren al Ente público los recursos necesarios para el cumplimiento de sus fines. Ahora bien, en el moderno Estado constitucional, este poder ha dejado de ser una fuerza o poder de hecho, para convertirse en un poder jurídico, que se ejercita dictando normas (BUJANDA, Fernando Sáinz de. Estructura jurídica del sistema tributario, *in Revista de Derecho Financiero y de hacienda pública*. Madrid: Editorial de derecho financiero, 1964, p. 9).

336 En el mismo sentido, «La competencia tributaria (o poder tributario) es la facultad que tiene el Estado de crear unilateralmente tributos, cuyo pago será exigido de las personas sometidas a su soberanía» (VILLEGAS, Héctor B. *Curso de direito tributário*. São Paulo: RT, 1980, p. 82).

337 BECKER, Alfredo Augusto. *Teoria geral do direito tributário*. São Paulo: Noeses; Madrid: Marcial Pons, 2007, p. 224.

Aliomar BALEEIRO[338] -con su clásico «*Limitações Constitucionais ao Poder de Tributar*»-, Mizabel Abreu MACHADO DERZI[339], Amílcar de Araújo FALCÃO[340] y José Souto Maior BORGES[341], quien sostiene lo que sigue: «Jurídicamente, el poder tributario no es algo distinto de la competencia tributaria. Aquel solo tiene sentido jurídico mientras sea demarcado por esta», para atestiguar el uso común de esa expresión entre nosotros.

En una escala intermedia, estarían los que consideran al poder como género y la competencia como especie, o lo contrario, siendo la competencia el conjunto que tendría entre sus elementos al poder. En un caso y en otro, los dos términos conviven, pero con acepciones distintas.

Para relacionar poder y competencia, Sacha Calmon Navarro COÊLHO[342] se sirve, implícitamente, de la relación hecha por la doctrina del proceso civil entre competencia y jurisdicción. Igualmente, el plexo de facultades impositivas del Estado sería el poder tributario, sus divisiones y subdivisiones, las competencias. En la expresión de su pensamiento, encontramos las siguientes ideas:

> En primer lugar, se verifica que son varias las personas políticas que ejercen el poder de tributar y, pues, titulares de competencias impositivas: la Unión, los Estados-Miembros, Distrito Federal y los Municipios. Entre ellos será repartido el poder de tributar. Todos reciben directamente de la Constitución, expresión de la voluntad general, sus respectivas áreas de competencia (...). El poder de tributar originariamente único por la voluntad del pueblo (Estado Democrático de Derecho) es dividido entre las personas políticas que forman la Federación[343].

---

338 BALEEIRO, Aliomar. *Limitações constitucionais ao poder de tributar*. 7.ª ed. Río de Janeiro: Forense, 1999, p. 16. Actualizada por Misabel Abreu Machado DERZI.

339 Misabel Abreu Machado DERZI defiende el punto de vista siguiente: «Si la competencia es tomada en el sentido específico y exclusivo de atribución del poder para crear y regular los tributos, dentro de los límites constitucionalmente puestos, las normas de competencia son el resultado de una sustracción, lógicamente realizada: norma de competencia = atribución de poder tributario - inmunidades o supresiones parciales de poder tributario» (BALEEIRO, Aliomar. *Limitações constitucionais ao poder de tributar*. 7.ª ed. Río de Janeiro: Forense, 1999, pp. 14 y 15. Actualizada por Misabel Abreu Machado DERZI).

340 FALCÃO, Amílcar de Araújo. *Sistema tributário brasileiro: discriminação de rendas*. Río de Janeiro: Edições Financeiras, 1965, p. 14.

341 Según quien «Jurídicamente, el poder tributario no es algo distinto de la competencia tributaria. Aquella solo tiene sentido jurídico mientras sea demarcada por esta» (BORGES, José Souto Maior. Aspectos fundamentais da competência municipal para instituir o ISS, *in* TÔRRES, Heleno Taveira (org.). *ISS na Lei Complementar n. 116/2003 e na Constituição*. São Paulo: Manole, 2004, p. 9).

342 COÊLHO, Sacha Calmon Navarro. *Curso de Direito Tributário Brasileiro*. 6.ª ed. Río de Janeiro: Forense, 2002, p. 67.

343 *Ídem*.

En esta perspectiva, el género poder se desdobla en especies de competencia. Por lo tanto, sería la expresión total de las posibilidades del Estado en materia tributaria, mientras competencia sería su otorgamiento jurídicamente delimitado. Invirtiendo el punto de vista, Juan RAMALLO sostiene lo siguiente:

> (...), el concepto de competencia tributaria es más amplio que el de poder tributario, dado que consideramos a este solo como competencia para elaborar las normas o legislar sobre el tributo. El poder tributario es único y exclusivamente una especie de las competencias tributarias, si bien la más importante porque, de no ejercerse, lógicamente no podrán existir las demás. Por lo tanto, al hablar de la distribución del poder entre los distintos ámbitos de gobierno, tenemos necesariamente que situarlo en el marco más amplio de las competencias tributarias, una de las cuales es la de crear tributos y a la que se llama poder tributario[344].

Desde esta perspectiva, el poder es una subespecie de competencia, calificado por la circunstancia de ser ejercido por el órgano legislativo. Sin embargo, todos los demás casos no serían expresión de la especie poder tributario, sino de su género: la competencia.

Las propuestas descritas anteriormente, todas ellas, emplean el término «poder» como algo convergente con el término «competencia tributaria». Sin embargo, este uso encuentra una fuerte oposición en la obra elaborada por Rubens Gomes de SOUSA, Geraldo ATALIBA y Paulo de Barros CARVALHO, donde se lee lo siguiente: «poder tributario, en Brasil, en rigor no existe. El constituyente se limitó a repartir competencias tributarias»[345]. Atribuyendo la idea de facultad ilimitada al «poder», es una consecuencia necesaria que la competencia tributaria debe ser considerada algo distinto, ya que es limitada por naturaleza.

Fue ese sentido de poder que Roque Antônio CARRAZZA empleó para afirmar:

> En Brasil, en virtud de una serie de disposiciones constitucionales, no se puede hablar de poder tributario (incontrastable, absoluto), sino, solo, de competencia tributaria (reglamentada y regulada por el derecho). De hecho, entre nosotros, la fuerza tributante estatal no actúa libremente, sino dentro de los límites del derecho positivo. Como veremos a continuación, cada una de las personas políticas no posee, en nuestro País, poder tributario (manifestación del *ius imperium* del Estado), sino competencia tributaria (manifestación de

[344] RAMALLO, Juan. El reparto de competências tributarias entre los distintos âmbitos de gobierno, *in Revista de Direito Tributário*. Año 12. N.° 43. São Paulo: Revista dos Tribunais, 1988, p. 29.

[345] SOUSA, Rubens Gomes de; ATALIBA, Geraldo y CARVALHO, Paulo de Barros. *Comentários ao código tributário nacional.* Parte Geral. São Paulo: RT, 1975, p. 74.

la autonomía de la persona política y, así, sujeta al ordenamiento jurídico-constitucional)[346].

Finaliza sus conclusiones resaltando el hecho de que las facultades impositivas en el derecho brasileño son otorgadas por la Constitución de la República. Con ello, deja clara la posición según la cual no se debe hablar de «poder», pues, de hecho, poder no existiría en el Sistema Tributario Nacional. Sería posible, solamente, pensar en competencias que surgen y son ejercidas según los estrictos límites de la Ley.

Frente a tantos y tan buenos argumentos, correspondería preguntar: ¿A quién asiste la razón? Y la respuesta sería, simultáneamente, a todos y a ninguno. Este es un típico caso de conflicto verbal, justificado por razones culturales, pero sin ninguna relevancia conceptual. Todas las corrientes concuerdan con el siguiente punto: las facultades impositivas deben ser ejercidas en los términos prescritos por el orden jurídico, en especial por la propia Constitución de la República. Por lo tanto, el problema no tiene raíz ontológica, como si poder tan solo pudiese ser algo incontrastable. En este sentido, las «Limitaciones Constitucionales al Poder de Tributar» serían un caso típico de contradicción en términos, pues sería la limitación de lo que es ilimitado.

Torben SPAAK[347], analizando los usos comunes de las citadas expresiones, afirma que existen razones culturales para la adopción de un término o de otro. Según él, es perceptible la mayor incidencia en el uso de la expresión «poder» entre los autores americanos e ingleses. Por otro lado, entre autores escandinavos, continentales europeos y latinoamericanos, hay preferencia por el uso del término «competencia». Ninguna otra razón ontológica recomendaría la elección de una en lugar de la otra.

En virtud de las razones culturales indicadas por Torben SPAAK, haremos uso de la expresión «competencia tributaria» que, inclusive, da título al presente estudio.

7.1.2. Competencia y Estado

El concepto de Estado se sujeta a innumerables definiciones. Sociológicamente, es una reunión de personas en un determinado territorio. Geográficamente, es un territorio ocupado por una nación. Históricamente, es

346 CARRAZZA, Roque Antônio. *Curso de direito constitucional tributário*. 20.ª ed. São Paulo: Malheiros, 2004, pp. 447 y 448.

347 «Britsh and American writers prefer the term 'power', while Scandinavian writers, and, I think, also Continental-European and Latin-American writers, speak rather 'competence'» (SPAAK, Torben. *The concept of legal competence: an essay in conceptual analysis*. Vermont: Dartmouth, 1994, p. 2). [«Los académicos ingleses y norteamericanos, prefieren el término 'poder', mientras que los escandinavos, y, según creo, también los europeo-continentales y latinoamericanos, hablan más bien de 'competencia'»].

un grupo humano reunido a lo largo de cierto período de tiempo. Políticamente, es una colectividad soberana. Antropológicamente, es un contrato social tácito firmado entre todos los miembros de una determinada sociedad. Después de analizar y refutar, desde el punto de vista jurídico, la procedencia de cada una de estas definiciones, R. Carré de MARBERG afirma:

> (...) la existencia de una Constitución es la condición absoluta y la base misma del Estado, en el sentido de que este no puede existir si no es gracias a un estado de cosas orgánico que realiza la unión de todos sus miembros bajo la potestad de una voluntad superior[348].

Por lo tanto, la existencia de una Constitución sería el elemento unificador que, desde el punto de vista jurídico, hace surgir al Estado y pasa a confundirse con él.

En esta línea de consideraciones, Hans KELSEN hace entender que la idea misma de Estado se confunde con la de competencia. Dice ello al afirmar que «mientras más expandida es la competencia del Estado, más limitada es la libertad personal de sus sujetos»[349].

La idea de una única competencia, o de un único poder, que concentraría la formación de voluntad del Estado, es utópica. En la actualidad, la intensa especialización de las funciones estatales permite hablar de Estado como entidad, solo como recurso retórico. No tenemos acceso al Estado, en sí, sino a sus órganos, los cuales, mediante el ejercicio de las respectivas competencias, forman su voluntad. Lourival VILANOVA, al respecto, no deja duda cuando enseña lo siguiente:

> Con la repartición de funciones, institución de órganos específicos para funciones específicas, cada órgano es el centro parcial de imputación, como el Estado es el centro total de imputación, de creación y de aplicación del derecho. Cada órgano es un plexo de atribuciones, de facultades, de poderes y de deberes: es un conjunto de competencias[350].

Paulo de Barros CARVALHO, aplicando esa idea al derecho tributario, percibe la competencia para la institución de tributos como parte del conjunto mayor que forma la totalidad de las competencias del Estado:

> En síntesis, la competencia tributaria es una de las partes entre las prerrogativas legislativas de la cual son portadoras las personas políticas,

---

348 MARBERG, R. Carré de. *Teoría General del Estado*. 3.ª ed. México: Fundo de Cultura Económica, 1998, p. 76.

349 KELSEN, Hans. *Teoria geral do direito e do estado*. 3.ª ed. São Paulo: Martins Fontes, 2000, p. 346.

350 VILANOVA, Lourival. *Causalidade e relação no direito*. 4.ª ed. São Paulo: Revista dos Tribunais, 2000, p. 265.

consubstanciada en la posibilidad de legislar para la producción de normas jurídicas sobre tributos[351].

En el mismo sentido, Alfredo Augusto BECKER vincula la idea de Estado a los distintos órganos que lo componen y, objetivamente, expresan su voluntad por la producción de actos normativos. Siguiendo una dirección opuesta a la nuestra para explicar la relación entre competencia, órganos y el propio Estado, pero llegando a conclusiones idénticas, afirma el jurista gaucho:

> Estos órganos, con o sin personalidad jurídica, ejercen el poder no como un derecho cuyo uso les asiste, sino como uno de los elementos esenciales a los cuales ellos (órganos) deben su existencia. El órgano no es titular de un 'derecho' al poder. El órgano, por su propia naturaleza de órgano funcional del ser social (Estado), tiene, inmediata y connaturalmente a su existencia, una parte de poder: aquella que fue delimitada por las reglas jurídicas que crearon el órgano y regularon su función específica. Esa parte de poder es la competencia[352].

Si una parte del poder es una competencia, el estudio del conjunto de las competencias ejercidas en una determinada sociedad, con fundamento en una constitución positiva, nos llevará a la propia definición de Estado.

7.1.3. Competencia y Federación

La idea de un poder único no se realiza en ninguna situación concreta. Todos los Estados dividen competencias entre agentes que concurren en la expresión de su voluntad. Sin embargo, la forma de esa división varía intensamente. Según la existencia de una menor o mayor descentralización de las funciones estatales es posible afirmar la existencia de un Estado unitario o federal, respectivamente.

El Estado unitario forma su voluntad sin la injerencia de provincias, municipios, comunidades, entre otros. Mientras que en los países organizados con base en el modelo federativo, como Brasil, es posible identificar la existencia de entidades autónomas que se congregan en la producción de la voluntad central. Esto es lo que se debe concebir al trabar contacto con el encabezado del artículo 1°, de la CF, que prescribe lo siguiente: «La República Federativa de Brasil, formada por la unión indisoluble de los Estados y Municipios y de Distrito Federal». A estos entes debe ser añadida la Unión, cuyas competencias son ejercidas en nombre de la unidad federativa.

Pues bien, la federación brasileña está caracterizada por la presencia de los siguientes atributos: i) coexistencia de la Unión, Estados, Distrito Fe-

---

351 CARVALHO, Paulo de Barros. *Curso de direito tributário*. 19.ª ed. São Paulo: Saraiva, 2007, p. 229.

352 BECKER, Alfredo Augusto. *Teoria geral do direito tributário*. São Paulo: Noeses; Madrid: Marcial Pons, 2007, p. 224.

deral y Municipios como entidades autónomas; ii) participación de estas personas en la formación de la voluntad del Estado; y iii) personalidad internacional unitaria.

La pluralidad de personas de derecho público interno -Unión, Estados, Municipios y Distrito Federal- convive con la unidad de representación internacional. En el derecho de las gentes, y en sus relaciones con los demás países, la República Federativa de Brasil es solo una, no apareciendo como sujetos de derechos y deberes las entidades federativas que, internamente, le dan forma.

El sistema bicameral, formado por la conjugación de la Cámara de los Diputados y el Senado Federal, atribuyen la función para que los representantes electos hablen en nombre de los ciudadanos y en nombre de los Estados Miembros y Distrito Federal. De allí por qué el número de diputados varía, en cierta medida, de acuerdo con el número de electores de cada Estado. Por el contrario, en el Senado federal el número de representantes es fijo, siendo tres para cada Estado o Distrito Federal. Esta composición doble asegura que las decisiones centrales de la República sean tomadas en conjunto, por los representantes directos de los electores, pero también por aquellos que los representan indirectamente, hablando en nombre de los citados entes federativos.

Sampaio DÓRIA enseña que el concepto de Federación no es estático, cristalizado, sino «pasible a fluctuaciones en las estructuras políticas y económicas de cada nación, modelando el grado de las autonomías recíprocas y la extensión de sus competencias según variables ocurrentes en cada etapa de su historia»[353]. Resaltando, intuitivamente, el carácter contextual y dialógico de la idea de federación, Amílcar de Araújo FALCÃO expresa una opinión convergente con la que acabamos de transcribir, especialmente para enfatizar lo que sigue:

> (...) la evolución se ha hecho sentir en la dirección del aumento de las competencias de la entidad central, lo que lleva a algunos escritores a dudar de la persistencia, en la actualidad, del propio sistema o, por lo menos, afirmar que la fórmula del federalismo dualista se habría hecho anacrónica, sustituyéndose por la del llamado neofederalismo, en el que la autonomía de los entes periféricos quedaría reducida a lo que les permitiera la interpretación dinámica de las competencias federales, hecha por el legislativo federal y por la judicatura con fundamento, inclusive, en apreciaciones de oportunidad. En realidad, esa ampliación de los poderes de la federación resultó, no de una invasión o usurpación de las prerrogativas locales, sino de la revisión de los conceptos de interés local o nacional, determinantes de la propia distribución de las competencias[354].

[353] DÓRIA, Antônio Roberto Sampaio. *Discriminação de rendas tributárias.* São Paulo: José Bushatsky, 1972, p. 10.

[354] FALCÃO, Amilcar de Araújo. *Sistema tributário brasileiro: discriminação de rendas*. Río de Janeiro: Edições Financeiras, 1965, p. 18.

Con ello, al tiempo en que destaca el crecimiento de las atribuciones de la Unión, muestra que la propia idea de Federación es vaga. ¿Cuánto de autonomía debe ser atribuida a la Unión y a los Estados para que se pueda hablar de estado federal? ¿Incluir los municipios entre sus entes, hace de Brasil una federación distinta de las demás? ¿Cuánto de la recaudación total de tributos debe ser atribuido a cada ente federativo para que se pueda hablar de efectiva autonomía? Son preguntas que no encuentran respuestas precisas. El hecho que debemos destacar es que, como todos los demás conceptos, el sentido de federación varía según el contexto político, económico, jurídico y cultural en el que es enunciado.

Y esto ocurre de tal forma que, comparando autores que se dedicaron al tema en momentos distintos, tendremos la identificación de diversos criterios de uso para el término «Federación».

Amílcar de Araújo FALCÃO, en relación al modelo federativo, entiende que «lo que lo caracteriza es, exactamente, la conjugación, en un solo Estado soberano, de entidades autónomas, titulares de competencias propias para autodeterminarse, sin que sufran, en principio, la imposición del gobierno central»[355]. Por su parte, Sampaio DÓRIA afirma que la Federación está presente cuando los entes que la componen estén dotados de autonomía financiera que, en un último análisis, es lo que asegura la efectividad de la autonomía política[356].

Otros autores, igualmente autorizados, comparten la idea según la cual la Federación presupone la coexistencia de entidades autónomas predestinadas. Sin embargo, divergen al apuntar los requisitos sin cuya presencia no se puede hablar de Estado federal. Carlos Mário VELLOSO entiende que los requisitos caracterizadores del Estado Federal son los siguientes:

> a) La repartición constitucional de competencias; b) la autonomía estatal, que comprende la autoorganización, el autogobierno y la autoadministración; c) la participación del estado-miembro en la formación de la voluntad federal; d) la discriminación constitucional de las

---

355 *Ídem.*

356 «De lo que hasta ahora fue dicho, resaltan dos nítidas conclusiones: a) la autonomía política de las unidades que componen la Federación se fundamenta en la correspondiente autonomía financiera; b) autonomía financiera, en lo que respecta al ejercicio del poder tributario, se lleva a cabo mediante el otorgamiento de competencia impositiva a los entes federados, en carácter privativo o concurrente. Se deshace, así, la opinión comúnmente sustentada de ser la discriminación de rentas, la característica esencial del federalismo. De hecho, históricamente, no lo es. La *atribución de competencias tributaria* es requisito axiomático de la Federación para asegurar la independencia política» (DÓRIA, Antônio Roberto Sampaio. *Discriminação de competência impositiva* [*Sua Evolução na Federação Brasileira*]. São Paulo. Tesis de Doctorado de la Universidad de São Paulo, 1972, p. 15).

rentas tributarias, con la repartición de la competencia tributaria y la distribución del ingreso tributario[357].

Requisitos algo próximos de los indicados por Roque Antônio CARRAZZA, quien sostiene que no sería posible hablar de competencia sin que se atentara contra los siguientes atributos fundamentales:

> 1) Rigidez de la Constitución, que puede ser **absoluta** (inmutable) o, hipótesis más frecuente, **relativa** (modificable, pero de forma más trabajosa que las leyes ordinarias); 2) reparto, por el texto constitucional, de las competencias federal y estatales; y 3) existencia de un poder supremo - generalmente la Suprema Corte del País- para resolver, con base en la Constitución Federal, las controversias que vinieran a surgir entre los Estados federados o entre estos y la Unión[358].

A pesar de que este respetado jurista reconozca que el atributo de la autonomía es un centro de debates y divergencias, defiende que su existencia es esencial para que se pueda hablar de Federación. Esta es la razón por la cual el texto constitucional elevó a la categoría de cláusula pétrea el llamado principio federativo y, por medio de él, el plexo de competencias que aseguran la autonomía de cada ente federativo[359].

De hecho, en lo que se refiere a la federación brasileña, la característica más relevante y que, de lejos, provoca más debates, es la relativo a la definición del concepto de «autonomía». Amílcar de Araújo FALCÃO defiende lo siguiente:

> El concepto de autonomía, como se sabe, es muy polémico. Las amplias exploraciones realizadas en torno de este, especialmente por los publicistas alemanes e italianos, no llegaron a tomar una conclusión armoniosa y pacífica. A nuestro modo ver, su configuración depende de la integración de dos momentos -el momento subjetivo y el momento

[357] VELLOSO, Carlos Mário. Estado federal e estados federados na Constituição brasileira de 1988: do equilíbrio federativo, *in Revista de Direito Administrativo*. N.° 187. Río de Janeiro: Fundação Getúlio Vargas, ene.-mar. de 1992, p. 7.

[358] CARRAZZA, Roque Antonio. A competência tributária dos Estados-membros diante da nova Constituição Federal, *in Revista de Direito Tributário*. N.° 45. V. 187. São Paulo: Revista dos Tribunais, 1988, p. 55.

[359] «A pesar de que la cuestión no sea pacífica, muchos autores consideran que el rasgo esencial de la federación, reside en la participación directa e indirecta de los Estados-miembros, en la formación de la voluntad federal, es decir, en la composición de los órganos federales y en la elaboración de sus decisiones. (...). En un Estado Federal, al legislativo de la Unión le está prohibido anular, mutilar o incluso usurpar las competencias estatales, que, repitamos una vez más, están perfectamente delineados en la Constitución de la República» (CARRAZZA, Roque Antonio. A competência tributária dos Estados-membros diante da nova Constituição Federal, *in Revista de Direito Tributário*. N.° 45. V. 187. São Paulo: Revista dos Tribunais, 1988, pp. 55 y 56).

objetivo-. Es menester que exista una entidad autónoma, en el sentido de que se trate de un ente con personalidad jurídica propia, descentralizado, destacado institucionalmente. Este elemento, por sí solo, no bastaría, porque él es común a las diferentes formas de descentralización administrativa. Es necesario, consecuentemente, que él se conjugue con un elemento objetivo, consistente en la titularidad de un poder de autodeterminación o de producción de norma jurídica, independiente y propia[360].

Esta característica puede ser definida como una aptitud atribuida a los entes federativos para autodeterminarse en las áreas política, legislativa, administrativa y financiera[361]. Tanto que la Constitución de la República determina la elaboración de constituciones estatales y, algo equivalente, a leyes orgánicas de los municipios. Por medio de estos documentos, los asuntos propios de cada una de las esferas de gobierno[362] son tratados de la misma forma que en la Constitución de la República: mediante la atribución de competencias a ciertos órganos.

Entre esas, destacamos, por su pertinencia al objeto de nuestros intereses, las competencias tributarias y presupuestarias que dan forma y substancia a la llamada autonomía financiera de los entes federativos. Sin embargo, destacamos un espacio propio para enfrentar el específico tema de la autonomía financiera.

7.1.4. Competencia tributaria y autonomía financiera

La autonomía financiera comprende el conjunto de facultades jurídicas que posibilita al ente federativo adquirir los recursos necesarios para el desarrollo de las demás autonomías (política, administrativa y legislativa). Puede comprender tanto aquellas que se refieren a la imposición de tributos (tributaria) como a las cuestiones de traspaso de ingresos (presupuestaria).

De forma unánime, la doctrina apunta la discriminación de competencias como un requisito para que se pueda hablar de una Federación. La controversia surge en relación a la autodeterminación financiera que, para algunos, estaría asentada en la competencia para instituir impuestos.

---

360 FALCÃO, Amílcar de Araújo. *Sistema tributário brasileiro: discriminação de rendas*. Río de Janeiro: Edições Financeiras, 1965, p. 15.

361 *Ídem*.

362 En cuanto a los criterios que guían la forma de reparto de competencias entre entes federativos, aquí lo que explica Amílcar de Araújo FALCÃO: «al gobierno central le corresponde toda materia que gana referencia al interés general, quedando con los poderes locales los asuntos restantes, todos ellos reconocidos, así, de interés local o considerados pasibles de determinación por los particularísimos regionales» (FALCÃO, Amílcar de Araújo. *Sistema tributário brasileiro: discriminação de rendas*. Río de Janeiro: Edições Financeiras, 1965, p. 17).

Según esta posición, cuando se invalide la competencia impositiva, se perjudicará la Federación, siendo irrelevante la existencia de otras fuentes de ingreso, como traspasos de otros entes federativos. Sin ingreso de tributo instituido por ley propia, el ente no es autónomo, siendo inconstitucional cualquier tentativa de suprimir competencias legislativas, por contradecir la cláusula pétrea prescrita en el artículo 60, § 4°, de la Constitución de la República[363].

En síntesis, la consecuencia de vincular el concepto de autonomía financiera al de competencia tributaria legislativa, es que cualquier intento de modificarla proyectará una modificación en el pacto federativo.

Ahora bien, si hay posibilidad de que las normas presupuestarias que garanticen la autonomía financiera *a parte* de los entes federativos; si esas normas deben ser obedecidas como las demás; si existen municipios que integran la Federación sin ejercer sus competencias legislativas, sea por la razón que fuera; si parte substancial de la recaudación de tributos municipales y estatales es realizada en los términos de ley complementaria nacional (SIMPLE), no hay fundamento para identificar la idea de autonomía financiera con la de competencia tributaria. En otras palabras, es posible que las entidades tengan autonomía financiera sin competencias impositivas e, inversamente, tengan competencias impositivas sin autonomía financiera. Dos conceptos que, a pesar de mantener un intenso diálogo, no se confunden.

¿Qué viene a ser, entonces, la llamada autonomía financiera? Está presente la idea de autonomía financiera siempre que el ente federativo disponga de recursos necesarios para la realización de las competencias que le son atribuidas por la Constitución de la República y, en su caso, por la constitución estatal, distrital o ley orgánica. El ente federativo será autónomo, desde el prisma financiero, si dispusiera de los recursos necesarios para el desarrollo de las demás autonomías administrativa, legislativa y, especialmente, política. Con recursos suficientes para asegurar las demás autonomías políticas, administrativas y legislativas, hay autonomía; sin ellos, no hay. Sin embargo, la definición de lo que sea o deje de ser suficiente trasciende, en mucho, el objetivo trazado en este trabajo.

El elemento fundamental que será fijado es que la autonomía financiera no depende exclusivamente de la institución y de la recaudación de tributos. La repartición de ingresos tributarios puede asegurar, y en muchos casos asegura, recursos necesarios para la autonomía del ente federativo. Por ello, no se debe vincular, con exclusividad, la autonomía financiera con las fuentes de ingreso tributario.

---

[363] «Art. 60. (...) § 4°. No será objeto de deliberación la propuesta de enmienda tendiente a abolir: I. La forma federativa de Estado; II. El voto directo, secreto, universal y periódico; III. La separación de los Poderes; IV. Los derechos y garantías fundamentales».

Antônio Roberto de Sampaio DÓRIA[364] enseñaba que la discriminación de ingresos tributarios puede ser hecha tanto por la fuente como por el producto. El primer caso comprende los ingresos obtenidos con la institución y la recaudación de tributos; mientras que el segundo resulta de la repartición de ingresos tributarios. La relevancia de este tema para el equilibrio financiero de la Federación brasileña es de tal orden que la Constitución de la República otorga nada menos que cinco artículos -del art. 157 al 162-, que componen toda la sección IV, para su regulación.

El punto de partida para comprender la repartición de ingresos tributarios es saber si el traspaso del producto de la recaudación de tributos es obligatorio o facultativo. De acuerdo con Sampaio DÓRIA, la primera de estas posibilidades estaría dividida en dos modalidades:

(a) *Por la participación en la recaudación*, el ente federativo beneficiado tiene una pretensión directamente relacionada con la cuantía de un específico ingreso fiscal, y puede exigirla; esa participación se hace a través de un porcentaje en la recaudación (*shared tases*), la cual es recolectada por el propio poder beneficiado o le es transferida por el titular del impuesto, o se hace a través del cobro de un adicional sobre tributo ajeno, siendo tal recaudación realizada comúnmente por el propio poder beneficiado.

(b) *Por la participación en fondos*, la entidad favorecida tiene normalmente solo una expectativa de recibimiento de la cuantía proveniente de la recaudación de determinado tributo; no existe un vínculo directo entre la recaudación y el derecho de participar de ella, en porcentaje definido, tanto que la repartición de esos fondos se procede no según un criterio de vinculación directa del cobro tributario y un órgano federativo participante (lazos territoriales o materiales), sino según directrices ajenas a esa relación como un grado de desarrollo económico, población, superficie, nivel de ingresos, etc.; técnica adecuada, conforme se nota, para efectuar una redistribución geográfica de los ingresos tributarios, conduciéndolos del local de producción para las regiones más necesitadas de ellas[365].

La división de ingresos tributarios y la participación en fondos son formas vinculadas, compulsorias, de traspaso de ingresos públicos. Sin embargo, esas formas no agotan las posibilidades de transferencia de recursos entre los entes de la Federación. El texto constitucional prevé, también, la posibilidad de acuerdos, convenios o simples traspasos de presupuestos públicos para hacer frente a la realización de actividades inherentes a su autonomía política o administrativa. Una vez más, nos valemos de las lecciones de Sampaio Dória para explicar cómo son y cómo funcionan esas transferencias:

---

364 DÓRIA, Antônio Roberto Sampaio. *Discriminação de rendas tributárias*. São Paulo: José Bushstsky, 1972, pp. 20-22.

365 *Ibídem*, p. 21.

La participación no-vinculada es aleatoria, motivada por consideraciones de solidaridad federativa, bien en carácter institucionalizado, atendiendo a las unidades incapaces de autosustentarse y financiando proyectos o actividades específicas, bien de manera intermitente, para socorrer a una calamidad o emergencias. Comúnmente, asume la forma de auxilios y subvenciones (*grants-in-aid*), conferidos de una entidad federativa a otra, estando la finalidad de utilización predeterminada o clausulada por el poder concedente (*block grants*). El control de las aplicaciones debe ser ejercitado para minimizar las desvirtuaciones que el sistema pueda ofrecer. Más rara, la transferencia de impuestos tiene por objetivo dotar al ente beneficiado de un instrumento de actuación de mayor autonomía, aunque la transferencia se haga con limitaciones para el cobro del tributo. El órgano concedente podrá reservarse una parte de la recaudación[366].

Por esta forma, vemos la posibilidad para que los entes federativos perciban los recursos suficientes a su autonomía financiera, sin, necesariamente, ejercer competencias impositivas. Con ello, fortalecemos nuestra posición de que un ente federativo puede ser autónomo financieramente, sin ejercer necesariamente competencias impositivas.

Como efecto de esta premisa, podríamos relacionar las siguientes consecuencias: i) ampliar o restringir las competencias impositivas, siempre que la repartición del producto de la recaudación esté asegurada[367] al ente que las pierde, no compromete su autonomía financiera, tampoco la forma federativa de Estado; ii) nada impide, pues, que el grado de concentración de la recaudación de tributos en la mano de un ente federativo sea aumentado, si se garantiza la repartición de ingresos tributarios proporcionales; iii) por lo tanto, la distribución de competencias impositivas no está entre las materias que el legislador constitucional prohibió como propuesta de enmienda modificativa -art. 60, párrafo 4° de la CR-, pudiendo ser modificada según decisiones políticas, bajo la forma de ley, que estén al servicio de intereses de la República.

---

366 *Ibídem*, p. 22.

367 En sentido contrario, Roque Antonio CARRAZZA señala lo siguiente: «la Federación Brasileña también es indisoluble. Esto de ninguna manera perjudica a los Estados que lo componen, ni les quita la autonomía que les concedió la Carta Magna. Antes, la preservación de los Estados y sus intereses peculiares están tan asegurados como la propia indestructibilidad del Estado Federal. (...) La indisolubilidad de la Federación, afirmada en el artículo 1° de la Carta Suprema, viene redoblada en el artículo 60, párrafo 4, del mismo Texto Excelso. En el último verso se prohíbe, de modo expreso, cualquier propuesta de enmienda constitucional para abolir la forma Federativa de 'Estado'. Esta 'cláusula pétrea' no puede ser violada, ni por vía directa ni por vía oblicua, lo que ocurriría, por hipótesis si se retirase mediante enmienda constitucional, la competencia tributaria de los Estados» (CARRAZZA, Roque Antonio. A competência tributária dos Estados-membros diante da nova Constituição Federal, *in Revista de Direito Tributário*. N.° 45. V. 187. São Paulo: Revista dos Tribunais, 1988, p. 57).

Pretendemos dejar en claro la idea de que la definición del concepto de Federación, con sus atributos, varía según el contexto en el que es enunciada. No hay concepto, ontológicamente fundado, de Federación. En efecto, tenemos como propósito evidenciar que la repartición de competencias puede sufrir modificaciones con el tiempo y en determinadas circunstancias. Cuando el legislador constitucional repartió las facultades impositivas entre los entes federativos, los contextos político, económico y, especialmente, el jurídico eran completamente diferentes de lo que se muestran hoy. Por ello, varios factores concurren para pensar en una reforma tributaria que no quede atada a peticiones de principio como aquella que vincula la pluralidad de legislaciones a la autonomía financiera y a la propia Federación brasileña.

Citamos, como ejemplos, el desequilibrio financiero entre Unión, Estados y Municipios en frente del vertiginoso crecimiento de la recaudación de tributos federales no sujetos a la repartición de ingresos; así como el ejercicio arbitrario de las propias razones jurídicas en aquello que ganó en los periódicos el nombre de «Guerra Fiscal». Esos casos, actualísimos, generan conflictos graves, que comprometen la propia idea de pacto federativo. Y, por eso mismo, su solución no puede ser mitigada o impedida por peticiones de principio que en nada comprometen la efectiva autonomía de los entes federativos.

7.1.5. Discriminación de competencias impositivas y su justificación

El hecho de que la autonomía financiera sea algo distinto y, con el perdón de la redundancia, no coincidente con la repartición de tributos, no significa que, actualmente, la repartición de competencias tributarias sea algo desvinculado de la forma federativa de Estado. Conforme argumenta la doctrina, en unísono, es por fuerza de la circunstancia de ser Brasil una Federación, que el Sistema Tributario Nacional trató de distribuir competencias para que todos los entes federativos pudieran tener su propia fuente de ingresos tributarios. En síntesis, la repartición de competencias impositivas deriva de la forma federativa, pero esta forma no impone, necesariamente, la repartición de competencias.

Por eso, si bien no es la única forma de garantizar la autonomía de los entes federativos, el tema de la repartición de competencias para la institución de tributos es una consecuencia de la forma federativa, según la opinión dominante de la doctrina, conforme será mejor expuesto más adelante. Para explicar esa idea, Sampaio Dória[368] afirma que, en los países de estructura polí-

---

368 «Los países de estructura política unitaria, con un poder central absorbente ramificándose en unidades administrativas locales y subordinadas, no experimentaron, de modo general, la necesidad de repartir el poder tributario, porque la hegemonía del gobierno central le permitió coordinar la actividad fiscal de los entes locales y corregir los desvíos a la economía» (Dória, Antônio Roberto Sampaio. *Princípios Constitucionais Tributários e a Cláusula Due Processo f Law*. São Paulo. Tesis de Livre-Docência de la Universidad de São Paulo, 1964, p. 115).

tica unitaria, donde un poder central absorbente coordina la actividad de órganos parciales locales, no habría necesidad de división del poder tributario:

> Sin embargo, en el régimen federativo, donde coexisten paralelamente sobre un mismo territorio dos o más órdenes de poderes autónomos, cada cual competente, por lo tanto, para grabar íntegramente hechos, actos o negocios ocurridos dentro de su esfera territorial común, la discriminación de rentas atribuidas privadamente a la Unión, Estados y Municipios es una exigencia imperiosa para el equilibrio del sistema y desarrollo de su economía[369].

En otro estudio[370], ese mismo autor defiende la idea según la cual el concepto de Federación tendría como cimiento la autonomía política de los entes federativos y que esta, por su parte, tendría como fundamento la distribución de competencias entre los entes federados, tanto de carácter privativo como concurrente. Amílcar de Araújo FALCÃO no discrepa, pues entiende que la «discriminación de rentas constituye uno de los aspectos centrales de la regulación jurídica del Estado federal»[371]. Y, según su comprensión, la relevancia de este tema para la Federación resulta del hecho de que, atribuyéndose fuentes propias de ingreso, se consigue exaltar la autonomía de las entidades periféricas, cuyo equilibrio con la unidad central se quiere preservar[372].

De esa forma, se divide la competencia para instituir tributos para garantizar la autonomía financiera de los entes federativos[373]. Sin embargo, la efecti-

---

369 *Ídem*.

370 La autonomía política de los entes federados deriva de la autonomía financiera, que por su parte es el resultado de la competencia tributaria, según Antonio Roberto Sampaio DÓRIA: «(a) la autonomía política de las unidades que componen la Federación está fundamentada en su correspondiente autonomía financiera. (b) la autonomía financiera, en lo que respecta al ejercicio del poder tributario, se realiza por el otorgamiento de competencia impositiva a los entes federados, en carácter privado o concurrente» (*Discriminação de competência impositiva* (*Sua Evolução na Federação Brasileira*). São Paulo. Tesis de Doctorado de la Universidad de São Paulo, 1972, p. 14).

371 FALCÃO, Amílcar de Araújo. *Sistema tributário brasileiro: discriminação de rendas*. Río de Janeiro: Edições Financeiras, 1965, p. 9.

372 «La razón de ser de la importancia de la discriminación de rentas, en la Federación, es evidente y se consubstancia en la circunstancia misma de constituir una exaltación, un grado superlativo de las autonomías, especialmente las periféricas, cuyo convivio equilibrado con la unidad central se quiere asegurar» (*Ibídem*, p. 12).

373 La misma concepción presenta Luis Eduardo Schoueri, aunque con mención a la independencia y no autonomía: «la adopción, en nuestro sistema constitucional, de un régimen jurídico de repartición de competencias tributarias fue la solución encontrada para garantizar a cada persona jurídica de derecho público la cantidad de ingresos necesarios para mantener su independencia asegurada, por cierto, por el sistema federativo» (SCHOUERI, Luís Eduardo. Discriminação de competências e competência residual, *in* SCHOUERI, Luís Eduardo *et al. Direito tributário: estudos em homenagem a Brandão Machado*. São Paulo: Dialética, 1998, p. 82).

vidad de los criterios de repartición de competencias impositivas, exige que su positivización sea realizada por normas de jerarquía superior, otorgando una rigidez a la organización del Sistema Tributario Nacional.

Geraldo Ataliba[374] enseña que si se dejase a los propios interesados -los entes federativos- que dispongan sobre sus ámbitos de competencia, los conflictos serían muchos e interminables. De allí la justificación para elevar este tema a la condición de materia constitucional.

No es por otra razón que la enfática defensa, realizada por Geraldo Ataliba, del anterior Sistema Tributario Nacional de la Constitución, se ajusta con perfección al modelo constitucional vigente:

> Nótese que las tres entidades interesadas -en Brasil- son jurídicamente equiparadas, no estando subordinadas más que a la Constitución. En realidad, la Unión, Estados y Municipios, en nuestro régimen constitucional, están en el mismo plano de igualdad, extrayendo los tres, directamente de la Constitución Federal, sus poderes y sus competencias. De allí que la necesidad de la repartición de la competencia, inclusive la tributaria, sea realizada por el propio texto constitucional. Por razones históricas evidentes y alcanzadas por ese imperativo de la propia realidad brasileña, el constituyente decidió establecer en la propia Constitución, no solo los principios de discriminación de competencias tributarias, sino una regulación completa y exhaustiva de la materia[375].

Sin embargo, no se puede negar que esa forma de positivizar la repartición de competencias y, con ella, los principios vectores de la tributación, generó la formación de un sistema complejo, analítico y, aun así, incapaz de evitar, como veremos más adelante, los conflictos de competencia. Añádase a ello el hecho de que esas mismas normas generan una intensa conflictuosidad entre administraciones públicas y contribuyentes. Y si, por un lado, existen extensas críticas al Sistema Tributario Nacional, por el otro, su eficiencia recaudatoria y la existencia efectiva de una Federación en Brasil dan muestras de sus virtudes.

En lo que se refiere, exclusivamente, a la rígida repartición de competencias tributarias, Aliomar Baleeiro expone algunas de sus ventajas:

---

[374] «Ahora bien, es intuitivo que, si quedase a los propios intereses la tarea de determinar entre sí tal discriminación de campos de competencia, los conflictos serían interminables, el acuerdo jamás se realizaría y la insatisfacción, constante y posterior al proceso, perturbaría la armonía entre ellos. También sería inviable entregar a uno de ellos la tarea de proceder a dicha distribución, que por diversas razones, en nada ayudaría a superar los problemas que exactamente fue previsto ver resueltos» (Ataliba, Geraldo. *Sistema constitucional tributário brasileiro*. São Paulo: RT, 1968, p. 108).

[375] *Ibídem*, p. 109.

1) Preservación de la autonomía de los Estados y de los Municipios garantizando un campo mínimo y exclusivo a cada uno de ellos;

2) Seguridad de los contribuyentes en cuanto a la bitributación, entendida como tal la exigencia de tributos sobre el mismo hecho económico o jurídico por parte de gobiernos diferentes; y

3) Tendencia a la simplificación, pues los tributos afines podrán ser siempre reducidos a las categorías previstas en la Constitución Federal, evitándose la perturbadora multiplicidad de impuestos. La única desventaja es la de sujetar al legislador a una disciplina, que le impida hasta cierto punto la libertad de movimientos, tan grata a los que detentan el poder. El capricho fiscal ha de contenerse dentro de los límites constitucionales en lo que se refiere a la elección de las variedades de tributación[376].

Esos serían, de un breve análisis, los argumentos manejados por la doctrina para fundamentar la distribución de competencias impositivas realizada por el texto constitucional. Volveremos a este tema, para tratar de los criterios que fueron efectivamente utilizados para la atribución de competencias, en el próximo capítulo, en la parte dedicada a la competencia legislativa.

7.2. Competencia, capacidad, imputabilidad, autonomía, heteronomía y otros

En las reflexiones propias de la Teoría General del Estado, estudiamos, principalmente, aquellas competencias que más de cerca estén ligadas al concepto de Estado, sus formas de organización y de funcionamiento. Superada esta fase, se muestra conveniente explorar otros sentidos que la expresión «competencia tributaria» puede asumir.

Para facilitar las consideraciones que haremos más adelante, retomemos una noción amplia de sujeto competente expuesta por Torben SPAAK: «alguien que tenga competencia es aquel que está en relación jurídica y tenga la posibilidad de cambiar esta relación jurídica»[377]. El sujeto que pueda modificar el sistema de derecho positivo por un acto propio es el que se puede llamar *sujeto competente.*

Y hay tantas competencias, cuantas formas de alterar el sistema jurídico haya. Eugenio BULYGIN, analizando el pensamiento de Hans KELSEN, menciona

376 BALEEIRO, Aliomar. Estados, discriminação de rendas e reforma constitucional, *in Revista de Direito Administrativo*. N.° 30. Río de Janeiro: Fundação Getúlio Vargas, oct.-dic. de 1952, p. 14.

377 «(...) one who has competence is thus in a legal position and has as well the possibility of changing legal positions» (SPAAK, Torben. *The concept of legal competence: an essay in conceptual analysis*. Vermont: Dartmouth, 1994, p. 77) [Traducción libre: «(...) aquel que tiene competencia, está de esta forma en una posición jurídica y tiene también la posibilidad cambiar las posiciones jurídicas»].

nada menos que cuatro conceptos fundamentales que mantienen una íntima relación con la noción que acabamos de exponer. Estos son los siguientes:

i. La idea de competencia misma (*Zuständigkeit*), que es el poder jurídico de crear normas, ejercido por un tribunal, por un parlamento o por el ejecutivo[378];

ii. El poder jurídico (*Rechtsmacht*) del que dispone el sujeto que participa en la creación de una norma, inclusive en la participación de la realización de normas generales[379];

iii. La capacidad (*Handlungsfähigkeit*) que es la competencia para crear una norma jurídica que obliga a la propia persona que la creó, o produce una cierta consecuencia o efecto jurídico, como, por ejemplo, la elaboración de contratos o testamentos, siendo también de esta naturaleza la capacidad para litigar en un proceso (*Prozessfähigkeit*)[380]; y

iv. Por último, habría que incluirse en este rol, la imputabilidad (*Deliktsfähigkeit*), que es la capacidad de cometer ilícitos[381].

---

378 «(1) Competenza (Zuständigkeit) è il potere di creare norme giuridiche. Esempi tipici: i poteri di un tribunale, di un parlamento, o dell'esecutivo» (BULYGIN, Eugenio. *Norma, validità, sistemi normativi*. Torino: G. Giappichelli, 1995, p. 214). [Traducción libre: «(1) Compentencia (Zuständigkeit) es el poder de crear normas jurídica. Ejemplos teóricos: los poderes de un tribunal, de un parlamento, o del ejecutivo»].

379 «(2) Potere giuridico (Rechtsmacht) è la partecipazione dei soggetti di dirtto alla creazione di norme giuridiche (generali o individuali). Esempi tipici: i diritti di soggettivi, che possono essere privati (partecipazione alla crezione di norme generali)» (BULYGIN, Eugenio. *Norma, validità, sistemi normativi*. Torino: G. Giappichelli, 1995, p. 214). [Traducción libre: «(2) Poder jurídico (Rechtsmacht) es la participación de los sujetos de derecho a la creación de normas jurídicas (generales o individuales). Ejemplos típicos: los derechos subjetivos, que pueden ser privados (participación a la creación de normas generales)»].

380 «(3) Capacità (Handlungsfähigkeit) è la competenza a creare norme giuridiche che obbligano la stessa persona che le crea, o a produrre certe conseguenze o effetti giuridici mediante determinati atti. Esempi tipici: contratti, testamenti, etc. È ciò che la dottrina tedesca chiama Geschäftsfähigkeit, che include sia la competenza a compiere atti processuali (Prozessfähigkeit) sia la competenza ad adempiere i propri doveri giuridici (Fähigkeit Rechstpflichte zu Erfüllen)» (BULYGIN, Eugenio. *Norma, validità, sistemi normativi*. Torino: G. Giappichelli, 1995, p. 214). [Traducción libre: «(3) Capacidad (Handlungsfähigkeit) es la competencia para crear normas jurídicas que obligan a la misma persona que las crea, o para producir ciertas consecuencias o efectos jurídicos mediante determinados actos. Ejemplos típicos: contratos, testamentos, etc. Y lo que la doctrina alemana llama Geschäftsfähigkeit, que incluye tanto a la competencia para cumplir actos procesales (Prozessfähigkeit) como la competencia a cumplir los propios deberes jurídicos (Fähigkeit Rechstpflichte zu Erfüllen)»].

381 «(4) Imputabilità (Deliktsfähigkeit) è la capacità di commettere reati e altri illeciti giuridici» (BULYGIN, Eugenio. *Norma, validità, sistemi normativi*. Torino: G. Giappichelli, 1995, p. 214). [Traducción libre: «(4) Imputabilidad (Deliktsfähigkeit) es la capacidad de cometer delitos y otros ilícitos jurídicos»].

Todos estos conceptos, que suelen ser empleados de forma distinta, acaban por revelar diversos aspectos de un mismo fenómeno: la competencia para modificar el sistema de derecho positivo mediante la creación de nuevas normas jurídicas.

Esta aptitud, jurídicamente regulada, se sujeta a otras clasificaciones. Tomando como criterio el alcance de la norma creada, es posible hablar de competencias autónomas y heterónomas. Torben SPAAK[382] sostiene que el criterio fundamental para separar las dos modalidades de competencia es que la primera, también llamada *autonomía*, es la capacidad que el sujeto tiene para crear normas que lo obligan a sí mismo; mientras que la heteronomía es la facultad para elaborar normas que obliguen a terceros, independiente de la voluntad de dicho tercero. Son ejemplos de la primera competencia los actos de la vida privada, como los contratos y las promesas. Mientras que la posibilidad de obligar a terceros suele estar asociada a las cuestiones de orden público, en las cuales los sujetos son obligados, independientes de su voluntad.

Esa conocida distinción entre competencias autonómicas y heteronómicas, según nos relata Tércio Sampaio FERRAZ JUNIOR, fue desarrollada por Alf ROSS:

> Así, por un lado, podemos hablar de normas de competencia, cuyo contenido es el establecimiento de un poder que llamamos autonomía privada y cuya función es capacitar al sujeto para dar forma a sus relaciones jurídicas de acuerdo con sus propios intereses en el marco del orden jurídico. Por lo tanto, por definición este poder es **no calificado** (cualquier persona lo tiene), es **autónomo** (es usado para obligar a la propia persona competente: capacidad pasiva), es **discrecional** (se ejerce libremente) y es **transferible** (puede ser transmitido a otro). El poder mismo no es un derecho sino parte de un derecho transferible (ROSS, *ob. cit.*).
>
> Por otro lado, tenemos las normas de competencia que crean lo que se suele llamar como autoridad pública. Estas normas poseen caracteres opuestos y correlativos a los de las anteriores. Esto porque, siendo su

[382] «It is, in my opinion, evident that the distinction between autonomous and heteronomous competente captures something essential. It is inescapable that there is a significant difference between the competence to obligate one-self, e.g., by making an offer or acceptance, and the competence to obligate other without their consent, e.g., by passing laws, pronouncing sentences, or making decisions. However, the distinction is not entirely without problems» (SPAAK, Torben. *The concept of legal competence: an essay in conceptual analysis*. Vermont: Dartmouth, 1994, p. 132). [Traducción libre: «En mi opinión, es evidente que la distinción entre competencia autónoma y heterónoma, captura algo esencial. Es inexplicable que existe una diferencia importante entre la competencia a obligar a uno mismo, p. ej., mediante una oferta o aceptación, y la competencia a obligar a otro sin su consentimiento, p. ej. mediante la aprobación de leyes, pronunciamiento de sentencias, o toma de decisiones. Sin embargo, la diferencia deja de causar problemas»].

contenido el establecimiento de la autoridad pública, su función es capacitar a un agente para dar forma a las relaciones jurídicas de terceros (las negritas son nuestras)[383].

Como consecuencia de lo manifestado, las competencias que fundamentan la creación de normas emanadas de una autoridad pública están caracterizadas por los siguientes atributos: calificada, heterónoma, vinculada e intransferible. Conforme será evidenciado en los ítems subsecuentes, no siempre esas cuatro características surgen simultáneamente, como atributo de una misma competencia.

Por último, no podríamos dejar de comentar una clasificación de las competencias, ya expuesta en la primera parte del trabajo y de gran importancia para la comprensión de su sentido, consistente en saber si es obligatorio o permitido el ejercicio de la competencia.

En el capítulo dedicado a la estructura de la norma de competencia afirmamos, sobre este tema, que la competencia puede ser reducida a una obligación o a un permiso[384]. El tema relevante, allí, será saber si se trata de una competencia de ejercicio condicional o no, las competencias condicionadas son de ejercicio obligatorio, pues tienen naturaleza vinculada. La emisión de una sentencia, la constitución de un auto de infracción o de una determinación de oficio son casos en los que existen condiciones previas que fueron cumplidas -un proceso, un procedimiento de fiscalización-.

Mientras que las competencias no condicionadas son aquellas en las que el sujeto produce una nueva norma si quisiera. La creación de normas generales y abstractas, por regla general, está entre esos actos, no condicionados, en los que el sujeto produce la norma jurídica si quisiera, cuando quisiera, no sufriendo ninguna consecuencia negativa, en los casos de inacción.

7.2.1. Competencia y normas dirigidas al legislador

Las llamadas «limitaciones constitucionales al poder de tributar» están entre aquellos dispositivos que condicionan la acción legislativa del Estado. He aquí por qué algunos afirman que se trata de normas dirigidas al legislador. La fuerza retórica de la expresión «normas dirigidas al legislador» es innegable. Sin embargo, su mensaje encierra un equívoco. Las normas son, siempre, intersubjetivas -***alio-relativas***-. Están, pues, predestinadas a la regulación del comportamiento humano social, del ser humano en relación con otros. Siendo intersubjetivo, el deber impuesto al legislador es un derecho del

---

383 Ferraz Júnior, Tércio Sampaio. Competência tributária municipal, *in Revista de Direito Tributário*. Año 14. N.° 54. São Paulo: Malheiros, oct./dic. de 1990, p. 159.

384 «(...) competence can be reduced to duty or permission» (Spaak, Torben. *The concept of legal competence: an essay in conceptual analysis*. Vermont: Dartmouth, 1994, p. 78) [Traducción libre: «(...) la competencia puede ser reducida a un deber o permiso»].

administrado. Así como es derecho del Estado aquello que se impone como obligación del contribuyente.

El diseño estructural de la norma de competencia ofrece otros elementos de consistencia para esta crítica. Aquí es evidente que los condicionantes para la creación de normas jurídicas integran la relación jurídica de competencia, establecida entre aquel que puede crear la norma tributaria y los demás que tienen el deber de sujetarse a sus prescripciones. Y es precisamente en esta relación que se evidencian los derechos y deberes, tanto del legislador como de la gama de sujetos reunidos en la condición de sujetos pasivos de la norma. Por estas razones podemos, con claridad, afirmar que toda norma dirigida al legislador, o a cualquier otra autoridad competente, es, también, dirigida a los demás agentes sociales, administrados, que estarán subordinados a los comandos de la ley, creada en los términos del otorgamiento de competencia.

Este punto es relevante y merece ser reiterado: en el derecho tributario hay una correlación de derechos y deberes entre sujetos competentes y administrados: lo que es deber de uno es derecho del otro y viceversa. En virtud de ello, en este ámbito, no hay forma de pensar en normas dirigidas a un legislador sin la correlativa contrapartida al otro administrado.

7.2.2. Competencia y jurisdicción

La relación entre competencia y jurisdicción es un tema recurrente en los manuales de proceso civil. Cândido José DINAMARCO enseña lo siguiente:

> Competencia es el conjunto de las atribuciones jurisdiccionales de cada órgano o grupo de órganos, establecidas por la Constitución y por la ley. Ella es también conceptuada como medida de la jurisdicción (definición tradicional) o cantidad de jurisdicción cuyo ejercicio es atribuido a un órgano[385].

La función jurisdiccional del Estado sería aquella de «decir» el derecho en las circunstancias de conflicto, solucionando problemas de aplicación de las normas a las situaciones concretas. Competencia, por su parte, sería la medida de la jurisdicción.

Se clasifica la función jurisdiccional del Estado según criterios de repartición de la competencia. Los criterios de división de la competencia son innumerables: según el valor de la causa -valor de la competencia-, según la materia, según la instancia recursal, el lugar donde esté situado el bien jurídico objeto del conflicto de intereses, y así sucesivamente. Cada una de estas divisiones hace surgir una esfera de competencia, donde se puede ejercer una parte de la jurisdicción. Tengamos siempre presente que el ejercicio de la jurisdicción es un acto que tiene como resultado la creación de una norma jurídica.

---

385 DINAMARCO, Cândido Rangel. *Instituições de direito processual civil.* 3.ª ed. V. 1. São Paulo: Malheiros, 2003, p. 411.

Hagamos, ahora, el ejercicio de pensar en el Poder Tributario del Estado como la aptitud total que el Estado posee para crear normas jurídicas que prescriban, directa o indirectamente, la institución, recaudación o fiscalización de tributos. Cada una de las divisiones de esta aptitud genérica daría lugar al surgimiento de competencias distintas, diferenciadas entre sí por la materia, por el sujeto, por el territorio en el que cobran vigencia o por su finalidad.

En este sentido, de la misma forma que ocurre en la relación entre competencia y jurisdicción, la competencia sería la medida del poder de tributar del Estado. Este poder podría ser ejercido por diferentes procesos, repartido con base en los más distintos criterios y puesto al servicio de las más diversas finalidades. Sin embargo, cada una de sus manifestaciones tendría el atributo fundamental de ser manifestación del Poder Tributario del Estado.

7.2.3. Competencia, personalidad y capacidad jurídica: el tema de la voluntad

Kelsen[386] sostiene que personalidad es un centro de imputación de derechos y deberes. Para el derecho positivo no es el ser humano, entidad biológica o social, que figura en las extremidades de relaciones jurídicas. Tampoco sería una colectividad de seres humanos reunidos bajo la ficción de una sociedad empresaria, de una fundación, instituto o incluso de un ente de la Federación. La persona, desde la perspectiva del derecho, es un centro hacia el cual convergen derechos y deberes.

Todo ser humano posee personalidad jurídica, pero no todos son jurídicamente capaces. La capacidad es imputada a aquellos que cumplen ciertos y determinados requisitos, como tener cierta edad, estar en pleno gozo de sus facultades mentales, entre otros. Personas que no atiendan a estos requisitos están impedidas de cuidar, plenamente, de sus derechos y deberes. Son, pues, incapaces.

La incapacidad puede ser clasificada como absoluta y relativa. Las variaciones entre el sujeto que es plenamente capaz o relativamente o, incluso, absolutamente incapaz toman en cuenta los criterios establecidos por el derecho positivo. Estos criterios están fijados, por regla general, con base en la madurez media de los sujetos de derecho y en la capacidad que tengan de gestionar su vida. Todo, es bueno que se diga, en la forma y según los límites previstos por el derecho positivo.

Por su parte, es capaz todo aquel que tiene discernimiento para comprender los actos de la vida civil y comportarse de acuerdo con ese discernimiento. En este sentido, voluntad y capacidad son conceptos complementarios.

---

386 Kelsen, Hans. *Teoria pura do direito*. 6.ª ed. São Paulo: Martins Fontes, 1999, p. 188.

Con las debidas modificaciones, lo que acabamos de exponer sobre la capacidad jurídica de personas físicas se aplica, también, a las personas jurídicas. Sin embargo, en este caso, el inicio de la personalidad se da con el registro de los actos constitutivos en los órganos competentes. Las variaciones o límites de la capacidad jurídica, por su parte, son prescritos por los estatutos sociales que establecen el propósito de la personalidad jurídica. Yendo más allá de ellos, como se da con las personas físicas, los actos jurídicos realizados estarán sujetos a la sanción de la invalidez.

En cualquiera de las modalidades, sea persona física o jurídica, la capacidad delimita la acción de las personas en el sistema de derecho positivo, que es percibida como un acto jurídico. El acto, por su parte, es aquello que instaura, modifica o transforma una relación jurídica. El acto y su efecto son, pues, antecedente y consecuente de una norma jurídica. Por eso, hablar de capacidad jurídica es hablar de un conjunto de competencias para practicar los actos de la vida civil, pero también para figurar en uno de los polos de la relación jurídica.

La obligación tributaria no depende de la voluntad. Deriva de la ley, obligatoriamente[387]. De allí que sea relevante investigar la legitimidad del querer expresado por el sujeto al practicar el hecho jurídico tributario. Su deber de pagar tributo no deriva de su voluntad, tampoco puede oponerse al Fisco cualquier acuerdo de voluntades entre las partes con el propósito de omitir la percusión tributaria.

En otras palabras, la voluntad no importa para la incidencia de normas que prescriben el deber de pagar tributo. Solo en la aplicación de normas sancionatorias se analiza la intención del agente para evitar la percusión tributaria como forma de agravar o no la aplicación de sanciones. Con estos fundamentos podemos concluir que la realización del hecho jurídico tributario, siendo un hecho que deriva de la ley y no depende de la voluntad, puede ser practicado por cualquier sujeto, mayor o menor, capaz o incapaz, con posesión o no de sus plenas facultades mentales. Sin embargo, figurar, como sujeto de una relación jurídica, asumiendo el deber de cumplir obligaciones o el derecho de exigir prestaciones tributarias, solo puede ser atribuido a los plenamente capaces. De allí la circunstancia, bastante frecuente, de que los sujetos que realizan el hecho tributario sean diferentes de aquellos que son llamados a figurar en la condición de sujetos pasivos o activos de las relaciones jurídicas tributarias.

7.3. Pluralidad de acepciones para el término «competencia tributaria»

Todo lo que dijimos hasta aquí evidencia la naturaleza ambigua del término «competencia tributaria». En su denotación caben muchos y varios obje-

---

387 CARVALHO, Paulo de Barros. *Curso de direito tributário*. 19.ª ed. São Paulo: Saraiva, 2007, p. 309.

tos. Como si eso ya no bastase, existe un conjunto de términos con sentidos que se interseccionan con el de competencia tributaria, tales como los de capacidad, imputabilidad, responsabilidad, entre otros.

El diálogo entre esas expresiones abre un espacio para nuevas investigaciones, en las cuales se evidencian aspectos sutilmente distintos que no se muestran a una primera mirada. Este cuadro amplio de conceptos que se relacionan dialógicamente, condicionando uno el sentido del otro, forma, aunque sea parcialmente, el contexto adecuado para que se perciba cuán vasta y variada es la significación que se puede atribuir a la expresión.

Refuerzan esa evidencia dos interesantes y distintas investigaciones semánticas realizadas acerca del término. En una de ellas, Tárek Moysés MOUSSALLEM, sin tomar en consideración otros significados, identifica nada menos que seis acepciones, concatenadas de la siguiente forma:

> (1) indicativo de una norma jurídica; (2) calidad jurídica de un determinado sujeto; (3) relación jurídica (legislativa) modalizada por el functor permitido entre el órgano competente (derecho subjetivo) y los demás sujetos de la comunidad (deber jurídico de que se abstengan); (4) hipótesis de la norma de estructura que prescribe en su consecuente el procedimiento para la producción normativa (...); (5) previsión del ejercicio de la competencia que, aliada al procedimiento para la producción normativa, resulta en la creación de enunciados prescriptivos que a todos obligan, y a la que denominaremos norma sobre la producción jurídica; y (6) vehículo introductor que tiene en su antecedente la actuación de la competencia y del procedimiento previstos en la norma sobre la producción jurídica, dando por resultado una norma específica, que también a todos obliga[388].

Curiosamente, Cristiane MENDONÇA, después de recolectar acepciones en la doctrina y en el derecho positivo, acaba por identificar diez acepciones, siendo, en su mayoría, distintas de las que acabamos de citar:

> (1) aptitud para crear tributos *in abstracto*; (ii) porción de poder tributario del que son dotadas las personas políticas para instituir sus propios tributos; (iii) poder de instituir y de exonerar tributos; (iv) poder para instituir, exigir y recaudar tributos; (v) competencia legislativa plena de la cual son dotadas las personas políticas para instituir sus tributos; (iv) competencia para legislar sobre materia tributaria; (vii) poder para legislar sobre tributos, administrar tributos y juzgar litigios tributarios. Podríamos emplear, también, competencia tributaria con (viii) aptitud para crear tributos *in concreto*; (ix) norma jurídica que autoriza la creación y la modificación de los enunciados prescriptivos transportadores de tributos (normas generales y abstractas o individuales y concretas) o (x) auto-

388 MOUSSALLEM, Tárek Moysés. *Fontes do direito tributário*. 2.ª ed. São Paulo: Noeses, 2006, p. 82.

rización jurídico-positiva para la creación y la modificación de los enunciados prescriptivos transportadores de tributos (normas generales y abstractas o individuales y concretas)[389].

En virtud de las premisas que adoptamos, de las asociaciones que formulamos y de los sinónimos que recolectamos de la doctrina, podríamos emprender esfuerzos en el sentido de identificar también otros sentidos para el término. Sin embargo, las transcripciones que acabamos de hacer satisfacen la investigación de acepciones y sentidos. Pasaremos, entonces, a precisar los sentidos de «competencia tributaria» y «norma de competencia», con los cuales analizaremos algunas de sus subespecies.

7.3.1. Una definición del concepto de «competencia tributaria»

El término «competencia tributaria» será aquí definido como la aptitud, jurídicamente modalizada como permitida u obligatoria, que alguien detenta, frente a otro, para modificar el sistema de derecho positivo, mediante la introducción de nuevas normas jurídicas que, directa o indirectamente, dispongan sobre la institución, recaudación y fiscalización de tributos.

7.3.2. Una definición del concepto de «norma de competencia tributaria»

La locución «norma de competencia tributaria» puede ser entendida como el signo, formado con base en los textos de derecho positivo, a partir del cual se construye un juicio condicional que contempla en su hipótesis, las condiciones formales de creación de una norma y, en su consecuente, los límites materiales de la competencia tributaria.

389 MENDONÇA, Cristhiane. *Competência Tributária*. São Paulo: Quartier Latin, 2004, pp. 37 y 38.

CAPÍTULO 8
ELEMENTOS DE SENTIDO EN LA COMPETENCIA TRIBUTARIA

En la primera parte del trabajo, vimos las teorías fundadas en la premisa de la uniformidad sintáctica del sistema jurídico, en virtud de la cual todos los elementos del sistema son normas. Pero vimos, también, la existencia de modelos no normativistas, que trabajan con la idea de heterogeneidad formal del sistema jurídico, el cual estaría compuesto por normas y proposiciones no normativas.

De acuerdo con los presupuestos de la primera, que fue la adoptada para el desarrollo de este estudio, la creación de una norma es una conducta regulada por otra norma y, por lo tanto, todas las proposiciones que concurren para la programación de esa conducta deben estar reunidas en un único juicio condicional. En lenguaje formalizado, ya vimos, esa norma puede ser representada por la conjugación de los siguientes elementos:

$$Njcom = Hj[s.e.t.p\ (p1.p2.p3...)] \rightarrow Rj\ [S(s.sp)\ .\ m(s.e.t.c)]$$

Este sintagma ilustra cómo los elementos del sistema jurídico deben estar reunidos en la formación de la norma que programa la creación lícita de otras normas. Tres ideas pueden ser inferidas a partir del simple contacto con sus elementos.

La primera de ellas consiste en que, compete a la norma de competencia, vincular un tipo de enunciación a una materia. Se entiende por enunciación el acto o conjunto de actos (procedimiento) necesarios para la producción de otra norma. Por su parte, la materia de una norma jurídica es la regulación de un comportamiento. En el caso de la norma de competencia, el comportamiento a ser regulado es la materia sobre la cual la norma podrá versar.

La segunda idea consiste en programar la enunciación calificando un sujeto como competente, indicando las circunstancias de espacio y de tiempo para que él pueda ejercer válidamente su poder, así como el modo de hacer, consubstanciado en el acto o conjunto de actos que deben ser realizados para producir un texto de forma legítima.

Tercera: la materia es un comportamiento. El comportamiento es prescrito por un verbo, que puede ser delimitado en cuanto al sujeto que lo realiza, las condicionantes de espacio, de tiempo y la materia propiamente dicha. Con ello, se especifica no solo el comportamiento (obtener, prestar, ser, enunciar), sino los sujetos que deben realizarlo y los condicionantes de espacio (dónde debe ser realizado) y de tiempo (cuándo puede ser realizado). Con estos presupuestos, es fácil percibir que la materia de la norma de competencia no es más que la prescripción de un comportamiento, sujeto, espacio y tiempo, por medio de la cual los sujetos competentes pueden crear normas jurídicas válidas.

Por último, tomando como criterio la clásica división de los Poderes del Estado, positivizada en el artículo 2º de la Constitución de la República, podemos hablar de tres géneros fundamentales de competencia: el ejecutivo, el legislativo y la judicatura, ejercidos, preferentemente, por los órganos de los poderes Ejecutivo, Legislativo y Judicatura[390]. A estos géneros añadiríamos la competencia privada, ejercida directamente por los contribuyentes, en virtud de ser ellos los mayores responsables por la dinámica del Sistema Tributario Nacional.

Con estos fundamentos, vayamos al derecho positivo.

8.1. Competencia tributaria legislativa

Competencia legislativa tributaria es la aptitud jurídica, modalizada como permitida, imputada a los entes federativos para crear normas relativas a la institución, recaudación o fiscalización de tributos, por medio de un proceso legislativo. Paulo de Barros CARVALHO enseña lo siguiente: «Competencia legislativa es la aptitud de la cual están dotadas las personas políticas para expedir reglas jurídicas, innovando el ordenamiento positivo»[391]. Vale decir, es la competencia para crear leyes en sentido amplio[392].

---

390 «Se trata de una clasificación tradicional, asociada estrictamente al clásico principio de separación de poderes. Desde la perspectiva de las reglas de competencia, el principio de separación de competencias legislativa, ejecutiva y judicial presupone solo la existencia de órganos del poder político a los cuales son atribuidos competencias destinadas a la prosecución de las tareas de legislar, gobernar/administrar y juzgar» (CANOTILHO, José Joaquim Gomes. *Direito constitucional e teoria da constituição.* 4.ª ed. Coimbra: Almedina, 2000, p. 532).

391 CARVALHO, Paulo de Barros. *Curso de direito tributário.* 19.ª ed. São Paulo: Saraiva, 2007, p. 227.

392 En otro estudio, Paulo de Barros CARVALHO y otros definen el concepto de competencia (legislativa) tributaria: «Si reconocemos que ninguna persona jurídica tiene 'poder' tributario en Brasil, sino que cada uno tiene una simple competencia tributaria –que consiste en la facultad de describir legislativamente, las hipótesis de incidencia de tributos–; y si reconocemos que la competencia tributaria reside en el Legislativo y se traduce en la creación de leyes instituidoras de tributos, vemos que las competencias tributarias jurídicamente iguales, tienen la Unión, los Estados y los Municipios, y que esas normas generales de derecho tributario no hacen más que completar la Constitución» (SOUSA, Rubens Gomes de; ATALIBA, Geraldo y CARVALHO, Paulo de Barros. *Comentários ao código tributário nacional.* Parte Geral. São Paulo: RT, 1975, p. 73).

Estas competencias están formadas por enunciados constitucionales, complementarios y ordinarios. De la misma forma, su ejercicio puede introducir desde nuevas disposiciones en la Constitución de la República, de los Estados y Distrito Federal o en la ley orgánica de los Municipios, hasta la institución de leyes complementarias, ordinarias y decretos legislativos[393].

Su ámbito de vigencia comprende la creación y derogación de nuevas materialidades, nuevos principios o inmunidades, pero también la institución de nuevos tributos, exenciones, deberes instrumentales, reglas de constitución, suspensión y extinción de la obligación tributaria. Por ello, son los dispositivos de la competencia legislativa que dan forma al Sistema Tributario Nacional.

También por ello, podemos clasificar estas competencias como heterónomas, calificadas, vinculadas e intransferibles. En otras palabras, es una competencia cuyo ejercicio vincula a terceros, los sujetos competentes son calificados y definidos, y deberán ser ejercidas en los estrictos límites de la ley, prohibida su transferencia hacia terceros.

8.1.1. La programación de la forma de ejercicio

En la idea de autonomía legislativa de los entes federados está comprendida la regulación del respectivo proceso de creación de leyes, según los términos de la Constitución de la República. Por eso mismo, las constituciones estatales y la del Distrito Federal, así como las leyes orgánicas de los Municipios, contienen capítulos propios destinados a este tema[394].

Por evidentes razones, solo los entes federados pueden ejercer la competencia legislativa. Ninguna otra persona de derecho público interno puede hablar en nombre de la soberanía popular, que no sean los representantes

[393] Roque Antonio CARRAZZA, por su parte, define el concepto de competencia legislativa de la siguiente forma: «(...) la posibilidad de crear, *in abstracta*, tributos, describiendo, legislativamente, sus hipótesis de incidencia, sus sujetos activos, sus sujetos pasivos, sus bases de cálculo y sus alícuotas. Como corolario de ello, ejercitar la competencia tributaria es dar nacimiento, en el plano abstracto, a tributos» (*Curso de direito constitucional tributário*. 11.ª ed. São Paulo: Malheiros, 2003, p. 302).

[394] Hay, en la Constitución, dos tipos de procesos de generación de normas. Un proceso dedicado a las normas constitucionales, y otro que regula la construcción de leyes ordinarias y otras normas. Si hay un iter procedimental, ello quiere decir que hay soportes fácticos -los actos de legislar- que deben revestir la forma procedimental: el proceso (sea él meramente procedimental, sea, también procesal-judicial) es una serie ordenada de actos jurídicos tipificados. Desviantes de los tipos, son abiertos a la invalidación. De esta forma, la norma constitucional puede incurrir en invalidez por una infracción procedimental (convocatoria del órgano en función revisora del constituyente de segundo grado, un quórum, quiebran de la serie ordenada de actos). Se da, entonces, la inconstitucionalidad formal, por desvío de la forma-tipo (VILANOVA, Lourival. *Causalidade e relação no direito*. 4.ª ed. São Paulo: Revista dos Tribunais, 2000, p. 311).

electos por el pueblo[395]. Y estos, por su parte, solo se reúnen en los órganos de representación parlamentaria. Así, solo puede ejercer la competencia legislativa, aquel que sea titular del respectivo poder.

Los condicionantes de espacio y de tiempo de la enunciación, por el hecho de ser esas normas las más generales y abstractas del sistema de derecho positivo, no siempre vienen positivizados de forma expresa, a pesar que la inferencia de esos deícticos sea simple. El criterio espacial, por ejemplo, apunta al preciso lugar donde la competencia debe ser ejercida. Normalmente, son ejercidas en las respectivas capitales de la República, de los Estados y en el Distrito Federal o en la sede de los Municipios. Así, están exentas las situaciones en las que exista modificación del lugar de ejercicio de la competencia por acto normativo, vale decir, donde es delegada a tercera persona la competencia para realizar parte de la enunciación de las normas generales en tratados o convenios, el ejercicio de la competencia legislativa coincide con los lugares en donde están situados los órganos de representación del Legislativo y Ejecutivo.

Por su parte, el tiempo tiene que ver con el momento en el que es posible el ejercicio de la competencia, a partir de cuándo y hasta cuándo ella puede ser realizada. Por regla general, las competencias legislativas no tienen plazo para que sean ejercidas.

Sin embargo, existen situaciones, como la de la Enmienda Constitucional N.° 3/93, que introdujo una nueva competencia tributaria para instituir el Impuesto Provisional sobre Movimiento Financiero (IPMF), con plazo de ejercicio limitado en el tiempo, así como límite para la vigencia de la norma creada bajo su fundamento. A pesar de que haya sido declarada inconstitucional en este caso, otras enmiendas fueron promulgadas para autorizar la creación de una Contribución Provisional sobre Movimiento Financiero (CPMF), previendo una situación idéntica. Sin embargo, estas situaciones están lejos de constituir la regla general en las competencias legislativas.

Aun así, siempre es útil la referencia al tiempo de creación de la norma. Aunque no sirva para limitar su creación en el tiempo, esa indicación vincula la enunciación al régimen jurídico vigente. Sin el marco temporal de la enunciación, no se puede saber si una norma fue producida bajo la vigencia de uno o de otro régimen jurídico, sucesivos en el tiempo.

Pues bien, y en el ámbito de la competencia legislativa, ¿qué significa régimen jurídico? Es el conjunto formado por la unión de enunciados de auto-

---

395 La competencia tributaria que los entes políticos reciben directamente de la Ley Mayor, consiste, propiamente, en el poder -expresión aquí usadas en sentido lato- de crear tributos, que se traducen en la actividad legislativa de instituirlos. Es, también, la propia actividad creadora del tributo. Es la aptitud para innovar el orden jurídico (CARRAZZA, Elizabeth Nazar. Sistema constitucional tributário brasileiro, *in Revista de Direito Público*. Año 6. N.° 25. São Paulo: RT, jul.-set. de 1973, p. 210).

rización, que califican sujetos competentes, con principios, inmunidades y enunciados complementarios. En otras palabras, régimen jurídico coincide con la norma de competencia o las proposiciones que se reúnen bajo el nombre «norma de competencia»[396].

8.1.2. La programación de la materia

La delimitación de la competencia legislativa, como ejemplo de lo que ocurre con las demás normas, es realizada en cuatro ámbitos: el del sujeto que realiza la conducta; los de espacio y tiempo para la realización de esta conducta; así como el tipo de conducta propiamente dicha, vale decir, aquello que puede o debe ser hecho por el sujeto. Sin embargo, en este caso, las vigencias son prescritas en términos generales, de difícil precisión. Hay cuatro elementos fundamentales que integran la competencia legislativa para instituir normas relativas a la tributación. Ellos son los enunciados de autorización, los principios, las inmunidades y los enunciados complementarios.

8.1.2.1. Enunciados de autorización: concepto y finalidad

Denominamos enunciados de autorización a la clase de proposiciones, enunciadas a partir del derecho positivo, que califican sujetos como competentes para instituir tributos sobre ciertas materialidades o, diversamente, para crear normas orientadas a la consecución de ciertas finalidades o, también, para grabar materialidades y alcanzar finalidades. Son ejemplos de la primera clase los dispositivos que califican sujetos para la institución de impuestos; de la segunda clase, los que califican para la creación de empréstitos compulsorios y contribuciones; y, de la última los que prevén competencia para la creación de contribuciones para la seguridad social, en la que se indican el fin y la materia. Son también de esta clase las proposiciones que califican sujetos para instituir normas relativas a deberes instrumentales, así como la constitución, modificación, suspensión de la exigibilidad y extinción de obligaciones tributarias.

8.1.2.1.1. Enunciados de autorización: técnicas de atribución de la competencia legislativa

En la Constitución de la República, el artículo 153 califica a la Unión como sujeto competente para instituir impuestos sobre lo siguiente: i) importa-

396 Para cada naturaleza, por su parte, hay un régimen jurídico correspondiente. En el curso de este trabajo, se entiende por «régimen jurídico»: el conjunto de enunciados de autorización, principios, inmunidades y dispositivos complementarios que regulan la institución y la interpretación de normas. De esta forma, investigar el régimen jurídico de cierta norma tributaria es lo mismo que investigar la competencia para su creación. Y más. Cada una de las proposiciones que delimita la competencia sirve, simultáneamente, como criterio para la apreciación de la validez.

ción de productos extranjeros; ii) exportación de productos nacionales o nacionalizados; iii) renta y ganancias de cualquier naturaleza; iv) productos industrializados; v) operaciones de crédito, cambio y seguro, o relativas a títulos o valores mobiliarios; vi) propiedad territorial rural; y vii) grandes fortunas, en los términos de ley complementaria.

El artículo 155 del texto constitucional establece que los Estados y el Distrito Federal podrán instituir impuestos sobre lo siguiente: i) transmisión causa mortis y donación, de cualquier bien o derecho; ii) operaciones relativas a la circulación de mercancías y sobre prestaciones de servicios de transporte interestatal e intermunicipal y de comunicación, aunque las operaciones y las prestaciones se inicien en el exterior; y iii) propiedad de vehículos automotores.

Por último, los Municipios están calificados como competentes para grabar las siguientes materialidades por medio de la institución de impuestos: i) propiedad predial y territorial urbana; ii) transmisión *inter vivos*, a cualquier título, por acto oneroso, de bienes inmuebles, por naturaleza o accesión física, y de derechos reales sobre inmuebles, excepto los de garantía, así como cesión de derechos a su adquisición; y iii) servicios de cualquier naturaleza, no comprendidos en el artículo 155, II, definidos en ley complementaria.

La prescripción del aspecto material de las competencias legislativas pasa por la indicación de complementos verbales. Estos complementos verbales forman núcleos semánticos que no pueden ser pasados por alto por las normas inferiores. En este sentido, Humberto ÁVILA afirma lo siguiente:

> La Constitución Federal de 1988 (en adelante CF/88) atribuyó poder de tributar a los entes federados por medio de reglas de competencia. Estas reglas describen hechos tributables, de modo que solo hay poder de tributar sobre hechos cuyos conceptos se encuadren en los conceptos previstos en esas reglas e, inversamente, no hay poder alguno de tributar sobre hechos cuyos conceptos no se enmarquen en los conceptos previstos en esas reglas. De allí que intransponibles los límites conceptuales previstos en las reglas de competencia sean infranqueables. Fuera de ellos no hay poder de tributar. Acerca de las reglas de competencia, ya decidió el Supremo Tribunal Federal, al afirmar que el intérprete «(...) no debe ir más allá de los límites semánticos, que son infranqueables»[397].

Así, a la materialidad «renta», por ejemplo, el Código Tributario Nacional vincula el verbo obtener, así como el verbo «pagar», en los casos de retención del impuesto sobre la renta en la fuente. En el caso del Impuesto sobre

[397] ÁVILA, Humberto. Imposto sobre à Prestação de Serviços de Qualquer Natureza - ISS. Normas Constitucionais Aplicáveis. Precedentes do Supremo Tribunal Federal, Hipótese de Incidência, Base de Cálculo e Local da Prestação. *Leasing Financeiro*: Análise da Incidência, *in Revista Dialética de Direito Tributário*. N.º 122. São Paulo: Dialética, p. 121.

Productos Industrializados (IPI), Paulo de Barros CARVALHO[398] aclara que es posible añadir nada menos que los siguientes verbos: importar, rematar y realizar operaciones con productos industrializados. Por su parte, Roque Antônio CARRAZZA, al analizar el régimen jurídico del Impuesto sobre Circulación de Mercancías y Servicios, comenta la circunstancia de que, bajo esta materialidad, pueden ser creadas, por lo menos, cinco reglas matrices de incidencia tributaria diferentes[399]. Así, el punto de partida, seguramente más importante para la inteligencia de los enunciados de autorización, está en comprender las materialidades sobre las cuales pueden incidir impuestos.

El otorgamiento de competencias para la creación de tributos que incidan sobre ciertas materialidades es realizado en términos de sentido vago y, frecuentemente, ambiguo. El entendimiento acerca de lo que es «renta», «servicio» o «facturación» es un tema de debates irritantes, estando, en muchos casos, en la raíz de controversias relativas a la constitucionalidad o a la inconstitucionalidad de impuestos y contribuciones.

Esa técnica de calificar sujetos competentes por la indicación de materialidades está presente, también, cuando el artículo 145 de la Constitución califica a la Unión, Estados, Distrito Federal y Municipios para instituir: tasas, en razón del ejercicio del poder de policía o por la utilización, efectiva o potencial, de servicios públicos específicos y divisibles, prestados al contribuyente o puestos a su disposición; y contribución de mejora, resultante de obras públicas. Sin embargo, en dichos casos, la discriminación de materialidades es indirecta, pues es realizada a razón de la competencia administrativa para prestar el servicio, ejercer el poder de policía o realizar la obra pública que provoca la valorización de la propiedad particular. Por eso, existirá la atribución de competencia tributaria siempre que existiese la respectiva competencia administrativa.

Otra técnica atributiva de competencia es empleada cuando se vincula el sujeto competente a una finalidad.

Es de esta especie el artículo 149 de la Constitución de la República, donde se lee lo siguiente: «Compete exclusivamente a la Unión instituir contribuciones sociales, de intervención en el dominio económico y de interés de las categorías profesionales o económicas, como instrumento de su actuación en las respectivas áreas, (...)». Además, siguen esa técnica de vincular el sujeto a la finalidad, los siguientes dispositivos: i. Artículo 149, § 1°, cuando extiende a los Estados, Distrito Federal y Municipios la posibilidad de instituir contribuciones para el costeo del respectivo régimen previsional; ii. Artículo 149-A, que prescribe la Contribución para el Costeo del Servicio de Iluminación Pú-

398 Isenções Tributárias do IPI em face do Princípio da Não-Cumulatividade, *in Revista Dialética de Direito Tributário*. N.° 33, junio de 1998, p. 152.

399 CARRAZZA, Roque Antonio. *ICMS*. 9.ª ed. São Paulo: Malheiros, 2002, p. 35.

blica - COSIP; iii. Artículo 148, que faculta a la Unión instituir préstamos obligatorios -en casos de calamidad pública, de guerra o en su inminencia, así como inversión pública de carácter urgente y relevante interés nacional-, debiendo el valor de esos tributos ser vinculado al gasto que fundamentó su institución; iv. Artículo 212, § 5°, que permite a la Unión instituir contribuciones para la financiación de la educación.

Podríamos relacionar, también, una tercera técnica de atribución de competencias que vincula la competencia del sujeto tanto a una materialidad como a la consecución de un fin.

Este es el caso, por ejemplo, del artículo 195 de la Constitución de la República, el cual establece que, para la financiación de la seguridad social (finalidad), la Unión podrá crear contribuciones: i. Del empleador, de la empresa y de la entidad equiparada a ella en la forma de la ley, incidentes sobre a) la nómina de la plantilla y los demás rendimientos del trabajo pagados o abonados, por cualquier concepto, a la persona física que le preste servicio, aunque sea sin vínculo laboral; b) el ingreso o la facturación; c) el beneficio; ii. del trabajador y de los demás asegurados de la seguridad social, sin que la contribución recaiga sobre la jubilación y pensión concedidas por el régimen general de seguridad social del que trata el artículo 201; iii. sobre el ingreso de concursos de pronósticos; iv. del importador de bienes o servicios del exterior, o equipararlo a él por ley.

Además de estas hipótesis, debemos relacionar, también, la competencia de la Unión prevista en el artículo 177, § 4°, para crear contribuciones sobre: «las actividades de importación o comercialización de petróleo y sus derivados, gas natural y sus derivados y alcohol combustible» para atender a los siguientes fines: a) pago de subsidios a precios o transporte de alcohol combustible, gas natural y sus derivados y derivados de petróleo; b) financiación de proyectos ambientales relacionados con la industria del petróleo y del gas; c) financiación de programas de infraestructura de transportes. En este caso, a modo de ejemplo de lo que dijimos en el párrafo anterior, la competencia de la Unión para instituir contribuciones sobre cierta materialidad, está vinculada a la atención de las finalidades que acabamos de relacionar. La falta de atención de la finalidad o de la materia hace que la norma creada no sea un instrumento de la Unión en la respectiva área, incumpliendo, así, la norma superior y sujetándose a que se decrete su invalidez.

La ejemplificación fue larga, pero necesaria. En algunas páginas conseguimos ilustrar lo que son y cómo actúan los enunciados de autorización. Sus tres modalidades pueden ser vistas, también, como tres técnicas de atribución de competencias que sirven para calificar, simultáneamente, al sujeto competente, establecer la materia/finalidad y, así, circunscribir el régimen jurídico aplicable a la especie normativa.

8.1.2.1.1.1. Síntesis de los criterios para la atribución de competencias impositivas

En el tópico anterior, acabamos de demostrar cómo algunas características, muy propias del Sistema Tributario Brasileño, exigen la conjugación de una serie de criterios para repartir competencias impositivas[400]. Casi todos esos criterios, por su parte, se sujetan a excepciones resultantes de la previsión de competencias residuales (arts. 154, I, y 195, § 4°) y extraordinarias (art. 154, II).

Otro elemento que intensifica la complejidad del sistema, es la sucesiva creación de figuras impositivas que no se ajustan a ninguna de las especies tributarias conocidas.

Veamos como ejemplo la Contribución Sobre Iluminación Pública (COSIP), que prevé una hipótesis vinculada a la actuación estatal, base de cálculo propia del impuesto y tiene una destinación específica (art. 149-A); o la llamada CIDE-combustibles, que incide sobre la comercialización del petróleo, derivados y otros combustibles, pero es destinada a finalidades distintas de la intervención del Estado en el dominio económico (art. 174, § 4°).

Si eso ya no bastara, por fuerza de las prescripciones del artículo 149, el ideal financiero de evitar la doble incidencia de tributos distintos sobre el mismo hecho económico fue prácticamente abolido como regla que orienta la distribución de competencias.

Con esa orden de consideraciones en mente, podríamos presentar los siguientes criterios para la diferenciación de competencias adoptadas por la Constitución de la República:

1. Las competencias privativas son distribuidas tomando en consideración el hecho de que el tributo tenga o no hipótesis de incidencia vinculada a la actuación estatal.

2. Los tributos no-vinculados tienen una materialidad prevista y distribuida entre los entes federativos[401] (arts. 153, 155 y 156), correspondiendo a la Unión la competencia residual (art. 154, I).

---

[400] Amílcar de Araújo FALCÃO sostiene lo siguiente: «En sentido amplio, por discriminación de rentas se entiende la distribución, en los términos indicados, de la competencia en materia financiera, esto es, relativamente a todos los ingresos e incluso a las entradas o ingresos públicos en general» (*Sistema tributário brasileiro: discriminação de rendas*, p. 19); para Aliomar BALEEIRO, «entiendo por 'discriminación de rentas' un criterio por el cual se atribuyan, rígidamente, a varias competencias del mismo Estado, fuentes de ingreso, para garantizarles autonomía política» (Estados, discriminação de rendas e reforma constitucional, *in Revista de Direito Administrativo*. N.° 30. Río de Janeiro: Fundação Getúlio Vargas, oct.-dic. de 1952, p. 10).

[401] «Efectivamente, el ordenamiento constitucional brasileño se caracteriza por enumerar casi exhaustivamente los tipos -jurídicos- de impuestos, repartidos por grupos y atribuirlos privativamente a la Unión, o a los Estados, o a los Municipios -formando un conjunto sistemático de disposiciones que se acostumbra denominar discriminación de rentas-» (ATALIBA, Geraldo. *Sistema Constitucional Tributário Brasileiro*. São Paulo: RT, 1968, pp. 143 y 144).

3. Los tributos vinculados son instituidos por quienes pueden prestar el servicio público, ejercer el poder de policía (art. 145, II) o realizar la obra que genera la valorización del inmueble[402] (art. 145, III). En este caso, existiendo una norma administrativa[403] que impute al Estado o al Municipio la competencia residual para el servicio u obra, a ellos corresponderán, respectivamente, las competencias para instituir los respectivos tributos vinculados[404].

4. Las competencias exclusivas son distribuidas con base en la existencia o no de finalidad específica, importando poco que el hecho de la hipótesis del tributo esté o no vinculada a la actividad estatal, o de haber sido prevista para la incidencia de impuestos o tasas. Es con base en la finalidad que se autoriza su recaudación. Así, se atribuye exclusivamente a los Municipios, la competencia para instituir la Contribución Sobre Iluminación Pública «COSIP» (art. 149); a la Unión la competencia para instituir préstamos obligatorios (art. 148) y las contribuciones especiales (arts. 149, 174, § 4°, 195, 212, § 5°, 239, entre otros).

---

402 «No podrá ser exigida cualquiera de estas exacciones, salvo por la persona pública que ejerza la acción que le constituye el hecho generador, la hipótesis de incidencia. Luego, si hubiese conflictos -dado que, si lógica y jurídicamente no son posibles, de hecho pueden ocurrir- la discusión que precederá lógicamente cualquier indagación del derecho tributario, quedará en el campo constitucional o administrativo de la disputa sobre la competencia para el ejercicio de la acción justificadora de la exacción. (...) Quiere decir, en esta hipótesis, que discutirá, no sobre la competencia tributaria, sino si se verifican los presupuestos jurídicos de su ejercicio, esto es, si la persona tributante era titular de la competencia para desempeñar el acto que dio causa a la exacción. Rige aquí el principio según el cual la exclusividad del servicio determina la exclusividad de la tasa» (ATALIBA, Geraldo. *Sistema Constitucional Tributário Brasileiro*. São Paulo: RT, 1968, p. 145).

403 Por esta razón, Paulo Roberto Lyrio PIMENTA defiende que la validez de los tributos vinculados depende de que exista una norma administrativa que atribuya al ente instituidor del tributo la competencia para prestar el servicio o realizar la obra, es un análisis conjunto, en sus palabras: «el control de la validez de la norma tributaria también implica el de la norma administrativa, ambos realizados por el mismo órgano controlador, con base, obviamente en parámetros distintos. De esta forma, la invalidez de la norma administrativa contamina la de la norma impositiva» (PIMENTA, Paulo Roberto Lyrio. Normas de competência e o controle de validade da norma impositiva tributária, *in* Eurico Marcos DINIZ DE SANTI. (org.). *Segurança Jurídica na Tributação e Estado de Direito*. São Paulo: Noeses, 2005, pp. 843-844).

404 Comentando las formas de repartición entre los entes de la Federación, Carlos Mário VELLOSO explica que «la constitución de 1988 no se quedó solo en la técnica clásica de distribución de competencias. Inspirándose en el constitucionalismo alemán, combinó la técnica descrita anteriormente, con posibilidades de delegación (art. 22, parágrafo único), áreas comunes en las que se prevén actuaciones paralelas de la Unión y Estados en que la competencia para establecer políticas generales, directrices generales o normas generales cabe a la Unión (art. 21, XIX, XX, XXI, 22, IX, XXI, XXIV, y 24, § 1°), mientras que la competencia suplementaria se difiere a los estados y hasta a los municipios (art. 24, §§ 2° y 3°, y art. 30, II)» (VELLOSO, Carlos Mário. Estado federal e estados federados na Constituição brasileira de 1988: do equilíbrio federativo, *in Revista de Direito Administrativo*. N.° 187. Río de Janeiro: Fundação Getúlio Vargas, ene/mar de 1992, p. 11).

5. Por último, en los casos de guerra o de su inminencia, es conferida a la Unión la competencia concurrente para instituir impuestos no incluidos en su competencia[405], mientras durasen las circunstancias que justifican su institución (art. 154, II).

El texto constitucional, haciendo uso de los criterios que acabamos de exponer, identifica y clasifica las especies tributarias, esto es, impuestos, tasas, contribuciones de mejora, préstamos obligatorios y contribuciones especiales. Hace ello de modo que todos los entes federativos tengan su área de competencia sobre la cual puedan ejercer sus facultades impositivas, estando allí incluidos no solo los tributos en sí, sino todas las demás normas jurídicas necesarias para su recaudación y fiscalización. No es difícil imaginar que, en medio de más de cinco mil entes tributantes, y con criterios tan variados para la diferenciación de las especies tributarias, surjan conflictos entre las normas producidas. Genéricamente, la doctrina ha llamado a estas circunstancias «conflicto de competencia en materia tributaria»[406].

8.1.2.1.1.2 Instauración y superación de conflictos de incidencia tributaria

Rigurosamente, conflictos de competencia no existen y, si existiesen, no generarán conflictos de interés en materia tributaria[407]. Explicamos esta afir-

---

405 Al respecto, Paulo Roberto Lyrio PIMENTA desarrolla un interesante raciocinio relativo a las competencias que exigen contrapartida fáctica para su ejercicio: «Excepcionalmente, se condicionó el ejercicio de la competencia a la existencia de una situación empírica. Es el caso de la competencia dada a la Unión para instituir impuestos extraordinarios (art. 154, II). Sin la existencia, en el plano de los hechos, del motivo previsto constitucionalmente, la competencia no puede ser ejercitada, siendo posible hablar, en este caso, de una competencia tributaria condicionadora y provisoria» (PIMENTA, Paulo Roberto Lyrio. Normas de competência e o controle de validade da norma impositiva tributária, *in* Eurico Marcos DINIZ DE SANTI. (org.). *Segurança Jurídica na Tributação e Estado de Direito*. São Paulo: Noeses, 2005, pp. 842 y 843).

406 Amílcar de Araújo FALCÃO señala lo siguiente: «Siendo rígida nuestra discriminación de rentas, de allí resulta que cada una de las unidades federadas solamente puede decretar los tributos incluidos en su competencia. Si por casualidad alguna unidad federada de determinado nivel decretara un tributo de competencia de unidades de nivel o gradación diversa, habrá invasión de competencia, afectándose, pues, de inconstitucionalidad ese ingreso. En realidad, el concepto de invasión de competencia se relaciona con los impuestos de competencia privativa y, en un aspecto marginal, con los impuestos de competencia concurrente» (FALCÃO, Amílcar de Araújo. *Sistema tributário brasileiro: discriminação de rendas*. Río de Janeiro: Edições Financeiras, 1965, pp. 48 y 49).

407 Roque Antônio CARRAZZA deja clara la imposibilidad de conflictos de competencia tributaria en el plano lógico-jurídico, solamente en la práctica, como el reencauche de neumáticos, considerado por la ley complementaria como una prestación de servicios (Decreto-ley 406/1968, art. 8°, ítem 71), competentes los municipios para exigirla: «Si la Constitución de la República otorgó a la Unión, por ejemplo, la competencia exclusiva para tributar la propiedad territorial rural, no pueden hacerlo los Estados ni tampoco los Municipios, ni el Distrito Federal. Del mismo modo, si la Constitución confirió a los Estados (y, en su

mación con el argumento de que las competencias para la institución de tributos son discriminadas de forma que su ejercicio no proyecte antinomias. Además, la competencia, pura y simple, es un momento anterior a la institución de la norma que prevé la incidencia del tributo y que, por su parte, antecede a aquella que determina el deber de pagar la prestación tributaria. En el plano de las competencias legislativas, el tributo no fue creado, el deber de pagar no fue instaurado y, por lo tanto, no hay conflicto de interés en sentido estricto.

Aun así, la temática de este tópico no es del todo inútil. Por el contrario, no son pocas las circunstancias concretas en las que el contribuyente se ve en la inminencia de acarrear, por la práctica del mismo hecho social, con más de un tributo, instituidos por el ejercicio de competencias exclusivas o privativas. Tema relevante y de gran incidencia concreta, puede ser fácilmente dilucidado por medio de las premisas que identificamos en los tópicos anteriores. Por eso, antes de que definamos y que propongamos soluciones para el problema, retomemos algunas nociones relativas a los ámbitos de vigencia de las normas jurídicas.

Para eso veamos algunas nociones de teoría general del derecho, expuestas en la primera parte del trabajo: i. Las normas jurídicas, todas ellas, regulan conductas humanas; ii. Crear una norma jurídica que determina la institución, recaudación o fiscalización de un tributo es una conducta humana realizada individual o colectivamente; iii. La prescripción de comportamientos es hecha, directa o indirectamente, en cuatro ámbitos; iii.1. El material, que es relativo al comportamiento propiamente dicho; iii.2. El subjetivo, que se refiere a la persona que podrá realizar la conducta, iii.3. El espacial, que tiene que ver con el lugar en donde la conducta puede ser realizada; y iii.4. El temporal, relativo al tiempo de cumplimiento de las normas. Estas premisas valen para toda y cualquier norma y las tributarias no son la excepción.

La Constitución de la República se vale de los criterios indicados en el tópico 8.1.2.1.1.1 para atribuir a sujetos, entes federativos, la competencia para instituir tributos de forma privativa o exclusiva. Aquello que es llamado por la doctrina «conflicto de competencia» surge cuando dos entes federativos, sea por cualquier razón, se arrogan el derecho de tributar el mismo hecho, previsto como objeto de una competencia privativa o exclusiva. Y esto ocurre de tal forma que el ejercicio de las dos competencias proyecta bitributación prohibida por el texto constitucional.

---

territorio, al Distrito federal) la competencia, también exclusiva, para tributar las operaciones mercantiles, no pueden hacerlo ni la Unión, ni los Municipios. Incluso si, siempre la Constitución, concedió a los Municipios (y, en su territorio, al Distrito Federal) la competencia exclusiva para tributar las prestaciones de servicios, no pueden hacerlo ni la Unión, menos los Estados» (CARRAZZA, Roque Antonio. *Curso de direito constitucional tributário*. 11.ª ed. São Paulo: Malheiros, 2003, p. 884).

En una frase, se denomina conflicto de competencia a la circunstancia en la cual dos sujetos que se consideran competentes para grabar un mismo hecho calificado en una competencia privativa o exclusiva, de tal forma que, en el ejercicio simultáneo de las dos competencias, una de las prestaciones será indebida. Para expresar esta circunstancia, mejor sería hablar de «conflicto de incidencias tributarias».

El gran problema que se establece bajo el nombre «criterios para la solución de conflictos» es cómo fundamentar la elección del tributo de un ente federativo en detrimento de otro.

Por lo tanto, previo a la solución del «conflicto», es necesario saber de qué modo surge él y, con ello, delimitar los casos en los que este no existe, vale decir, identificar las circunstancias en las que la doble incidencia de tributos es permitida.

Por ejemplo, los tributos de competencia exclusiva, cuya institución tiene por objetivo alcanzar ciertas y determinadas finalidades previstas por la Constitución, por el hecho de que no tuvieran naturaleza de impuestos, pueden ser instituidos para incidir sobre las mismas materialidades reservadas a estos.

Así, por ejemplo, la contribución instituida por la Ley N.° 9.998/98, llamada contribución al Fondo para la Universalización de los Servicios de Telecomunicaciones (FUST), a pesar de ser inconstitucional por haber sido creada en evidente contrariedad con el § 3° del artículo 155/CR, incide sobre la misma materialidad del ICMS, sin violar, por esa razón, ningún precepto constitucional.

Por la circunstancia de ser tributos con naturaleza distinta, no hay que hablar de «conflicto».

También en relación a los tributos privativos, hay casos de doble incidencia legítima, por estar prevista por la Constitución. Por ejemplo, en la importación de un producto industrializado, hay incidencia de tres tributos de competencia privativa. Afectan los impuestos sobre importación (II), productos industrializados (IPI) y circulación de mercancías y servicios (ICMS). Todos inciden de forma legítima porque, al importar un producto industrializado, el comportamiento previsto en las referidas hipótesis normativas fue simultáneamente realizado. Hubo importación de un producto, negocios jurídicos con productos industrializados y circulación de mercancía. Un único acto se ajustó a tres hipótesis de incidencia, proyectando el deber legítimo de pagar tres tributos distintos.

Sin embargo, en otras situaciones, la materialidad prevista no permite, bajo pena de una flagrante violación del texto constitucional, que se hable de doble incidencia de tributos. Es precisamente en estas situaciones que surge la figura del conflicto de incidencias tributarias.

Por ejemplo, en el caso de los tributos vinculados, se habla de conflicto cuando dos entidades pretenden hacer incidir una tasa por la prestación del mismo servicio o del mismo ejercicio del poder de policía.

Es como si Unión y Estados pretendieran cobrar una misma tasa por la emisión del mismo pasaporte o algo por el estilo.

En relación a las contribuciones de mejora, surge un conflicto cuando dos o más entes federativos pretenden exigir este tributo por la valorización de una obra, la cual es realizada por solo uno de ellos. En estos dos casos, la forma de resolver el conflicto es relativamente simple.

Ya hemos señalado que pueden instituir tributos vinculados quienes tienen la competencia para prestar el servicio, ejercer el poder de policía o realizar la obra. Identificando la titularidad de la competencia administrativa, se define, simultáneamente, la competencia tributaria[408].

Por su parte, la instauración de conflicto de incidencia implicando tributos de competencia privativa, exige más atención. Básicamente, esos conflictos derivan de la forma como se interpretan los criterios material y espacial de las normas tributarias[409]: i) cuando el conflicto es de naturaleza material, surgen dudas sobre el tipo de comportamiento que desencadena la incidencia del tributo; y ii) cuando el conflicto es sobre el criterio espacial, no se sabe ciertamente dónde se reputa ocurrido el hecho tributario, o, sabiendo dónde ocurre este, no se sabe si el hecho tributario está sujeto a la norma 1 o a la norma 2.

---

[408] Sobre la posibilidad de invasión de competencia en el caso de tasas y contribuciones de mejora: «el aspecto en examen no tiene que ver con el decreto de la tasa, sino con un antecedente o presupuesto de su hecho generador. En otras palabras, la tasa es debida cuando ocurriera un hecho generador específico, consistente en la utilización efectiva o potencial de un servicio público de prestación divisible y mensurable. Si esa utilización se verificara y fuera calificada por ley como hecho generador de determinada tasa, el tributo será debido. El problema de la competencia se aprecia, por lo tanto, en otro plano, considerando la creación del servicio público. Se excluye de esta forma la idea de invasión de competencia, en el caso de la tasa. Otro tanto ocurre con la contribución de mejora, cuyo hecho generador es la valorización inmobiliaria resultante de una obra pública. Si hubiera valorización inmobiliaria, si tal *plus valia* tuviera por causa eficiente una obra pública, quien realiza esta última podrá exigir el *special assessment*» (FALCÃO, Amílcar de Araújo. *Sistema tributário brasileiro: discriminação de rendas*. Río de Janeiro: Edições Financeiras, 1965, p. 49).

[409] «Siendo rígida nuestra discriminación de rentas, de allí resulta que cada una de las unidades federadas solamente puede decretar los tributos incluidos en su competencia. Si por casualidad alguna unidad federada de determinado nivel decretara un tributo de competencia de unidades de nivel o gradación diversa, habrá invasión de competencia, afectándose, pues, de inconstitucionalidad ese ingreso. En realidad, el concepto de invasión de competencia se relaciona con los impuestos de competencia privativa y, en un aspecto marginal, con los impuestos de competencia concurrente» (*Ibídem*, pp. 48 y 49).

En los dos casos, los enunciados introducidos por la ley complementaria, desempeñan un papel fundamental, pues ofrecen criterios definitorios para los conceptos vagos que generan conflictos de incidencia en materia tributaria. Entre esos dispositivos, destacamos los textos creados con fundamento en los artículos 146, I, 155, § 2°, XII, y 156, § 3°, de la Constitución de la República. La conjugación de los criterios previstos en estos dispositivos, ofrece una solución para los conflictos de incidencia de las normas tributarias.

8.1.2.1.2 Enunciados de autorización: naturaleza y régimen jurídico

Al calificar sujeto, materia y finalidad, los enunciados de autorización delimitan la naturaleza jurídica de la norma que será creada. Naturaleza jurídica es sinónimo de concepto jurídico[410]. Luego, definir un concepto, indicando criterios que permitan separarlo de otros, es lo mismo que definir la naturaleza jurídica[411]. Distinguir normas -institutos jurídicos- sirve, también, para separar las respectivas normas de competencia.

En el ámbito de las competencias legislativas, podemos denominar régimen jurídico, en la línea de lo que preconizaba Geraldo ATALIBA[412], al conjunto de proposiciones prescriptivas (esto es, principios, inmunidades, enunciados complementarios) que dan sentido a la competencia para crear normas de cierta naturaleza. Mientras la naturaleza indica el tipo de norma que debe ser creada, el régimen jurídico agrega las proposiciones, tanto formales como materiales, que fundamentan la validez de la norma que será creada.

Veamos el ejemplo de las contribuciones de intervención en el dominio económico, previstas en el artículo 149 de la Constitución de la República.

---

[410] Esta equiparación fue analizada con mucho cuidado por Joseph RAZ en el artículo titulado ¿Puede haber una teoría del derecho?, *in Una discusión sobre la teoría del derecho.* Marcial Pons: Madrid, 2007, pp. 46 y ss.

[411] *Cf.* GAMA, Tácio Lacerda. *Contribuição de intervenção no domínio econômico*. São Paulo: Quartier Latin, 2003, p 136, donde defendemos que «la realidad del derecho está construida en el lenguaje y por el lenguaje; por eso, no hay lugar para las investigaciones ontológicas o para la búsqueda de esencias. Cuando exista referencia a la naturaleza jurídica de un tributo, lo que se debe tener en mente es su concepto. Por eso, en el ámbito de este trabajo, se confunde el concepto de un tributo con su naturaleza jurídica. Por otro lado, la importancia de fijarse la naturaleza jurídica de un tributo está precisamente en las consecuencias jurídicas que ello implica para la regulación del instituto. Cuando una determinada prestación pecuniaria se ajusta al concepto de tributo, se sabe, de inmediato, que el régimen que le será prescrito será el tributario».

[412] Geraldo ATALIBA formula una respuesta según la cual «régimen jurídico tributario es el conjunto de principios, normas y categorías, que informan el funcionamiento del instituto jurídico del tributo» (ATALIBA, Geraldo. Hermenêutica e sistema constitucional tributário, *in Interpretação no Direito Tributário*. São Paulo: Saraiva, EDUC, 1975, p. 19).

En esta forma de otorgar la competencia legislativa, la Unión (sujeto competente) podrá instituir un tributo para emplear los valores recaudados como instrumento de su actuación en la respectiva área -el dominio económico-. Tal es su naturaleza.

Por su parte, régimen jurídico es el conjunto de disposiciones previstas en la Constitución de la República que determina dónde, cuándo y de qué forma debe darse la enunciación de los textos de derecho positivo, así como las delimitaciones materiales relativas a los ámbitos de vigencia espacial, temporal y personal de las contribuciones.

En último análisis, para que se pueda hablar de la institución válida de un tributo de esa naturaleza, se debe atender a las finalidades de financiar la acción del Estado en el dominio económico (*encabezado* del art. 149), todos los principios (esto es, igualdad, proporcionalidad, prohibición de confisco), inmunidades (esto es, sobre ingresos de exportación [art. 149, §2°], oro definido como activo financiero [art. 153, § 5°]) y disposiciones complementarias, especialmente aquellas previstas en el Código Tributario Nacional.

Es por ello que, variando la naturaleza, varía, igualmente, el régimen jurídico que programa la creación del tributo. Pero no solo ello. El régimen jurídico, aquello que fundamenta su validez, también condiciona la forma de interpretar la norma inferior. Entre muchas posibilidades de sentido, debe ser escogido aquel que se ajuste a lo que prescribe la norma superior.

8.1.2.2 Principios tributarios

Los principios[413] tributarios son proposiciones prescriptivas que integran la norma de competencia, condicionando la forma y la materia de las normas que prescriben, directa o indirectamente, la institución, la recaudación y la fiscalización de tributos.

Nos referimos a la proposición, y no al enunciado, para destacar el hecho de que los principios pueden ser formados a partir de la atribución de sentido a un enunciado o a varios[414]. Esto ocurre de forma tal que, como

---

413 Paulo de Barros CARVALHO comenta la amplitud semántica del vocablo principio: «En el campo de las significaciones, el uso del signo 'principio' ofrece una gran variedad connotativa, de tal forma que alcanza todas las circunscripciones de objetos, actuando en las cuatro regiones ónticas. Es una palabra que frecuenta con intensidad el discurso filosófico, expresando el inicio, el punto de origen, el punto de partida común, la hipótesis-límite escogida como propuesta de trabajo» (*Sobre os princípios constitucionais tributários*. N.° 55. São Paulo: Revista de Direito Tributário, RT, p. 143).

414 José Souto Maior BORGES explica que el «*principio implícito no difiere salvo formalmente de lo expreso*». No se puede afirmar que un tributo sea más eficaz o más válido que otro por el hecho de ser implícito, incluso porque nada impide que un principio implícito sea más aplicado, alcanzando una mayor eficacia jurídica, que un principio expreso (BORGES, José Souto Maior. *O principio da segurança jurídica na criação e aplicação do tributo*, p. 25).

aclara Humberto ÁVILA[415], no hay cómo establecer una correspondencia biunívoca entre enunciados constitucionales y principios tributarios. Hay enunciados que generan más de un principio, así como la formación de uno solo, como la proporcionalidad o la referencialidad, demanda la reunión de algunos enunciados.

Los principios están situados, en su mayoría, en el cuerpo de la Constitución, componiendo, por ello, las normas de competencia más generales y abstractas que fundamentan todas las demás normas del sistema jurídico tributario. Por ello mismo, proyectan su mensaje prescriptivo por largas áreas del sistema jurídico. No es sin motivo, pues, la atención que la doctrina especializada dispensa al tema.

Pues bien, siendo relevante, vago y ambiguo, el tema de los principios se sujeta a diversas construcciones teóricas, desarrolladas según los más variados puntos de vista. Es lo que nos demuestran las lecciones de Paulo Ayres BARRETO cuando trata de principios como límites objetivos y valores, y también como principios y reglas[416].

En lo que se refiere a la mayor o menor generalidad, los principios pueden ser específicos o generales. Entre estos, se encuentran los principios generales de derecho o supraprincipios del orden jurídico, como los previstos en los cinco primeros artículos de la Constitución de la República, relativos al Estado, sus poderes, forma de organización y derechos individuales y colectivos.

Existen, también, los principios específicos del Sistema Tributario Nacional. Refinando esta clasificación, con los ojos orientados al orden tributario, podríamos identificar principios previstos para todo y cualquier tributo (esto es, legalidad [art. 150, I], igualdad, [art.150, II], irretroactividad [art. 150, III, a], anterioridad [art. 150, III, b], anterioridad nonagesimal [art. 150, III, c], prohibición de confisco [art. 150, IV] e imposibilidad de establecer limitaciones de tránsito por medio de tributo [art. 150, V]). En estos casos, la referencia es al género «tributo» o «contribuyente», sin la discriminación de ninguna de sus especies.

Podríamos relacionar, también, los principios que son específicos de una determinada exacción. El mensaje prescriptivo de esa modalidad es restringido: se habla de la especie tributaria y, en algunos casos, de un tributo específico. Este es el caso de los principios que prescriben la no acumulación del IPI (art. 153, § 3, II) o del ICMS (art. 155, § 2°, I). Solo estos tipos de impuestos están sometidos a la determinación constitucional.

---

415 ÁVILA, Humberto. Imposto sobre à Prestação de Serviços de Qualquer Natureza - ISS. Normas Constitucionais Aplicáveis. Precedentes do Supremo Tribunal Federal, Hipótese de Incidência, Base de Cálculo e Local da Prestação. Leasing Financeiro: Análise da Incidência, *in Revista Dialética de Direito Tributário*. N.° 122. São Paulo: Dialética, p. 123.

416 BARRETO, Paulo Ayres, *Contribuições: regime jurídico, destinação e controle*. São Paulo: Noeses, 2006, p. 16.

Otra clasificación difundida por la doctrina es la que separa principios de reglas[417]. El criterio que autoriza la distinción es la mayor o menor abstracción del mensaje normativo. Se objetiviza, la proposición expresa una regla, cuya violación puede ser cotejada fácilmente. La anterioridad, irretroactividad y anterioridad nonagesimal serían los ejemplos, por excelencia, de esas proposiciones. En el otro extremo, estarían las proposiciones más abstractas, de significación vaga, cuya violación no sería objeto de fácil comprobación. Este sería el campo propio de los principios.

Entre principios y reglas existiría una especie de cooperación intertextual fundada en los siguientes términos: la regla positiviza el principio, dándole objetividad y sentido y, en la contrapartida, los principios legitiman las reglas, colocándolas como si estuvieran al servicio de los más prestigiosos valores del Sistema de Derecho Positivo.

Sin embargo, esta clasificación no atenta el hecho de que los principios, como los demás enunciados, son vagos y ambiguos. De forma que un dispositivo como aquel que exige una ley para la institución e incrementación de tributo (legalidad, 150, II) puede ser tanto una regla como un principio.

La posibilidad que un principio sea visto, simultáneamente, como un valor y un límite objetivo, en algunos contextos, fue demostrado por Alysson Leandro MASCARO[418], con su *Crítica da legalidade e do direito brasileiro*, donde demuestra que el uso del principio de legalidad puede servir para legitimar intereses que en nada se confunden con la simple preservación de la legitimidad y seguridad de la actividad tributaria del Estado.

Por esa razón, preferimos la clasificación propuesta por Paulo de Barros CARVALHO[419], que diferencia el género principio entre aquellos que transportan valores y otros que establecen límites objetivos. El criterio para esta clasificación es idéntico al elegido para separar los principios de las reglas. Sin embargo, no hay contraposición de géneros distintos (principios y reglas), sino de especies de un mismo género (principios que transportan valores y principios que transportan límites objetivos).

Por esta clasificación, hecha a partir de las proposiciones, y no de los enunciados, es posible entender que un mismo principio pueda ser entendido como valor o límite objetivo, variando según el contexto de su enunciación.

8.1.2.3. Principios inmunizantes o inmunidades tributarias

Las inmunidades tributarias son proposiciones que componen la norma de competencia tributaria restringiendo uno o más aspectos de su materiali-

---

[417] *Ibídem,* pp. 13-18.

[418] MASCARO, Alysson Leandro. *Crítica da legalidade e do direito brasileiro*. São Paulo: Quartier Latin. 2003, *passim.*

[419] CARVALHO, Paulo de Barros. *Curso de direito tributário*. 19.ª ed. São Paulo: Saraiva, 2007, p. 158.

dad[420]. Esta definición del concepto de inmunidad autoriza la conclusión de que las inmunidades no representan más que principios[421]. En otras palabras, no hay diferencia objetiva entre principios e inmunidades.

Otro hecho curioso: en todo el texto constitucional, no hay siquiera una referencia a la expresión «inmunidad»[422]. No es posible identificar cualquier mención a una materialidad, persona o cosa que sea «inmune a la incidencia de tributos». Por esta razón, más se muestra procedente la aproximación hecha anteriormente entre los conceptos de inmunidad y principio.

Siendo la misma cosa (proposiciones de competencia), podemos aprovechar para el estudio de las inmunidades, algunas de las clasificaciones que hicimos más arriba sobre el tema de los principios.

Entendiendo la inmunidad como un principio que transporta un límite objetivo[423], podemos hablar, también, de las inmunidades generales y específicas.

Las inmunidades que programan la creación de solo una especie de tributo, están previstas, por ejemplo, en el artículo 150, VI, que prohíbe la institución de impuestos sobre lo siguiente:

> a) Patrimonio, renta o servicios, unos de los otros; b) templos de cualquier culto; c) patrimonio, renta o servicios de los partidos políticos, in-

---

420 José Souto Maior BORGES afirma también que la competencia ya nace limitada. Este gran autor sostiene que la competencia «*es como un perfil resultante de un diseño constitucional, no solamente de normas autorizativas que definen positivamente el ejercicio del poder fiscal, sino también como normas limitativas, quiere decir, las normas que determinan los límites los cuales ese poder podrá ser ejercido*» (*Limitações constitucionais à tributação*, p. 378); en el mismo sentido Misabel DERZI afirma que «la inmunidad es, por lo tanto, una regla de excepción, solamente inteligible si es conjugada a otra, que concede el poder tributario, limitando su extensión, de forma lógica y no sucesiva en el tiempo» (BALEEIRO, Aliomar. *Limitações constitucionais ao poder de tributar*. 7.ª ed. Río de Janeiro: Forense, 1999, p. 14).

421 Sobre este tópico, Paulo de Barros CARVALHO enseña que «*la inmunidad no excluye ni suprime competencias tributarias, puesto que estas representan el resultado de una conjugación de normas constitucionales*», y agrega que «*la competencia constitucional, cuando surge, ya viene con las demarcaciones que los preceptos constitucionales fijan*» (CARVALHO, Paulo de Barros. *Curso de direito tributário*. 19.ª ed. São Paulo: Saraiva, 2007, p. 169).

422 Doctrinariamente las inmunidades pueden ser definidas como «clase infinita e inmediatamente determinable de normas, contenidas en el texto de la Constitución Federal, y que establecen, de modo expreso, la incompetencia de las personas políticas de derecho constitucional interno que alcancen situaciones específicas y suficientemente caracterizadas» (CARVALHO, Paulo de Barros. *Curso de direito tributário*. 19.ª ed. São Paulo: Saraiva, 2007, p. 178).

423 Esa forma de comprender las inmunidades fue preconizada por Eurico Marcos Diniz de SANTI, según quien es claro que «la inmunidad (...) no es un valor, sino un límite objetivo. Esto no niega que detrás de la regla de inmunidad existan valores que ella tenga por objetivo alcanzar» (SANTI, Eurico Marcos Diniz de. Imunidade como limite objetivo e as diferenças entre «livro» e «livro eletrônico», *in* Barreto, Aires. *Imunidade tributária do libro eletrônico*. São Paulo: Gráfica Editora ltda, 1998, p. 59).

clusive sus fundaciones, de las entidades sindicales de los trabajadores, de las instituciones de educación y de asistencia social, sin fines lucrativos, atendidos los requisitos de la ley; d) libros, periódicos, periódicos y el papel destinado a su impresión.

En estos casos, solo la institución de impuestos está prohibida por el texto constitucional. Tienen la misma naturaleza las proposiciones que prescriben la no incidencia de contribuciones sociales e intervenciones sobre ingresos resultantes de exportación (art. 149, § 2°, I). Al lado de estas prohibiciones estarían aquellas de carácter más genérico, que, aunque sean escasas, prohíben la incidencia de todo y cualquier tributo sobre las materialidades que prescriben. Este es el caso del enunciado constitucional que prohíbe la institución de cualquier otro tributo, que no sea el Impuesto sobre Operaciones Financieras (IOF), para incidir sobre el oro, cuando sea definido como activo financiero[424].

Los dispositivos que acabamos de enunciar son, todos ellos, pasibles de reconducción a la estructura condicional de una norma jurídica. La definición de los principios (valores, límites objetivos e inmunidades) que forman parte o no del régimen jurídico está vinculado, directamente, a la relación entre naturaleza y régimen jurídico. Cuando estos dispositivos son generales, su mensaje prescriptivo alcanza una mayor área del sistema. Por otro lado, siendo específicos, es necesario investigar la naturaleza del tributo, o de la norma que establezca la obligación accesoria, para saber si la proposición integra o no su régimen jurídico.

8.1.2.4. Enunciados complementarios en materia tributaria

Enunciados complementarios son las proposiciones, introducidas por la ley complementaria, que, por expresa disposición constitucional, deben ser consideradas en la formación de la competencia tributaria legislativa[425].

---

424 El texto constitucional contiene un enunciado expreso, en su artículo 153, § 5°, con el siguiente mensaje prescriptivo: «el oro, cuando sea definido en ley, como activo financiero o instrumento de cambio, se sujeta exclusivamente a la incidencia del impuesto del que trata el inciso V del encabezado de este artículo, debido en la operación de origen». El impuesto referido es el IOF (Impuesto sobre Operaciones Financieras) previsto en el artículo 153, V, incidente sobre el cambio o sobre títulos.

425 Sacha Calmon Navarro COÊLHO muestra que la ley complementaria, inclusive la tributaria, es reconocible formal y materialmente. Desde el punto de vista formal, es aquella votada con *quórum* cualificado por mayoría absoluta. Desde el punto de vista material, «es la que tiene por objetivo la complementación de la Constitución, bien adicionándole normativamente, bien operacionalizando sus comandos». En ese sentido, la función de la ley complementaria es introducir en el sistema de derecho positivo enunciados que concreticen los previstos de forma genérica por la Constitución (COÊLHO, Sacha Calmon Navarro. *Comentários à Constituição de 1988: Sistema Tributário*. 8.ª ed. Río de Janeiro: Forense, 1999, p. 64).

Desde ahora, cabe separar dos modalidades inconfundibles de enunciados complementarios: la primera de ellas es la que acabamos de mencionar, que dispone sobre la competencia tributaria; la segunda, diversamente, es el vehículo de institución del tributo, por lo tanto, de ejercicio de la competencia.

Esto es procedente porque una serie de tributos deben ser instituidos por ley complementaria. Los préstamos obligatorios (art. 148, I y II) y el ejercicio de la competencia residual para instituir impuestos (art. 154, I) y para instituir nuevas fuentes de costeo para la seguridad social (art. 195, § 4°) son ejemplos de esos casos en los que la institución del propio tributo debe ser hecha por medio de ley complementaria.

A excepción de estos casos, la ley complementaria deberá ser editada para atender a una única función: disponer sobre la competencia tributaria. Su función será la de prescribir analíticamente aquello que el texto constitucional estableció de forma sintética. En todas las prescripciones constitucionales es patente la determinación para que la ley complementaria introduzca, de forma subordinada y complementaria, enunciados relativos a la competencia tributaria. Al respecto, el propio artículo 146 de la Constitución prescribe lo siguiente:

> Cabe a la ley complementaria:
>
> I. Disponer sobre conflictos de competencia, en materia tributaria, entre la Unión, los Estados, Distrito Federal y los Municipios;
>
> II. Regular las limitaciones constitucionales al poder de tributar;
>
> III. Establecer normas generales en cuestión de legislación tributaria, especialmente sobre lo que sigue:
>
> a) Definición de tributos y de sus especies, así como, en relación a los impuestos discriminados en esta Constitución, la de los respectivos hechos generadores, bases de cálculo y contribuyentes;
>
> b) Obligación, determinación, crédito, prescripción y caducidad tributaria;
>
> c) Adecuado tratamiento tributario al acto cooperativo practicado por las sociedades cooperativas.

Todos, absolutamente todos los dispositivos que acabamos de transcribir, versan sobre el papel de la ley complementaria como instrumento de producción de enunciados de competencia en materia tributaria. La simple lectura del fragmento transcrito, permite esta conclusión. El texto habla de regular conflictos de competencias; regular limitaciones constitucionales al poder de tributar y disponer sobre reglas generales de tributación. Tres materias que giran en torno de una sola temática: la concretización de los dispositivos constitucionales relativos a la competencia para instituir normas tributarias.

Lo mismo vale para otros dos usos que la Constitución previó para la Ley Complementaria, consistentes en delimitar la posibilidad de creación del Impuesto sobre la Circulación de Mercancías y Servicios «ICMS» (art. 155, § 2°, XII[426]) y prescribir analíticamente la lista de servicios sobre la cual podrá ser instituido el Impuesto sobre Servicios «ISS» (art. 156, III[427] y § 3°)[428].

En estas situaciones, los enunciados complementarios se diferencian, progresivamente, por la específica función que desempeñan, pero se aproximan por la circunstancia común de que todos ellos sirven de fundamento de validez para las normas que serán creadas. En otras palabras, estos enunciados se agrupan en la conformación de la norma de competencia tributaria.

8.2. Competencia tributaria administrativa

Competencia administrativa es la aptitud, jurídicamente modalizada en obligatoria o permitida, imputada a los órganos del Poder Ejecutivo, para emitir actos infralegales, orientados a la aplicación de las normas tributarias. Vale decir, si las competencias legislativas programan la creación de leyes, la competencia administrativa programa la edición de actos orientados a la aplicación de las leyes a los casos concretos.

Varios dispositivos constitucionales fundamentan y, simultáneamente, delimitan esas competencias. El primero de ellos es el artículo 2° que prescribe la tripartición de los poderes. Otro, de acentuada relevancia, es el artículo 5°, II, que asegura a todos el derecho de no ser obligado a nada, salvo en virtud de la ley. De este principio se infiere la imposibilidad de delegación de competen-

---

426 «Artículo 155, § 2°, XII - cabe a la ley complementaria; a) definir sus contribuyentes, b) disponer sobre sustitución tributaria, c) regular el régimen de compensación del impuesto, d) fijar, para efecto de su cobranza y definición del establecimiento responsable, el lugar de las operaciones relativas a la circulación de mercancía y de las prestaciones de servicios; e) excluir de la incidencia del impuesto, en las exportaciones hacia el exterior, servicios y otros productos además de los mencionados en el inciso X, «a», f) prever casos de manutención de crédito, relativos a la remesa para otro Estado y exportación hacia el exterior, de servicios y de mercaderías, g) regular la forma como, mediante deliberación de los Estados y del Distrito Federal, exenciones, incentivos y beneficios fiscales serán concedidos y derogados, h) definir los combustibles y lubrificantes sobre los cuales el impuesto incidirá una única vez, cualquiera que sea su finalidad, hipótesis en la que no se aplicará lo dispuesto en el inciso X, *b*, i) fijar la base de cálculo, de modo que el importe del impuesto la integre, también en la importación del exterior de bien, mercadería o servicio».

427 «Art. 156. Compete a los Municipios instituir impuestos sobre: III. Servicios de cualquier naturaleza, no comprendidos en el art. 155, II. **Definidos en ley complementaria»** (las negritas son nuestras).

428 «Art. 156. (...) § 3° En relación al impuesto previsto en el inciso III del *encabezado* de este artículo, cabe a la ley complementaria: I. Fijar sus alícuotas máximas y mínimas; II. Excluir de su incidencia las exportaciones de servicios para el exterior; III. Regular la forma y las condiciones de cómo las exenciones, incentivos y beneficios fiscales serán concedidos y derogados».

cias legislativas para que el ejecutivo las ejerza por medio de decretos o reglamentos y, también, la imposibilidad de actos infralegales autónomos -sin fundamento legal-.

Entre las competencias del Presidente de la República está la prevista por el artículo 84, IV, que consiste en «sancionar, promulgar y hacer publicar las leyes, así como **expedir decretos y reglamentos para su fiel ejecución**» (las negritas son nuestras). Compete, pues, a la Administración Pública emitir los actos normativos necesarios para la positivización de las normas previstas en la ley.

Por su parte, el concepto de aplicación de la ley puede ser entendido en dos acepciones, generando dos modalidades de competencia administrativa que, en materia tributaria, son efectivamente atribuidas a los órganos de la Administración Pública: la competencia para emitir instrumentos introductores secundarios, infralegales, orientados a prescribir, en términos analíticos, aquello que la ley prescribe en términos sintéticos, y las competencias cuyo ejercicio genera normas individuales y concretas, consubstanciadas en determinaciones de oficio o en autos de infracción. Dos especies de competencia distintas entre sí, reunidas bajo el mismo nombre de competencia administrativa.

Por su parte, una tercera especie podría ser igualmente relacionada. Se trata de la competencia jurisdiccional atípica, por medio de la cual los órganos de la administración pública asumen el gravamen de cotejar la regularidad de la legislación y «decir el derecho en conflicto» que debe prevalecer en el caso concreto. Se trata de una clara función jurisdiccional, donde se garantiza: la amplia defensa, el doble grado de jurisdicción y la formación de la cosa juzgada, en las situaciones en las que son favorables al contribuyente.

Sin embargo, es una actividad atípica, por ser ejercida por otro poder distinto de la Judicatura.

Entre las tres especies de competencia desempeñadas por la administración pública, podríamos relacionar como atributo común: que son heterónomas, vinculadas, calificadas e intransferibles. En cuanto a la modalización, son de ejercicio obligatorio las competencias condicionadas (aplicación de normas generales y abstractas al caso concreto y reglamentación de dispositivos legales no autoaplicables) y de ejercicio permitido, solo, aquellas que no son condicionadas (consubstanciados en la reglamentación de disposiciones autoaplicables).

8.2.1. La programación de la forma de ejercicio

Corresponde a los órganos de la administración pública ejercer la competencia administrativa en materia tributaria. De este ejercicio resulta la introducción de enunciados generales y abstractos o individuales y concretos, conforme al tipo de competencia administrativa. Denominamos a la aptitud de instituir enunciados generales y abstractos *competencia reglamentaria*. La otra, relativa a la incidencia de la norma tributaria al caso concreto, la denominamos competencia para la aplicación de la norma tributaria. Esta, por su parte, se desdobla en la competencia para la aplicación de la norma tributaria y en la competencia jurisdiccional administrativa.

8.2.1.1. Competencia reglamentaria y otras

A los jefes del Poder Ejecutivo de la Unión, Estados, Distrito Federal y Municipios se les atribuye la emisión de reglamentos, por medio de los cuales introducen en el derecho positivo, proposiciones normativas generales y abstractas, orientados a la aplicación de la ley al caso concreto. El sujeto competente es el jefe del Poder Ejecutivo, que ejerce la competencia introduciendo disposiciones generales en el sistema de derecho positivo con un instrumento introductor denominado «reglamento». Las proposiciones prescriptivas producidas por el ejercicio de esta competencia son, pues, proposiciones reglamentarias.

El ejercicio de estas competencias, salvo disposición en contrario, debe ser realizado en la sede del Poder Ejecutivo.

En lo que concierne al tiempo, la competencia reglamentaria tiene como término inicial de su ejercicio la publicación de la ley. Fuera de ese marco temporal, el efectivo ejercicio de esta competencia se sujeta a juicios de conveniencia y oportunidad propios del Poder Ejecutivo, de modo que no hay cómo establecer criterios precisos para delimitar en el tiempo, la fecha de ejercicio de esas competencias. Lo que se puede afirmar, con seguridad, es que la competencia reglamentaria debe ser ejercida con el fin de operacionalizar la aplicación de las normas insertadas por ley.

Vale insistir, el ejercicio de la competencia reglamentaria está condicionado en el tiempo por dos marcos fundamentales: el término inicial es la publicación de la ley y el final, la necesidad de editar los actos que aseguren la incidencia de las disposiciones legales al caso concreto. Vale la regla general: la omisión del Poder Ejecutivo no puede llevar a la ineficacia de las disposiciones legales.

Estos atributos caracterizan el aspecto formal de la competencia reglamentaria –sujetos, procedimiento, espacio y tiempo-. Sin embargo, esto sirve para explicar otras competencias generales y abstractas, ejercidas por los órganos de la administración pública. Aquello que Paulo de Barros Carvalho[429] llama *instrumentos introductores secundarios*, comprende los decretos, resoluciones, instrucciones normativas, etc. Todos estos actos son frutos del ejercicio de competencias administrativas, distribuidas entre órganos que se vinculan en nexos de subordinación en la estructura jerarquizada de la administración pública.

---

[429] Carvalho, Paulo de Barros. *Curso de direito tributário*. 19.ª ed. São Paulo: Saraiva, 2007, p. 75.

8.2.1.2. Competencia para promover la incidencia de la norma tributaria

Ejercida la competencia legislativa, tendremos leyes que establecen normas generales y abstractas. Con el ejercicio de la competencia reglamentaria, en su plenitud, tendremos condiciones de aplicar la norma, promoviendo su incidencia en el caso concreto. Esta competencia es atribuida a agentes públicos que asumen la prerrogativa de, en la hipótesis, traducir al lenguaje del derecho positivo, los acontecimientos que estén de acuerdo con lo que prevé la hipótesis de las normas y, también, imputar los efectos jurídicamente previstos.

El Código Tributario Nacional prevé dos modalidades fundamentales de instrumentos introductores para promover la incidencia de normas tributarias: la determinación de oficio[430] y el auto de infracción.

Estos instrumentos introductorios, que pueden venir en un único documento, sirven para relatar la ocurrencia de un hecho e imputarle una consecuencia, que es la relación jurídica tributaria relativa al pago de tributo[431]. Mientras que el auto de infracción sirve para relatar la práctica de infracciones e imputar al contribuyente, o quien ocupe esta posición, el deber de cumplir sanciones.

Sin embargo, promover la incidencia de la norma tributaria es una competencia que no se agota con la determinación de oficio o con el auto de infracción. Además de estas funciones, el Código Tributario Nacional también habla de actos orientados a la suspensión de la exigibilidad del crédito, así como su transformación y extinción.

---

430 Sobre la definición del concepto de *determinación*, José Souto Maior BORGES aclara lo siguiente: «La polivalencia del significado del término 'determinación' se revela, también, en la distinción entre dos sentidos generalmente confundidos por la doctrina tradicional. Se debe distinguir, en la determinación, (a) el acto o procedimiento de creación normativa, acto y procedimiento por los cuales es puesta en una norma individual y concreta, innovando el ordenamiento jurídico, y (b) la propia norma instituida por ese acto o procedimiento. El término significa no solo un acto o procedimiento determinado, sino también el producto jurídico de ese acto o procedimiento, vale decir, la consecuencia imputada por el ordenamiento jurídico tributario, particularmente el artículo 142 del CTN, norma de graduación superior a la determinación, considerado como su soporte jurídico. La producción de efectos jurídicos por la determinación consiste, pues, en una norma o en normas creadas de acuerdo con el respectivo procedimiento administrativo» (BORGES, José Souto Maior. *Lançamento tributário*. 2.ª ed. São Paulo: Malheiros, pp. 122 y 123).

431 Sobre el acto de determinación, el artículo 142 del Código Tributario Nacional prescribe lo siguiente: «Art. 142 Compete privativamente a la autoridad administrativa constituir el crédito tributario por la determinación, así entendido el procedimiento administrativo tendiente a verificar la ocurrencia del hecho generador de la obligación correspondiente, determinar la materia tributable, calcular el importe del tributo debido, identificar el sujeto pasivo y, siendo el caso, proponer la aplicación de la penalidad pertinente.
Párrafo único. La actividad administrativa de determinación está vinculada y obligatoria, so pena de responsabilidad funcional.

La competencia legislativa establece los criterios, correspondiendo a los agentes públicos (que elaboran los actos individuales y concretos) que, respectivamente, promuevan la suspensión de la exigibilidad o la transformación de los créditos o también su exclusión.

En todos estos actos, los agentes de la administración pública intervendrán, sea para ejercer la competencia, produciendo la norma tributaria individual y concreta, sea para cumplir una norma que haya sido expedida por el Poder Judicial.

8.2.1.3. Competencia jurisdiccional atípica

Al Poder Ejecutivo le corresponde también decir qué norma debe prevalecer en las situaciones de conflicto entre el agente público y el contribuyente. El ingreso de normas individuales y concretas, producidas por la administración pública para constituir obligaciones tributarias en sentido amplio, solo ocurre con la notificación realizada al sujeto pasivo (el contribuyente). Este, por su parte, puede simplemente cumplir el deber prescrito, produciendo la norma de pago. O, discordar de la imposición, impugnar la exigencia, suspendiendo su exigibilidad y dando inicio al proceso administrativo fiscal.

El inicio, medio y fin del proceso administrativo es regulado por ley[432], así como los órganos juzgadores de primera y segunda instancia, así como las situaciones en las que el juicio podrá ser llevado a una instancia especial. Los actos procesales deben estar previstos en la ley, o acto equiparado a ella, así como los vicios de forma y de materia que pueden comprometer la legitimidad de estos actos. Los principios de legalidad, amplia defensa y doble grado de jurisdicción determinan, por su parte, la publicidad de los actos procesales y la oportunidad para la dilación probatoria, además de la existencia de, por lo menos, más de una instancia de juicio para procesar las decisiones producidas por autoridades inferiores.

Hay, pues, una función jurisdiccional orientada a la solución de conflictos entre agentes públicos y contribuyentes. Sin embargo, se trata de una función atípica de la administración, pues no es ejercida por el Poder Judicial y, más importante, solo hace cosa juzgada para la Administración Pública, en aquellos juicios en los que la pretensión del contribuyente es asegurada[433]. En los demás, frente a la garantía constitucional de que la ley no excluirá la

---

432 La Ley N.° 9.784/99 regula el proceso administrativo en el ámbito federal.

433 Sobre el tema ya se pronunció el Supremo Tribunal Federal: «Cosa juzgada fiscal y derecho subjetivo. La decisión emitida por la autoridad fiscal, aunque sea de instancia administrativa, tiene, en relación al fisco, fuerza vinculante, equivalente al de la cosa juzgada, principalmente cuando generó aquella decisión derecho subjetivo para el contribuyente. Recurso extraordinario conocido (RE 68253/PR, Rel. Mag. Barros Monteiro, Primera Sala, juzgado el 02/12/1969, Diario de Justicia, 08/05/1970).

apreciación del Poder Judicial cualquier lesión o amenaza a derechos, no hay que hablar de cosa juzgada administrativa y ejercicio de función jurisdiccional, en los mismos términos previstos para el Poder Judicial.

8.2.2. La programación de la materia

La competencia administrativa, en todas sus variantes, debe ser ejercida en los límites de la ley. Si no bastasen las referencias a la división constitucional de los poderes del Estado, a la legalidad general (art. 5°, II), a la legalidad de la Administración Pública (art. 37) y a la legalidad tributaria (art. 150, I) realizadas por la Constitución, el Código Tributario Nacional es expreso al prescribir (art. 99) lo siguiente: «El contenido y alcance de los decretos se restringen a los de las leyes en función de las cuales sean expedidos, (...)». No solo los decretos, añadiríamos, sino todas las normas complementarias a la legislación tributaria tienen su sentido condicionado por la ley, en sentido amplio.

Los condicionantes de sujeto, espacio, tiempo y materia sobre las cuales pueden versar las normas administrativas están previstos en las leyes que instituyen la regla matriz de incidencia tributaria, así como las demás normas accesorias a la tributación (esto es, deberes instrumentales, actualizaciones monetarias, sanciones pecuniarias, intereses moratorios y compensatorios). Debemos recordar que la teoría de la regla matriz de incidencia, preconizada por Paulo de Barros CARVALHO[434], ofrece un modelo lógico de representación que agrega todos los elementos necesarios para la afectación tributaria.

Con el auxilio de este modelo, el intérprete se dirige hacia el derecho positivo y busca una respuesta para las siguientes preguntas: i) ¿qué conducta hace un tributo debido?; ii) ¿dónde debe ser practicada esa conducta, para que el tributo se haga debido?; iii) ¿cuándo se considera debido el tributo?; iv) ¿quién debe pagar el tributo?; v) ¿quién debe recibir el tributo?; y vi) ¿cómo se calcula el valor a ser pagado? Las tres primeras preguntas hacen referencia a la hipótesis de incidencia tributaria. Mientras que las tres posteriores definen la relación jurídica tributaria.

Los cuatro ámbitos en los cuales se desdobla la materialidad del tributo m(s.e.t.c.) -sujeto, espacio, tiempo y materia- se dividen en esas seis preguntas, componiendo la norma tributaria en sentido estricto. Este es precisamente el conjunto de proposiciones prescriptivas que dan forma al aspecto material de la competencia tributaria.

---

434 Este autor afirma que la norma general y abstracta que prescribe el tributo deberá contener los siguientes criterios: «Habrá un criterio material (comportamiento de alguna persona), condicionado en el tiempo (criterio temporal) y en el espacio (criterio espacial). Mientras que en la consecuencia (prescriptor) encontraremos un criterio personal (sujeto activo y sujeto pasivo) y un criterio cuantitativo (base de cálculo y alícuota)» (CARVALHO, Paulo de Barros. *Direito tributário: fundamentos jurídicos da incidência*. 5.ª ed. São Paulo: Saraiva, 2006, p. 81).

Con pequeñas alteraciones, el modelo preconizado por Paulo de Barros CARVALHO ofrece los instrumentos necesarios para la comprensión de las demás normas que fundamentan el ejercicio de las competencias administrativas. Todas las proposiciones sancionatorias y los llamados deberes instrumentales, deben ser creados por ley. Las proposiciones que dan forma a estos deberes, por su parte, pueden ser reconducidas a estructuras del tipo «si A entonces B». En estas, se encuentran las proposiciones que regulan conductas, refiriéndose al sujeto, espacio, tiempo y comportamiento. Por ello, una vez aceptada la posibilidad de uso de la regla matriz de incidencia tributaria para explicar la norma tributaria en sentido estricto, estará, automáticamente, aceptada la posibilidad de valerse de este modelo para explicar las demás normas tributarias generales y abstractas que fundamentan el aspecto material de la competencia administrativa.

8.3. Competencia tributaria jurisdiccional

Competencia jurisdiccional[435] en materia tributaria es la aptitud, modalizada como obligatoria, imputada de forma típica a los órganos del Poder Judicial -y atípicamente a los órganos de la administración pública- para cotejar la validez, aplicando o no, normas tributarias ligadas, directa o indirectamente, a la institución, recaudación o fiscalización de tributos[436].

En la acepción empleada por Lourival VILANOVA[437] y por Paulo de Barros CARVALHO[438], esta es la competencia para garantizar la aplicación coercitiva de las normas jurídicas. Se trata, en todo y por todo, de una parte de la jurisdicción del Estado.

---

435 «Tanto en el ámbito del Derecho procesal (...) como en el del administrativo, el concepto de competencia hace referencia a las posibilidades de actuación de cada tribunal, ente u órgano administrativo en relación con los demás. Es una idea de relación y limitación recíproca entre entes u órganos que ejercitan el poder estatal» (FERREIRO LAPATZA, José Juan. *Curso de derecho financiero español*. 19.ª ed. Madrid: Marcial Pons, 1997, p. 96).

436 Veamos la aclaración de Tárek Moysés MOUSSALLEM al respecto: «los jueces (órganos singular o colegiado), cuando son llamados, ejercen una actividad jurisdiccional que denominamos enunciación. Este procedimiento crea un documento normativo (sentencia y sentencia colegiada, respectivamente). En ese documento normativo, distinguimos un vehículo introductor, norma individual y concreta, que denominamos 'enunciación-enunciada' (infelizmente denominada por los teóricos como 'sentencia' y 'sentencia colegiada', en el cual consta la incidencia de una norma de producción jurídica» (*Fontes do direito tributário*. 2.ª ed. São Paulo: Noeses, 2006, p. 152).

437 «Norma primaria (oriunda de normas civiles, comerciales, administrativas) y norma secundaria (oriunda de normas de derecho procesal objetivo) compone la bimembridad de la norma jurídica: la primera sin la secundaria se desjuridiza; la secundaria sin la primaria se reduce a un instrumento, medio, sin fin material, adjetivo sin el soporte del sustantivo» (VILANOVA, Lourival. *Causalidade e relação no direito*. 4.ª ed. São Paulo: Revista dos Tribunais, 2000, p. 190).

438 CARVALHO, Paulo de Barros. *Direito tributário: fundamentos jurídicos da incidência*. 5.ª ed. São Paulo: Saraiva, 2006, p. 34.

A pesar de que la competencia tributaria jurisdiccional, para la producción de normas individuales y concretas, sea ejercida por la propia administración tributaria, como vimos más arriba, todavía es posible afirmar que la competencia jurisdiccional es la más amplia de las cuatro competencias tributarias que identificamos. Fundamenta esta afirmación el artículo 5°, XXXV, de la Constitución, que prescribe lo siguiente: «la ley no excluirá de la apreciación del Poder Judicial, la lesión o amenaza al derecho». Ahora bien, siempre que el ejercicio de cualquiera de las demás competencias tributarias pueda generar lesión o amenaza a derechos, la jurisdicción podrá ser llamada a manifestarse.

Podemos indicar los siguientes atributos para la competencia jurisdiccional tributaria: heterónoma, calificada, vinculada e intransferible.

8.3.1. La programación de la forma de ejercicio

Ya dijimos antes que la competencia, en el derecho procesal civil, es la medida de la jurisdicción. Así, la porción de jurisdicción orientada a la solución de conflictos relacionados a la tributación es lo que se podría llamar como jurisdicción tributaria, o competencia jurisdiccional tributaria. Pueden ejercer esta competencia, los órganos del Poder Judicial que, según las leyes y regimientos internos de este Poder, puedan disponer sobre la materia.

Estas reglas de repartición de competencias diferencian la jurisdicción tributaria, en función de criterios como lugar de la prestación, tipo de tributo, tipo de acción judicial, valor de la causa, entre otros. Es por este motivo que, respectivamente, existen áreas de diferentes jurisdicciones; justicia tributaria federal y estatal, instancias de ejecuciones fiscales e instancias tributarias comunes, juzgados federales especiales, para mencionar solo algunos ejemplos.

Acerca de quién ejerce la jurisdicción, Lourival Vilanova enseña lo siguiente:

> El órgano jurisdiccional es un complejo de facultades, de derechos, de deberes, de obligaciones: es un plexo de competencia. Se presenta, en las relaciones jurídico-procesales, como un sujeto de derecho. A él socorren tanto los individuos y colectividades personificadas de derecho privado como los entes de derecho público[439].

Lo que no se admite, en virtud del principio constitucional del juez natural, es que las reglas de competencia jurisdiccional sean modificadas para atender a este o aquel caso. El texto constitucional no deja duda al prescribir (art. 5°, XXXVII) que «no habrá juez o tribunal de excepción».

Otros pormenores de esta competencia requieren una incursión en el proceso civil, trascendiendo el específico objeto de este estudio.

---

439 VILANOVA, Lourival. *Causalidade e relação no direito*. 4.ª ed. São Paulo: Revista dos Tribunais, 2000, p. 279.

8.3.1.1. Función legislativa atípica

Concordamos con Athos Gusmão CARNEIRO cuando afirma lo siguiente:

> Sin embargo, en dos hipótesis, la Constitución Federal atribuye al Poder Judicial, más específicamente al Supremo Tribunal Federal y a los Tribunales de Justicia, el ejercicio, aunque bajo vestimentas jurisdiccionales, de una actividad legislativa, porque no está vinculada a la aplicación del derecho a un caso concreto[440].

De hecho, las competencias jurisdiccionales para el control concentrado de constitucionalidad son, en realidad, ejercicio de la función legislativa. Siendo desempeñada por otro poder, sin embargo, se trata de una función atípica. De hecho, hay puntos de aproximación y de distanciamiento entre el ejercicio de la jurisdicción con efectos *erga omnes* y el ejercicio de la función legislativa.

Entre las semejanzas, podemos mencionar que tanto la competencia legislativa como la jurisdiccional emiten normas generales y abstractas orientadas hacia el futuro; la norma de control concentrado deroga, estableciendo un término para la invalidez temporal de la norma anterior, así como haría una norma de derogación cualquiera. Y por allí quedan.

Las diferencias son más abundantes: la competencia jurisdiccional está condicionada y la competencia legislativa no lo está; por ello, la competencia jurisdiccional es de ejercicio obligatorio y la legislativa no; estas normas emanan de poderes distintos, según procesos de producción igualmente diversos; la competencia legislativa es fruto del ejercicio de la norma de competencia primaria y la decisión de una acción directa de inconstitucionalidad, por ejemplo, tiene fundamento en la norma de competencia secundaria o sancionatoria.

A pesar de las diferencias, la comparación es útil para evidenciar semejanzas y distinciones entre las dos modalidades de competencia.

8.3.2. La programación de la materia

Si la ley no podrá excluir de la apreciación del Poder Judicial ninguna lesión o amenaza al derecho, no hay por qué suponer que cualquiera de los temas implicados en la competencia tributaria pueda estar fuera de la jurisdicción tributaria, en su más amplia acepción.

Lo que puede ser indicado no es precisamente una restricción de materia, sino la restricción de ejercicio simultáneo de las competencias administrativas y jurisdiccionales, pues la competencia jurisdiccional está condicionada al cumplimiento de ciertos requisitos, entre los cuales está la existencia de una pretensión resistida y de una causa de pedir. En virtud de estos, la jurisdicción es accionada no para constituir una obligación tributaria en sentido am-

---

[440] CARNEIRO, Athos Gusmão. *Jurisdição e competência*. 13.ª ed. São Paulo: Saraiva, 2004, p. 21.

plio, sino para cotejar su regularidad, impidiendo que produzca efectos, o para impedir que el poder público venga a constituir una obligación o la inscriba en deuda activa.

Las cautelares concedidas en acciones judiciales están expresamente previstas como causa de suspensión de la exigibilidad de obligaciones tributarias.

Lo que no se concibe es accionar la jurisdicción para constituir créditos tributarios. Salvo en las excepciones en las que la justicia del trabajo puede calcular obligaciones para el INSS, no tiene sentido pensar en el Poder Judicial salvo para desconstituir normas individuales y concretas, producidas irregularmente o para impedir que esas normas vengan a ser creadas, en perjuicio del contribuyente.

8.4. Competencia tributaria privada

Definimos competencia tributaria privada como la aptitud jurídica, modalizada como obligatoria, imputada a los contribuyentes para hacer incidir normas, directa o indirectamente, relacionadas a la institución, recaudación o fiscalización de tributos. En una frase, es la competencia atribuida al contribuyente para aplicar la norma tributaria al caso concreto[441]. Y con ello no hablamos, solo, de las normas que determinan el deber de pagar el tributo, sino de todas las demás, relativas a los deberes instrumentales, sanciones, confesiones de deudas, adhesiones a programas especiales de fraccionamiento, entre otros.

Es esto lo que demuestra Paulo de Barros CARVALHO cuando enseña:

> La experiencia de la realidad jurídica brasileña es rica en ejemplos de normas jurídicas, individuales y concretas, producidas por el administrado, en el campo de los tributos. Nadie osaría ignorar que las legislaciones de impuestos como el IPI y el ICMS, importantes fuentes de ingreso para la Unión y para los Estados federados, respectivamente, registran muchas regulaciones de la actividad del sujeto pasivo en la construcción de esas reglas. Le caben individualizar el evento tributario, constituyéndolo como hecho jurídico, y estructurar, denotativamente, todos los elementos integrantes de la relación jurídica del tributo. En otras palabras, la ley otorga competencia al contribuyente para constituir el hecho jurídico y la obligación tributaria que de él derive, por el fenómeno de la causalidad jurídica[442].

Es muy cierto que la idea de particulares produciendo normas tributarias no es antigua. Hasta hace muy poco tiempo, por influencia de la doctrina de

441 CARVALHO, Paulo de Barros. *Curso de direito tributário*. 19.ª ed. São Paulo: Saraiva, 2007, p. 374.
442 *Ibídem*, pp. 434 y 435.

Norberto BOBBIO[443], se preservaba la locución «norma jurídica» para actos generales y abstractos. Los individuales y concretos, orientados a la positivización de las generales y abstractas, serían meros actos de cumplimiento, sin ajustarse al concepto de norma.

Paulo de Barros CARVALHO[444], por medio de la aplicación firme de su modelo teórico, evidenció la naturaleza normativa de todo y cualquier acto que promueva una modificación del sistema jurídico, por el relato de nuevos hechos tributarios e imputación de nuevas relaciones jurídicas. Con ello, las declaraciones de tributos, las guías de pago, las informaciones prestadas son documentos que introducen normas jurídicas individuales y concretas, promoviendo alteraciones en el Sistema Tributario Nacional.

En realidad, el ejercicio de esas competencias privadas es el principal responsable por la producción de normas relativas a la tributación. En ninguna de las otras modalidades, identificadas entre los Poderes del Estado, se producen tantas normas relativas a la tributación como en esta forma de competencia ejercida por los particulares.

Sin embargo, una cosa, es digna de advertir: la competencia tributaria privada es la más limitada entre las competencias que indicamos anteriormente. Por ello mismo podemos afirmar que la competencia tributaria privada es autónoma, vinculada, calificada e intransferible.

8.4.1. La programación de la forma de ejercicio

La transferencia de competencias tributarias del Estado hacia los particulares justifica este tema. En un análisis diacrónico del ordenamiento jurídico, es posible observar el crecimiento de deberes instrumentales atribuidos al contribuyente. Declaraciones de tributos, deber de emitir notas fiscales, registrarse en los sistemas de control de la actividad comercial de los contribuyen-

---

443 *Cf.* BOBBIO, Norberto. *Teoria do ordenamento jurídico*. 10.ª ed. Brasília: Editora Universidade de Brasília, 1999, p. 51.

444 Paulo de Barros CARVALHO sostiene que norma *general* es «aquella que se dirige a un conjunto de sujetos indeterminados en cuanto al número; *individual*, la que se orienta a cierto individuo o a un grupo especificado de personas». Con referencia al hecho, «la tipificación de un conjunto de hechos realiza una previsión abstracta, mientras que la conducta especificada en el espacio y en el tiempo otorga un carácter concreto al comando normativo» (*Direito tributário: fundamentos jurídicos da incidência*. 5.ª ed. São Paulo: Saraiva, 2006, p. 33). Sería posible hablar, también, de normas generales y concretas y de normas individuales y abstractas. Las generales y concretas serán objeto de análisis en un tópico separado, cuando fuera analizado el concepto de «instrumento introductor de normas». Mientras que las normas individuales y abstractas, según Eurico Marcos Diniz de SANTI, están presentes en los contratos firmados entre personas determinadas apuntando al cumplimiento de prestaciones hipotéticas (futuras) (SANTI, Eurico Marcos Diniz de. *Prescrição e decadência no direito tributário*. 4.ª ed. São Paulo: Saraiva, 2012, p. 52, nota 44). Sin embargo, el análisis de este tipo de norma no es relevante para el desarrollo de este trabajo.

tes, mantener un banco de datos con informaciones fiscales que son deberes prescritos para la recaudación de la casi totalidad de los tributos.

Con excepciones que se cuentan con los dedos, todos los tributos cobrados en el país, actualmente, cuentan con el particular para hacer incidir la norma tributaria, produciendo el relato de su incidencia, así como las informaciones relativas a la emisión de recibo del tributo. Como si fuera poco, también hay algunos deberes de transmitir datos bancarios y comerciales a la administración tributaria para que se pueda, mediante el cruce de datos, mantener un control rígido de las declaraciones presentadas por los contribuyentes.

A pesar de su intensa participación como sujeto competente que actúa otorgando una dinámica al orden tributario, los particulares no disponen de ninguna para emitir los preceptos normativos previstos en su competencia.

Por el hecho de actuar en el punto terminal de la positivización del sistema jurídico, los ámbitos de vigencia personal, espacial, temporal y comportamental de la norma jurídica están precisamente delimitados. Por ello mismo, estas competencias son de ejercicio estrictamente vinculado. Además, por el hecho de tener como condición la ocurrencia de ciertas circunstancias sociales -hechos-, esta es una **competencia** de ejercicio compulsorio. En el supuesto que no sea desempeñada por el particular, este será sancionado por los agentes de la administración pública.

Así, el contribuyente, la forma de positivizar la norma promoviendo su incidencia a un caso concreto, el lugar y el tiempo en que debe darse de forma lícita la aplicación de la norma, son previstos de forma precisa. No hay espacio para negociaciones o prórrogas, salvo disposición contraria en ley.

8.4.2. La programación de la materia

La programación de la materia de las competencias privadas no difiere de aquella que indicamos para las competencias administrativas que aplican la norma a un caso concreto. La diferencia entre un tipo de competencia y otro no está, pues, en la materia, sino en el momento en el que la competencia debe ser ejercida. Mientras que la condición para el ejercicio de la competencia privada es la afirmación de que ocurrió el hecho tributario, el término inicial para el ejercicio de la competencia administrativa, consubstanciada en la realización de la determinación de oficio, es la inercia del contribuyente que no entrega la declaración en el período en el que estaba obligado.

En cuanto a los demás elementos relativos a la materia, es, en todo y por todo, lo que hablamos en el tópico relativo a la competencia administrativa.

8.5. El mínimo común denominador entre las distintas competencias tributarias

También sería posible clasificar la competencia, según el tipo de instrumento introductor que documenta su positivización, el lugar de ejercicio, el tiempo en el que pueden ser ejercidas, entre otros criterios igualmente hábiles. Sin embargo, decidimos utilizar la clásica tripartición de los Poderes del Estado, añadiendo la competencia atribuida a los particulares para positivizar la competencia tributaria en un caso concreto. Lo que es importante destacar aquí, es el hecho de haber servido la estructura lógica de la norma de competencia como un instrumento que orientó el modo de interpretar el derecho positivo.

En cada uno de los tópicos, de modo uniforme, recorremos, sutilmente, los aspectos formales y materiales importantes para el otorgamiento de competencia. Hablamos de quién puede crear cada una de las normas, de la forma como estas normas pueden ser creadas, estando allí incluidas las referencias de espacio y de tiempo. Además, tocamos los aspectos fundamentales de la materia, comentando quién puede ser obligado a realizar qué tipo de conducta y en qué condiciones de espacio y de tiempo. Partiendo del modelo presentado en el capítulo 3 y confrontándolo con el derecho positivo, conseguimos analizar y sintetizar los aspectos fundamentales de la estructura lógica de la norma de competencias ejecutiva, legislativa, jurisdiccional y privada en materia tributaria.

CAPÍTULO 9
CARACTERÍSTICAS DE LA COMPETENCIA TRIBUTARIA

El análisis del sentido de la competencia tributaria no estaría concluido, sin la identificación y la atribución de las características generales que sirvan para calificarla en sus múltiples manifestaciones. Sin embargo, algunas aclaraciones deben anteceder a esta competencia. La primera de ellas hace referencia a la necesidad de identificar características a partir de conceptos dogmáticos, porque toda la primera parte de este trabajo fue dedicada a la estructura de la competencia, vale decir, a los respectivos atributos generales y universales. La idea, entonces, es indicar los atributos que sirvan, también, para ofrecer nuevas perspectivas para la comprensión del objeto. Por ello, lo que haremos es tomar, como fuente de inspiración, el proficuo diálogo mantenido entre Roque Antônio CARRAZZA y Paulo de Barros CARVALHO acerca de la competencia tributaria legislativa, extendiendo, a partir de él, nuestras consideraciones para las demás especies de competencia.

9.1. Algunas notas sobre la caracterización de las competencias tributarias

Bajo el análisis semántico, las competencias tributarias no se sujetan a una caracterización uniforme, aplicable a toda y cualquier manifestación. Si son diferentes los sentidos, es de esperar que sean igualmente diversas sus calidades. Y será más variado el número de atributos cuanto mayor sea la variación de sentido. Por esto, dividiremos el conjunto de las competencias en dos grandes bloques: el de las competencias legislativas, comprendiendo la creación de leyes o actos normativos, y el de las competencias infralegislativas, comprendiendo las competencias administrativa, jurisdiccional y privada. Con esto nos mantendremos en un punto equidistante entre la generalidad de la forma y el casuismo de analizarse una a una las múltiples especies de competencia tributaria.

Sin embargo, dividir así el conjunto de las competencias, exige algunos ajustes en relación a la clasificación originalmente propuesta por Roque Antônio CARRAZZA[445]. En su forma original, la competencia tributaria legislativa estaría

---

[445] CARRAZZA, Roque Antonio. *Curso de direito constitucional tributário*. 11.ª ed. São Paulo: Malheiros, 2003, pp. 451 y ss.

caracterizada por los atributos de *privatividad, indelegabilidad, incaducabilidad, inalterabilidad, irrenunciabilidad y facultatividad de ejercicio*[446]. Después del diálogo establecido por Paulo de Barros Carvalho[447], tres de los seis atributos iniciales sufrieron rigurosas reservas, de modo que la privatividad y la facultatividad[448] de ejercicio dejaron de ser vistas como características de toda y cualquier especie de competencia legislativa. Además, en virtud de las modificaciones del texto constitucional que posibilitaron la creación de la Contribución sobre Movimientos Financieros (CPMF), la propia idea de incaducabilidad perdió su condición de atributo general.

Para analizar las competencias en la forma propuesta, confrontaremos los atributos que acabamos de relacionar, cotejando si ellos están o no presentes. Trataremos de analizar las dos modalidades indicadas anteriormente con base en los siguientes criterios: la privatividad es calidad relacionada a la exclusividad del sujeto que la ejerce; la indelegabilidad tiene que ver con ser posible o no atribuir a otro la aptitud de crear normas; la incaducabilidad se refiere a la posibilidad de existir o no un límite de tiempo para el ejercicio de la competencia; la inalterabilidad toma en cuenta si el sujeto competente puede alterar los términos en los que la competencia le fue atribuida; y el hecho de ser o no obligatoria la creación de normas está relacionado a la facultatividad de ejercicio. En efecto, en el lugar de las referencias a la privatividad, indelegabilidad, incaducabilidad, inalterabilidad, irrenunciabilidad y facultad de ejercicio, hablaremos de los criterios a los cuales estas normas hacen referencia.

Así, en los próximos ítems, estudiaremos las competencias tributarias, divididas en legales e infralegales, conforme sus titulares sean privativos o concu-

---

446 *Ídem*.

447 Carvalho, Paulo de Barros. *Curso de direito tributário*. 19.ª ed. São Paulo: Saraiva, 2007, pp. 239 y ss.

448 «Es sin duda una regla general que aún [la facultatividad del ejercicio de las competencias tributarias]. La Unión tiene la facultad o permiso bilateral de crear el impuesto sobre grandes fortunas, en la forma que lo prescribe el inciso VII del artículo 153 de la Constitución Federal. Hasta ahora no lo hizo, exactamente porque tiene la facultad de instituir o no el gravamen. Y lo mismo se da con los municipios, que, en su mayoría, no produjeron la legislación del impuesto sobre servicios de cualquier naturaleza, porque no les falta, para eso, la aptitud legislativa. Sin embargo, la excepción viene allí para solapar el carácter de universalidad de la proposición: me refiero al ICMS. Por su índole eminentemente nacional, no es dado a cualquier Estado-miembro o al Distrito Federal operar por omisión, dejando de legislar sobre ese gravamen. En caso hubiese una sola unidad de la federación que emprendiese tal procedimiento y el sistema del ICMS perdería consistencia, abriéndose al acaso de las manipulaciones episódicas, intentadas con tanta frecuencia en aquel clima que conocemos como guerra fiscal. Sería efectivamente un desastre para la sistemática impositiva de la exacción que más recursos proporciona para el erario del país. El ICMS dejaría, paulatinamente, de existir» (Carvalho, Paulo de Barros. *Curso de direito tributário*. 19.ª ed. São Paulo: Saraiva, 2007, pp. 223 y 224).

rrentes; sean pasibles o no de delegación; puedan ser o no alteradas; pueda su titular renunciar o no a sus prerrogativas y esté o no obligado a legislar.

9.2. En cuanto a la exclusividad

Las competencias tributarias legislativas serían privativas, pues el legislador constituyente trató de indicar criterios precisos para su repartición[449]. Roque Antônio CARRAZZA sostiene, fundado en un fuerte argumento de Amílcar de Araújo FALCÃO, que las normas constitucionales que atribuyen competencia en materia tributaria encierran un doble comando: «1) habilitan a la persona contemplada -y solamente ella- a crear, queriendo, un determinado tributo; y 2) prohíben a las demás para que lo instituyan»[450]. Siendo competente una persona, todas las demás serían incompetentes.

A este argumento, Paulo de Barros CARVALHO[451] opone la crítica según la cual los impuestos extraordinarios podrían ser creados, con idénticas hipótesis de incidencia y base de cálculo, para cobrar vigencia en la misma área territorial de tributos creados por los Estados, Municipios y Distrito Federal. En este caso, habría una verdadera superposición de competencias. Las reglas matrices creadas en esas circunstancias incidirían, conjuntamente, sobre la misma realidad, en un caso de bitributación constitucionalmente regulada. El carácter excepcional de esas circunstancias, para Roque Antônio CARRAZZA[452] sería suficiente para, por sí solo, afirmar la característica privativa de la competencia. Mientras que para Paulo de Barros CARVALHO[453], al no tratarse de atributo absoluto, no sería posible que la privatividad sea una característica de esas competencias.

En el plano infralegislativo, la privatividad no es, seguramente, un atributo de las normas de competencia tributaria. Aquí, la característica adecuada

---

449 CARRAZZA, Roque Antonio. *Curso de direito constitucional tributário*. 11.ª ed. São Paulo: Malheiros, 2003, p. 454.

450 *Ibídem*, p. 453.

451 «Considero que la privatividad es insustentable, tomando en cuenta la disposición expresa de la Ley de Leyes que, bien o mal, es el patrón empírico para la emisión de proposiciones descriptivas sobre el derecho legislado. La Unión está habilitada para legislar sobre sus impuestos y, en la inminencia o en el caso de una guerra externa, sobre impuestos denominados 'extraordinarios', comprendidos o no en su competencia tributaria, conforme a lo prescrito en el artículo 154, II. Se dirá que se trata de exención, pero es lo que basta para derrumbar la proposición afirmativa colocada en términos universales, de tal modo que los impuestos privativos, en Brasil, solamente los otorgados a la Unión. La privatividad queda reducida, de esta forma, a la faja de competencia del Poder Público Federal» (CARVALHO, Paulo de Barros. *Curso de direito tributário*. 19.ª ed. São Paulo: Saraiva, 2007, p. 223).

452 CARRAZZA, Roque Antonio. *Curso de direito constitucional tributário*. 11.ª ed. São Paulo: Malheiros, 2003, p. 451, nota n° 21.

453 *Cf.* CARVALHO, Paulo de Barros. *Curso de direito tributário*. 19.ª ed. São Paulo: Saraiva, 2007, p. 241.

es la competencia. Tomemos como ejemplo la competencia para efectuar la autodeterminación, consubstanciado en la entrega de la declaración de Impuesto a la Renta de las Personas Físicas. De manera general, corresponde al propio sujeto pasivo de la obligación tributaria promover la incidencia de la regla matriz. A este le corresponde traducir el evento ocurrido en un hecho jurídico tributario, que denote el acontecimiento previsto abstractamente en la norma jurídica tributaria. Transcurrido el plazo de entrega de la declaración de IRPF, sin que el sujeto pasivo haya emitido la norma individual y concreta que le correspondía, su competencia privativa se hace concurrente, porque él podrá presentar una declaración extemporánea sanando su omisión y, simultáneamente, el agente público competente podrá, al hacerse con pruebas que atestigüen que hayan ocurrido eventos tributarios no declarados, emitir una determinación de oficio para exigir lo que dejó de ser declarado.

Uno y otro pueden crear normas, constituyendo el mismo hecho jurídico tributario de manera igualmente legítima.

De esa forma, no existe consenso en cuanto al atributo de la privatividad de las competencias legislativas, en virtud de las circunstancias excepcionales que autorizan la creación de impuestos extraordinarios. Sin embargo, no hay duda en cuanto a la competencia entre diversos sujetos competentes para editar normas relativas a la misma materia en el plano infralegal.

9.3. En cuanto a la posibilidad de delegación

La disposición jerárquica de los sujetos competentes evidencia la existencia de un sistema rígido de repartición de competencias[454]. Esto de forma tal que no se puede tratar de este o de aquel tema sin sujetarse a lo que establecen las normas de competencia. Una serie de consecuencias pueden ser inferidas de este modo de organización del sistema constitucional tributario brasileño. La primera de ellas es la imposibilidad del sujeto que recibe la competencia, de delegarla a otros[455]. Si esto fuese posible, el sistema no sería rígido y de

[454] «Por cierto, si admitiéramos la tesis consistente en que nuestra Constitución es rígida y que el constituyente repartió, incisivamente, las posibilidades legislativas entre las entidades dotadas de personalidad política, cuidando de que no hubiese conflicto entre los subórdenes jurídicos establecidos en el Estado Federal, la lección inmediata es reconocer la prohibición de la delegabilidad, así como la imposibilidad de renuncia. ¿Qué sentido habría en una discriminación rigurosa de competencias, cuando se permitiese que una persona delegase a otra las habilitaciones recibidas? En poco tiempo, en el manejo de las utilizaciones concretas, cuando se manifestase el derecho en el dinamismo de su estilo peculiar, el diseño de las atribuciones de competencia pasaría por diferentes e imprevisibles configuraciones, disipando la rigidez y la estabilidad pretendidas por el legislador constituyente. De allí proviene el entendimiento frente al cual la indelegabilidad y la irrenunciabilidad serían prerrogativas infaltables en el ejercicio de competencia, en el sistema brasileño» (*Ibídem*, p. 222).

[455] Carrazza, Roque Antonio. *Curso de direito constitucional tributário*. 11.ª ed. São Paulo: Malheiros, 2003, p. 578.

nada valdrían las atribuciones de competencia. He aquí la razón para que esta sea una característica sobre la cual no persisten mayores divergencias.

La indelegabilidad de la competencia legislativa puede ser percibida en dos dimensiones: la primera, de sentido más amplio, es la que prohíbe la delegación de toda y cualquier franja de competencia de una persona política hacia otra, aunque esto se haga por medio de ley. La segunda hace referencia a la imposibilidad que el acto normativo delegue al poder ejecutivo, o este al legislativo, la competencia que deberá ser ejercida por el ente federativo.

En el plano infralegislativo, como es de imaginar, la indelegabilidad no configura un atributo absoluto. La posibilidad de cesión de créditos tributarios es un ejemplo de delegación de capacidad para exigir el crédito. En el plano de los juicios administrativos, la posibilidad para que el juez declare sospechoso o, también, de que el Ministro de Hacienda avoque el juicio de determinados procesos, son ejemplos de que la competencia tributaria es delegable a terceros. El propio derecho positivo, orientado a la realización de valores de interés público, trata de atribuir al titular de la competencia, la facultad de transferirla a otro.

9.4. En cuanto al límite de tiempo

El texto constitucional, hasta hace poco tiempo, no prescribía ninguna limitación de tiempo para el ejercicio de la competencia tributaria legislativa. He aquí el porqué, en las primeras versiones del diálogo establecido entre Paulo de Barros CARVALHO[456] y Roque Antônio CARRAZZA[457], existiera una plena concordancia en cuanto al hecho de no ser caducable[458] su ejercicio. Servía de ejemplo de esa incaducabilidad el llamado impuesto sobre grandes fortunas (art. 153, VII), previsto desde el inicio de la vigencia del texto constitucional, sin nunca haber sido efectivamente creado. Sin embargo, hay casos en los que la competencia debe ser ejercida dentro de un cierto límite de tiempo, so pena de que ya no sea ejercida. El anteriormente citado ejemplo de la CPMF es un caso paradigmático que aleja la posibilidad de mantener el atributo de la incaducabilidad para las competencias legislativas.

---

[456] CARVALHO, Paulo de Barros. *Curso de direito tributário*. 19.ª ed. São Paulo: Saraiva, 2007, p. 243.

[457] CARRAZZA, Roque Antonio. *Curso de direito constitucional tributário*. 11.ª ed. São Paulo: Malheiros, 2003, p. 578.

[458] «Tratemos ahora sobre la incaducabilidad. La Constitución existe para durar en el tiempo. Si el no-uso de la faja de atribuciones fuese perecible, el propio Texto Supremo quedaría comprometido, puesto en la contingencia de ir perdiendo áreas de su cuerpo a medida que el tiempo fluyese y los poderes recibidos por las personas políticas no viniesen a ser accionados, por cualquier razón histórica que se quiera imaginar. Se impone, por tanto, la perennidad de las competencias, que no podrían quedar sometidas al juego inestable de los problemas por los que pasa una determinada sociedad» (CARVALHO, Paulo de Barros. *Curso de direito tributário*. 19.ª ed. São Paulo: Saraiva, 2007, p. 222).

En el plano inferior al de la Constitución y, con más frecuencia, en la introducción de normas individuales y concretas que componen la obligación tributaria, la fijación de un plazo para el ejercicio de la competencia es una constante. Por una expresa disposición constitucional, prescrita por el artículo 146, III, b, corresponde a la ley complementaria regular los plazos de prescripción y caducidad para la elaboración de normas que documenten la incidencia. Desde esta perspectiva, esos plazos no son más que condicionantes temporales del ejercicio de la competencia consubstanciada en crear una norma individual y concreta, y nuestra premisa de que la competencia debe ser comprendida con base en el derecho positivo, el atributo de la incaducabilidad estará o no presente conforme lo que prescribe el derecho positivo, no siendo, pues, un atributo universal.

9.5. En cuanto a la posibilidad de modificación

La inalterabilidad es otro atributo de la competencia tributaria legislativa sobre el cual no existen dudas[459]. La rigidez de los comandos constitucionales no abre espacio para otra interpretación. He aquí la razón de Roque Antônio Carrazza para afirmar que la «competencia tributaria es improrrogable, vale decir, no puede tener sus dimensiones ampliadas por la propia persona política que la detenta»[460]. Si fuera posible que el sujeto competente modifique su competencia, no correspondería hablar de norma que prescribe la competencia, sino del propio sujeto que otorga a sí misma la aptitud de crear tributos, algo inconciliable con la actual forma de organización del Estado brasileño, que se funda, esencialmente, en la repartición de las facultades de crear normas jurídicas relativas a la tributación.

La inalterabilidad puede ser enfocada, como mínimo, desde dos perspectivas: una es la inalterabilidad por el propio sujeto competente, otra es la imposibilidad que una enmienda a la Constitución promueva cualquier modificación en el arreglo de competencias previsto en su texto original. La primera perspectiva ya fue expuesta anteriormente, en lo que se refiere a la competencia legislativa. La segunda, relativa a la modificación por enmienda a la Cons-

---

459 «(...) La alterabilidad está ínsita en el cuadro de las prerrogativas de reforma constitucional y la experiencia brasileña ha sido rica en ejemplos de esa naturaleza. Si le conviene al legislador, investido del denominado poder constituyente derivado, promover modificaciones en el esquema discriminativo de las competencias, solamente otros límites constitucionales podrán ser levantados e, incluso así, dentro del binomio 'federación y autonomía de los municipios'. La práctica de introducir modificaciones en el ámbito de las competencias tributarias, en Brasil, ha sido efectivizada reiteradamente, sin que su ejercicio haya suscitado oposiciones más graves» (Carvalho, Paulo de Barros. *Curso de direito tributário*. 19.ª ed. São Paulo: Saraiva, 2007, p. 223). En el mismo sentido, Carrazza, Roque Antonio. *Curso de direito constitucional tributário*. 11.ª ed. São Paulo: Malheiros, 2003, p. 590.

460 Carrazza, Roque Antonio. *Curso de direito constitucional tributário*. 11.ª ed. São Paulo: Malheiros, 2003, p. 590.

titución, o también por edición de ley complementaria, suele ser más polémica. Veamos cada una por separado

La posibilidad de modificar la Constitución por enmienda está autorizada por el propio texto constitucional. Cumplidas las formalidades necesarias, es posible introducir modificaciones en el sistema constitucional tributario. Si bien no están sujetas a las mismas prohibiciones prescritas para toda modificación legislativa del capítulo relativo al Sistema Tributario, están sujetas a los condicionantes materiales de las llamadas cláusulas pétreas. En este sentido, está prohibido modificar la Constitución para restringir principios, inmunidades y enunciados de autorización que posean naturaleza de derechos y garantías del contribuyente. De la misma forma, resultan en violaciones, a lo que dispone el artículo 60, § 4°, las propuestas de enmienda tendientes a modificar la forma federativa de Estado.

El atributo de la inalterabilidad de las competencias ya fue, inclusive, objeto de la Acción Directa de Inconstitucionalidad N.° 939-DF, que reconoció la imposibilidad de introducir, mediante enmienda, modificaciones que deroguen los derechos y garantías individuales. Como proclamó el voto del Mag. Sepúlveda Pertence, los derechos y garantías individuales se esparcen por todo el texto de la Constitución, yendo más allá de los previstos en el artículo 5° de la Carta. De allí que se afirma, con razón, que existen derechos y garantías individuales relativos al Sistema Constitucional Tributario. En varios casos, se puede identificar la vinculación directa entre derechos previstos genéricamente en el artículo 5° y otros relativos a la tributación.

En lo que concierne a la ley complementaria, la situación es sensiblemente distinta. Este vehículo introductor de normas puede insertar enunciados prescriptivos para desempeñar una amplia serie de finalidades, casi todas relativas a la composición de la competencia. El artículo 146, en sus incisos I, II y III, por ejemplo, otorga a la ley complementaria la competencia para regular limitaciones constitucionales al poder de tributar, establecer criterios para solucionar conflictos de competencia y transportar normas generales de derecho tributario. En otros lugares, la ley complementaria surge como vehículo de los enunciados que regulan la forma como debe darse el principio de la no-acumulatividad en el ICMS o definen las materialidades que pueden ser consideradas servicio para así sufrir la incidencia del ISS.

Buscando una referencia común para todas estas funciones, se observa que la ley complementaria desempeña el papel de situar en términos analíticos aquello que la propia Constitución dispuso de forma sintética. En otras palabras, los enunciados introducidos en ley complementaria mantienen un vínculo de complementación y subordinación con la Constitución. Estos enunciados complementarios prescriben lo que los de naturaleza constitucional no estatuyen, pero dentro de los límites fijados por estos. Por ello, la ley complementaria, con el pretexto de desempeñar cualquiera de las funciones referidas más arriba, no puede modificar los términos del mensaje constitucional tributario.

Así, en el plano infraconstitucional, ya sea el legislativo, el administrativo o el del particular, lo que acabamos de afirmar continúa siendo aplicable: el sujeto competente no puede modificar los términos de su competencia, aunque esta pueda ser modificada por otros sujetos competentes, en la forma prescrita por el sistema de derecho positivo.

9.6. En cuanto a la posibilidad de renunciar

Renunciar a la competencia es una forma por medio de la cual se modifica la competencia. No siendo posible su modificación, no será igualmente posible su renuncia. En este punto, una primera elucidación es necesaria: no se confunden la renuncia y el no ejercicio de la competencia tributaria. Una cosa es, por decisión propia, modificar los términos de la competencia, utilizando la facultad de, posteriormente, crear normas. Otra, bien distinta, es, simplemente, ejercer el derecho de no ejercitar esa competencia, no creando norma.

Ese atributo también es reconocido, tanto por Paulo de Barros CARVALHO[461] como por Roque Antônio CARRAZZA[462]. Sin embargo, una crítica formulada por aquel jurista y, de luego, acatado por este, levantó el tema que sobre el tributo del ICMS no existiría dicha facultatividad, siendo compulsoria su institución[463].

9.7. En cuanto a la modalización del ejercicio

Ejercer la competencia tributaria es crear una norma jurídica[464]. El sujeto competente ejercita el acto/proceso de enunciación que, realizado de forma

461 CARVALHO, Paulo de Barros. *Curso de direito tributário*. 19.ª ed. São Paulo: Saraiva, 2007, pp. 224-227.

462 CARRAZZA, Roque Antonio. *Curso de direito constitucional tributário*. 11.ª ed. São Paulo: Malheiros, 2003, pp. 593-603.

463 CARVALHO, Paulo de Barros. *Curso de direito tributário*. 19.ª ed. São Paulo: Saraiva, 2007, p. 244; y CARRAZZA, Roque Antonio. *Curso de direito constitucional tributário*. 11.ª ed. São Paulo: Malheiros, 2003, p. 98.

464 «Se manifiesta, de hecho, la competencia tributaria, al desencadenarse los mecanismos jurídicos del proceso legislativo, accionado, respectivamente, en los planos federal, estatal y municipal. Por ese iter, rígidamente seguido en obediencia a las proposiciones prescriptivas existentes, la Unión, los Estados, el Distrito Federal y los Municipios elaboran las leyes (acepción amplia), que son promulgadas y, luego después, expuestas al conocimiento general por el acto de publicación. Vencidas las dificultades de ese curso formativo, ingresan los textos legislativos en el ordenamiento en vigor, surgiendo la regulación jurídica de nuevas situaciones tributarias, en el cuadro del relacionamiento de la comunidad social. Fue ejercida la competencia, enriqueciéndose el derecho positivo con el incremento de otras unidades normativas sobre tributos» (CARVALHO, Paulo de Barros. *Curso de direito tributário*. 19.ª ed. São Paulo: Saraiva, 2007, p. 244).

adecuada, autoriza la inserción, en el sistema jurídico, de normas para versar sobre esta o aquella materia[465]. Lo que se analiza en el tema relativo a la modalización del ejercicio de la competencia es si este «deber-ser» de crear norma versando sobre la institución, recaudación o fiscalización de tributos es permitido, prohibido u obligatorio. Genéricamente, podrían ser enunciadas dos reglas, según las cuales la competencia legislativa está o no condicionada. Esa modalidad es de ejercicio libre, no demanda la atención de mayores requisitos de los necesarios a la forma y a la materia. Mientras que la competencia condicionada, exige el cumplimiento de ciertos requisitos para que la competencia pueda ser válidamente ejercida. Veamos cómo compatibilizar estas reglas con el derecho positivo tributario.

En el plano legislativo, la regla general es de ejercicio facultativo de la competencia. Hay permiso tanto para crear como para no crear la norma jurídica[466]. En este sentido, Paulo de Barros CARVALHO[467] defiende que está fuera de duda que la facultad de ejercicio es la regla general de las competencias legislativas, ejemplificando con el propio Impuesto sobre Grandes Fortunas, cuya competencia fue atribuida a la Unión por el artículo 153, inciso VII, de la Constitución de la República, no obstante, sin jamás haber sido instituido.

José Souto Maior BORGES, tratando del mismo tema, equipara los conceptos de competencia y facultad impositiva, al afirmar lo que sigue: «Competencia tributaria significa, en la lección de HENSEL, la facultad de ejercer el poder tributario, desde el punto de vista material, sobre un sector determinado»[468]. La distribución constitucional de competencias tributarias consistiría, según

---

465 «Mientras que la competencia tributaria son las normas de producción normativa o metanormas vistas desde el prisma estático derecho, el ejercicio de la competencia son esas normas vistas por la dinámica de la positivación del derecho, esto es, la aplicación de las normas generales y abstractas de producción a través de la expedición de normas generales y concretas que transportan normas materiales de conducta, generales y abstractas (leyes, decretos, reglamentos) o individuales y concretas (determinación, auto de infracción)» (*Ídem*).

466 Delia Teresa ECHAVE, María Eugenia URQUIJO y Ricardo A. GUIBOURG diferencian permiso y facultad, dado que la primera en términos lógicos significa solamente el permiso al cumplimiento de la acción, mientras que el permiso de cumplir u omitir la acción es la facultad: «(...) las acciones que están 'permitidas' en ese sentido bidireccional de la permisión se llamarán facultativas. Pero hay que aclarar que cuando decimos de una acción que está permitida (Pp), solo queremos afirmar que está permitido cumplirla (...). Estas precisiones nos permiten introducir el operador 'F' (...) Su definición puede simbolizarse así: Fp a» (Pp . P-p). Vale decir que una acción es facultativa si (y solo si) está permitido cumplirla y también está permitido omitirla» (ECHAVE, Delia Teresa; URQUIJO, Maria Eugenia y GUIBOURG, Ricardo. A. *Lógica, proposición y norma*. 6.ª reimp. Buenos Aires: Depalma, 2002, pp. 134 y 135).

467 CARVALHO, Paulo de Barros. *Curso de direito tributário*. 19.ª ed. São Paulo: Saraiva, 2007, p. 223.

468 BORGES, José Souto Maior. *Teoria geral da isenção tributária*. 3.ª ed. 2.ª tir. São Paulo: Malheiros, 2007, p. 30.

él, en la facultad de vincular los aspectos formal y material de la creación de un tributo, sin obligar, como regla general, a los entes competentes a hacerlo[469].

Si es difundida la idea de facultad de las competencias legislativas, es igualmente reconocido que es obligatorio el ejercicio de las competencias infralegales en casi todas sus modalidades. Por ejemplo, Celso Antônio Bandeira de MELLO, estudiando las características de la competencia administrativa[470], manifiesta lo siguiente:

> (...) Las competencias son: a) de ejercicio obligatorio para los órganos y agentes públicos. Vale decir, ejercitarlas no es una cuestión que se otorga a la libre decisión de quien sea titular de ellas. No está en pauta el problema personal del sujeto, al cual le pueda dar la solución que más le agrade. Está sometido al deber jurídico de atender la finalidad legal y, pues, de difundir los poderes requeridos para ello **siempre que estén presentes los presupuestos de su desencadenamiento**»[471] (las negritas son nuestras).

Así, observamos que, por regla general, las competencias legislativas son facultativas y las infralegales, obligatorias. Sin embargo, el derecho positivo prescribe algunas excepciones. En lo que se refiere a las competencias infralegales, debemos distinguir las que poseen naturaleza condicionada de las demás. En el derecho tributario positivo, son condicionadas las competencias legislativas infralegales, jurisdiccionales, privadas y, en algunos casos, las administrativas.

Dijimos en algunos casos, pues es necesario separar las competencias reglamentarias de aquellas que se orientan a la aplicación de normas al caso

---

[469] No es divergente la opinión Héctor B. VILLEGAS, según quien la competencia no ejercida es una facultad otorgada por el derecho a sus titulares «(...) cuando el Estado se convierte en el titular de un derecho subjetivo tributario, tendrá, frente a él, obligados a dar, a hacer o no hacer alguna cosa. Mientras esto no acontezca y la competencia tributaria se mantenga en el plano abstracto como una mera facultad, el Estado encontrará en frente de sí a la comunidad en su conjunto, importa decir, un conglomerado de sujetos indeterminados, obligados a soportar el ejercicio completo de la competencia tributaria» (VILLEGAS, Héctor B. *Curso de direito tributário*. São Paulo: RT, 1980, p. 82).

[470] En relación a los demás atributos de la competencia administrativa, diferentes de la modalización del ejercicio, afirma: «b) irrenunciables, significando esto que su titular no puede abandonarlas mientras la titularice, c) intransferibles, vale decir, no pueden ser objeto de transacción, de tal modo que no se podría transferirlas a otro, cabiendo, tan solamente, en los casos previstos en ley, delegación de su ejercicio sin que el delegante, por lo tanto, pierda, con esto, la posibilidad de retornarles el ejercicio, retirándolo del delegado, d) inmodificables por la voluntad del propio titular, el cual, pues, no puede dilatarlas o restringirlas, pues su compostura es la que deriva de ley. (...), e) imprescriptibles, esto es, no ocurriendo hipótesis de su utilización, no importante por cuánto tiempo, ni por esto dejarán de persistir existiendo» (MELLO, Celso Antônio Bandeira de. *Curso de direito administrativo*. 14.ª ed. São Paulo: Malheiros, 2001, p. 134).

[471] *Ibídem*, p. 135.

concreto, produciendo determinaciones de oficio y autos de infracción. Estas últimas son condicionadas, pues exigen la identificación de circunstancias concretas como presupuesto de su ejercicio. Siempre que las competencias sean condicionadas, su ejercicio será obligatorio. Por eso, al agente administrativo no le es permitido determinar la ocurrencia del hecho tributario y no constituir el auto de infracción; de la misma forma que, al juez, no le está facultado rechazar decidir un caso sometido a su jurisdicción; o, al particular, no se le permite dejar de presentar su declaración de impuesto a la renta, según la forma, fecha y lugar exigidos. Todos estos casos evidencian lo que Celso Antônio Bandeira de MELLO[472] llamó «presupuestos de su desencadenamiento», cuya presencia impone el deber de ejercicio de la competencia.

En el caso de la competencia administrativa reglamentaria no existen requisitos de desencadenamiento. Tampoco se exige que todo el contenido de la norma sea reglamentado. Mucho menos es indicado cómo debe ser su ejercicio o cuánto tiempo después de publicada la norma se debe crear la normativa. El ejercicio de esa cualificación es fruto de un juicio de conveniencia y oportunidad, formado por el sujeto titular de la competencia infralegislativa reglamentaria. En otras palabras, el ejercicio de la competencia reglamentaria es facultativo, comprometiendo, así, la regla general que formulamos anteriormente sobre las competencias infralegales.

Pero no es solo ello. También las competencias legales no son, en su totalidad, previstas como facultades dependientes del juicio de oportunidad del sujeto pasivo. Paulo de Barros CARVALHO[473] y, en un segundo momento, Roque Antônio CARRAZZA[474] concuerdan en el sentido de que la competencia para la institución del Impuesto sobre la Circulación de Mercancías y Servicios (ICMS) sería de ejercicio obligatorio. Un fragmento del texto de Paulo de Barros CARVALHO sobre el tema confirma lo que acabamos de exponer:

> Por su índole eminentemente nacional, no es dado a cualquier Estado-miembro o al Distrito Federal operar por omisión, dejando de legislar sobre este gravamen. En caso hubiese una sola unidad de la federación que emprendiera tal procedimiento el sistema del ICMS perdería consistencia, abriéndose al acaso de las manipulaciones episódicas, intentadas con tanta frecuencia en aquel clima que conocemos por guerra fiscal. Sería efectivamente un desastre para la sistemática impositiva de la exacción que más recursos proporciona para el erario del país. El ICMS dejaría, paulatinamente, de existir[475].

---

472 *Ibídem*, p. 137.

473 CARVALHO, Paulo de Barros. *Curso de direito tributário*. 19.ª ed. São Paulo: Saraiva, 2007, p. 244.

474 CARRAZZA, Roque Antonio. *Curso de direito constitucional tributário*. 11.ª ed. São Paulo: Malheiros, 2003, p. 593.

475 CARVALHO, Paulo de Barros. *Curso de direito tributário*. 19.ª ed. São Paulo: Saraiva, 2007, p. 244.

Esta observación no merece retoques, si la competencia para instituir el ICMS como competencia convencional, otorgada a solo un sujeto, en el caso de los Estados y Distrito Federal. Desde esa perspectiva, el Estado que quiera reducir o alejar la incidencia del ICMS, sobre ciertas personas o determinadas situaciones, debe tener autorización expresa del CONFAZ. Sin ella, al Estado solo le queda una opción: instituir y cobrar el tributo en su integralidad. Por otro lado, si el CONFAZ, mediante deliberación de los Estados y Distrito Federal, que disponga sobre la posibilidad de ser concedida una reducción de alícuota o concesión de exenciones, los Estados podrán ratificar el convenio y modificar la forma de incidencia del impuesto.

Si el CONFAZ puede deliberar sobre la forma de ejercicio de la competencia del ICMS, inclusive para regular las situaciones en las que no puede ser creada la norma del ICMS, surge una pregunta: ¿De quién es la competencia del ICMS para conceder exenciones y beneficios fiscales, de los Estados o del CONFAZ? Por expresa determinación constitucional, la competencia para legislar sobre el ICMS, acerca del otorgamiento de beneficios fiscales, es del CONFAZ y no de los entes federativos. Se trata de un otorgamiento de competencia compleja, donde la facultad para permitir o no la institución de la norma tributaria es dada al CONFAZ y no a los Estados. Para ello, la competencia es condicional, pues, en la ausencia de autorización del órgano competente, positivizada en un Convenio, solo le queda instituir el tributo obligatoriamente.

TERCERA PARTE
LA FUNCIÓN

CAPÍTULO 10
PROPIEDADES FUNCIONALES DE LOS SIGNOS

La última parte de este trabajo está inspirada por la pregunta: ¿Para qué sirve la competencia tributaria? Al responder esta interrogante, buscaremos evidenciar la utilidad de las ideas desarrolladas en las investigaciones sobre la estructura y el sentido de las normas que programan la creación de otras normas.

Dividiremos nuestras consideraciones en tres capítulos que tratan, respectivamente, de los instrumentos teóricos de análisis funcional de los signos, de los principales usos dados al concepto *competencia* por los participantes del sistema de derecho positivo y por la ciencia del derecho y, por último, de los elementos de una teoría de la (in)validez de las normas jurídicas.

En la última parte reconduciremos los principales conceptos, ideas y categorías expuestos en los capítulos anteriores, con el propósito de fundamentar nuestra principal tesis: la cual consiste en que el concepto de competencia está, directa o indirectamente, relacionado a cualquier conflicto de interés en materia tributaria. Desde esta perspectiva, no hay vicio de inconstitucionalidad, ilegalidad, nulidad, anulabilidad, error de hecho, error de derecho o, simplemente, improcedencia de la pretensión impositiva, que no pueda ser traducido como sanción al ejercicio ilegítimo de la competencia tributaria.

10.1. Instrumentos para el análisis funcional

El análisis funcional de la competencia tributaria será realizado con el auxilio de cuatro instrumentos teóricos fundamentales, a saber: ideas sobre lengua y habla, teoría de los actos del habla, reglas para la legitimación de las proposiciones e intertextualidad como estrategia de legitimación. Como se puede percibir, está fuera de nuestros objetivos emprender un análisis pragmático del tema, en la forma sugerida por Charles PEIRCE[476] o por Tercio Sampaio

[476] PEIRCE, Charles S. *Semiótica*. 3.ª ed. São Paulo: Perspectiva, 2000, *passim*.

FERRAZ JUNIOR[477]. Tan solo haremos uso de algunas nociones para fundamentar nuestra propuesta de análisis funcional de la competencia tributaria.

10.2. Competencia y desempeño del lenguaje

El lenguaje[478] está compuesto por un conjunto de signos que se organizan según reglas de formación y derivación, así como por el uso que los sujetos hacen de ellos para enviar y recibir informaciones. La parte estática puede ser llamada lengua, sistema o competencia lingüística. La parte dinámica, por su parte, es sinónimo de habla, uso o desempeño de las facultades lingüísticas.

El conjunto de signos que forma la parte estática del lenguaje, según Roland BARTHES, puede ser comprendido, simultáneamente, como una institución social y como un sistema de valores:

> La *Lengua* (...) es, al mismo tiempo, una institución social y un sistema de valores. Como institución social, ella no es absolutamente un acto, escapa a cualquier premeditación; es la parte social del lenguaje; el individuo no puede, solo, ni crearla ni modificarla. Se trata esencialmente de un contrato colectivo al cual tenemos que someternos en bloque si quisiéramos comunicar; además de eso, este producto social es autónomo, a la manera de un juego con sus reglas, pues solo se puede manejar después de un aprendizaje. Como sistema de valores, la Lengua está constituida por un pequeño número de elementos del que cada uno es, al mismo tiempo, un *vale-por* y el término de una función más amplia donde se colocan, diferencialmente, otros valores correlativos; desde el punto de vista de la lengua, el signo es como una moneda: esta vale por cierto bien puesto, que permite comprar, pero vale también con relación a otras monedas, de valor más fuerte o más débil[479].

Ser una institución social y, simultáneamente, un sistema de valores son aspectos distintos de un mismo objeto. En el primer caso, se destaca el carácter objetivo y socialmente condicionado de la lengua. En el segundo, el hecho que la lengua sea un conjunto de signos. Sin embargo, las dos perspectivas enfatizan la circunstancia de que la lengua sea percibida como un conjunto de elementos puestos a la disposición del lenguaje. Por su parte, tenemos el habla, cuando los usuarios escogen signos y articulan mensajes con sentido. Es la lengua puesta en movimiento. Una vez más, Roland BARTHES expone lo siguiente:

---

477 FERRAZ JÚNIOR, Tércio Sampaio. *Teoria da norma jurídica: ensaio de pragmática da comunicação normativa*. 3.ª ed. Río de Janeiro: Forense, 1997, *passim*.

478 Utilizamos el término «lenguaje» para significar la capacidad de intercambiar informaciones como el uso de signos, en la forma propuesta por Paulo de Barros CARVALHO en *Direito tributário, linguagem e método*. 2.ª ed. Noeses: São Paulo, 2008, p. 41.

479 BARTHES, Roland. *Elementos de semiologia*. 16.ª ed. São Paulo: Cultrix, 2006, p. 18.

> (...) el *Habla* es esencialmente un acto individual de selección y actualización; la constituyen, primero, las '*combinaciones gracias a las cuales el hablante puede utilizar el código de la lengua a fin de expresar el pensamiento personal*' (se podría denominar *discurso* este habla desdoblado), y después los '*mecanismos psicofísicos que le permiten exteriorizar estas combinaciones*'[480].

Otra forma de significar los aspectos estáticos y dinámicos de la lengua es ofrecida por la distinción entre competencia y desempeño. Las habilidades lingüísticas adquiridas por un sujeto cualquiera, serían su competencia. El uso de estas competencias, para la transmisión de informaciones, es su aspecto dinámico. En otras palabras, el desempeño es la competencia en uso.

La idea de lengua, competencia o sistema se ajusta, con las debidas modificaciones, a todo lo que expusimos hasta ahora acerca de la estructura y del sentido de la competencia. Se trata del conjunto de proposiciones que indican la forma y el contenido a ser observados en los actos de producción del derecho. Este sistema no solo indica quién debe producir el derecho, sino establece también las reglas de organización y derivación de los elementos para que, a partir de pocos elementos primitivos, los usuarios puedan producir un número indefinido de normas jurídicas.

Sin embargo, lo que nos interesa en el análisis funcional de la competencia no es su aspecto sistemático. Ya dedicamos las dos primeras partes del trabajo a este fin. En esta parte, nuestra atención se orientará hacia los actos individuales de selección y actualización del sistema. En otras palabras, para investigar la función de las expresiones «competencia» y «norma de competencia tributaria» es indispensable observar los usos que la comunidad jurídica -observadores y participantes- otorga al tema. Es imprescindible, pues, desplazar las atenciones de la lengua hacia el habla.

Este tipo de análisis, hecho a partir de los actos individuales de selección y actualización de los términos citados, posibilita responder las siguientes cuestiones: ¿Para qué sirve la norma de competencia tributaria? ¿Qué usos esa norma puede recibir de los sujetos que participan del ordenamiento jurídico? ¿Y de los sujetos que describen el ordenamiento? Responder estas preguntas presupone énfasis en la aplicación de la norma, en el establecimiento de relaciones entre textos.

10.3. Ejercicio de competencias tributarias, requisitos y aspectos locucionarios, ilocucionarios y perlocucionarios

La teoría de los actos del habla, en la forma propuesta por John AUSTIN[481], ofrece algunos instrumentos conceptuales para el análisis funcional de las

---

480 *Ibídem*, pp. 17 y 18.

481 AUSTIN, J. L. Performative utterances, *in Philosophical papers*. 2.ª ed. Oxford: Clarendon Press, 1970, pp. 233-252, *passim*.

proposiciones lingüísticas en general. De cierta forma, sus ideas contribuyen a evidenciar en qué consiste la producción de enunciados, cuáles son sus requisitos de éxito y los efectos que proyecta, tanto en el agente emisor de los actos de habla, como en aquellos que los reciben. Por esta razón, evidenciaremos algunos de sus presupuestos teóricos, ejemplificando, siempre que sea posible, con las normas de competencia tributaria.

AUSTIN[482] sostiene que habría dos modalidades fundamentales de actos de habla: los constatativos y los performativos. Los constatativos expresan descripciones; los performativos, acciones, modificando las circunstancias. Aquellos se sujetan al juicio de verdad o falsedad. Estos, al juicio de validez o invalidez.

Sin embargo, esta distinción entre actos constatativos y performativos, de manera contraria a lo que se pensaría a primera vista, no es clara y fácil de ser operacionalizada, porque constatar algo consiste, también, en una acción. El propio AUSTIN reconoce el aspecto ambiguo y vago de esa dualidad, afirmando lo siguiente:

> Nosotros percibimos que declarar algo es realizar algo así como dar una orden o un aviso (...). Bien, eso parece significar que en su versión original nuestra distinción entre actos constatativos y performativos es considerablemente frágil[483].

Al «realizar esta constatación», AUSTIN[484] pasa a referirse al acto locucionario, que puede ser percibido por los aspectos ilocucionario y perlocucionario.

Tratando del pensamiento de AUSTIN, Manfredo Araújo de OLIVEIRA[485] define como acto locucionario a la totalidad de la acción lingüística, en todas sus dimensiones. Así, cada acción lingüística es un acto locucionario. En el ejemplo que dimos, es el acto de producir una norma jurídica.

Por su parte, las acciones lingüísticas pueden desempeñar diferentes funciones. La dimensión ilocucionaria del acto es la expresión de una función definida, en medio de varias posibles. Una misma expresión lingüística puede

---

[482] *Ibídem*, p. 36.

[483] Traducción libre de «We see that stating something is performing an act just as much as giving an order or a warning (...) Well, this seems to mean that in its original form our distinction between the performative and the constative acts is considerably weakened, and indeed beaks down» (*Ibídem*, p. 39).

[484] *Ídem*.

[485] «AUSTIN denomina acto *locucionario* a la totalidad de la acción lingüística en todas sus dimensiones, y la teoría que trata de esos actos desde esa perspectiva de 'investigación de las locuciones': cada procedimiento lingüístico es, pues, un tipo de acción humana, esto es, un acto locucionario» (OLIVEIRA, Manfredo Araújo de. *Reviravolta lingüístico-pragmática na filosofia contemporânea*. São Paulo: Loyola, 1996, p. 157).

ser usada para alcanzar diferentes funciones, cada una de ellas representando un tipo de fuerza ilocucionaria del acto, un uso. De forma idéntica, una misma norma puede desempeñar papeles distintos, ser percibida bajo diferentes perspectivas. En efecto, es posible afirmar que existe una íntima relación entre la función específica de un enunciado -su uso- y su forma ilocucionaria.

Por último, analizando una tercera dimensión del acto del habla, estaría el llamado acto perlocucionario. En esta dimensión, meditamos el real efecto proyectado por el acto de habla en los sentimientos, pensamientos y acciones de las personas. No se trata del acto de lenguaje -acto locucionario-, ni de la función que él desempeña -acto ilocucionario-, sino del efectivo resultado que provoca. Es aquello que, en nuestro ejemplo, equivaldría a la eficacia de la norma jurídica, la circunstancia en la cual sus destinatarios efectivamente cumplieran sus prescripciones.

Si nos valiéramos de estos conceptos para comprender el acto de crear una norma, tendríamos como aspecto locucionario el acto de aplicar la norma de competencia, produciendo nuevas normas relativas a la tributación. El aspecto ilocucionario de ese acto sería la conducta realizada, en el caso, la orden para que alguien pague una prestación tributaria o realice un comportamiento de naturaleza X o Y. Por último, el aspecto perlocucionario sería el hecho por el cual esa orden motiva, efectivamente, el comportamiento de sus destinatarios, vale decir, es eficaz.

Las tres dimensiones de los actos del habla son, en realidad, modos de observar una misma acción lingüística, sin que la opción por una de las dimensiones imposibilite el análisis de las demás.

Precisamente ello lo demuestra el siguiente ejemplo: el hecho que Tício diga a Mévio que «hay una íntima relación entre filosofía del lenguaje y el estudio del derecho» es un acto locucionario; que esta misma frase sea enunciada como sugerencia de Tício para Mévio es la fuerza ilocucionaria del acto; sin embargo, el hecho que Mévio efectivamente venga a estudiar filosofía para que pueda comprender mejor el derecho es el aspecto perlocucionario del mismo acto. Se debe observar que un único enunciado tiene, simultáneamente, tres aspectos. Así, hay tres formas de observar una acción lingüística.

Sin embargo, la realización de actos de habla presupone el cumplimiento de seis requisitos: i) existir un procedimiento, convencional, en el que ciertas personas deben pronunciar palabras específicas, cuyo efecto es igualmente aceptado; ii) la invocación del procedimiento específico debe ser realizada por personas que cumplan requisitos; iii) todos los integrantes deben cumplir el procedimiento adecuadamente; iv) este cumplimiento debe ser completo; v) en los procedimientos en los que se exige que la persona tenga ciertos pensamientos, sentimientos o expectativas, la acción debe ser practicada de acuerdo con esos sentimientos, pensamientos o expectativas; y vi) incluso después del procedimiento, los agentes deben actuar de acuerdo con él.

Estos requisitos para la realización del acto del habla integran aquello que denominamos, en el último tópico, competencia. En el plano de las normas jurídicas, la propuesta presentada en el capítulo 3 sirve para sintetizar todos esos elementos en una única estructura normativa condicional.

La ausencia de cualquiera de ellos compromete la emisión de los actos del habla. Vale decir, la ausencia de cualquiera de esos elementos representa la producción de un acto del habla que no atiende a los patrones de sentido previstos por el sistema del cual forma parte.

Austin denominó fracasos o infelicidades a los actos del habla defectuosos o que no se realizan por la ausencia de uno de sus elementos. Los casos de fracaso varían según el tipo de requisito incumplido. En caso la enunciación sea hecha, por ejemplo, sin atender a ninguno de los cuatro primeros requisitos, se dice que el acto es fallido. Por otra parte, si hubiese incumplimiento de los dos últimos, habrá abuso.

En cualquiera de esas hipótesis, emitir un acto del habla es una forma de acción, cuya ocurrencia feliz está condicionada al cumplimiento de requisitos convencionalmente establecidos.

En el derecho positivo, análogamente, podemos pensar en proposiciones cuya simple existencia podría ser vista como un acto locucionario. Son las normas jurídicas. Sin embargo, toda y cualquier norma es puesta en el sistema de derecho positivo para desempeñar una función prescriptiva, regulando comportamientos humanos intersubjetivos. Esta sería su fuerza ilocucionaria. Por último, analizando su fuerza perlocucionaria desplazaríamos la atención hacia el plano de la eficacia normativa, vale decir, hacia la circunstancia en la cual los sujetos estén o no cumpliendo los comandos.

Según el paralelo que acabamos de establecer, los «actos del habla deónticos», en la expresión de Tárek Moysés Moussallem[486], deben observar ciertos requisitos, cuyo conjunto recibe el nombre de competencia. Atendiendo o no a la competencia que regula la pronunciación de los actos del habla jurídicos, será posible afirmar la existencia de un ejercicio feliz o infeliz que, según la doctrina jurídica, puede ser considerado como acto válido o inválido.

El aparato conceptual de la teoría de los actos del habla ofrecería mucho más en lo que concierne a la comprensión de los procesos de creación de normas jurídicas, su estructura, sentido y función. Sin embargo, buscamos reproducir solo algunos de sus conceptos fundamentales para hacer evidente un punto relevante para la construcción de este trabajo y, de forma acentuada, de la parte estudiada. Se trata de la relación entre los requisitos del acto del habla y la felicidad de su enunciación.

---

486 Moussallem, Tárek Moysés. *Revogação em matéria tributária*. São Paulo: Noeses, 2005, p. 68.

Al transportar esta teoría al plano del derecho positivo, con todas las modificaciones y cuidados que este tipo de operación exige, hacemos todavía más evidentes los vínculos que unen competencia (concepto que agrega los enunciados que programan la creación de otras normas), felicidad del acto (noción análoga al de validez de los actos jurídicos), y su fuerza perlocucionaria (el hecho de ajustarse los sujetos o no a los términos de la ley).

La teoría de los actos del habla[487], puesta así, en términos breves, abre espacio para un análisis impensable desde la perspectiva del sentido y de la estructura. Sin embargo, esta misma teoría hace que pensemos que el simple cumplimiento de los requisitos del habla sea condición suficiente para que se tenga un acto feliz. Sin embargo, sabemos que en el sistema de derecho positivo, así como en la Ciencia del Derecho, la felicidad o infelicidad de un acto normativo depende no solo del cumplimiento de los requisitos puestos de forma abstracta, absoluta y universalmente válidos. Depende, sí, de los usos que se dispense al tema. Y esos usos, por su parte, están vinculados directamente a las estrategias de legitimación de los actos de habla.

10.4. El problema de la legitimación de las proposiciones prescriptivas y descriptivas

¿Quién puede decidir si fueron o no atendidos los requisitos para la felicidad de un acto del habla? Y, siendo atendidos estos requisitos de éxito, ¿quién puede prever la fuerza perlocucionaria que él desempeñará? Si fuese posible establecer criterios absolutos y universales para responder estas preguntas, tendríamos por superados los conflictos de interés en materia tributaria.

Y esto ocurre en virtud de la premisa que expusimos en la primera parte del trabajo, según la cual una norma jurídica es válida, porque fue producida de acuerdo con otra norma jurídica, vale decir, el mensaje prescriptivo de una norma es compatible con la otra que fundamenta su validez. El problema surge, precisamente, en identificar qué norma es compatible con la norma superior y, además, qué sentidos pueden ser imputados tanto a la norma superior como a la norma inferior. Eso es lo que Marcelo NEVES explica, al exponer lo siguiente:

> Sin embargo, aunque sea innegable que de la complejidad de la sociedad moderna resulta una enorme plurivocidad y vaguedad del texto constitucional, condicionada pragmáticamente por los valores, intereses y expectativas presentes en la esfera pública pluralista, no se puede afirmar que el lenguaje jurídico sea arbitrario. Es verdad que los sentidos objetivos son construidos en cada contexto específico de uso, pero los sentidos construidos socialmente pasan a tener una fuerza que sobrepasa la voluntad o la disposición subjetiva del eventual intérprete o usuario. Por lo

[487] Estas ideas reflejan tan solo la posición de John AUSTIN acerca de los actos del habla.

tanto, en la interpretación jurídica, no se trata de extraer arbitrariamente de una infinidad de sentidos de los textos normativos la decisión concretizadora, en los términos de un contextualismo decisionista, sino también es insostenible la concepción ilusoria de que solo hay una solución correcta para cada caso, conforme los criterios de un juez hipotético racionalmente justo[488].

No es difícil percibir que el modo de precisar el sentido de los conceptos presentes en los dos discursos es de fundamental importancia para afirmar o negar la compatibilidad entre ellos. El efecto inmediato de ser reconocida o no la compatibilidad entre los sentidos, es identificar la validez o invalidez de la norma creada. Y, de forma más concreta, la concordancia o no con los términos de una definición, está directamente ligada al deber de cumplir o no una norma jurídica, de realizar o no una conducta, de pagar o no un tributo.

En esas circunstancias, es evidente que el problema no se resume a conocer las relaciones de significación, los tipos de sentido o las técnicas de definición. La cuestión central para la solución de conflictos de interés relacionados a la significación de los términos está en la forma de atribuirse legitimidad a este o aquel sentido, en detrimento de otros igualmente posibles. Tratando de este tema, desde la perspectiva de la teoría de los sistemas, Marcelo NEVES señala lo siguiente:

> La posibilidad de una decisión más justificable a la luz de los principios y las reglas constitucionales me parece evidente. El problema está precisamente en delimitar las fronteras entre las interpretaciones justificables y las que no son 'atribuibles' a los textos constitucionales y legales en el Estado Democrático de Derecho. Como veremos, no se trata de límites estáticos, puesto que las metamorfosis normativas sin alteración textual pueden conducir al cambio de las fronteras entre los campos de las interpretaciones legítimas e ilegítimas[489].

Con ello el autor muestra que el problema no está en la producción del mensaje normativo o de «descubrirse el sentido» de este o de aquel término. Eventuales conflictos en el modo de atribuir sentido a una norma no son, propiamente, conflicto entre interpretaciones. Hay, sí, un choque entre formas de legitimar una interpretación en detrimento de otra, igualmente justificable. Además, el modo de legitimar construcciones de sentido no sigue una fórmula estática, universalmente válida. Más bien ocurre lo contrario, pues con las circunstancias sociales cambian los valores, las creencias y con ellas la forma de construir el sentido de los textos.

---

488 NEVES, Marcelo. *Entre Têmis e Leviatã: uma relação difícil*. São Paulo: Martins Fontes, 2006, p. 206.

489 *Ibídem*, p. 207.

10.5. Dialogismo e intertextualidad: el diálogo entre textos como forma de legitimación

Retomemos la idea según la cual el sentido es construido por la relación entre texto y contexto. El primero, ya vimos, es el conjunto de significantes. El segundo es compuesto por los demás textos percibidos por el intérprete y que condicionan la propia formación del sentido.

Esta observación de la relación entre texto y contexto aleja la idea de que el sentido es elaborado monológicamente, a partir de una única perspectiva. El sentido es fruto de la conjugación de textos, que se articulan creando y condicionando relaciones de significación. La referencia genérica a un contexto acaba por ser una metáfora de innumerables circunstancias que, aunque influencien la producción de sentido, no pueden ser identificadas, definidas y clasificadas.

Mikhail M. BAKHTIN[490] propuso una distinción fundamental entre «unidades potenciales de la lengua» y «unidades reales de la comunicación». Las primeras son elementos percibidos fuera de las circunstancias de uso, como palabras, frases o normas jurídicas que pueden ser introducidas en una comunicación cualquiera. Tomados como elementos aislados, sin un contexto comunicativo, permiten la construcción de definiciones, así como el estudio de la estructura y del sentido de las proposiciones. Este es el caso de las normas de competencia tributaria completas que definimos como unidades potenciales del mensaje jurídico, formuladas por medio de abstracciones metodológicamente orientadas, sin coincidir, en absoluto, con los mensajes normativos ordinariamente referidos en la comunicación jurídica.

Mientras que las unidades reales de la comunicación, denominadas enunciados[491], son entidades dialógicas, pues su sentido está formado por el contacto que mantienen con los enunciados producidos por el mismo o por otros sujetos. Este es, precisamente, el núcleo de la idea de BAKHTIN, en la forma expuesta por José Luiz FIORIN:

> Un objeto cualquiera del mundo interior o exterior se muestra siempre condicionado por ideas generales, por puntos de vista, por apreciaciones de los otros; se da a conocer para nosotros desacreditado, contestado, evaluado, exaltado, categorizado, iluminado por el discurso ajeno. No hay ningún objeto que no parezca cercado, envuelto, embebido en discurso ajeno. Por eso, todo discurso que hable de cualquier objeto no está orientado hacia la realidad en sí, sino hacia los discursos que la circundan. Así pues, toda palabra dialoga con otras palabras, se constituye a partir de otras palabras, está rodeada de otras palabras[492].

---

490 BAKHTIN, Mikhail. *Estética da criação verbal*. 4.ª ed. São Paulo: Martins Fontes, 2003, p. 102.

491 Destacamos que el sentido imputado a la expresión «enunciado», en esta parte del trabajo, es diverso de aquel definido en el pequeño glosario de instrumentos teóricos.

492 FIORIN, José Luiz. *Introdução ao pensamento de Bakhtin*. São Paulo: Ática, 2006, p. 19.

Una primera idea sobre el dialogismo sugiere que el enunciado, visto como unidad real de comunicación, se constituye a partir de la relación con otros enunciados. Sin embargo, este contacto entre enunciados no es, necesariamente, armonioso o conflictivo, benéfico o maléfico, afirmativo o negativo, convergente o divergente. El aspecto esencial que debe ser destacado es que, en una perspectiva dialógica, el sentido de un enunciado es una forma de atender la provocación de otro enunciado.

La Ciencia del Derecho responde, con sus enunciados, a provocaciones de sentido despertadas en los observadores por el contacto con los textos de derecho positivo. Por su parte, el mensaje de una norma jurídica está en constante diálogo con el mensaje de otras normas y, en una acepción amplia, con las propias construcciones doctrinarias, jurisprudenciales y sociales. Al respecto, Paulo de Barros CARVALHO sugiere lo siguiente:

> (...) la intertextualidad en el derecho, se presenta en dos niveles bien característicos: (i) lo estrictamente jurídico, que se establece entre las varias ramas del ordenamiento (intertextualidad, interna o intrajurídica); y (ii) el llamado jurídico en acepción lata, comprendiendo todos los sectores que tienen al derecho como objeto, pero lo consideran desde el ángulo externo, vale decir, en relación con otras propuestas cognoscentes, así como la Sociología del Derecho, la Historia del Derecho, la Antropología Cultural del Derecho, etc. (intertextualidad externa o extrajurídica)[493].

En un ejemplo en el que una norma N1 instituye la regla matriz de incidencia tributaria del ISS en el Municipio de Belmonte, es posible percibir diálogos entre N1 y la norma que fundamenta su validez; N1 y la norma anterior que regulaba el ISS; N1 y la norma posterior, inferior, que positiviza los comandos generales y abstractos al caso concreto; N1 y las normas que positivizan de forma irregular el cobro del ISS; además de N1 y los textos doctrinarios que con ella dialogan produciendo sentidos, meramente descriptivos. A dichos diálogos, muchos otros podrían ser relacionados, sea entre los elementos del sistema, sea entre elementos del sistema jurídico con otros sistemas lingüísticos sociales.

La forma como se dan esos diálogos puede variar. José Luiz FIORIN[494], después de reiterar que el dialogismo es la explicación del funcionamiento real del lenguaje y, de esta forma, del propio modo de constitución de los enunciados, afirma que hay dos maneras fundamentales de introducir el discurso del otro en el enunciado: i) en un caso el discurso ajeno es abiertamente citado, objetivado, siendo llamado como dialogismo composicional; y ii) en el otro, hay el dialogismo constitutivo, que no se muestra ostensivamente, siendo

---

493 CARVALHO, Paulo de Barros. *Direito tributário, linguagem e método*. 2.ª ed. Noeses: São Paulo, 2008, p. 19.

494 FIORIN, José Luiz. *Introdução ao pensamento de Bakhtin*. São Paulo: Ática, 2006, p. 52.

percibido solo en las llamadas «entrelíneas». En un caso y en otro, algunas figuras del lenguaje, como los discursos directos e indirectos, las parodias o estilizaciones, tratan de evidenciar los vínculos dialógicos entre enunciados.

José Luiz FIORIN[495] señala que aquello que vimos, denominado dialogismo, después de ser estudiado y difundido por autores como Roland BARTHES y Julia KRISTEVA, pasó a ser denominado intertextualidad. Y es con ese nombre que Paulo de Barros CARVALHO trae la siguiente idea:

> (...) la intertextualidad está formada por el intenso diálogo que los textos mantienen entre sí, sean ellos pasados, presentes o futuros, importando poco las relaciones de dependencia que hubiese entre ellos. En realidad, una vez insertados en el sistema, pasan a conversar con otros contenidos, intrasistemáticos y extrasistemáticos, en un denso intercambio de comunicaciones[496].

Es de este enfrentamiento entre textos, o enunciados, que los sentidos del mensaje normativo son producidos. Asimismo, de este diálogo es que se articulan cadenas de argumentación para legitimar esa o aquella definición y, en virtud de ello, se producen situaciones de armonía o conflictos de interés. Además, la propia idea de regulación de conducta es fruto de las asociaciones entre ser o no una conducta obligada, estar o no sujeto a la imputación de consecuencia sancionatoria.

Los textos de derecho positivo y de la Ciencia del Derecho siempre están en una relación constante. Los sentidos producidos por la Ciencia influencian decisiones en el derecho positivo, así como las disposiciones del derecho positivo constituyen el propio objeto de las consideraciones de la Ciencia Jurídica. Dialógicamente, textos de la Ciencia y del derecho positivo se condicionan mutuamente. Además, cada uno de ellos, individualmente, se relaciona con otras especies de texto que dan forma al contexto. Y todos estos vínculos ocurren sin que los dos sistemas lingüísticos pierdan su respectiva autonomía, como sistemas de lenguaje que cumplen papeles distintos.

Por lo tanto, aceptada la premisa del dialogismo o de la intertextualidad no hay cómo meditar sobre la producción de sentido de un texto abstrayendo su relación con los demás.

10.6. Otros esclarecimientos sobre el análisis funcional de la competencia tributaria

Apuntamos cuatro nociones fundamentales de la teoría del lenguaje que sirven de instrumento para el análisis funcional de la competencia.

---

495 *Ibídem*, p. 53.

496 CARVALHO, Paulo de Barros. *Direito tributário, linguagem e método*. 2.ª ed. Noeses: São Paulo, 2008, p. 17.

Cada una de ellas destaca un aspecto distinto (pero complementario) de esas normas. La distinción entre lengua y habla resalta que en todo el lenguaje, y el jurídico no es la excepción, existe una parte predominantemente estática y otra dinámica. La estática corresponde a la estructura y sentido de la competencia tributaria. La dinámica consiste en los actos individuales de selección y actualización, practicado por sujetos competentes, para crear normas relacionadas a la tributación. En un constante proceso de alimentación recíproca, la lengua programa el habla y el habla actualiza la lengua. Vale decir, la competencia programa la creación de normas y estas actualizan el modo de interpretar los elementos que dan forma a la competencia.

La teoría de los actos del habla ofrece nuevos elementos para el análisis de los procesos de positivización de la competencia. Aquello que vimos de forma unitaria, con el nombre de uso, habla o desempeño, recibe el nombre de acto locucionario. Este, por su parte, proyecta efectos distintos que se desdoblan en aspecto ilocucionario y perlocucionario. El aspecto ilocucionario del enunciado prescriptivo es el orden positivizado en la norma. El carácter ilocucionario desplaza el análisis para el plano de la eficacia, vale decir, los destinatarios realizando la conducta prescrita. La realización feliz de estos actos está sujeta al cumplimiento de requisitos. De allí, también, la fácil analogía que se puede establecer entre felicidad/infelicidad y validez/invalidez de los actos jurídicos.

Sin embargo, y si pasáramos a indagar ¿cuál es el sentido del acto del lenguaje? ¿Qué conducta efectivamente está siendo prescrita? ¿La norma producida es válida, vigente o eficaz? No encontraremos respuestas en la teoría de los actos de habla.

Por eso añadimos el tema relativo a la legitimación, o fundamentación, de las proposiciones normativas. Es ese orden de consideraciones que explica por qué es una práctica común, tanto en el derecho positivo como en la dogmática, el recurso de citas jurisprudenciales, doctrinarias y relativas hasta a hechos políticos, económicos, religiosos, entre otros. Toda actividad dogmática está, en un último análisis, predestinada a la legitimación de ideas, interpretaciones, utilizadas en la aplicación de las normas jurídicas.

Y es ese punto -el de la legitimación de propuestas interpretativas- que posibilita el contacto entre participante y observador. El participante produce normas. El observador, interpretaciones. Las normas provocan el surgimiento de la dogmática. Esta ofrece elementos retóricos para la fundamentación de los actos de positivización. Y, aunque siguiendo patrones de racionalidad distintos y desempeñando funciones pragmáticas inconfundibles, observadores y participantes mantienen una íntima relación, consubstanciada en la atribución de elementos de legitimación recíprocas. En síntesis, la dogmática ofrece instrumentos para la aplicación del derecho positivo y el derecho positivo, especialmente, fruto del ejercicio de competencias jurisdiccionales, es en tanto más legítimo mientras más esté fundamentado en una sólida doctrina.

Por último, esas formas recíprocas de diálogo entre observadores y participantes, orientadas a otorgar consistencia a las proposiciones de la teoría jurídica y legitimidad a la aplicación del derecho positivo, quedan todavía más evidentes con los conceptos de dialogismo e intertextualidad. Eso porque el propio sentido de un texto solo es elaborado frente al sentido de otros textos que se vinculan con él, de forma ostensible u oculta. Además, es con la intertextualidad ostensible, elaborada a partir de citas y referencias, que se legitiman interpretaciones, siendo esta, innegablemente, la finalidad primera de toda dogmática jurídica.

CAPÍTULO 11
PARA UNA TEORÍA DE LA (IN)VALIDEZ DE LAS NORMAS JURÍDICAS

Estudiamos la competencia tributaria para identificar las normas jurídicas relativas a la tributación; percibir cómo surgen estas normas, se transforman y se extinguen; distinguir una norma producida de forma regular de otras producidas irregularmente; tener argumentos para demostrar esa irregularidad; percibir qué reacciones prescribe el sistema de derecho positivo para las normas irregulares. Estos propósitos, todos ellos, evidencian el estricto vínculo entre competencia y validez de las normas jurídicas.

Es precisamente ese vínculo y sus desdoblamientos más próximos que ocuparán nuestras atenciones en los próximos ítems.

11.1. Plurivocidad de acepciones: pluralidad de concepciones

Plurívoco[497], el término «validez de las normas jurídicas» puede asumir, entre otras, las siguientes acepciones: especial forma de existencia de una norma[498]; atributo de la norma compatible con aquella que programó su creación[499]; aptitud para

[497] Robson Maia Lins presenta ocho significados para la palabra «validez»: «Incluso en los cuadrantes de cada nivel lingüístico enfocado, surgen las variables polisémicas del término. Validez es una palabra plurívoca, que, de entre sus significados, los más empleados son: (i) fuente formal del derecho; (ii) fundamento de validez; (iii) proceso de invalidación de normas; (iv) el acto que pone en el sistema la norma invalidante; (v) la corrección de la norma; (vi) vigencia; (vii) eficacia y (viii) relación de pertinencia de la norma con el sistema» (Lins, Robson Maia. *Controle de constitucionalidade da norma tributária. decadência e prescrição.* São Paulo: Quartier Latin, 2005, p. 73).

[498] «(...) Cuando se dice: 'una norma vale', se admite esa norma como existente. 'Validez' es la específica existencia de la norma, que precisa ser distinguida de la existencia de hechos naturales, y especialmente de la existencia de los hechos por los cuales ella es producida» (Kelsen, Hans. *Teoria geral das normas.* Porto Alegre: Fabris, 1986, p. 3).

[499] «Para que algo valga es preciso que exista. No tiene sentido hablar de validez o de invalidez respecto de lo que no existe. La cuestión de la existencia es una cuestión previa. Solamente después de afirmarse que algo existe, es posible pensar en validez o en invalidez» (Miranda, Francisco Cavalcanti Pontes de. *Tratado de Direito Privado.* Parte Geral. Tomo IV. Río de Janeiro: Borsoi, 1970, p. 7).

venir a ser aplicada por un tribunal[500]; circunstancia de, efectivamente, regular comportamientos[501]; compatibilidad de la norma del derecho positivo con patrones religiosos, racionales o humanos, en una acepción amplia[502].

Cada uno de estos sentidos corresponde a un punto de vista posible sobre el tema de la validez de las normas jurídicas y se refiere a modos diferentes de comprender lo que es el propio Derecho. Tenemos, entre las concepciones que acabamos de apuntar, ideas relativas a la concepción del derecho natural, realista escandinava y positivista, percibida tanto desde la óptica de quien describe, como desde la perspectiva de quien prescribe normas.

Pues bien, como vimos en la segunda parte del trabajo, definir el concepto de una expresión presupone escoger un sentido y abandonar otros, igualmente posibles. En el caso, definir el concepto de validez presupone escoger una concepción de lo que es el Derecho, o un punto de vista sobre él, abandonando otros.

Siendo así, antes de reafirmar nuestra «decisión» por el positivismo jurídico, veamos algunos otros pormenores de las demás concepciones.

11.2. Concepciones relativas a la existencia, aplicabilidad, pertinencia y validez de las normas jurídicas: el punto de vista de los observadores contrapuesto al de los participantes

La idea de que norma jurídica válida es aquella que se ajusta a la naturaleza (esto es, patrones morales, racionales o religiosos) es propia del iusnaturalismo y se muestra completamente incompatible con las premisas y la orientación de investigación de este trabajo.

Ya fijamos la premisa de que la norma jurídica es aquella que surge, se modifica y se cambia por fuerza de una decisión, tomada por un sujeto competente. No tendría sentido, pues, seguir la línea del estatuto teórico de las propuestas iusnaturales.

---

500 «(...) Solo los fenómenos jurídicos en sentido restringido -la aplicación del derecho por los tribunales- son decisivos para determinar la vigencia de las normas jurídicas. (...) Por lo tanto, para hallar los hechos que condicionan la vigencia de las normas debemos atender exclusivamente a la aplicación judicial del derecho, y no al derecho en acción entre individuos particulares (ROSS, Alf. *Direito e justiça*. São Paulo: EDIPRO, 2000, p. 60).

501 «(...) Eficacia es condición de la validez de una norma jurídica, a saber, en el sentido de que una norma jurídica pierde su validez si deja de ser eficaz o si pierde su eficacia. Eficacia tiene que añadirse a la 'puesta en validez' de una norma jurídica para que esta no pierda su validez. No para adquirir la validez, sino para seguir siendo válida, una norma jurídica tiene que ser eficaz. Pues una norma jurídica adquiere su validez ya antes de poder ser eficaz; un tribunal aplica en un caso concreto una ley recién promulgada y que, por lo tanto, no pudo todavía ser eficaz, aplica normas jurídicas válidas. Pero una norma jurídica no es considerada como válida si permanece durante un largo tiempo ineficaz» (KELSEN, Hans. *Validez y eficacia del derecho*. Buenos Aires: Astrea, 2005, p. 72).

502 ALEXY, Robert. *El concepto y la validez del derecho*. Barcelona: Gedisa, 2004, *passim*.

Estudiaremos la validez de las normas desde la perspectiva positivista. Investigaremos el sentido de ser, norma válida en el sistema de derecho positivo, el fundamento de esta norma y los efectos de la validez. Veremos, también, las consecuencias de no ser norma válida, además de los efectos que proyecta en su vigencia y eficacia.

Sin embargo, esclarecer el punto de vista no libera de controversias al tema. Basta ver el siempre actual y estimulante debate sobre la semejanza o la diferencia entre los conceptos de validez y existencia. Si estos conceptos asumieran sentidos distintos, la existencia de la norma en el sistema jurídico es anterior e independiente de la validez. Por lo tanto, serían cosas distintas el estar en el sistema y el ser norma válida.

Equiparando los conceptos de existencia y validez, sería inadecuado hablar de norma que existe y no es válida, pues valer es la especial forma de existir de una norma. En otras palabras, la norma existe valiendo, prescribiendo conductas coercitivamente. De allí que se cuestione: ¿Si la norma no vale, cómo es que sigue prescribiendo conductas? ¿Siendo aplicada con el uso de la forma? ¿Siendo refrendada por el Poder Judicial? ¿Si no vale, no vale para quién y según quién?

Aquí, el sentido de validez es sutilmente modificado, dejando de ser un juicio de regularidad y pasando a ser la forma de existencia de la norma[503]. Sin embargo, esa modificación refleja un cambio de punto de vista entre la primera y la segunda posición. Dejaremos esta distinción más clara a continuación.

Al contrario de lo que pueda parecer, entendemos que no existe ninguna controversia -contradicción o contradictoriedad- entre las concepciones de validez como sinónimo de existencia o como conceptos distintos.

Explicamos: para que exista una contradicción o una contrariedad es necesario que una proposición signifique lo contrario de la otra o que las dos no puedan ser simultáneamente verdaderas. En el presente caso, no tenemos ni una contradicción, ni una contrariedad.

---

[503] Paulo Roberto Lyrio PIMENTA afirma que la validez puede ser observada a partir de dos modelos teóricos: «En el primero, la validez es considerada como sinónimo de existencia de la norma. Decir que la norma vale significa afirmar que esta pertenece a determinado ordenamiento jurídico. Norma válida es aquella producida por la autoridad competente, según el procedimiento previsto en ley. Por ello, en esa línea de posicionamiento, la validez es la esencia de la norma, despreciándose en su análisis el contenido de la regla jurídica. Otro modo de observar el problema es entender la validez como predicado, como atributo de la norma jurídica. Siendo así, se trata de la conformidad de la norma con el ordenamiento jurídico, razón por la cual se separa, en tal modelo, dentro del mundo jurídico, los planos de validez y el de la existencia. La validez es vista, por ello, como cualidad, como algo que se agrega al objeto -norma jurídica-, y no como su propia esencia» (PIMENTA, Paulo Roberto Lyrio. Normas de competência e o controle de validade da norma impositiva tributária, *in* Eurico Marcos DINIZ DE SANTI. (org.). *Segurança Jurídica na Tributação e Estado de Direito*. São Paulo: Noeses, 2005, p. 840).

Los dos modos de explicar la validez son, simultáneamente, posibles, pues reflejan puntos de vista distintos sobre el sistema jurídico. Uno es el punto de vista de quien ve para describir, y el otro de quien prescribe normas, regulando conductas.

11.2.1. Validez como existencia: el punto de vista de los participantes

Quien equipara existencia y validez, decide describir el derecho desde la perceptiva de quien decide, como si fuese un órgano juzgador. El estar en el sistema, por sí solo, ya es suficiente para que se pueda afirmar que la norma es, por lo menos presumiblemente, válida. Es lo que sostiene Paulo de Barros CARVALHO en el siguiente fragmento:

> (...) La validez no debe ser considerada como predicado monádico, como propiedad o como atributo que califica la norma jurídica. Tiene estatus de relación: es el vínculo que se establece entre la proposición normativa, considerada en su entereza lógico-sintáctica y el sistema de derecho legislado, de tal suerte que al decir que una norma 'n' es válida, estaremos expresando que ella pertenece al sistema 'S'. Ser norma es pertenecer al sistema, el 'existir jurídico específico' a la que alude KELSEN. (...) Sea como fuese, ingresando en el ordenamiento por la satisfacción de los requisitos que se hicieran necesarios, identificamos la validez de la norma jurídica, que así se mantendrá hasta que deje de pertenecer al sistema[504].

Y, siendo el derecho positivo un sistema del tipo dinámico, solo un órgano del propio sistema puede, válidamente, decidir si una norma fue o no producida según la respectiva norma de competencia tributaria:

> Según la naturaleza del fundamento de validez, podemos distinguir dos tipos diferentes de sistemas de normas: un tipo estático y un tipo dinámico. Las normas de un ordenamiento del primer tipo, quiere decir, la conducta de los individuos determinada por ellas, es considerada como debida (debiendo ser) por fuerza de su contenido: porque su validez puede ser reconducida a una norma cuyo contenido puede ser subsumido al contenido de las normas que forman el ordenamiento, como lo particular a lo general. El tipo dinámico es caracterizado por el hecho que la norma fundamental presupuesta no tiene por contenido salvo la institución de un hecho productor de normas, la atribución de poder a una autoridad legisladora o -lo que significa lo mismo- una regla que determina cómo deben ser creadas las normas generales e individuales del ordenamiento fundado en esta norma fundamental[505].

---

504 CARVALHO, Paulo de Barros. *Direito tributário: fundamentos jurídicos da incidência*. 5.ª ed. São Paulo: Saraiva, 2006, p. 57.

505 KELSEN, Hans. *Teoria pura do direito*. 6.ª ed. São Paulo: Martins Fontes, 1999, p. 220.

La fragilidad de este punto de vista está en no describir, adecuadamente, los casos en los que la norma jurídica fue producida sin fundamento de validez. Este punto es, precisamente, lo que resalta Pontes de MIRANDA en el siguiente fragmento:

> Los juristas que no distinguen lo no existente y lo nulo, excluyen la clase nula, y tropiezan con ella a cada momento, porque el Derecho, histórica y sistemáticamente, alude a ella. Al pretender tratarla como sinónimo de no-existente, cometen un error de lógica (confusión entre 'nulo' en el sentido de que no tuviera todos los elementos componentes, de modo que los que tienen no operan, y 'no existente')[506].

¿Cómo explicar, desde esa perspectiva, que una norma estuvo en el sistema jurídico prescribiendo conductas y que, después de un análisis del Poder Judicial, tuvo su invalidez reconocida? ¿Y cuando ocurre, por ejemplo, un control de constitucionalidad difusa y la norma jurídica es inconstitucional para unos y constitucional para otros? ¿Y todas las normas del sistema de derecho positivo que tipifican las nulidades, imputan consecuencias para su ocurrencia, son normas que prescriben disposiciones para fuera del sistema? Estas son solo algunas de las preguntas que se nos ocurren desde este punto de vista.

Para responderlas, es útil pensar en la distinción entre validez y existencia.

11.2.2. Validez como atributo de la norma: el punto de vista de los observadores

Los que separan los conceptos de validez y existencia, así lo hacen porque entienden que la norma puede estar en el sistema de derecho positivo sin ser válida[507]. Así, una cosa es existir, otra es haber sido producida de acuerdo con lo que prescribe la norma de competencia. A este respecto, Pontes de MIRANDA afirma lo siguiente:

> 1. EXISTIR Y VALER - *Para que algo valga es preciso que exista. No tiene sentido hablarse de validez o de invalidez acerca de lo que no existe. La cuestión de la existencia es una cuestión previa. Solamente después de afirmarse que existe es posible pensar en validez o en invalidez. No todo lo que existe es susceptible de discutir si vale, o si no vale. No hay que afirmar ni negar que el*

506 MIRANDA, Francisco Cavalcanti Pontes de. *Tratado de Direito Privado*. Parte Geral. T. 4. Río de Janeiro: Borsoi, 1970, p. 8.

507 «Contrariamente a la opinión extendida entre los teóricos del derecho, distingo cuidadosamente la validez de la 'existencia' (de una norma, de una disposición o de una fuente). Es condición necesaria para que una norma sea válida y conforme a todas las normas que regulan su creación. Para que una norma exista en el ordenamiento, en cambio, no es preciso tanto: es suficiente que sea creada por una autoridad normativa *prima facie* competente para crear ese tipo de normas. En otros términos, se dice que una norma, disposición o fuente es 'existente' cuando ha sido creada en conformidad (no a todas, sino incluso solo) con algunas de las normas que regulan su creación» (GUASTINI, Riccardo. *Distinguiendo: estudios de teoría y metateoría del derecho*. Barcelona: Gedisa, 1999, p. 320).

nacimiento, la muerte, la avulsión, o el pago valga. No tiene sentido. Tampoco, acerca de lo que no existe: si no hubo acto jurídico, nada hay que pueda ser válido o inválido. Los conceptos de validez o de invalidez solo se refieren a actos jurídicos, vale decir, a actos humanos que entraron (plano de la existencia) en el mundo jurídico y se hicieron, así, actos jurídicos[508].

De esta forma, el sistema de las normas que existen se divide en dos conjuntos, el de las normas válidas y el de las normas inválidas. Por lo tanto, la invalidez está en el sistema de derecho positivo, siendo calificada y teniendo los efectos de su ocurrencia programados por otras normas.

En ese sentido, Lourival VILANOVA sostiene lo siguiente:

> Los conceptos de existencia y de inexistencia, que el conocimiento jurídico usa, están referidos a las normas. La norma es siempre el presupuesto de la experiencia específicamente jurídica, lo muestra Norberto Bobbio. Separar los planos de la existencia, de la validez y de la eficacidad es acertado epistemológicamente y metodológicamente. Pero, en la textura de lo real, el ser y el no-ser son relevantes porque se predican como calificados en juicios de validez. La correspondencia entre los elementos del hecho y las notas del tipo (prefiguradas en la hipótesis de la norma) no es de conformidad neutra o desconformidad, sino de simultánea e ineludible valoración, en las especies de licitud o ilicitud. Lo que es lógicamente separable, ónticamente es interconexo[509].

La inconsistencia de este punto de vista resulta del hecho de no procesar la circunstancia de que el derecho positivo es un sistema dinámico. El juicio de validez es, necesariamente, prescriptivo. En otras palabras, en términos concretos, la afirmación de invalidez realizada en la Ciencia del Derecho es irrelevante para el derecho positivo.

La señal de validez o invalidez de la norma jurídica no cambia frente a la posición de la doctrina. Solo el propio sistema, mediante la publicación de una norma, puede prescribir modificaciones en el sistema jurídico. De allí la completa irrelevancia prescriptiva de la distinción entre existencia y validez. Si es inválido, ¿es inválido para quién? ¿De qué sirve la afirmación de invalidez? ¿Quién me calificó para afirmar o negar la validez de una norma?

Son preguntas que no encuentran respuestas satisfactorias entre aquellos que acatan la distinción entre validez y existencia.

11.2.3. Validez como aplicabilidad: un criterio realista

Las normas que están en el sistema de derecho positivo pueden ser clasificadas como válidas y no válidas. Sin embargo, ¿qué significa estar en el sistema de derecho positivo? ¿Cómo puedo saber si una norma es o no jurídica?

---

508 MIRANDA, Francisco Cavalcanti Pontes de. *Tratado de direito privado*. Parte Geral. T. 1. Río de Janeiro: Borsoi, 1954, p. 7.

509 VILANOVA, Lourival. *Causalidade e relação no direito*. 4.ª ed. São Paulo: Revista dos Tribunais, 2000, p. 322.

Responder estas preguntas con criterios estructurales o de sentido es insuficiente. La simple estructura de la norma o su contenido, aisladamente, no bastan para que se pueda afirmar que una norma es efectivamente jurídica.

Por ejemplo, un profesor de Derecho puede crear una norma para instituir el impuesto sobre grandes fortunas. Esa norma, a pesar de tener la estructura lógica de una norma jurídica y que prescriba contenidos autorizados por la Constitución de la República, no puede ser calificada como elemento del sistema de derecho positivo.

En la incertidumbre de los criterios de forma y sentido, solo el criterio funcional puede ofrecer una respuesta satisfactoria: es la posibilidad de ser aplicado por acto del Poder Judicial que califica una norma como jurídica. Ese atributo, de ser objeto de un proceso judicial, es el criterio por excelencia para saber si una norma está o no en el sistema jurídico.

Es precisamente esta la idea preconizada por Alf Ross[510], uno de los más destacados representantes del realismo escandinavo. Según este autor, el criterio que separa a las normas válidas de las no válidas es pragmático y consiste en la circunstancia en la cual una norma es susceptible de control por el Poder Judicial[511].

Entendemos que la efectividad -posibilidad de aplicación- es un criterio relevante para la comprensión de las normas jurídicas. Sin embargo, este criterio no se refiere a la validez o invalidez de la norma, pues, como vimos, el juicio de validez o invalidez en los sistemas dinámicos solo compete a los órganos del propio sistema.

Veamos la lección de Alf Ross a este respecto:

> (...) Solo los fenómenos jurídicos en sentido restringido -la aplicación del derecho por los tribunales- son decisivos para determinar la vigencia de las normas jurídicas. (...) Por lo tanto, para hallar los hechos que condicionan la vigencia de las normas debemos atender exclusivamente a la aplicación judicial del derecho, y no al derecho en acción entre individuos particulares[512].

El criterio de efectividad es útil, entonces, para el juicio de existencia de la norma en un sistema cualquiera. Existe la norma que pueda ser sometida a la aplicación del poder jurisdiccional. No existe la norma que no pueda ser aplicada por algún órgano que desempeñe la función jurisdiccional, de forma típica o atípica. El criterio es pragmático. Si existe la posibilidad concreta que la jurisdicción aplique lo que prescribe una determinada proposición, ella existe jurídicamente. Puede ser entendida como una proposición prescriptiva coercitiva. Si no puede ser aplicada por la jurisdicción, no existe. Es, simplemente, una proposición de la orden del ser, sin contenido jurídico prescriptivo.

---

510 Ross, Alf. *Direito e justiça*. São Paulo: EDIPRO, 2000, p. 66.

511 Ya comentamos al respecto en el capítulo 2.

512 Ross, Alf. *Direito e justiça*. São Paulo: EDIPRO, 2000, p. 60.

Al optar por el criterio de efectividad de la norma como criterio de existencia o inexistencia, abandonamos las soluciones tradicionales que buscaban indicar requisitos de validez para que una norma exista en el sistema jurídico. En efecto, no es el hecho de haber sido producida por un órgano habilitado por el sistema, ni seguir un procedimiento debido, ni cualquier otro dato objetivo.

Un alcalde que decida crear, por medio de una ley, un adicional del impuesto a la renta municipal, está creando tributo sin ser sujeto competente, sin usar el proceso legislativo adecuado, y disponiendo sobre materia que le es prohibida. Sin embargo, siendo publicada en el Diario Oficial del Municipio, dicha norma podrá fundamentar pagos, determinaciones de oficio, inscripción en deuda activa, ejecución fiscal, constricción de bienes del contribuyente incumplidor, como si hubiese sido producida en la forma prevista por la Ley Orgánica del Municipio y por la Constitución de la República.

Con este ejemplo, ilustramos la idea según la cual el juicio de existencia es hecho por quien observa el sistema, pudiendo ser verdadero o falso. El criterio para saber si la descripción hecha por la norma es verdadera o falsa es el de la efectividad. Si se afirma que una norma no existe es porque ella no puede ser apreciada por la jurisdicción; luego, no tiene validez ni invalidez; es simplemente irrelevante para el sistema jurídico. De lo contrario, si se afirma que la norma existe es porque ella es efectiva, pudiendo ser considerada por el sistema norma jurídica válida o inválida.

11.2.4. Propuesta de superación de las paradojas entre validez, existencia y aplicabilidad

Sintetizando lo que acabamos de decir, consideramos que es perfectamente posible analizar una norma en relación a un sistema jurídico cualquiera con base en los siguientes criterios: validez como existencia de la norma, validez como atributo de la norma y existencia de la norma como efectividad.

Lo que genera una controversia y necesita ser esclarecido es a quién compete efectuar cada uno de esos juicios, así como el efecto que proyectan sobre la validez o invalidez de la norma.

En este punto, como en varios otros, percibimos que la distinción entre observadores y participantes es decisiva para superar las controversias. De hecho, al observador le corresponde lo siguiente: i) percibir si la norma jurídica existe o no existe en un sistema cualquiera; ii) el criterio que ese observador usa para fundamentar ese juicio es la circunstancia de que la norma sea o no pasible de apreciación por la judicatura; y iii) sostiene la compatibilidad o incompatibilidad entre normas del sistema. En los ítems i y ii el análisis es hecho en el plano del ser y las afirmaciones del observador se sujetan a los juicios de verdad o de falsedad. En el ítem iii, las afirmaciones son irrelevantes, pues son hechas por un observador del sistema, cuyas proposiciones de carácter descriptivo no tienen el poder de modificar la validez o invalidez de la norma en el sistema jurídico.

Mientras que los sujetos que participan del sistema de derecho positivo como titulares de la jurisdicción pueden prescribir lo que sigue: i) toda norma que está en un sistema corresponde a otra norma del sistema jurídico y es, por eso, presumiblemente válida; ii) si se demuestra no haber compatibilidad entre una norma y la que prescribe la competencia para crearla, es porque la norma creada se ajusta a la norma sancionatoria de la competencia -cláusula alternativa tácita en KELSEN y norma procesal en Lourival VILANOVA-; iii) la norma creada puede haber sido producida de forma lícita o ilícita, conforme se ajuste a la norma de competencia o sancionatoria de la competencia; iv) la aplicación de esta por el participante del sistema hace prevalecer la norma de competencia en detrimento de la vigencia o de la eficacia de la norma creada ilícitamente; v) el participante prescribe la licitud o ilicitud de una norma jurídica; y vi) es presupuesto de la manifestación del participante que la norma exista; por eso él solo se refiere a la validez o invalidez de la norma.

Pues bien, separando los juicios que competen a los observadores y a los participantes, es fácil percibir que los conflictos entre las dos formas de comprender el tema de la validez son, en realidad, conflictos de puntos de vista.

Al respecto, Robert ALEXY es didáctico al demostrar lo siguiente:

> *Adopta la* perspectiva del participante *quien en un sistema jurídico participa en una argumentación acerca de lo que en este sistema jurídico está ordenado, prohibido y permitido o autorizado. En el centro de la perspectiva del participante se encuentra el juez. Cuando otros participantes, por ejemplo, juristas, abogados o ciudadanos interesados, exponen argumentos en pro o en contra de determinados contenidos del sistema jurídico, entonces, en última instancia, se refieren a cómo hubiera decidido un juez si hubiera querido decidir correctamente.* Adopta la *perspectiva del observador* quien no pregunta cuál es la decisión correcta en un determinado sistema jurídico sino cómo se decide de hecho en un determinado sistema jurídico. El ejemplo de un observador lo expone Norbert Hoerster: un americano blanco casado con una mujer de color desea viajar a Sudáfrica en la época de la vigencia de las leyes del *apartheid* y reflexiona acerca de los detalles jurídicos de su viaje[513].

Además, estos puntos de vista son compatibles entre sí. Incluso el juicio de efectividad de la norma, si es visto como criterio de existencia, puede ser, también, aprovechado para aumentar las perspectivas de comprensión de las normas jurídicas en un sistema jurídico cualquiera.

De esta forma, verificamos que no existieron razones para optar por una definición del concepto de validez en detrimento de otra, puesto que, con los debidos ajustes y elucidaciones, no hay ninguna contradicción o contrariedad entre ellas.

---

513 ALEXY, Robert. *El concepto y la validez del derecho*. Barcelona: Gedisa, 2004, p. 31.

11.3. Validez y otros conceptos relacionados

En el capítulo dedicado a la estructura de la competencia tributaria, vimos que es insubsistente la distinción entre normas de estructura y normas de conducta. Establecimos la premisa de que toda y cualquier norma en el sistema de derecho positivo sirve para regular conductas. Lo que se puede distinguir es que algunas de esas conductas generan la producción de nuevas normas.

Las conductas que generan nuevas normas se llaman conductas nomogenéticas, pues resultan en nuevas normas. Esas normas, como vimos, pueden ser clasificadas por el observador como existentes o inexistentes. El criterio de esa distinción es la efectividad, vale decir, la posibilidad de que esta norma pueda ser aplicada por un tribunal jurisdiccional.

Cuando un tribunal se manifiesta sobre una norma cualquiera, ya no medita sobre su existencia o inexistencia. La norma existe. Un órgano jurisdiccional -participante- decide sobre la licitud o ilicitud de la acción nomogenética. Desde este punto de vista, si una norma existe en el sistema jurídico es porque está en relación con otra norma. Si el participante -órgano jurisdiccional- decidiera que la norma fue creada de forma lícita, por lo tanto, esta se encontraría en relación con la que prescribió su competencia.

El resultado de esta relación es la aplicación de la norma al caso concreto. Norma creada lícitamente es válida, vigente y eficaz hasta que otra norma prescriba de forma contraria.

Sin embargo, cuando el órgano jurisdiccional decide que la norma fue creada de forma ilícita, eso equivale a decir que la norma irregular no está en relación con la norma de competencia, sino con la que sanciona el ejercicio inadecuado de la actividad nomogenética.

En el capítulo 4, donde hablamos de la estructura de la norma sancionatoria de competencia, ya vimos la fenomenología de las sanciones imputadas al ejercicio ilícito de la competencia. Con base en aquellas nociones, pasaremos a comentar los posibles efectos que esa norma proyecta en la validez, vigencia y eficacia de las normas jurídicas. Con ello, estaremos describiendo, también, las finalidades de la norma sancionatoria de la competencia en el sistema de derecho positivo.

11.3.1. Validez formal y validez material

Una norma de competencia, en sentido estricto, fundamenta la validez de otras dos normas jurídicas: el instrumento introductor y la norma introducida. Hay licitud cuando las normas creadas se ajustan a lo que prescribe la norma de competencia.

Desde esa perspectiva, de que existan dos tipos de normas introducidas, es posible la existencia de dos tipos de incompatibilidad, siendo una de ellas entre el instrumento introductor con el antecedente de la norma de competencia, y otra la de la norma introducida con el consecuente de la norma de competencia. Para un caso y otro, la doctrina acordó emplear los términos «vicio de forma» y «vicio de materia» o, como prefieren algunos, invalidez formal e invalidez material.

Ciertamente, no se puede hablar de la existencia de vicio de forma, pura y simplemente, o de vicio de materia, porque toda materia existe en función de una forma y viceversa. La forma solo adquiere sentido cuando está ligada con la materia. Eso no significa negar la existencia de vicios de una o de otra especie. El criterio para separar una validez de la otra está, pues, en el tipo de incompatibilidad existente.

Cuando la antinomia es entre instrumento introductor y antecedente de la competencia, hay vicio de forma. La incompatibilidad con el sistema de derecho positivo compromete el propio vehículo introductor, atribuyendo la misma suerte a todos los elementos que fueron insertados por el instrumento introductor.

Por otra parte, en aquello que es de cuño exclusivamente material, el vicio de invalidez podrá ser imputado solo al enunciado prescriptivo conflictuante, sin perjuicio de los demás elementos que integran el texto en armonía con la competencia.

11.3.2. Validez, invalidez y sus efectos sobre la vigencia de las normas

La validez no es un atributo de la norma, sino de la relación que ella mantiene con el sistema jurídico. Cuando esa relación se da entre la norma y la respectiva norma de competencia, se dice que es válida. Sin embargo, cuando la relación ocurre entre norma y aquella que prescribe la sanción por el ejercicio indebido de la norma de competencia, tenemos la invalidez. Validez e invalidez son, pues, juicios jurídicamente relevantes, presentes en el sistema de derecho positivo.

El sistema jurídico prescribe tanto los efectos de la validez como los de la invalidez. Lo que está fuera del sistema es lo jurídicamente irrelevante, lo inexistente, no lo inválido.

Pues bien, vigencia es el atributo de la norma válida que está apta para regular conductas. En este sentido, Paulo de Barros CARVALHO no deja duda al enseñar lo siguiente:

> Vigencia es tener fuerza para regular, para regir, para reglamentar las conductas interhumanas sobre las cuales la norma incide, cumpliendo, de esta forma, sus objetivos finales. Es, ahora sí, una propiedad de ciertas reglas jurídicas que están listas para propagar efectos, tan luego acontezcan, en el mundo social, los hechos descritos en sus antecedentes. En realidad, existen normas que pertenecen al ordenamiento positivo y, sin embargo, no disponen de esa aptitud[514].

---

[514] CARVALHO, Paulo de Barros. *Direito tributário: fundamentos jurídicos da incidência*. 5.ª ed. São Paulo: Saraiva, 2006, p. 58.

Ya vimos que la aptitud de producir efectos puede ser percibida en cuatro dimensiones: la subjetiva, implicando los sujetos que tienen su comportamiento regulado por la norma; la espacial, que delimita el lugar donde la norma puede irradiar sus efectos; la temporal, que delimita el inicio y el fin de la vigencia de la norma en el tiempo; y la material, en sentido estricto, que es el comportamiento regulado por la norma (esto es, pagar tributo, entregar declaraciones, pagar sanciones).

Al ingresar en el sistema de derecho positivo con presunción de validez, toda norma jurídica posee esos cuatro ámbitos de vigencia.

Al establecer contacto con otras normas en el sistema de derecho positivo, uno o algunos de esos ámbitos pueden tener su alcance ampliado o reducido. La derogación de una norma, por ejemplo, es hecha por una norma jurídica que prescribe un límite temporal a la vigencia de la otra. Ya hemos señalado en el capítulo 5 que la derogación consiste en la delimitación del ámbito temporal de una norma creada para regir por plazo indeterminado.

La norma sancionatoria de competencia, cuando es creada en carácter general (esto es, ADI, ADECON, ADPF), también puede prescribir un término para la vigencia temporal de una norma producida de forma ilícita. Diferente de la derogación, esas normas son producidas de forma condicionada; exigen para su creación los requisitos que ya mencionamos en el capítulo 4 (esto es, proceso judicial, demostración de incompatibilidad entre norma inferior y la respectiva competencia, perjuicio a derecho y deber del proponente).

Sin embargo, en estos casos, la decisión anulatoria de una norma inconstitucional -fruto de la positivización de la norma anulatoria de competencia- puede tener efectos retroactivos (*ex tunc*) y prospectivos, o solo prospectivos (*ex nunc*). Todo depende de lo que prescribiera la norma sancionatoria de competencia.

Pues bien, como se puede percibir a partir de los ejemplos que acabamos de presentar, la vigencia de la norma puede ser para el pasado y para el futuro, solo para el pasado o solo para el futuro. Cuando la norma esté apta para producir efectos plenos -pasado y futuro-, afirmamos, con fundamento en las lecciones de Paulo de Barros CARVALHO[515], que existe vigencia plena. Sin embargo, hay casos en los que esa vigencia se da solo para el pasado o para parte del pasado o, también, del futuro. En esos casos, habrá, únicamente, vigencia parcial.

La aplicación de la norma secundaria de competencia puede prescribir, frente a una norma ilícita, que la vigencia de esa norma sea suspendida de forma plena (pasado y futuro) o de forma parcial (solamente futuro). Sin embargo, solo podemos hablar de suspensión de vigencia cuando su prescripción es general (*erga omnes*). De lo contrario, tendremos una norma que dispone solo sobre la eficacia de la norma.

[515] *Ídem.*

Solamente podemos decir que la norma sancionatoria suspendió la vigencia de una norma ilícita cuando sus efectos son *erga omnes*. En los demás casos, hay simplemente suspensión de la eficacia, porque solo la decisión con efectos generales suspende la aptitud de la norma para regular conductas.

En los demás casos, donde la norma sancionatoria incide para evitar que la norma ilícitamente producida proyecte sus efectos, tenemos solo la suspensión de la eficacia normativa. Y, ¿qué se puede definir por eficacia? El juicio de eficacia analiza la producción de efectos de una norma. Paulo de Barros CARVALHO[516] propone que la eficacia sea desdoblada en tres análisis, denominadas eficacia social, técnica y jurídica.

La eficacia jurídica ocurre con la incidencia de la norma[517]. La eficacia técnica ocurre cuando, existiendo una norma válida y vigente, ella prescribe todos los elementos necesarios para su incidencia[518]. La social, por último, es el juicio de modificación de las conductas sociales a los patrones prescritos por ley[519]. Para simplificar nuestro análisis, nos restringiremos a la eficacia jurídica, vale decir, a investigar si hay subsunción del hecho a la norma y si hay, también, la respectiva imputación de relaciones jurídicas.

Sea cual fuera la especie de norma sancionatoria de competencia, siempre que sus prescripciones no tengan efecto *erga omnes*, tendremos una norma que impide a otra norma, producir sus efectos regulares. En otras palabras, la eficacia de la norma sancionatoria es prescribir la ineficacia de la norma ilícita. Y solo se puede hablar de ineficacia, cuando los efectos son previstos, únicamente, para las partes de un proceso (*erga singulum*) y no *erga omnes*.

11.4. Síntesis de las posiciones sobre existencia, validez, invalidez, vigencia y eficacia

Con fundamento en las ideas expuestas a lo largo de este capítulo, y de otras que expusimos en el capítulo 4, podemos afirmar lo siguiente: i) el observador del sistema jurídico puede afirmar si una norma existe o no; ii) existir significa que pueda ser apreciada por la jurisdicción -este es un criterio de

---

516 *Ibídem*, p. 59.

517 «'Eficacia jurídica' es el mecanismo de incidencia, el proceso por el cual, efectivizándose el hecho relatado en el antecedente, se proyecta los efectos prescritos en el consecuente. Es el fenómeno que acontece con las normas vigentes, siempre y cuando los hechos jurídicos se instauren. Todo en virtud de la causalidad jurídica, decretada por la imputación normativa» (CARVALHO, Paulo de Barros. *Direito tributário: fundamentos jurídicos da incidência*. 5.ª ed. São Paulo: Saraiva, 2006, p. 59).

518 «Las normas jurídicas son vigentes, los eventos del mundo social descritos en ellas se realizan, pero las reglas no pueden juridizarlos y los efectos prescritos también no se irradian. Falta a estas normas la 'eficacia técnica'» (*Ídem*).

519 «La eficacia social o efectividad se refiere a la producción de las consecuencias deseadas por el creador de las normas, verificándose toda vez que la conducta prefijada sea cumplida por el destinatario» (*Ibídem*, p. 60).

efectividad o de relevancia jurídica-; iii) el juicio de existencia como algo distinto de la validez solo es posible para quien observa el sistema jurídico; iv) para quien es participante (esto es, órganos jurisdiccionales), solo existen normas válidas o inválidas; v) válida es la norma producida de acuerdo con la norma de competencia; el efecto de la validez es la vigencia y la eficacia, en los términos previstos por la propia norma; vi) invalidez es la relación de la norma con la norma sancionatoria de la competencia; vii) la aplicación de esa norma sancionatoria puede generar una suspensión de la vigencia, y con ella la de la eficacia, cuando la decisión fuera general, de forma plena (*ex tunc*) o parcial (*ex nunc*); y viii) la sanción por el incumplimiento de la competencia puede proyectar, tan solamente, la suspensión de la eficacia de la norma si los efectos de la decisión se restringieran a las partes del proceso. Es lo que presentamos a continuación en el cuadro sinóptico.

La norma jurídica en el sistema de derecho positivo

Plano del ser Observador	**Existencia Relevancia**		**Inexistencia Irrelevancia**
Plano del deber ser Participante	**Validez** (licitud) Vigencia ↓ Eficacia **Vigencia de la norma** **Material** **Territorial** **Temporal** **Personal**	**Invalidez** (ilicitud) No vigencia ↓ No eficacia **Vigencia de la norma** **Procedimental:** - concentrado - difuso **Material:** - total - parcial **Territorial:** - total - parcial **Temporal:** - *ex nunc-* *ex tunc* **Personal:** - *erga omnes* - *erga singulum*	**Sin validez** ↓ **Sin vigencia** ↓ **Sin eficacia**

CAPÍTULO 12
PARA UNA TEORÍA DE LA NULIDAD EN MATERIA TRIBUTARIA

En el capítulo anterior, vimos los fundamentos de una teoría de la validez en materia tributaria. Definimos, desde el punto de vista de los observadores y de los participantes, las nociones de existencia, validez, vigencias plena y parcial, así como de eficacia. Y relacionamos cada una de esas ideas a la norma de competencia que programa las reacciones del sistema de derecho positivo a la creación lícita e ilícita de proposiciones prescriptivas. De esta forma, quedó demostrada la mayor utilidad que se puede atribuir a los otorgamientos de competencia: prescribir cómo surgen, se modifican y se extinguen las normas jurídicas.

Sin embargo, esos conceptos fueron desarrollados en el plano de la Teoría General del Derecho, en la forma de conceptos fundamentales, que se aplican tanto al derecho tributario como a cualquier otra rama del derecho positivo o de la dogmática jurídica[520].

El propósito de este capítulo es llenar los esquemas teóricos presentados en el capítulo anterior con los contenidos propios del derecho tributario positivo, en la forma descrita por la doctrina y positivizada por las decisiones de los tribunales administrativos y judiciales.

12.1. De la validez a la nulidad: de la Teoría General del Derecho a la dogmática jurídica

Como hicimos en las partes anteriores de este libro, usaremos los conceptos de las teorías del lenguaje para fundamentar los de Teoría General del Derecho, y partiremos de estos para organizar nuestra interpretación de la dinámica del derecho tributario positivo, con énfasis especial en las reacciones que el sistema prevé para la creación ilícita de normas. Sin embargo, lleva-

---

[520] Aunque no haya ninguna citación expresa, en virtud de la diferencia de estilo y de ramas del derecho analizado, la elaboración de este capítulo, y en un cierto sentido de todo este libro, fue intensamente inspirada en el libro *Esboço de uma teoria das nulidades aplicada às nulidades processuais* de José Joaquim Calmon de Passos.

remos a cabo ello con los ojos orientados hacia el derecho positivo, de allí que hablemos ya no de una teoría de la validez, sino de una «teoría de la nulidad en materia tributaria».

12.2. Ilícitos nomogenéticos y sus especies

A lo largo de la primera parte de este trabajo fijamos algunas premisas esenciales para el desarrollo de este capítulo. Estas son las siguientes: i) todas las normas jurídicas regulan conductas, luego es insubsistente la distinción entre normas de estructura y normas de comportamiento[521]; ii) «nomogénesis» es la palabra que designa el surgimiento de nuevas normas (nomo = norma + génesis = surgimiento, creación)[522]; iii) conducta nomogenética es la que produce nuevas normas[523]; iv) toda acción puede ser tipificada como lícita o ilícita; v) la norma jurídica de competencia prescribe una conducta nomogenética lícita y, también, enunciación ilícita de nuevos textos jurídicos[524]; vi) la norma creada lícitamente es válida, vigente y apta para ser eficaz[525]; vii) la norma, creada según la norma sancionatoria de competencia, fue producida ilícitamente y es, por lo tanto, una norma inválida[526]; viii) la norma que reconoce la invalidez de otra prescribe restricciones en cuanto a la vigencia y a la eficacia de la norma creada ilícitamente[527]; y ix) denominamos «ilícito nomogenético» a la conducta de crear una norma sin fundamento en la norma de competencia. Estas nueve premisas son esenciales para que podamos analizar las características comunes a todos los ilícitos en que se puede incurrir en la creación de una norma.

Pues bien, haber sido creada de forma ilícita -sin fundamento en la norma de competencia o ajustada a la norma sancionatoria de competencia- es lo que tienen en común los vicios[528] de inconstitucionalidad, ilegalidad, nulidad, anulabilidad, error de hecho, error de derecho y de simple improcedencia de la pretensión de la Hacienda o del contribuyente. Ocurre, en todos estos casos, un desajuste entre la norma jurídica creada y su respectivo fundamento de validez[529].

---

521 *Cf.* Capítulo 2, ítem 2.1.

522 *Cf.* «*Pequeno glossário de instrumentos teóricos*» (Introducción).

523 *Cf.* Capítulo 4, ítems 4.1, 4.2 y 4.3.

524 *Cf.* Capítulo 3, ítem 3.3.

525 *Cf.* Capítulo 11, ítems 11.4 y 11.5.

526 *Cf.* Capítulo 11, ítems 11.4 y 11.5.

527 *Cf.* Capítulo 4, ítems 4.5 y 4.6.

528 «Se llama 'viciada' toda norma, disposición o fuente que no sea enteramente conforme a las normas que regulan su creación. Por una parte, un 'vicio' es el efecto de la violación de una norma sobre la producción jurídica. Por otra, un 'vicio' es la causa (o la razón) de la invalidez de la norma viciada» (GUASTINI, Riccardo. *Distinguiendo: estudios de teoría y metateoría del derecho*. Barcelona: Gedisa, 1999, p. 322).

529 *Cf.* Capítulo 4, item 4.3.

Y es ese desajuste que impone, en algunos casos, la no aplicación de la norma al caso concreto. En realidad, aun como consecuencia de las premisas fijadas anteriormente, podríamos afirmar que todo conflicto de interés en materia tributaria toma en consideración la ocurrencia o no de un ilícito nomogenético, en una de las modalidades de las que acabamos de aludir.

Otro punto a ser destacado: la prescripción de la conducta de crear una norma es hecha por la vinculación entre forma y materia[530]. Es la norma de competencia la que prescribe qué tipo de enunciación es adecuada para tratar de qué tipo de materia.

Si corresponde a la enmienda constitucional, ley complementaria u ordinaria tratar de una materia tributaria cualquiera, es un tema que solo la norma de competencia puede prescribir[531]. Ahora bien, si forma y materia están vinculadas por la competencia, la forma viciada compromete la materia y viceversa. En otras palabras, es impropio pensar en un vicio exclusivamente formal o material[532], pues, en el derecho positivo, forma y materia se complican. Lo que existe es la preponderancia formal o material, nunca la exclusividad.

Definido lo que se puede entender por creación ilícita de normas y definidas sus especies, cabe pensar qué dispositivos de la norma de competencia pueden ser violados en la actividad nomogenética. Para eso, retomaremos a la estructura formal de la norma de competencia: Njcom {[(s.p(p1.p2.p3...).(e. t)] → [s(s.sp).m(c.s.e.t)]}. Esta norma de competencia, así formalizada, califica al sujeto activo de la competencia, además de agrupar los criterios que deben ser tomados en cuenta en la creación de la norma jurídica válida. En lenguaje

530 *Cf.* Capítulo 3, item 3.5.

531 *Cf.* Capítulo 3, item 3.4.

532 «Es inválida por razones 'formales' una ley que no haya sido dictada por el órgano competente y según los procedimientos debidos. Es inválida por razones 'materiales' (o 'sustanciales') una ley que esté en conflicto con la constitución por su objeto (la materia regulada) o por su contenido (la forma como se regula esa materia). Ahora bien, mientras que la invalidez material es una forma 'débil' de invalidez, que no comporta además la inexistencia de la ley, la invalidez formal, de modo general, es una invalidez de tipo 'fuerte' que, habitualmente, comporta nada menos que la inexistencia de la ley. (...) Podría también decirse así: una ley materialmente inválida es anulable (por un tribunal constitucional), mientras que una ley formalmente inválida es decididamente nula (de forma que su nulidad puede ser reconocida por cualquier juez)» (GUASTINI, Riccardo. *Distinguiendo: estudios de teoría y metateoría del derecho*. Barcelona: Gedisa, 1999, p. 313). En el mismo sentido, explican Eduardo BOTALLO y Roque CARRAZZA que es *material*, cuando el contenido de la norma jurídica es incompatible con regla o principio constitucional. Es *formal*, cuando la norma jurídica es creada por autoridad, órgano o persona incompetente *o sin la observancia de los procedimientos adecuados* (en los términos de la Constitución)» (CARRAZZA, Roque Antonio y BOTTALLHO, Eduardo. As Inconstitucionalidades da «Nova» CPMF, *in* ROCHA, Valdir de Oliveira. *Grandes questões atuais do direito tributário*. V. 3. São Paulo: Dialética, 1999, p. 298).

desformalizado, este sintagma puede ser leído así: si el sujeto competente (s) realizase la enunciación [p(p1.p2.p3...)] en ciertas condiciones de espacio (e) y de tiempo (t) entonces será permitido u obligatorio, conforme el caso, crear una norma jurídica que verse sobre una cierta materia [m(c.s.e.t)] para una determinada comunidad (sp). Atendidas estas prescripciones, la norma creada será válida. De lo contrario, será inválida.

Los criterios de la norma de competencia ofrecen, también, la esquematización de los tipos de vicio que pueden ser cometidos, en conjunto o aisladamente, en la creación de normas jurídicas. En lo que concierne a la enunciación, hay vicios en cuanto al sujeto competente[533], enunciación/procedimiento, espacio y tiempo. En lo que se refiere a la materia, específicamente, hay vicios en cuanto a la conducta prescrita y los ámbitos de vigencia espacial y temporal a los cuales la norma inferior debe ajustarse. Existen, pues, ocho formas de violar la norma de competencia, siendo cuatro formales y cuatro materiales.

Sin embargo, los ilícitos nomogenéticos no se presumen, tampoco son automáticos e infalibles[534]. Siendo el derecho positivo un sistema dinámico de normas, solo con decisiones emitidas por las autoridades competentes[535] -vía de regla, titulares de competencia jurisdiccionales- es posible constituir la invalidez de una norma. En otras palabras, hasta que una norma jurídica identifique el ilícito nomogenético (inconstitucionalidad, ilegalidad, nulidad) y prescriba los efectos de esta ilicitud, la norma seguirá regulando conductas de modo coercitivo, por efecto de la llamada presunción de validez.

Pues bien, para que se configure la invalidez, es necesario que otra norma la reconozca[536]. Y esa norma, cuando sea positivizada, prescribe hasta cuándo la norma creada de forma ilegítima podrá ser aplicada, en relación a

---

[533] «La creación de un tributo por una persona política incompetente viola las normas constitucionales. Esta anomalía jurídica no puede ser sanada, ni con el beneplácito de la persona política que sufrió la usurpación. Por lo tanto, la falta de competencia de la persona política que, enfrentando a la constitución, 'crea' tributos ajenos y acarrea la nulidad del acto por ofensa al principio básico del orden jurídico» (CARRAZZA, Roque Antonio. *Curso de direito constitucional tributário*. 11.ª ed. São Paulo: Malheiros, 2003, pp. 466 y 467).

[534] «La norma inconstitucional es válida mientras no sea desconstituida por el órgano con competencia para ello. Incluso, las normas N y no -N, contradictorias entre sí, ambas son válidas, *alternativamente aplicables* a los actos administrativos, a los actos judiciales y a los propios actos de la legislación ordinaria. Decimos alternativamente, pues sería insoluble el caso concreto con incidencia de N y no -N. La inaplicabilidad simultánea no perjudica la simultaneidad validez» (VILANOVA, Lourival. *Causalidade e relação no direito*. 4.ª ed. São Paulo: Revista dos Tribunais, 2000, p. 309).

[535] *Cf.* Capítulo 4, ítem 4.4.

[536] «Una norma inválida puede, a pesar de su invalidez, pertenecer al ordenamiento (y seguir perteneciendo hasta que no sea expulsada por el órgano competente). Una norma 'inexistente', en cambio, es una norma que no pertenece en absoluto al ordenamiento. (...) Una

qué sujetos, entre otros efectos posibles[537]. En este contexto, hablar de control concentrado o de control difuso de la constitucionalidad de las normas jurídicas; de eficacia *erga omnes* o *erga singulum*; de efectos *ex tunc*, *ex nunc* y modulado; de declaración de inconstitucionalidad con o sin reducción de texto; no significa más que tratar de los efectos prescritos por la norma que reconoce un ilícito en la creación de otras normas.

Todos esos efectos siguen un principio: garantizar que la norma jerárquicamente superior prevalezca sobre la norma inferior[538]. En otras palabras, cohibir ilícitos nomogenéticos es la forma que el sistema jurídico encuentra para preservar su consistencia[539], evitando que los comandos emanados de autoridades jerárquicamente inferiores regulen conductas en detrimento de aquellos emanados por las autoridades superiores. De esta forma, por el control de constitucionalidad se asegura la prevalencia de las normas constitucionales sobre todas las demás; el control de legalidad afirma la ley como superior a los actos infralegales y así sucesivamente.

Entre las tesis defendidas en este trabajo, se encuentra aquella conforme a la cual la norma que reconoce un ilícito en la creación de otra norma -sea él de naturaleza formal o material- tiene un nítido carácter sancionatorio[540]. Esta sanción cumple el papel de desestimular la creación de actos ilícitos y, en la eventualidad que ellos sean creados, corregir los efectos respectivos restringiendo la eficacia y hasta la vigencia de estas normas. Aceptada esta naturaleza, no se puede ignorar que los contornos de toda y cualquier sanción deben ser establecidos por la ley, según criterios que varían de acuerdo con la gravedad del ilícito. Analizando el sistema de derecho positivo, percibiremos que algunos ilícitos, como aquellos que violan la Constitución de la República, son gravísimos. Por ello, la norma que lo reconoce puede tener efectos para toda la sociedad (*erga omnes*) o, también, que pueda ser alegada en cualquier momento, sin perjuicio de caducidad.

Sin embargo, en otras circunstancias, los vicios son menos graves, al punto de poder ser convalidados sin perjuicio para la validez, vigencia o eficacia de la norma. En cualquier caso, al derecho positivo le corresponde siempre regular en

norma, disposición o fuente es 'inexistente' si no responde ni siquiera a los requisitos mínimos para ser reconocida como norma, disposición o fuente perteneciente al ordenamiento. De todas maneras, el concepto de inexistencia no resulta fácil de precisar. Se considera inexistente, sin duda, cualquier norma que haya sido creada en violación de todas las normas que rigen su creación. Pero, para que una norma sea inexistente (no alcance ni el umbral de la existencia jurídica), no es necesario que sean violadas todas las normas sobre la producción jurídica: es suficiente que sean violadas algunas normas cruciales» (GUASTINI, Riccardo. *Distinguiendo: estudios de teoría y metateoría del derecho*. Barcelona: Gedisa, 1999, pp. 322 y 323).

537 *Cf.* Capítulo 4, ítems 4.5 y 4.6.

538 *Cf.* Capítulo 5, ítem 5.2.3.

539 *Cf.* Capítulo 5, ítem 5.3.

540 *Cf.* Capítulo 4.

qué circunstancias la norma se sujeta a sanciones graves o leves. No corresponde al intérprete auténtico juzgar la gravedad del ilícito sin fundamento en lo que prescribe la ley, tampoco se admiten juicios discrecionales al respecto.

Resaltamos que, en virtud del artículo 27 de la Ley N.° 9868/98, fue abierta la posibilidad del Supremo Tribunal Federal, mediante la deliberación calificada de sus miembros, de decidir por la modulación de efectos de las normas que reconocen la inconstitucionalidad de otra, en el control concentrado. En más de una oportunidad, el plenario del STF hizo uso de esta prerrogativa, atribuyendo efectos *ex nunc* a normas que, ordinariamente, tendrían efectos *ex tunc*. Este precepto normativo se justifica por la circunstancia de que, en algunos casos, preservar la consistencia del sistema jurídico, en especial su jerarquía, puede traer más perjuicios a la sociedad que mantener los efectos de norma creada ilícitamente. Sin embargo, esta hipótesis no puede ser hecha a favor del Estado, como bien lo demuestra Mizabel Derzi[541], en un vigoroso estudio sobre la materia. Esto porque la modulación de efectos pro Estado, entre muchas otras razones, equivale a autorizar que el agente que realiza el ilícito nomogenético se beneficie de la propia torpeza, en detrimento del Sistema Constitucional Tributario.

En síntesis, para que se pueda configurar un ilícito nomogenético es imprescindible el concurso de los siguientes elementos[542]: i) autoridad competente, titular de jurisdicción administrativa o judicial; ii) proceso en el que se discuta la validez de la norma en el curso de la acción o de forma incidental; iii) alegación de conflicto real entre norma inferior y superior -competencial; iv) perjuicio para la parte, pues no hay que pensar en nulidad sin daño real o inminente; y v) la parte que alega el ilícito nomogenético (inconstitucionalidad, ilegalidad, nulidad) no puede haber dado causa a él, pues está prohibido a cualquier persona beneficiarse de la nulidad que haya provocado o, en otras palabras, sacar provecho de la propia ilicitud.

Después de rescatar estas ideas, que sirven para explicar y calificar todas las modalidades de ilícitos que pueden ser practicados en la enunciación de textos normativos, contamos con los instrumentos conceptuales aptos a investigar cada una de las especies de ilícitos nomogenéticos. Es lo que haremos a continuación.

12.2.1. Inconstitucionalidad

Es inconstitucional la norma creada en enfrentamiento directo con el texto de la Constitución[543]. A excepción de los actos que promueven el incumplimien-

---

541 *Modificações da jurisprudência no direito tributário*. São Paulo: Editora Noeses, 2009, *passim*.

542 *Cf*. Capítulo 4.

543 «La inconstitucionalidad es un caso particular de invalidez: es la invalidez que deriva de la no-conformidad de una norma con la constitución» (Guastini, Riccardo. *Distinguiendo: estudios de teoría y metateoría del derecho*. Barcelona: Gedisa, 1999, p. 323).

to del precepto fundamental, solo las normas introducidas en el sistema de derecho positivo por ley, en sentido amplio, pueden establecer esta especie de antinomia[544]. En los demás, el enfrentamiento es solo oblicuo, subordinado al texto legislativo inmediatamente superior. Así, un decreto, una instrucción normativa o una circular pueden prescribir disposiciones contrarias a la Ley Mayor, pero serán consideradas ilegales, pues tendrían su fundamento de validez inmediato en la ley. Antes de ser inconstitucionales, serían ilegales.

En la jerarquía de los vicios que se puede cometer al crear una norma, la inconstitucionalidad está en la cima. Nada es más grave que la ofensa directa a la Constitución. Y no es por casualidad que la propia Ley de las leyes prescribe los instrumentos necesarios para la preservación de su integridad. El legislador constituyente[545] trató pormenorizadamente del control de constitucionalidad: estableció las formas de control, indicando si sería concentrada o difusa; al prescribir los efectos que cada una de esas formas de control puede generar, si *erga omnes* o *erga singulum* o si *ex tunc* o *ex nunc*; indicó qué sujetos podrían actuar en nombre de la colectividad, disputando el control concentrado de constitucionalidad; y, además de eso, prescribió que corresponde al Supremo Tribunal Federal ser el órgano máximo competente para juzgar la inconstitucionalidad de las leyes y actos normativos.

La naturaleza de la norma inconstitucional es un tema recurrente entre aquellos que discuten acerca del tema. La relevancia práctica de la disputa estaría, en efecto, en el tiempo que se podría imputar a la decisión de

---

544 «Se sigue, ineludiblemente, que inconstitucional es la ley (o el acto normativo de igual o inferior nivel) que contravenga, directa o indirectamente, prescripciones, mandamientos, categorías o principios prescritos en la constitución. Por lo tanto, es inconstitucional, no solamente el acto que viola la letra expresa del Texto Supremo, sino, igualmente, el que contradiga su espíritu, vale decir, con su sentido y real significado» (CARRAZZA, Roque Antônio. *Conflitos de competencia: um caso concreto*. São Paulo: RT, 1983, p. 28).

545 «La Constitución de la República, en su artículo 102, establece que: 'Compete al Supremo Tribunal Federal, principalmente, la protección de la Constitución, correspondiéndole: I) Procesar y juzgar, originariamente: a) la acción directa de inconstitucionalidad de ley o acto normativo federal o estatal y la acción declaratoria de constitucionalidad de ley o acto normativo federal; (...) III. Juzgar, mediante el recurso extraordinario, las causas decididas en única o última instancia, cuando la decisión recurrida: a) contrariara un dispositivo de esta constitución, b) declarara la inconstitucionalidad de un tratado o ley federal, c) juzgara válida la ley o acto de gobierno local contestado en frente de esta Constitución, d) juzgara válida la ley local contestada en frente de ley federal. § 1° El argumento de incumplimiento de un precepto fundamental, resultante de esta Constitución, será apreciada por el Supremo Tribunal Federal, en la forma de la ley. § 2° Las decisiones definitivas de mérito, emitidas por el Supremo Tribunal Federal, en las acciones directas de inconstitucionalidad y en las acciones declaratorias de constitucionalidad producirán eficacia contra todos y efecto vinculante, relativamente a los demás órganos del Poder Judicial y a la administración pública directa e indirecta, en las esferas federal, estatal y municipal'».

inconstitucionalidad. La pregunta central sería la siguiente: ¿la norma inconstitucional es nula, inexistente o anulable?[546]. Si es nula, sus efectos se retrotraerían a la fecha de edición del acto viciado. Si es inexistente, no sería posible considerar ninguno de sus efectos jurídicos. Si es anulable, es la decisión del STF que la anula, luego sus efectos se proyectarían solo hacia el futuro, en un caso clásico de eficacia *ex nunc*[547].

En un voto que busca apreciar esa discusión, el Mag. Celso de Melo[548] demuestra la existencia de las tres posiciones indicadas anteriormente, todas ellas defendidas por juristas de renombre[549]. A pesar de ello, defiende que la sólida jurisprudencia del Supremo Tribunal Federal apunta hacia la naturaleza nula de la norma inconstitucional, siéndole, por regla general, invalidados los efectos desde su creación. Asimismo, al exponer la posición predominante, acaba por afiliarse a esta tesis, adoptando la posición del Mag. Gilmar Mendes[550], que sostiene la posibilidad de modular ampliamente los efectos de la decisión.

---

546 Resaltamos que esta acepción de nulidad, anulabilidad e inexistencia es diversa de aquella que definimos en los ítems 12.1 y 12.2 de este capítulo. En estos ítems, definimos nulidad como género de la cual la inconstitucionalidad sería una especie, al lado de la ilegalidad, nulidad en sentido estricto y otros.
Mientras que la discusión mantenida en el Supremo Tribunal Federal y relatada en el voto del magistrado Celso de Melo concierne a la naturaleza de la inconstitucionalidad solamente, con vistas a la imputación de sus efectos en el tiempo. Inconfundibles, por lo tanto, los sentidos de nulidad atribuidos a uno y a otro caso.

547 «Si las determinaciones de la Constitución no son respetadas, entonces no se produce ninguna norma jurídica válida, ya que las normas producidas en dichas condiciones son nulas o anulables, esto es: el sentido subjetivo de los actos puestos inconstitucionalmente y que, por lo tanto, no son puestos de acuerdo con la norma fundamental, no será interpretado como su sentido objetivo o, entonces, esa interpretación -provisional- viene a ser repudiada» (KELSEN, Hans. *Teoria pura do direito*. 6.ª ed. São Paulo: Martins Fontes, 1999, p. 57).

548 «Esa posición de eminencia de la Ley Fundamental -que tiene el poder de descalificar, en el plano jurídico, el acto en situación de conflicto jerárquico con el texto de la Constitución- estimula reflexiones teóricas en torno a la naturaleza del acto constitucional, de allí resultando la posibilidad de reconocimiento, o de la inexistencia, o de la nulidad, o de la anulabilidad (con eficacia 'ex nunc' o con eficacia 'ex tunc'), o, incluso, de la ineficacia del comportamiento estatal incompatible con la Constitución» (Fragmento del voto del Mag. Celso de Melo (relator) en los autos del RE-Agr N.º 353.508/RJ, 2.ª Sala/STF - Diario de Justicia, 29.06.2007).

549 Para una exposición de los juristas afiliados a cada una de las tesis, así como acerca de la jurisprudencia del Supremo Tribunal Federal, recomendamos la lectura del ya citado voto del Mag. Celso de Melo, determinado en el AGRE N.º 395.902-6.

550 «No se niega, pues, el carácter de principio constitucional al principio de nulidad de la ley inconstitucional. Sin embargo, se entiende que dicho principio no podrá ser aplicado en los casos en los que se revelara absolutamente inidóneo para la finalidad perseguida (casos de omisión; exclusión de beneficio incompatible con el principio de igualdad), así como en las hipótesis en que su aplicación pudiera traer daños al propio sistema jurídico constitu-

Después de las ideas que expusimos más arriba, no es difícil inferir nuestra posición. La norma inconstitucional es fruto de un ilícito que necesita ser corregido. La decisión del STF que reconoce ese ilícito, aplica una sanción, limitando la eficacia[551] y hasta la vigencia de la norma inválida. Ahora bien, si la norma que reconoce la creación de una ley inconstitucional tiene naturaleza sancionatoria, los límites de esta sanción deben ser aquellos establecidos por la Constitución o, cuando sea el caso, por la ley. El nombre atribuido a la ilicitud tiene menor relevancia que los efectos previstos por el propio sistema.

Para finalizar, cabe siempre insistir en la idea de que el control de constitucionalidad de las leyes y actos jurídicos es la técnica que el sistema dispone para mantener la consistencia y jerarquía de sus normas[552]. Esta es la forma que existe para evitar que las autoridades inferiores -sujeto competente para la creación de leyes y actos complementarios- dispongan sobre lo que prescribió el legislador constitucional[553].

---

cional (grave amenaza a la seguridad jurídica). Así, configurado un eventual conflicto entre el principio de nulidad y el principio de seguridad jurídica, que, entre nosotros, tiene estatus constitucional, la solución de la cuestión ha de ser, igualmente, llevada a efecto en un proceso de compleja ponderación. (...) la adopción de una decisión alternativa es inherente al modelo de control de constitucionalidad amplio, que exige, al lado de la tradicional decisión de perfil casatorio con eficacia retroactiva, también decisiones de otro contenido, que no conllevan, necesariamente, la eliminación directa e inmediata de la ley del ordenamiento jurídico» (Fragmento del voto del Mag. Gilmar Mendes en los autos del RE N.° 197.917/SP, Tribunal Pleno, Rel. Mag. Maurício Corrêa, Diario de Justicia, 7.5.2004).

551 Paulo de Barros CARVALHO sostiene que de la declaración de inconstitucionalidad en el control difuso resulta la suspensión de eficacia de la regla por resolución del Senado, mientras no sea derogada adecuadamente por el órgano competente: «En el caso de declaración de inconstitucionalidad de norma por la Suprema Corte, tratándose de control difuso, se suspende la eficacia de la regla mediante una resolución del Senado, hasta que ella sea derogada por el órgano competente. Dicho de otro modo, significará que cierta norma hasta entonces vigente en el orden jurídico nacional tuvo su inconstitucionalidad declarada por el Supremo, que comunica esa decisión al Senado de la República. Este, por la figura legislativa de la 'resolución', manda suspender la eficacia técnica de aquella regla, que permanece vigente sin poder actuar, continuando también válida hasta que el órgano que la promulgó venga a expulsarla del sistema» (CARVALHO, Paulo de Barros. *Curso de direito tributário*. 19.ª ed. São Paulo: Saraiva, 2007, p. 82).

552 «La decisión de inconstitucionalidad es un acto jurisdiccional, fruto de la afirmación del derecho y de la supremacía de la Constitución, por esto consiste en la aplicación del principio de la jerarquía. La inconstitucionalidad supone un vicio de la norma en cuestión y busca la conservación del sistema jurídico» (IVO, Gabriel. *Considerações acerca da revogação* [É possível falar de revogação tácita?], *in* Barreto, Aires Fernandino *et al. Segurança Jurídica na Tributação e Estado de Direito*. São Paulo: Noeses, 2005, pp. 219 y 220).

553 «(...) la rigidez constitucional y la existencia del control de constitucionalidad son requisitos de mantenimiento del Estado Federal. De hecho, si las competencias de las entidades políticas que componen el Estado Federal no estuvieran en una Constitución rígida y, por otro lado, si no existiera un órgano constitucional premunido del control de constitucionalidad, no habría federación» (VELLOSO, Carlos Mário. Estado federal e estados federados na Constituição brasileira de 1988: do equilíbrio federativo, *in Revista de Direito Administrativo*. N.° 187. Río de Janeiro: Fundação Getúlio Vargas, ene/mar de 1992, pp. 32 y 33).

12.2.2. Ilegalidad

Cuando la competencia es otorgada por ley, el ilícito cometido al crearse una norma incompatible con ella, es el de la «ilegalidad». Son ilegales, por ejemplo, el decreto, el reglamento, la instrucción normativa, la circular y el acto normativo interpretativo que hayan sido creados en conflicto con lo que dispone la ley. Como ejemplo de lo que sucede con los demás ilícitos nomogenéticos, la ilegalidad no se presume, pues requiere lo siguiente: i) un lenguaje competente; ii) producida en el curso de un proceso administrativo o judicial; iii) donde se alegue la incompatibilidad entre norma inferior y la ley; iv) exista un claro perjuicio de quien haga la alegación; y v) aquel que alega no haya sido el mismo sujeto que creó la norma. Por la existencia de estos requisitos, podemos decir que la ilegalidad no es automática e infalible.

Varios criterios son igualmente hábiles para clasificar las ilegalidades, pues varios son los tipos de ley, así como son varios los tipos de actos que contradicen sus prescripciones. Hay ilegalidad de la ley ordinaria que viola la ley complementaria; del decreto que viola la ley; de la determinación de oficio constituida en ofensa a la disposición legal. Lo común entre todas esas especies es la circunstancia de que la norma de competencia esté formada a partir de enunciados introducidos por ley, en sentido amplio. También las sanciones que se imputan al acto ilegal son prescritas por acto legislativo.

Nada más natural que así sea pues, a pesar de que la ilegalidad sea una grave ofensa al ordenamiento, es un acto más blando que el practicado contra la Constitución. De allí por qué su forma de control es siempre difusa, con efectos que benefician solo a las partes involucradas en el proceso (*erga singulum*), ni de lejos comparándose a la cantidad de preceptos relativos al control de constitucionalidad.

A pesar de ello, el control de la legalidad es imprescindible para el orden jurídico. Es a través de él que el sistema evita delegaciones indebidas de competencia, como la que pretende el Jefe del Ejecutivo al emitir un decreto que va más allá de lo que permite la ley. Siempre que exista el reconocimiento de la ilegalidad de un acto, hay, simultáneamente, la afirmación de la competencia de alguien que fue usurpada por la ilegalidad. Sin este control, no existirían medios de imposición de esta competencia y de la propia jerarquía entre normas legales e infralegales.

12.2.3. Nulidad y anulabilidad

Hay que distinguirse el género nulidad de sus especies. El género es equivalente a la invalidez y sus variaciones. La especie, o nulidad en sentido estricto, es un tipo específico de vicio en que incurre el sujeto competente al crear normas incompatibles con la norma de competencia.

Al género, no tendríamos nada que añadir además de lo que ya hablamos acerca de los ilícitos nomogenéticos y sobre la validez de las normas jurídicas. Sobre la especie, debemos esclarecer que existen nulidades formales y materiales, así como se puede hablar de nulidad y anulabilidad o, lo que nos parece lo mismo, referirnos a la nulidad absoluta y relativa.

Las nulidades formales y materiales se refieren, respectivamente, a vicios en la enunciación de la norma y en su contenido prescriptivo. De esta manera, siempre que existiera incompatibilidad entre el instrumento introductor (decreto, reglamento, instrucción normativa...) y la norma de competencia, el vicio será de forma. Aunque exista compatibilidad entre la enunciación-enunciada y su fundamento de validez, si se constataran vicios en cualquiera de los actos de su *iter procedimental*, tendremos un caso de nulidad formal. La nulidad material, como el propio nombre sugiere, es fruto de la incompatibilidad entre el contenido de la norma de competencia, previsto en su consecuente, y la norma introducida. Ya no se trata del modo de producción del acto normativo, sino de su mensaje prescriptivo.

Sea en cuanto a la forma o en cuanto a la materia, las nulidades, por regla general, están tipificadas en las leyes ordinarias que tratan de los procesos administrativos federal, estatal, distrital o municipal. Esos textos normativos tipifican algunas especies de ilícitos que pueden ser practicados en el curso de litis administrativas, imputando a cada uno de ellos el carácter absoluto o relativo, según su gravedad. Es, también, un juicio acerca de la mayor o menor gravedad del ilícito que nos autoriza hablar de nulidad como sinónimo de nulidad absoluta, y anulabilidad, como nulidad relativa. Esa clasificación reflejaría, según el derecho positivo, la mayor o menor gravedad de la ofensa a la norma de competencia.

En este punto, las palabras de Alfredo Augusto BECKER no dejan espacio para dudas:

> En el mundo jurídico hay mayor (nulidad) o menor (anulabilidad) intolerancia o repugnancia por actos jurídicos defectuosos (inválidos: nulos y anulables), de tal modo que el legislador que creó la regla jurídica específica de la nulidad o de la anulabilidad, también creó el instrumental técnico-jurídico para hacer desaparecer del mundo jurídico la existencia jurídica y los efectos jurídicos de aquellos actos defectuosos (inválidos). Este hacer desaparecer es el desconstituir[554].

Podemos apreciar que los actos anulables son creados con vicios menos graves que los nulos. De allí por qué pueden ser sanados y tienen plazo cierto para ser alegados en juicio, bajo pena de preclusión[555]. Mientras que los actos

[554] *Teoria geral do direito tributário*, p. 459. Este «desconstruir» al que se refiere BECKER es el efecto propio, no solo de las normas que reconocen la existencia de una nulidad, en sentido estricto, sino también de todas las demás nulidades, tomadas como género.

[555] Veamos, por ejemplo, las nulidades relativas tipificadas por el Decreto N.° 70.235/72 en su «art. 60. Las irregularidades, incorrecciones y omisiones diferentes de las referidas en el artículo anterior [que se refiere a las nulidades y están transcritos en la próxima nota] no generará nulidad y serán absueltas cuando resultasen en perjuicio para el sujeto pasivo, salvo si este les hubiera dado causa, o cuando no influyeran en la solución del litigio».

nulos, por conflictuar con los aspectos esenciales de la competencia (esto es, sujeto y procedimiento debidos), pueden ser desconstituidos a lo largo de todo el proceso y, en algunos casos, hasta después de él[556]. Algunas de estas nulidades, o vicios absolutos, llegan a ser vistos como materia de orden público que compromete la propia validez del proceso en el que ese acto es practicado.

12.2.4. Error de hecho y error de derecho

Error, sea este en cuanto a la norma o en cuanto al hecho, es una expresión equívoca. Acierto y error, en sus acepciones de base, son expresiones propias del lenguaje descriptivo y se relacionan con la idea de verdad.

El pensamiento verdadero acierta, mientras que el equivocado yerra. Sin embargo, el uso de esas expresiones está mucho menos conectado a la precisión de sentidos que al uso que de ellas hace la comunidad jurídica, incluidos ahí aquellos que elaboran la jurisprudencia y la propia ciencia del derecho. A causa de esto, son tan difundidas las expresiones error de hecho y error de derecho, para expresar (también ellas) la creación ilícita de normas.

Puesto que se trata de modalidades de ilícitos practicados en la creación de normas, se presenta la siguiente duda: ¿Qué tipo de norma puede ser creada con estos vicios? Además, ¿en qué consisten esos errores?

La respuesta es dada por Paulo de Barros CARVALHO, en los siguientes términos:

> (...) el error de hecho es un problema intranormativo, un desajuste interno en la estructura del enunciado, por la insuficiencia de datos lingüísticos informativos o por el uso indebido de construcciones de lenguaje que hacen a veces de prueba. Este vicio en la composición semántica del enunciado puede mancillar tanto la oración del hecho jurídico tributario como aquella del consecuente, en la que se establece el vínculo relacional. Ambas residen al interior de la norma y denuncian la presencia del error de hecho. Mientras que el error de derecho es también un problema de orden semántico, pero implicando enunciados de normas jurídicas diferentes, caracterizándose como una divergencia de forma externa, internormativa[557].

---

[556] Veamos, por ejemplo, las nulidades tipificadas por el Decreto N.° 70.235/72: «art. 59. Son nulos: I. Los actos y términos producidos por persona incompetente; II. Los despachos y decisiones emitidas por una autoridad incompetente o con preterición del derecho de defensa. § 1° La nulidad de cualquier acto solo perjudica a los posteriores que de él directamente dependan o sean consecuencia. § 2° En la declaración de nulidad, la autoridad dirá los actos alcanzados y determinará las providencias necesarias para el proseguimiento o solución del proceso. § 3° Cuando pudiera decidir del mérito a favor del sujeto pasivo a quien aprovecharía la declaración de nulidad, la autoridad juzgadora no la pronunciará ni mandará repetir el acto o suplirle la falta».

[557] CARVALHO, Paulo de Barros. *Direito tributário: fundamentos jurídicos da incidência*. 5.ª ed. São Paulo: Saraiva, 2006, p. 254.

Solo las normas individuales y concretas suelen ser vistas como normas producidas con error, sea de hecho o de derecho. Sin embargo, nada impide que estas expresiones sean utilizadas en otros contextos, para expresar incompatibilidad entre normas. Siempre que, en cualquiera de los casos, atiendan a los siguientes requisitos propuestos por Paulo de Barros CARVALHO:

1) La línea divisoria entre error de hecho y error de derecho queda bien nítida: si el desajuste de lenguaje se verificara al interior de una única norma, sea en el antecedente o en el consecuente, tendremos error de hecho.

2) Para que se trate de error de hecho, esa norma tiene que ser individual y concreta.

3) Cuando los desaciertos del lenguaje impliquen dos o más normas, siendo una de ellas, obligatoriamente, regla individual y concreta, y otra, también necesariamente, general y abstracta, tendremos error de derecho.

4) Como particularidad de las normas jurídicas tributarias, cualquier desalineación con relación a la 'alícuota' o al 'sujeto activo' será siempre error de derecho, porque estos son los únicos factores compositivos de la estructura normativa que no pueden ser encontrados en la composición del hecho jurídico tributario. Su consideración supone, necesariamente, el trayecto que va de la norma general y abstracta a la norma individual y concreta[558].

Solo con la salvedad de que, en estos casos, el empleo de las expresiones será diverso de lo que suele ser hecho tanto por la Ciencia como por la jurisprudencia. Veamos algunas manifestaciones acerca del error de hecho:

> PROCESAL CIVIL. ACCIÓN RESCISORIA. PRÉSTAMO COMPULSORIO. ADQUISICIÓN DE VEHÍCULO. DL 2.288/86. ERROR DE HECHO COMPROBADO (CPC, ART. 485, IX Y § 1º).
>
> 1. Inequívoco que la decisión anulada incurrió en errores de hecho en cuanto a la naturaleza del préstamo obligatorio, considerándolo como relativo al consumo de combustibles cuando, en realidad, concierne a la adquisición de vehículo, así como referentemente a la prescripción.
>
> 2. La sentencia colegiada del Excelso Pretorio que declaró la inconstitucionalidad del préstamo obligatorio sobre la adquisición de vehículos (RE 121.336-CE) fue publicada en el DJ de 26.06.92. Enjuiciada la acción de repetición de pago indebido el 17.10.96, se evidencia que no se agotó el quinquenio prescripcional.

558 CARVALHO, Paulo de Barros. *Curso de direito tributário*. 19.ª ed. São Paulo: Saraiva, 2007, p. 420.

3. Acción rescisoria juzgada procedente para desconstituir la decisión atacada, alejando la prescripción y determinando el juicio del recurso especial. Costas y honorarios de abogados, arbitrados en un 10% sobre el valor de la causa, a cargo de la requerida»[559].

También apreciemos lo siguiente:

PROCESAL CIVIL Y TRIBUTARIO. COMPENSACIÓN FINSOCIAL CON COFINS. SENTENCIA COLEGIADA FUNDADA EN ERROR DE HECHO. ACCIÓN RESCISORIA PROCEDENTE.

La sentencia colegiada emitida se fundó en error de hecho, porque habría centrado las razones de decidir en la inexistencia de documento comprobatorio de la declaración de inconstitucionalidad del FIN SOCIAL, cuando, efectivamente, existía el documento, concretizado por la copia del Mandato de Seguridad, firme, declarando la inconstitucionalidad de la contribución social en comento. - Acción rescisoria procedente[560].

Así, el error de derecho y error de hecho[561] designan, respectivamente, incompatibilidad de la norma individual y concreta con la norma que le sirve de fundamento; e incompatibilidad de la norma individual y concreta con el lenguaje de las pruebas.

En el primer caso, la norma viola la competencia. En el segundo, la violación es indirecta, pues la norma constituye un hecho diverso de aquel que era para ser constituido. En un caso, el problema es internormativo y se comprueba mediante el enfrentamiento entre normas. Mientras que en el otro, el problema es interno a la norma individual y concreta, y se comprueba confrontando las pruebas, relativas al hecho, con la descripción hecha en el antecedente de la norma.

Esta distinción, incluso teniendo como paño de fondo la violación de la competencia, es relevante, pues el derecho positivo imputa efectos distintos

---

559 AR 1381/DF, 1.ª Sala/STJ, Rel. Mag. Francisco Peçanha Martins, *Diario de Justicia*, 09.12.2003.

560 AR 836/RS, 1ª Seção/STJ, Rel. Mag. Francisco Falcão, *DJ* 24.02.2003.

561 «La línea de demarcación entre cuestiones de derecho y cuestiones de hecho, sin embargo, es fluctuante. En una primera observación, para formular la premisa menor del silogismo es preciso verificar los hechos. (...) Se observa, también, que los 'hechos' que el juez verifica directamente son solamente las pruebas (por ejemplo, los testimonios), no los hechos probados. Una prueba es precisamente un hecho que induce a considerar ocurrido otro hecho. Este último no es verificado directamente por el juez, sino inferido por las pruebas. Una prueba autoriza al juez a considerar verdadera una cierta proposición acerca del pasado. Esta inferencia no tiene carácter deductivo: entre dos proposiciones no hay un nexo de implicación lógica, sino más bien un nexo más débil de congruencia 'narrativa' (como es denominada) (GUASTINI, Riccardo. *Das fontes às normas*. São Paulo: Quartier Latin, 2005, pp. 71 y 72. Traducción de Edson Bini).

conforme se reconozca error de hecho o error de derecho. Como regla, la posterior constatación del error de derecho, en normas creadas por la Administración Pública y que sean favorables al contribuyente, no generan revisión. Sin embargo, si el error es de hecho, la norma podrá ser revisada con fundamento expreso en lo que dispone el artículo 149 del CTN.

12.2.5. Improcedencia de la pretensión de la Hacienda o del contribuyente

Es frecuente identificar sentencias o decisiones administrativas que simplemente alejan la pretensión impositiva de la Hacienda o que niegan, por ejemplo, el derecho a restituciones o compensaciones propuestas por el contribuyente. Muchas de estas decisiones no llegan a fundamentar la improcedencia en cualquiera de los vicios descritos anteriormente. ¿Cuándo esto acontece, se trata de un caso en el que hay conflicto en materia tributaria y no hay argumento por la violación de la norma de competencia? ¡Es evidente que no!

Resulta de la propia definición del concepto de tributo, prescrita por el artículo 3° del Código Tributario Nacional, que se trata de una obligación compulsoria, la cual deriva directamente de la ley, y no del acuerdo de voluntades. Por lo tanto, se trata de una obligación *ex lege*. En este tipo de obligación, no hay concurso de voluntad de las partes, tampoco existe discrecionalidad para definirse dónde, cuándo y cuánto de tributo debe ser pagado. Todos los contornos de la obligación, a tenor de lo que prescribe el artículo 150, I, de la Constitución y el artículo 97 del Código Tributario Nacional, deben ser instituidos por ley. La consecuencia inmediata de estas disposiciones es la siguiente: la pretensión impositiva del Estado será legítima si estuviese conforme a las disposiciones legales. De la misma forma la pretensión del contribuyente. Si así es, cualquier juicio de ilegitimidad, aunque no haya expresa mención a las nulidades citadas, implica un ajuste entre la norma positivizada y aquella que le sirve de fundamento.

Por ello, incluso cuando no hay mención a ninguna de las nulidades referidas, está presente la idea de violación de la competencia.

12.3. Atributo común del género nulidad: sanción por el incumplimiento de la norma de competencia

Con las consideraciones desarrolladas anteriormente, es patente la existencia de un núcleo común entre todos los argumentos planteados por las partes en un litigio relativo a cuestiones tributarias, cual sea, creación ilícita de normas.

Si crear normas puede ser entendido como una acción jurídicamente regulada, es posible, también, que esa acción sea considerada lícita o ilícita, conforme haya sido practicada según la norma que prescribe la licitud (norma de competencia) o según aquella que establece los efectos de la ilicitud (norma sancionatoria de la competencia).

La sanción por el ejercicio ilícito de la competencia es la nulidad de la norma. La consecuencia de la nulidad es, conforme el caso, la suspensión de la vigencia (en las decisiones que prescriben efectos generales) o la eficacia (en las decisiones individuales) de la norma creada ilícitamente.

Tanto la norma producida de forma regular como aquella producida irregularmente están en el sistema de derecho positivo. La diferencia es que una irradia los efectos para los cuales fue creada y la otra –creada ilícitamente– no.

La reacción del sistema por la práctica de esos ilícitos tiene naturaleza sancionatoria, orientada a limitar la creación de normas realizadas en divergencia con la respectiva norma de competencia y suspender los efectos de la norma ilícitamente creada.

Siempre que se postule a un órgano judicante –administrativo o judicial– el incumplimiento de una norma, el argumento a ser utilizado es que esa norma fue creada en divergencia con la respectiva norma de competencia. Ese es el atributo común entre la inconstitucionalidad, ilegalidad, nulidad, anulabilidad, error de hecho, error de derecho o simple improcedencia de pleito administrativo o judicial.

CONCLUSIONES

Las ideas expuestas a lo largo del trabajo fundamentan las siguientes conclusiones sobre el tema de la competencia tributaria.

1. ¿Qué es competencia tributaria?

1.1 Competencia tributaria es la aptitud jurídica, modalizada en obligatorio o en permitido, para crear normas jurídicas que, directa o indirectamente, dispongan sobre la institución, recaudación y fiscalización de tributos.

1.2 Norma de competencia en sentido amplio es toda proposición prescriptiva que establece disposiciones orientadas a informar cómo debe ser la creación de otras normas relacionadas a la tributación.

1.3 Norma de competencia en sentido estricto es el juicio condicional que vincula, en su estructura, los elementos fundamentales para regular cómo debe ser la producción de una norma inferior. Para que se tenga una norma en sentido estricto es necesario que la proposición jurídica: i) califique el sujeto que puede crear normas; ii) indique el proceso de creación de las normas, sugiriendo todos los actos que deben ser predestinados al alcance de este fin; iii) indique las coordenadas de espacio en el que la acción de crear normas debe ser desempeñada; iv) indique las condiciones de tiempo en el que la acción de crear normas debe ser desempeñada; v) establezca el vínculo que existe entre quien crea la norma y quien debe sujetarse a la norma creada, según las condiciones establecidas por el propio derecho; vi) prescriba la modalización de la conducta de crear otra norma, bien obligatoria, permitida o prohibida; y vii) establezca la programación material de la norma inferior que es realizada según cuatro variables (sujeto, espacio, tiempo y comportamiento).

1.3.1 Organizando esos elementos en una estructura normativa, tenemos: hipótesis de la norma de competencia en sentido estricto (Hj), que es compuesta por la descripción hipotética del hecho-enunciación de nuevos textos de derecho positivo. La acción prevista en la hipótesis de la norma de competencia describe un sujeto (s), que realiza un acto o procedimiento [p(p1.p2.p3...)], en condiciones de espacio (e) y de tiempo (t), dando forma a la siguiente estructura lógica: Hj{[s.p(p.p2,p3...)(e.t)].

1.3.2 El consecuente de la norma de competencia tributaria en sentido estricto establece una relación R entre un sujeto competente S, que se vincula ante otro Sp teniendo como objeto m(s.e.t.c). El aspecto material de esta norma de competencia es establecer las condiciones materiales para la creación de una norma nueva y hace ello mediante la indicación de un verbo, con sus elementos subjetivo, espacial y temporal.

La fórmula lógica de la norma de competencia en sentido estricto puede ser presentada de la siguiente forma:

Njcom = H{[s.p(p1,p2,p3...)] . (e.t)} → R [S(s.sp) . m(s.e.t.c)].

En esta estructura están previstas todas las variables, tanto formales, como materiales, necesarias para la creación de un tributo.

1.4 La norma completa de competencia, además de la norma primaria, que mencionamos más arriba, posee una sanción coercitiva, predestinada a garantizar su cumplimiento en las situaciones de ejercicio indebido de la competencia.

1.5 Ejercer una competencia es una acción que puede ser calificada como lícita o ilícita. Se llama *ilícita* a la acción cuando la norma es incompatible con la respectiva norma de competencia. En este caso, la norma que incide es la sancionatoria, cuya aplicación generará suspensión de la eficacia o vigencia de la norma ilícitamente creada, en los puntos en los que fuera conflictuante con la competencia. La aplicación de la norma sancionatoria de la competencia proyecta la no aplicación de las normas inferiores ilegítimas.

1.6 Las normas de competencia desempeñan un papel fundamental para la unidad, la coherencia y la completitud del sistema jurídico. Sin embargo, estos papeles varían conforme estemos observando desde la óptica de quien simplemente observa el sistema o de quien participa de él como sujeto competente.

2) ¿Cómo es la competencia tributaria?

2.1 Antes de definir el sentido del término «competencia tributaria» es posible establecer una serie de asociaciones, con la finalidad de enriquecerlo y evidenciar las facetas que no se muestran en la primera observación.

2.2 Entre los conceptos de Teoría General del Estado, la competencia puede ser vista como sinónimo de poder. Competencia tributaria sería, entonces, sinónimo de Poder Tributario. La elección del término «competencia» fue realizada por razones culturales y no ontológicas.

2.3 El Estado, por su parte, no representa más que un conjunto de competencias. La idea de un Estado unitario es una gran metáfora de una serie de competencias que se muestran en las más diversas situaciones de la vida pública.

2.4 La Federación es una técnica específica de repartición de competencias estatales, que consiste en la formación de entes autónomos que participan de la formación de la voluntad central. Para que exista una Federación es necesario que esos entes federativos tengan autonomía política, administrativa, legislativa y financiera. El concepto de Federación, y con este el de autonomía, sufre una sensible modificación. De modo que, actualmente, pensamos que es posible que los entes federativos preserven su autonomía sin disponer, por ejemplo, de competencia para legislar en materia tributaria. La simple existencia de reglas de división de ingresos presupuestarios ya sería suficiente para garantizar la condición de ente autónomo desde el punto de vista financiero.

2.5 Además de las conexiones con los conceptos de Teoría General del Estado, habría que añadir los conceptos de Teoría General del Derecho. Capacidad privada, capacidad delictiva, imputabilidad, capacidad procesal son solo algunas de las nociones que pueden ser vinculadas al tema.

2.6 La estructura lógica de la norma de competencia tributaria posibilita ir al derecho positivo y llenar de sentido a cada una de sus variables. Con fundamento en la clásica distinción de las funciones del Estado en Ejecutivo, Legislativo y Judicatura y, porque no, aquel sector responsable por la mayor parte de las normas jurídicas producidas por el sistema: los particulares.

2.7 Por último, es posible, siguiendo la doctrina preconizada por Paulo de Barros CARVALHO y por Roque Antônio CARRAZZA, para analizar no solo las competencias legislativas, sino todas las modalidades de competencias, como la administrativa, la jurisdiccional y la privada.

3) ¿Para qué sirve la competencia tributaria?

3.1 La norma de competencia tributaria prescribe los requisitos que deben ser atendidos para la producción lícita de normas jurídicas. Al hacerlo, demarca, también, los límites de la ilicitud.

3.2 Se percibe que una norma fue producida ilícitamente cuando ella está en antinomia (conflicto) con la norma que le sirve de fundamento de validez.

3.3 El sistema jurídico es un sistema dinámico, por eso sus proposiciones no son modificadas por inferencias intelectuales. Solo las decisiones, emanadas de autoridades competentes, pueden hacer surgir o desaparecer nuevas normas jurídicas.

3.4 El observador del sistema jurídico puede afirmar si una norma existe o no.

3.5 Existir significa que puede ser apreciada por la jurisdicción; este es un criterio de efectividad o de relevancia jurídica.

3.6 El juicio de existencia como algo distinto de validez solo es posible para quien observa el sistema jurídico.

3.7 Para quien es participante (esto es, órganos jurisdiccionales), solo existen normas válidas o inválidas.

3.8 Válida es la norma producida de acuerdo con la norma de competencia. El efecto de la validez es la vigencia y la eficacia, en los términos previstos por la propia norma.

3.9 Invalidez es la relación de la norma con la norma sancionatoria de la competencia.

3.10 La aplicación de esta norma sancionatoria puede generar suspensión de la vigencia, y con ella de la eficacia, cuando la decisión fuera general, de forma plena (*ex tunc*) o parcial (*ex nunc*).

3.11 La sanción por el incumplimiento de la competencia puede proyectar, tan solo, la suspensión de la eficacia de la norma si los efectos fueran proyectados solo entre las partes del proceso.

3.12 Inconstitucionalidad, ilegalidad, nulidad, anulabilidad, error de hecho, error de derecho, improcedencia de la pretensión de la Hacienda o del contribuyente son especies del género nulidad en sentido amplio. Todos estos vicios mantienen entre sí la característica común de ser constituidos por participantes del sistema en virtud de la creación de una norma en enfrentamiento con lo que dispone la respectiva norma de competencia.

3.13 Todo conflicto de intereses en materia tributaria, deducido en el curso de un proceso judicial o administrativo con el objetivo de no aplicar una norma, tiene como presupuesto el argumento de que esa norma fue creada contra la respectiva norma de competencia.

BIBLIOGRAFÍA

ADEODATO, João Maurício. *Ética e retórica: para uma teoria da dogmática jurídica*. São Paulo: Saraiva, 2002.

- *Filosofia do direito: uma crítica à verdade na ética e na ciência (através de um exame da ontologia de Nicolai Hartmann)*. São Paulo: Saraiva, 1996.

AFTALIÓN, Enrique R.; VILANOVA, José y RAFFO, Julio. *Introducción al derecho: conocimiento y conocimiento científico, historia de las ideas jurídicas, teoría general del derecho, teoría general aplicada*. 3.ª ed. Buenos Aires: Abeledo-Perrot, 1988.

ALCHOURRÓN, Carlos E. y BULYGIN, Eugenio. *Análisis lógico y derecho*. Madrid: Centro de Estudios Constitucionales, 1991.

- *Introducción a la metodología de las ciencias jurídicas y sociales*. Buenos Aires: Astrea, 2002.
- *Definiciones y normas. El lenguaje del derecho*. Argentina: Abeledo-Perrot, 1983.

ALEXY, Robert. *El concepto y la validez del derecho*. Barcelona: Gedisa, 2004.

ALVES, Alaôr Caffé. *Lógica: pensamento formal e argumentação*. 2.ª ed. São Paulo: Quartier Latin, 2002.

ARAUJO, Clarice von Oertzen de. *Semiótica do direito*. São Paulo: Quartier Latin, 2005.

ATALIBA, Geraldo. *Hipótese de incidência tributária*. 6.ª ed. São Paulo: Malheiros, 2000.

- *República e Constituição*. 2.ª ed. São Paulo: Malheiros, 1998.
- *Sistema Constitucional Tributário Brasileiro*. São Paulo: RT, 1968.
- Hermenêutica e sistema constitucional tributário, *in Interpretação no Direito Tributário*. São Paulo: Saraiva, EDUC, 1975.
- Normas gerais de direito financeiro, *in Revista de Direito Administrativo*. N.º 82. Río de Janeiro: Fundação Getúlio Vargas, 1965.

-Limitações constitucionais ao poder de tributar, *in Revista de Direito Tributário*. N.º 62. São Paulo: Malheiros, 1993.

-Imposto sobre serviços, *in Revista de Direito Tributário*. N.º 35. São Paulo: Malheiros, 1986.

Atienza, Manuel. *El sentido del derecho*. 3.ª ed. Barcelona: Ariel, 2004.

- *Tres lecciones de teoría del derecho*. Alicante: ECU, 2000.

Atienza, Manuel y Ruiz, Juan. *Las piezas del derecho: teoría de los enunciados jurídicos*. 2.ª ed. Barcelona: Ariel, 2004.

Atria, Fernando *et al*. *Lagunas en el derecho: una controversia sobre el derecho y la función judicial*. Madrid: Marcial Pons, 2005.

Austin, John L. *Cómo hacer cosas con palabras: palabras y acciones*. 2.ª ed. Buenos Aires: Paidós, 2006.

- *Sentido e percepção*. 2.ª ed. São Paulo: Martins Fontes, 2004.
- *Performative Utterances. Philosophical Papers*. 2.ª ed. Oxford: Clarendon Press, 1970.

Ávila, Humberto. *Sistema constitucional tributário*. São Paulo: Saraiva, 2004.

- *Teoria dos princípios: da definição à aplicação dos princípios jurídicos*. 4.ª ed. São Paulo: Malheiros, 2004.
- Imposto sobre à Prestação de Serviços de Qualquer Natureza - ISS. Normas Constitucionais Aplicáveis. Precedentes do Supremo Tribunal Federal, Hipótese de Incidência, Base de Cálculo e Local da Prestação. Leasing Financeiro: Análise da Incidência, *in Revista Dialética de Direito Tributário*. N.º 122. São Paulo: Dialética.

Bakhtin, Mikhail. *Estética da criação verbal*. 4.ª ed. São Paulo: Martins Fontes, 2003.

Baleeiro, Aliomar. *Cinco aulas de finanças e política fiscal*. Salvador: Progresso, 1959.

- *Direito tributário brasileiro*. 8.ª ed. Río de Janeiro: Forense, 1995.
- *Limitações constitucionais ao poder de tributar*. 7.ª ed. Río de Janeiro: Forense, 1999. Actualizada por Misabel Abreu Machado Derzi.
- Estados, discriminação de rendas e reforma constitucional, *in Revista de Direito Administrativo*. N.º 30. Río de Janeiro: Fundação Getúlio Vargas, oct.-dic. de 1952.

Barreto, Aires. *Base de cálculo, alíquota e princípios constitucionais*. 2.ª ed. São Paulo, Max Limonad, 1998.

- Aplicação do princípio da progressividade, *in Justiça Tributária*. São Paulo: Max Limonad, 1998.
- Imposto predial e territorial urbano, *in* Martins, Ives Gandra da Silva (coord.). *Curso de direito tributário*. 7.ª ed. São Paulo: Saraiva, 2000.
- IPTU: progressividade e diferenciação, *in Revista Dialética de Direito Tributário*. N.º 76, 2000.

Barreto, Paulo Ayres. *Imposto sobre a Renda e Preços de Transferência*. São Paulo: Dialética, 2001.

- Lançamento «ex officio» - notificação, *in Revista de Direito Tributário*. Año 9. N.° 45. São Paulo: RT, 1988.
- *Contribuições: regime jurídico, destinação e controle*. São Paulo: Noeses, 2006.

BARROS, Diana Luz Pessoa de. *Teoria semiótica do texto*. 4.ª ed. São Paulo: Ática, 2003.

BARROS, Diana Luz Pessoa de y FIORIN, José Luiz (orgs.). *Dialogismo, polifonia, intertextualidade*. 2.ª ed. São Paulo: Editora de la Universidad de São Paulo, 2003.

BARTHES, Roland. *Elementos de semiologia*. 16.ª ed. São Paulo: Cultrix, 2006.

BAYÓN, J. C. Participantes, observadores e identificação do direito, *in* CAMANDUCCI, P. & GUASTINI, Riccardo. *Struttura e dinamica dei sistema giuridici, a cura di*. Torino: G. Giappichelli Editore, 1996.

BECKER, Alfredo Augusto. *Teoria geral do direito tributário*. São Paulo: Noeses; Madrid: Marcial Pons, 2007.

BELTRÁN, Jordi Ferrer. *Las normas de competencia: un aspecto de la dinámica jurídica*. Madrid: CEPC, 2000.

- *Prueba y verdad en el derecho*. Madrid: Marcial Pons, 2005.

BENTHAM, Jeremy. *Of laws in general*. Oxford: The Athlone Press, 1970.

BOBBIO, Norberto. *Da estrutura à função: novos estudos de teoria do direito*. Barueri: Manole, 2007.

- *Teoria da norma jurídica*. 2.ª ed. São Paulo: Edipro, 2001.
- *Teoria do ordenamento jurídico*. 10.ª ed. Brasília: Editora Universidad de Brasília, 1999.

BONILHA, Paulo Celso B. *Da prova no processo administrativo fiscal*. São Paulo: Dialética, 1997.

BORGES, José Souto Maior. *Curso de direito comunitário*. São Paulo: Saraiva, 2005.

- *Introdução ao direito financeiro*. São Paulo: Max Limonad, 1998.
- *Isenções tributárias*. 2.ª ed. São Paulo: Sugestões Literárias, 1980.
- *Lançamento tributário*. 2.ª ed. São Paulo: Malheiros, 1999.
- *Obrigação tributária: uma introdução metodológica*. 2.ª ed. São Paulo: Malheiros, 1999.
- *Teoria geral da isenção tributária*. 3.ª ed. 2.ª tir. São Paulo: Malheiros, 2007.
- Sistema Tributário na Constituição de 1988 - I, *in Revista de Direito Tributário*. N.° 13. São Paulo: Revista dos Tribunais, 1989.
- Aspectos fundamentais da competência municipal para instituir o ISS, *in* TÔRRES, Heleno Taveira (org.). *ISS na Lei Complementar n. 116/ 2003 e na Constituição*. São Paulo: Manole, 2004.

Braghetta, Daniela de Andrade. *Tributação no comércio eletrônico à luz da teoria comunicacional do direito*. São Paulo: Quartier Latin, 2003.

Brait, Beth (org.). *Bakhtin, dialogismo e construção do sentido*. 2.ª ed. Campinas: Editora Unicamp, 2005.

Bujanda, Fernando Sáinz de. Estructura jurídica del sistema tributario, *in Revista de Derecho Financiero y de hacienda pública*. Madrid: Editorial de derecho financiero, 1964.

Bulos, Uadi Lammêgo. *Mutação constitucional*. São Paulo: Saraiva, 1997.

Bulygin, Eugenio. *Norma, validità, sistemi normativi*. Torino: G. Giappichelli, 1995.

- Sobre observadores y participantes, *in Doxa* (*Publicaciones periódicas*). N.º 21. Alicante: Biblioteca Virtual Miguel de Cervantes, 1998.

Bulygin, Eugenio y Mendonca, Daniel. *Normas y sistemas normativos*. Madrid: Marcial Pons, 2005.

Caetano, Marcelo. *Manual de ciência política e direito constitucional*. Coimbra: Almedina, 1996.

Calsamiglia, Albert. Geografia de las normas de competência, *in Doxa* (*Publicaciones periódicas*). Alicante: Biblioteca Virtual Miguel de Cervantes, 1994.

Campilongo, Celso Fernandes. *Política, sistema jurídico e decisão judicial*. São Paulo, Max Limonad, 2002

- *O direito na sociedade complexa*. São Paulo, Max Limonad, 2000.
- *Decisão política e decisão jurídica*. São Paulo, Max Limonad, 2001.

Canaris, Claus-Wilhelm. *Pensamento sistemático e conceito de sistema na ciência do direito*. 2.ª ed. Lisboa: Fundação Calouste Gulbenkian, 1996.

Canotilho, José Joaquim Gomes. *Constituição dirigente e vinculação do legislador*. 2.ª ed. Coimbra: Coimbra, 2001.

- *Direito constitucional e teoria da constituição*. 4.ª ed. Coimbra: Almedina, 2000.

Canto, Gilberto de Ulhôa. Alguns Problemas da Competência Tributária Concorrente, *in Revista de Direito Administrativo*. N.º 57. Río de Janeiro: Fundação Getúlio Vargas, 1959.

- Reforma tributária - Emenda Constitucional nº 18, *in Revista de Direito Administrativo*. N.º 89. Río de Janeiro: Fundação Getúlio Vargas, 1967.

Carneiro, Athos Gusmão. *Jurisdição e competência*. 13.ª ed. São Paulo: Saraiva, 2004.

Carrazza, Elizabeth Nazar. *Progressividade e IPTU*. Curitiba: Juruá, 1998.

- Sistema constitucional tributário brasileiro, *in Revista de Direito Público*. Año 6. N.º 25. São Paulo: RT, jul.-set. de 1973.

Carrazza, Roque Antonio y Bottallho, Eduardo. As Inconstitucionalidades da «Nova» CPMF, *in* Rocha, Valdir de Oliveira. *Grandes questões atuais do direito tributário*. V. 3. São Paulo: Dialética, 1999.

Carrazza, Roque Antonio. *Curso de direito constitucional tributário.* 11.ª ed. São Paulo: Malheiros, 2003.

- *ICMS.* 9.ª ed. São Paulo: Malheiros, 2002.
- *Conflitos de competencia: um caso concreto.* São Paulo: RT, 1983.
- A competência tributária dos Estados-membros diante da nova Constituição Federal, *in Revista de Direito Tributário.* N.º 45. V. 187. São Paulo: Revista dos Tribunais, 1988.

Carrió, Genaro R. *Notas sobre derecho y lenguaje.* 4.ª ed. Buenos Aires: Abeledo-Perrot, 1994.

- *Sobre el concepto de deber jurídico.* Buenos Aires: Abeledo-Perrot, 1966.
- *Sobre los límites del lenguaje normativo.* Buenos Aires: Astrea, 2001.

Carvalho, Cristiano. *Teoria do sistema jurídico: direito, economia, tributação.* São Paulo: Quartier Latin, 2005.

Carvalho, Paulo de Barros. *Curso de direito tributário.* 19.ª ed. São Paulo: Saraiva, 2007.

- *Direito tributário: fundamentos jurídicos da incidência.* 5.ª ed. São Paulo: Saraiva, 2006.
- *O direito positivo como sistema homogêneo de enunciados deônticos.* Año 12. N.º 45. São Paulo: Revista de Direito Tributário, RT, jul./set. de 1988.
- *Teoria da norma tributária.* 4.ª ed. São Paulo: Max Limonad, 2002.
- *Tratado de derecho tributário.* Lima: Palestra, 2003.
- *Direito tributário, linguagem e método.* 2.ª ed. Noeses: São Paulo, 2008.
- Limitações constitucionais ao poder de tributar, *in Revista de Direito Tributário.* N.º 46. São Paulo: RT.
- Formalização da linguagem. Proposições e fórmulas, *in Revista do Programa de Pós-Graduação em Direito da PUC/SP.* V. 1. São Paulo: Max Limonad, 1995.
- *Sobre os princípios constitucionais tributários.* N.º 55. São Paulo: Revista de Direito Tributário, RT.
- O sobreprincípio da segurança jurídica e a revogação de normas tributárias, *in* Carvalho, Paulo de Barros *et al. Crédito-prêmio de IPI: estudos e pareceres.* Barueri: Manole, 2005.
- Enunciados, normas e valores jurídico tributários, *in Revista de Direito Tributário.* N.º 69. São Paulo: Malheiros.
- Hipótese de incidência tributária e normas gerais de direito tributário, *in* Morais, Bernardo Ribeiro *et al. Interpretação no direito tributário.* São Paulo: Saraiva, EDUC, 1975.
- Interpretação e linguagem - concessão e delegação de serviço público, *in Revista Trimestral de Direito Público.* N.º 10. São Paulo: RT, 1995.

-Isenções Tributárias do IPI em face do Princípio da Não-Cumulatividade, *in Revista Dialética de Direito Tributário*. N.º 33, junio de 1998.

CASTRO, Torquato. *Teoria da situação jurídica em direito privado nacional*. São Paulo, Saraiva, 1985.

CASTRO Jr., Torquato de. *Pragmática das nulidades e a teoria do ato jurídico inexistente (reflexões sobre metáforas e paradoxos da dogmática privatista romanista)*. Tesis de doctorado presentada a la PUC/SP, São Paulo, 2003.

CHOMSKY, Noam. *Aspects of the theory of syntax*. Cambridge, Mass: The Mit Press, 1965.

- *Language and Mind*. 3.ª ed. New York: Cambridge University Press, 2006.
- *Linguagem e mente: pensamentos atuais sobre antigos problemas*. Brasília: Editora Universidade de Brasília, 1998.
- *Novos horizontes no estudo da linguagem e da mente*. São Paulo: Editora UNESP, 2005.
- *On nature and language*. New York: Cambridge University Press, 2003.
- *Syntactic structures*. 2.ª ed. Berlim-New York: Mouton de Gruyter, 2002.
- *The architecture of language*. 7.ª ed. New York: Oxford, 2005.

CLÈVE, Clèmerson Merlin. *Atividade legislativa do poder executivo*. 2.ª ed. São Paulo: Revista dos Tribunais, 2000.

- *Comentários à Constituição de 1988: sistema tributário*. 8.ª ed. Río de Janeiro: Forense, 1999.
- *O controle da constitucionalidade das leis e do poder de tributar na Constituição de 1988*. 3.ª ed. Belo Horizonte: Del Rey, 1999.
- *Teoria geral do tributo e da exoneração tributária*. 3.ª ed. Belo Horizonte: Del Rey, 1999.
- *Curso de Direito Tributário Brasileiro*. 6.ª ed. Río de Janeiro: Forense, 2002.

COÊLHO, Sacha Calmon Navarro. *Comentários à Constituição de 1988: Sistema Tributário*. 8.ª ed. Río de Janeiro: Forense, 1999.

- *Curso de Direito Tributário Brasileiro*. 6.ª ed. Río de Janeiro: Forense, 2002.

CONRADO, Paulo Cesar. *Introdução à teoria geral do processo civil*. 2.ª ed. São Paulo: Max Limonad, 2003.

COPI, Irving Marmer. *Introdução à lógica*. 2.ª ed. São Paulo: Mestre Jou, 1978.

CORACINI, Maria José Rodrigues Faria. *Um fazer persuasivo: o discurso subjetivo da ciência*. São Paulo: EDUC; Campinas: Pontes, 1991.

COSTA, Alcides Jorge. *Contribuição ao estudo da obrigação tributária*. São Paulo: IBDT, 2003.

Costa, Ramón Valdés. *Instituciones de derecho tributário*. Buenos Aires: Depalma, 2004.

Costa, Regina Helena. *Praticabilidade e justiça tributária: exeqüibilidade da lei tributária e direitos do contribuinte*. São Paulo: Malheiros, 2007.

- *Princípio da capacidade contributiva*. 2.ª ed. São Paulo: Malheiros, 1996.

Dácomo, Natália de Nardi. *Hipótese de incidência do ISS*. São Paulo: Noeses, 2007.

Demo, Pedro. *Metodologia do conhecimento científico*. São Paulo: Atlas, 2000.

Derzi, Misabel Abreu Machado y Coêlho, Sacha Calmon Navarro. *Do Imposto sobre a Propriedade Predial e Territorial Urbana*. São Paulo: Saraiva, 1982.

- *Modificações da jurisprudência no direito tributário*. São Paulo: Editora Noeses, 2009.

Dimoulis, Dimitri. *O caso dos denunciantes invejosos: introdução prática às relações entre direito, moral e justiça*. 2.ª ed. São Paulo: Revista dos Tribunais, 2005.

-*Positivismo jurídico: introdução a uma teoria do direto e defesa do pragmatismo jurídico-político*. São Paulo: Método, 2006.

Dinamarco, Cândido Rangel. *Instituições de direito processual civil*. 3.ª ed. V. 1. São Paulo: Malheiros, 2003.

Diniz, Maria Helena. *Compêndio de introdução à ciência do direito*. 5.ª ed. São Paulo: Saraiva, 1994.

- *Conflito de normas*. 5.ª ed. São Paulo: Saraiva, 2003.
- *Norma constitucional e seus efeitos*. 6.ª ed. São Paulo: Saraiva, 2003.

Dória, Antônio Roberto Sampaio. *Elisão e evasão fiscal*. São Paulo: Bushatsky, 1977.

- *Discriminação de competência impositiva* (*Sua Evolução na Federação Brasileira*). São Paulo. Tesis de Doctorado de la Universidad de São Paulo, 1972.
- *Princípios Constitucionais Tributários e a Cláusula Due Processo f Law*. São Paulo. Tesis de Livre-Docência de la Universidad de São Paulo, 1964.
- *Discriminação de rendas tributárias*. São Paulo: José Bushstsky, 1972.

Driver, Stephanie Schwartz. *A declaração de independência dos Estados Unidos*. Río de Janeiro: Zahar, 2006.

Ducrot, Oswald y Todorov, Tzvetan. *Dicionário enciclopédico das ciências da linguagem*. Lisboa: Dom Quixote, 1991.

Echave, Delia Teresa; Urquijo, Maria Eugenia y Guibourg, Ricardo. A. *Lógica, proposición y norma*. 6.ª reimp. Buenos Aires: Depalma, 2002.

Eco, Umberto. *As formas do conteúdo*. 3.ª ed. São Paulo: Perspectiva, 2001.

- *Interpretação e superinterpretação*. São Paulo: Martins Fontes, 2001.

- *Obra aberta: forma e indeterminações nas poéticas contemporâneas*. 9.ª ed.
- *Tratado geral de semiótica*. 4.ª ed. São Paulo: Perspectiva, 1995.
- *A theory of semiotics*. Bloomington: Indiana University Press, 1979.

Engisch, Karl. *Introdução ao pensamento jurídico*. 9.ª ed. Lisboa: Fundação Calouste Gulbenkian, 2004.

Falcão, Amílcar de Araújo. *Fato gerador da obrigação tributária*. 6.ª ed. Río de Janeiro: Forense, 1999.

- *Introdução ao direito tributário*. Río de Janeiro: Edições Financeiras, 1959.
- Autonomia dos governos locais em matéria tributária, *in Revista de Direito Administrativo*. N.º 47. Río de Janeiro: Fundação Getúlio Vargas, 1957.
- *Sistema tributário brasileiro: discriminação de rendas*. Río de Janeiro: Edições Financeiras, 1965.

Faleiro, Kelly Magalhães. *Procedimento de consulta fiscal*. São Paulo: Noeses, 2005.

Farrell, Martin Diego. *Hacia un criterio empírico de validez*. Buenos Aires: Astrea, 1972.

Ferragut, Maria Rita. *Presunções no direito tributário*. 2.ª ed. São Paulo: Quartier Latin, 2005.

- *Responsabilidade tributária e o Código Civil de 2002*. São Paulo: Noeses, 2005.

Ferragut, Maria Rita y Neder, Marcos Vinicius (coord.). *Responsabilidade tributária*. São Paulo: Dialética, 2007.

Ferrajoli, Luigi. *Epistemología jurídica y garantismo*. México: Fontamara, 2004.

Ferraz Júnior, Tércio Sampaio. *Direito constitucional: liberdade de fumar, privacidade, estado, direitos humanos e outros temas*. Barueri: Manole, 2007.

- *Direito, retórica e comunicação: subsídios para uma pragmática do discurso jurídico*. 2.ª ed. São Paulo: Saraiva, 1997.
- *Estudos de filosofia do direito: reflexões sobre o poder, a liberdade, a justiça e o direito*. São Paulo: Atlas, 2002.
- *Introdução ao estudo do direito: técnica, decisão, dominação*. 2.ª ed. São Paulo: Atlas, 1994.
- *Teoria da norma jurídica: ensaio de pragmática da comunicação normativa*. 3.ª ed. Río de Janeiro: Forense, 1997.
- *Função social da dogmática jurídica*. São Paulo: Atlas, 1998.
- Competência tributária municipal, *in Revista de Direito Tributário*. Año 14. N.º 54. São Paulo: Malheiros, oct.-dic. de 1990.
- Constituinte - Regras para a eficácia constitucional, *in Revista de Direito Público*. Año XVII. N.º 76. São Paulo: Revista dos Tribunais, 1985.

FERREIRA FILHO, Manoel Gonçalves. *Do processo legislativo*. 5.ª ed. São Paulo: Saraiva, 2002.

FERREIRO LAPATZA, José Juan. *Direito tributário: teoria geral do tributo*. Barueri: Manole; Madrid: Marcial Pons, 2007.

- *Curso de derecho financiero español*. 19.ª ed. Madrid: Marcial Pons, 1997.

FIEDLER, Herbert. *Derecho, lógica, matemática*. 3.ª ed. México: Fontamara, 1997.

FIOCCA, Demian y GRAU, Eros Roberto (org.). *Debate sobre a Constituição de 1988*. São Paulo: Paz e Terra, 2001.

FIORIN, José Luiz. *As astúcias da enunciação: as categorias de pessoa, espaço e tempo*. 2.ª ed. São Paulo: Ática, 1999.

- *Linguagem e ideologia*. 8.ª ed. São Paulo: Ática, 2005.
- *Elementos de análise do discurso*. 14.ª ed. São Paulo: Contexto, 2006.
- *Introdução ao pensamento de Bakhtin*. São Paulo: Ática, 2006.

FLUSSER, Vilém. *Língua e realidade*. 2.ª ed. São Paulo: Annablume, 2004.

- *A dúvida*. Río de Janeiro: Relume Dumará, 1999
- Teoria da tradução como teoria do conhecimento, *in Revista Brasileira de Filosofia*. N.º 13. V. 13. São Paulo: Instituto Brasileiro de Filosofia, 1963.
- Para uma teoria da tradução, *in Revista Brasileira de Filosofia*. N.º 73. V. 19. São Paulo: Instituto Brasileiro de Filosofia, 1969.
- Para uma teoria da tradução, *in Revista Brasileira de Filosofia*. Año XIX. N.º 73. São Paulo: Instituto Brasileiro de Filosofia, 1969.

FONROUGE, C. M. Giuliani. *Conceitos de direito tributário*. São Paulo: Lael, 1973.

FREGE, Gottlob. *Investigações lógicas*. Porto Alegre: EDIPUCRS, 2002.

- *Lógica e filosofia da linguagem*. São Paulo: Cultrix e Ed. Da Universidade de São Paulo, 1978. Selección, introducción, traducción y notas de Paulo Alcoforado.

FURLAN, Valéria C. P. *Imposto predial e territorial urbano*. São Paulo: Malheiros, 2000.

GADAMER, Hans-George. *Verdade e método: traços fundamentais de uma hermenêutica filosófica*. 3.ª ed. Petrópolis: Vozes, 1999.

GAMA, Tácio Lacerda. *Contribuição de intervenção no domínio econômico*. São Paulo: Quartier Latin, 2003.

- Contribuições especiais: natureza e regime jurídico, *in* DE SANTI, Eurico Marcos Diniz (coord.). *Curso de especialização em direito tributário: estudos analíticos em homenagem a Paulo de Barros Carvalho*. Río de Janeiro: Forense, 2005.

GASSET, José Ortega y. *Meditación de la técnica.* Madrid: Espasa-Calpe, 1965.

GONÇALVES, Cláudio Cairo. Isenção heterônoma por via de tratados internacionais - uma interpretação sistemática, *in Revista dos Mestrandos em Direito Econômico da UFBA.* N.º 7. Salvador: Centro Editorial e Didático da UFBA, 1999.

GORDILLO, Agustín. *Tratado de derecho administrativo. La defensa del usuario y del administrado.* 6.ª ed. Buenos Aires: Fundación de Derecho Administrativo, 2003.

GRAU, Eros Roberto. *A ordem econômica na Constituição de 1988.* 6.ª ed. São Paulo: Malheiros, 2001.

- *Conceito de tributo e fontes do direito tributário.* São Paulo: Resenha Tributária, 1975.
- *Direito urbano: regiões metropolitanas, solo criado, zoneamento e controle ambiental.* São Paulo: Revista dos Tribunais, 1983.
- *Ensaio e discurso sobre a interpretação/aplicação do direito.* São Paulo: Malheiros, 2002.
- *O direito posto e o direito pressuposto.* 5.ª ed. São Paulo: Malheiros, 2003.

GRECO, Marco Aurélio. *Contribuições: uma figura «sui generis».* São Paulo: Dialética, 2000.

GUASTINI, Riccardo. *Das fontes às normas.* São Paulo: Quartier Latin, 2005. Traducción de Edson Bini.

- *Distinguiendo: estudios de teoría y metateoría del derecho.* Barcelona: Gedisa, 1999.

GUIBOURG, Ricardo A. *Derecho, sistema y realidad.* Buenos Aires: Astrea, 1986.

- *Pensar en las normas.* Buenos Aires: Eudeba, 1999.
- *Teoría general del derecho.* Buenos Aires: La Ley, 2003.

GUIBOURG, Ricardo A.; GHIGLIANI, Alejandro M. y GUARINONI, Ricardo V. *Introducción al conocimiento científico.* 3.ª ed. Buenos Aires: EUDEBA, 1984.

GÜNTHER, Klaus. *Teoria da argumentação no direito e na moral: justificação e aplicação.* São Paulo: Landy, 2004.

GUTIERREZ, Miguel Delgado. Repartição das receitas tributárias: a repartição das fontes de receita. Receitas originárias e derivadas. A distribuição da competência tributária, *in* CONTI, José Maurício (org.). *Federalismo fiscal.* Barueri: Manole, 2003.

HART, Herbert. *O conceito de direito.* 3.ª ed. Lisboa: Fundação Calouste Gulbenkian, 2001.

HEGENBERG, Leonidas. *Saber de e saber que: alicerces da racionalidade.* Petrópolis: Vozes, 2001.

HEIDEGGER, Martin. *A caminho da linguagem.* Petrópolis: Vozes; Bragança Paulista: Editora Universitária São Francisco, 2003. Traducción de Márcia Sá Cavalcante Shuback.

- Que é isto - a filosofia? Identidade e diferença. Petrópolis: Vozes; São Paulo: Duas Cidades, 2006. Traducción de Ernildo Stein.

HESSEN, Johannes. *Filosofia dos valores*. Coimbra: Almedina, 2001.

HJELMSLEV, Louis. *Prolegomena to a theory of language*. Madison: The University of Wisconsin Press, 1961.

HOFSTADTER, Douglas R. *Gödel, Escher, Bach. Um entrelaçamento de gênios brilhantes*. Brasília: Editora Universidad de Brasília; São Paulo: Imprensa Oficial do Estado, 2001.

HOHFELD, Wesley Newcomb. *Fundamental legal conceptions as applied in judicial reasoning*. 7.ª ed. New Jersey: The Lawbook Exchange, 2005.

HUSSERL, Edmund. *Idéias para uma fenomenologia pura e para uma filosofia fenomenológica: introdução geral à fenomenologia pura*. Aparecida: Idéias e Letras, 2006.

IVO, Gabriel. *Norma jurídica: produção e controle*. São Paulo: Noeses, 2006.

- Considerações acerca da revogação (É possível falar de revogação tácita?), *in* Barreto, Aires Fernandino *et al*. *Segurança Jurídica na Tributação e Estado de Direito*. São Paulo: Noeses, 2005.

JAKOBSON, Roman. *Lingüística e comunicação*. São Paulo: Cultrix, 2003.

KANT, Immanuel. *Lógica*. 3.ª ed. Río de Janeiro: Tempo Brasileiro, 2003.

KELSEN, Hans. *Jurisdição constitucional*. São Paulo: Martins Fontes, 2003.

- *O problema da justiça*. 3.ª ed. São Paulo: Martins Fontes, 1998.
- *Teoria geral das normas*. Porto Alegre: Fabris, 1986.
- *Teoria geral do direito e do estado*. 3.ª ed. São Paulo: Martins Fontes, 2000.
- *Teoria pura do direito*. 6.ª ed. São Paulo: Martins Fontes, 1999.
- *Validez y eficacia del derecho*. Buenos Aires: Astrea, 2005.
- Reflexiones en torno de la teoría de las ficciones jurídicas, con especial énfasis en la filosofía del «como si» de Vaihinger, *in Revista Crítica Jurídica*. N.º 18. Curitiba: Faculdades do Brasil, 2001.

KELSEN, Hans; BULYGIN, Eugenio y WALTER, Robert. *Validez y eficacia del derecho*. Buenos Aires: Astrea, 2005.

KRAUSE, Gustavo Bernardo. *A dúvida de Flusser: filosofia e literatura*. São Paulo: Globo, 2002.

KRISTEVA, Julia. *Introdução à semanálise*. 2.ª ed. São Paulo: Perspectiva, 2005. Traducción de Lúcia Helena França Ferraz.

KUHN, Thomas S. *A estrutura das revoluções científicas*. São Paulo: Perspectiva, 2000.

KUSCH, Martin. *Linguagem como cálculo versus linguagem como meio universal*. São Leopoldo: UNISINOS, 2001.

LACAMBRA, Luis Legaz y. Sobre la estructura del Derecho, *in* CAVALCANTI FILHO, Teófilo (org.). *Estudos em homenagem a Miguel Reale*. São Paulo: Revista dos Tribunais, 1977.

LAGIER, Daniel Gonzáles. *Acción y norma en G. H. von Wright*. Madrid: Centro de Estudios Constitucionales, 1995.

LIMA, Hermes. *Introdução à ciência do direito*. 18.ª ed. Río de Janeiro: Freitas Bastos, 1968.

LIMA, Maria Eduarda de. A Contribuição de Intervenção no Domínio Econômico sobre Serviços Técnicos e de Assistência Administrativa (Lei nº 10.332/2001), *in Revista Dialética de Direito Tributário*. N.º 82. São Paulo: Dialética, 2002.

LIMA, Ruy Cirne. *Princípios de direito administrativo*. 7.ª ed. São Paulo: Malheiros, 2007.

LINS, Robson Maia. *Controle de constitucionalidade da norma tributária. decadência e prescrição*. São Paulo: Quartier Latin, 2005.

LUHMANN, Niklas. *A realidade dos meios de comunicação*. São Paulo: Paulus, 2005.

- *Observaciones de la modernidad: racionalidad y contingencia en la sociedad moderna*. Barcelona: Paidós, 1997.
- *Sociologia do direito I*. Río de Janeiro: Tempo Brasileiro, 1983.
- *Sociologia do direito II*. Río de Janeiro: Tempo Brasileiro, 1985.
- *Teoría política en el estado de bienestar*. Madrid: Alianza, 1997.

MACCORMICK, Neil. *Argumentação jurídica e teoria do direito*. São Paulo: Martins Fontes, 2006.

MACHADO, João Baptista. *Introdução ao direito e ao discurso legitimador*. Portugal: Almedina, 2000.

MACHADO, Rodrigo Brunelli (coord.). *O ISS na Lei Complementar nº 116/2003*. São Paulo: Quartier Latin, 2004.

MAIER, Julio B. J. Reflexiones acerca de la vigencia del derecho, *in* BULYGIN, Eugenio (coord.). *El lenguaje del derecho: homenaje a Genaro R. Carrió*. Buenos Aires: Abeledo-Perrot, 1983.

MARBERG, R. Carré de. *Teoría General del Estado*. 3.ª ed. México: Fundo de Cultura Económica, 1998.

MARÍN, Rafael Hernández. *Teoría general del derecho y de la ciencia jurídica*. Barcelona: PPU, 1989.

MASCARO, Alysson Leandro. *Crítica da legalidade e do direito brasileiro*. São Paulo: Quartier Latin. 2003.

MAXIMILIANO, Carlos. *Hermenêutica e aplicação do direito*. 15.ª ed. Río de Janeiro: Forense, 1995.

Máynez, Eduardo García. *Lógica del raciocinio jurídico*. Barcelona: Fontamara, 2004.

Mazzotti, Alda Judith Alves y Gewandsznajder, Fernando. *O método nas ciências naturais e sociais: pesquisa quantitativa e qualitativa*. 2.ª ed. São Paulo: Pioneira, 2001.

Meirelles, Hely Lopes. *Curso de direito administrativo*. São Paulo: Malheiros, 1996.

- *Direito municipal brasileiro*. São Paulo: Malheiros, 2003.

Mello, Celso Antônio Bandeira de. *Conteúdo jurídico do princípio da igualdade*. 3.ª ed. São Paulo: Malheiros, 1995.

- *Curso de direito administrativo*. 14.ª ed. São Paulo: Malheiros, 2001.
- *Discricionariedade e controle jurisdicional*. 2.ª ed. São Paulo: Malheiros, 1996.
- (org.). *Estudos em homenagem a Geraldo Ataliba: direito tributário*. São Paulo: Malheiros, 1997.

Mello, Oswaldo Aranha Bandeira de. *Princípios gerais de direito administrativo*. 3.ª ed. São Paulo: Malheiros, 2007.

Melo, José Eduardo Soares de. *ICMS: teoria e prática*. 3.ª ed. São Paulo: Dialética, 1998.

Melo, José Eduardo Soares de y Lippo, Luiz Francisco. *A não-cumulatividade tributária*. São Paulo: Dialética, 1998.

Mendes, Sônia Maria Broglia. *A validade jurídica: pré e pós giro lingüístico*. São Paulo: Noeses, 2007.

Mendonça, Cristhiane. *Competência Tributária*. São Paulo: Quartier Latin, 2004.

Mendonca, Daniel. *Los derechos en juego: conflicto y balance de derechos*. Madrid: Tecnos, 2003.

- *Las claves del derecho*. Barcelona: Gedisa, 2000.

Mendonca, Daniel y Guibourg, Ricardo A. *La odisea constitucional: constitución, teoría y método*. Madrid: Marcial Pons, 2004.

Micheli, Gian Antonio. *Curso de Direito Tributário*. São Paulo: Revista dos Tribunais, 1978.

Miranda, Francisco Cavalcanti Pontes de. *O problema fundamental do conhecimento*. Campinas: Bookseller, 1999.

- *Tratado de direito privado*. Parte Geral. T. 1. Río de Janeiro: Borsoi, 1954.
- *Tratado de direito privado*. Parte Geral. T. 2. Río de Janeiro: Borsoi, 1954.
- *Tratado de Direito Privado*. Parte Geral. T. 4. Río de Janeiro: Borsoi, 1970.

MOREIRA, André Mendes. *A tributação dos serviços de comunicação*. São Paulo: Dialética, 2006.

MORESO, José Juan. *Normas jurídicas y estructura del derecho*. México: Fontamara, 2002.

MORESO, José Juan y VILAJOSANA, Josep Maria. *Introducción a la teoría del derecho*. Madrid: Marcial Pons, 2004.

MORRIS, Charles. *Signos, lenguaje y conducta*. Buenos Aires: Losada, 2003.

- *Foundations of the theory of signs*. Chicago: University of Chicago Press, 1959.

MORRIS, Clarence (org.). *Os grandes filósofos do direito*. São Paulo: Martins Fontes, 2002.

MORTARI, Cezar A. *Introdução à lógica*. São Paulo: Editora Unesp; Imprensa Oficial, 2001.

MOSQUERA, Roberto Quiroga. *Direito monetário e tributação da moeda*. São Paulo: Dialética, 2006.

- *Tributação no mercado financeiro e de capitais*. São Paulo: Dialética, 1998.

MOUSSALLEM, Tárek Moysés. *Fontes do direito tributário*. 2.ª ed. São Paulo: Noeses, 2006.

- *Revogação em matéria tributária*. São Paulo: Noeses, 2005.
- Eficácia e sentido na jurisprudência e a suposta revogação do crédito prêmio do IPI, *in* BARRETO, Aires Fernandino *et al*. *Segurança Jurídica na Tributação e Estado de Direito*. São Paulo: Noeses, 2005.

MÜLLER, Friedrich. *Métodos de trabalho do direito constitucional*. 2.ª ed. São Paulo: Max Limonad, 2000.

MUSSALIM, Fernanda y BENTES, Anna Christina (org.). *Introdução à lingüística: domínios e fronteiras*. 6.ª ed. São Paulo: Cortez, 2006.

MUSSALIM, Fernanda y BENTES, Anna Christina (org.). *Introdução à lingüística: fundamentos epistemológicos*. 3.ª ed. São Paulo: Cortez, 2007.

NAVARRO, Pablo E. *Los límites del derecho*. Bogotá: Temis, 2005.

NAVES, Maria. *La semiología*. Madrid: Síntesis, 1989.

NAZAR, Elizabeth. Sistema constitucional tributário brasileiro, *in Revista de Direito Público*. Año VI. N.º 25. São Paulo: Revista dos Tribunais, 1973.

NEVES, Marcelo. *A constitucionalização simbólica*. São Paulo: Acadêmica, 1994.

- *Entre Têmis e Leviatã: uma relação difícil*. São Paulo: Martins Fontes, 2006.

NINO, Carlos Santiago. *Alguns modelos metodológicos de «ciência» jurídica*. México: Fontamara, 2003.

- *Introducción al análisis del derecho*. 9.ª ed. Barcelona: Ariel, 1999.

- *La validez del derecho*. Buenos Aires: Astrea, 2000.

NOBRE, Marcos *et al*. *O que é pesquisa em direito?* São Paulo: Quartier Latin, 2005.

NOGUEIRA, Ruy Barbosa. Poder Tributário: conceito e autonomia, *in Revista de Direito Administrativo*. N.° 84. Río de Janeiro: Fundação Getúlio Vargas, 1966.

- *Curso de direito tributário*. São Paulo, Saraiva, 1994.
- *Imunidade tributária*. São Paulo, Saraiva, 1993.

NOVELLI, Flávio Bauer. A eficácia do ato administrativo, *in Revista de Direito Administrativo*. N.° 60. São Paulo: FGV, 1960.

OLIVECRONA, Karl. *Lenguaje jurídico y realidad*. México: Fontamara, 2004.

OLIVEIRA, Júlio Maria de. *Internet e competência tributária*. São Paulo: Dialética, 2001.

OLIVEIRA, Manfredo Araújo de. *Reviravolta lingüístico-pragmática na filosofia contemporânea*. São Paulo: Loyola, 1996.

OLIVEIRA, Roberta Pires. Semântica, *in* MUSSALIM, Fernanda y BENTES, Anna Cristina (orgs.). *Introdução à linguística: domínios e fronteiras*. 5.ª ed. V. 2. São Paulo: Cortez, 2006.

PASSOS, José Joaquim *Calmon de*. *Direito, poder, justiça e processo: julgando os que nos julgam*. Río de Janeiro: Forense, 1999.

- *Esboço de uma teoria das nulidades aplicada às nulidades processuais*. Río de Janeiro: Forense, 2002.

PEIRCE, Charles S. *Semiótica*. 3.ª ed. São Paulo: Perspectiva, 2000.

PEIXOTO, Daniel Monteiro. *Competência administrativa na aplicação do direito tributário*. São Paulo: Quartier Latin, 2006.

PEIXOTO, Marcelo Magalhães y CARVALHO, Cristiano (coord.). *Imunidade tributária*. São Paulo: MP, 2005.

PENCO, Carlo. *Introdução à filosofia da linguagem*. Petrópolis: Vozes, 2006.

PIGNATARI, Décio. *Informação, linguagem, comunicação*. Cotia: Ateliê, 2002.

PIMENTA, Paulo Roberto Lyrio. *Contribuições de intervenção no domínio econômico*. São Paulo: Dialética, 2002.

- *Efeitos da decisão de inconstitucionalidade em direito tributário*. São Paulo: Dialética, 2002.
- Normas de competência e o controle de validade da norma impositiva tributária, *in* Eurico Marcos DINIZ DE SANTI. (org.). *Segurança Jurídica na Tributação e Estado de Direito*. São Paulo: Noeses, 2005.

PISCITELLI, Tathiane dos Santos. *Os limites à interpretação das normas tributárias*. São Paulo: Quartier Latin, 2007.

Pontes, Helenilson Cunha. *Coisa julgada tributária e inconstitucionalidade*. São Paulo: Dialética, 2005.

- *O princípio da proporcionalidade e o direito tributário*. São Paulo: Dialética, 2000.

Pondé, Lafayette. O ato administrativo, sua perfeição e eficácia, *in Revista de Direito Administrativo*. N.º 29. São Paulo, FGV, 1952.

Ramallo, Juan. El reparto de competências tributarias entre los distintos âmbitos de gobierno, *in Revista de Direito Tributário*. Año 12. N.º 43. São Paulo: Revista dos Tribunais, 1988.

Raz, Joseph. *Engaging reason: on the theory of value and action*. New York: Oxford, 2001.

- *Practical reason and norms*. New York: Oxford, 2002.
- *The concept of legal system – an introduction to the theory of legal system*. 2.ª ed. Oxford: Clarendon Press, 1997.
- ¿Puede haber una teoría del derecho?, *in Una discusión sobre la teoría del derecho*. Marcial Pons: Madrid, 2007.

Raz, Joseph *et al*. *Una discusión sobre la teoría del derecho*. Marcial Pons: Madrid, 2007.

Reale, Miguel. *Paradigmas da cultura contemporânea*. São Paulo: Saraiva, 1999.

Reboul, Olivier. *Introdução à retórica*. São Paulo: Martins Fontes, 2004.

Robles Morchón, Gregorio. *El derecho como texto: cuatro estudios de teoría comunicacional del derecho*. Madrid: Civitas, 1998.

- *Las reglas del derecho y las reglas de los juegos*. México: Universidad Nacional Autónoma de México, 1988.
- *Teoría del derecho: fundamentos de teoría comunicacional del derecho*. V.1. Madrid: Civitas, 1998.

Rocha, Leonel Severo; Schwartz, Germano y Clam, Jean. *Introdução à teoria do sistema autopoiético do direito*. Porto Alegre: Livraria do Advogado, 2005.

Rodríguez, Jorge L. *Lógica de los sistemas jurídicos*. Madrid: Centro de Estudios Políticos y Constitucionales, 2002.

Ross, Alf. *Direito e justiça*. São Paulo: EDIPRO, 2000. Traducción Edson Bini.

- *El concepto de validez y otros ensayos*. México: Fontamara, 2001.
- *Tu-Tû*. São Paulo: Quartier Latin, 2004.
- *Lógica de las normas*. Madrid: Tecnos, 1971.
- Grandeza y decadencia de la doctrina de las expresiones realizativas, *in El concepto de validez y otros ensayos*. México: Fontamara, 2001.

SALDANHA, Nelson. *Ordem e hermenêutica*. 2.ª ed. Río de Janeiro: Renovar, 2003.

SALOMÃO, Marcelo Viana. *ICMS na Importação*. São Paulo: Editora Atlas, 2000.

SAMPAIO, Nelson de Sousa. *O poder de reforma constitucional*. Bahia: Progresso, 1954.

- *O processo legislativo*. São Paulo: Saraiva, 1968.

SANTAELLA, Lúcia. *A teoria geral dos signos*. São Paulo: Pioneira, 2000.

SANTI, Eurico Marcos Diniz de. *Lançamento tributário*. São Paulo: Max Limonad, 1999.

- Análise crítica das definições e classificações jurídicas como instrumentos para compreensão do direito, *in Direito global*. São Paulo: Max Limonad, 1999.
- Imunidade como limite objetivo e as diferenças entre «livro» e «livro eletrônico», *in* BARRETO, Aires. *Imunidade tributária do libro eletrônico*. São Paulo: Gráfica Editora ltda, 1998.
- *Prescrição e decadência no direito tributário*. 4.ª ed. São Paulo: Saraiva, 2012.
- (coord.). *Curso de especialização em direito tributário*. Río de Janeiro: Forense, 2005.
- (coord.). *Decadência no imposto sobre a renda*. São Paulo: Quartier Latin, 2006.

SANTI, Eurico Marcos Diniz de; ZILVETI, Fernando Aurelio y MOSQUERA, Roberto Quiroga (coord.). *Tributação internacional e dos mercados financeiro e de capitais*. São Paulo: Quartier Latin, 2005.

SANTOS, Boaventura de Sousa. *Um discurso sobre as ciências*. 3.ª ed. São Paulo: Cortez, 2005.

- *Pelas mãos de Alice*. 3.ª ed. São Paulo: Cortez, 1999.

SCAVINO, Dardo. *La filosofía actual: pensar sin certezas*. Santiago del Estero: Paidós Postales, 1999.

SCHAUER, Frederick. *Las reglas en juego: un examen filosófico de la toma de decisiones basada en reglas en el derecho y en la vida cotidiana*. Madrid: Marcial Pons, 2004.

SCHMILL, Ulises. *Lógica y derecho*. 3.ª ed. México: Fontamara, 2001.

- La derogación y la anulación como modalidades del ámbito temporal de validez de las normas jurídicas, *in Doxa* (*Publicaciones periódicas*). N.º 19. Alicante: Biblioteca Virtual Miguel de Cervantes, 1996.
- El modelo del mandato, el orden jurídico y las normas de competencia, *in Doxa* (*Publicaciones periódicas*). N.º 25. Alicante: Biblioteca Virtual Miguel de Cervantes, 2002.

- The dynamic order of norms, empowerment and related concepts, *in Law and Philosophy*. N.° 19. Netherlands: Kluwer Academic Publichers, 2000.

- Derecho y lógica, *in Isonomia (Publicaciones periódicas). Revista de Teoría y Filosofía del Derecho*. N.° 1. México: Instituto Tecnológico Autónomo de México, 1994.

SALDANHA, Nelson. *Ordem e hermenêutica*. 2.ª ed. Río de Janeiro: Renovar, 2003.

SALOMÃO, Marcelo Viana. *ICMS na Importação*. São Paulo: Editora Atlas, 2000.

SAMPAIO, Nelson de Sousa. *O poder de reforma constitucional*. Bahia: Progresso, 1954.

- *O processo legislativo*. São Paulo: Saraiva, 1968.

SANTAELLA, Lúcia. *A teoria geral dos signos*. São Paulo: Pioneira, 2000.

SAUSSURE, Ferdinand de. *Escritos de lingüística geral*. São Paulo: Pensamento-Cultrix, 2002.

- *Curso de lingüística geral*. Lisboa: Publicações D. Quixote, 1986.

SCHOUERI, Luís Eduardo. Discriminação de competências e competência residual, *in* SCHOUERI, Luís Eduardo *et al. Direito tributário: estudos em homenagem a Brandão Machado*. São Paulo: Dialética, 1998.

SOARES DE MELO, José Eduardo. Lançamento, *in Caderno de pesquisas tributárias*. N.° 12. São Paulo: Resenha Tributária, 1987. Coordinación de Ives Gandra da Silva Martins.

- *Contribuições sociais no sistema tributário*. 3.ª ed. São Paulo: Malheiros, 2000.

- *Curso de Direito Tributário*. São Paulo: Dialética, 1997.

SOLER, Sebastián. *Las palabras de la ley*. México: Praxis Jurídica Veracruz, 1974.

SOUSA, Rubens Gomes de; ATALIBA, Geraldo y CARVALHO, Paulo de Barros. *Comentários ao código tributário nacional*. Parte Geral. São Paulo: RT, 1975.

SOUSA, Rubens Gomes de. *Compêndio de legislação tributária*. São Paulo: Resenha Tributária, 1975. Edición póstuma.

- O sistema tributário federal, *in Revista de Direito Administrativo*. N.° 72. Río de Janeiro: Fundação Getúlio Vargas, 1963.

- Normas gerais do direito financeiro, *in Revista de Direito Administrativo*. N.° 37. Río de Janeiro: Fundação Getúlio Vargas, 1954.

SPAAK, Torben. *The concept of legal competence: an essay in conceptual analysis*. Vermont: Dartmouth, 1994. Traducción de Robert Carroll.

-Norms that confer competence, *in Ratio Juris*. Año 1. N.° 16. Oxford: Blackwell Publishing, 2003.

STEGMÜLLER, Wolfgang. *A filosofia contemporânea: introdução crítica*. São Paulo: EPU; EDUSP, 1977.

STRECK, Lenio Luiz. *Hermenêutica jurídica e(m) crise*. 2.ª ed. Porto Alegre: Livraria do Advogado, 2000.

SUPPES, Patrick. *Introduction to logic*. New York: Supes, 1999.

TÁCITO, Caio. A teoria da inexistência do ato administrativo, *in Revista de Direito Administrativo*. N.° 36. São Paulo: FGV, 1947.

- A teoria da inexistência do ato administrativo, *in Revista de Direito Administrativo*. N.° 48. São Paulo: FGV, 1954.

TARNÓ, Ladislao Tarnói de. Lógica jurídica formal y lógica jurídica material, *in Revista Brasileira de Filosofia*. Año XIII. N.° 49. São Paulo: Instituto Brasileiro de Filosofia, 1963.

TARSKI, Alfred. *A concepção semântica da verdade*. São Paulo: Editora Unesp, 2007.

TAVARES, André Ramos. *Fronteiras da hermenêutica constitucional*. São Paulo: Método, 2006.

TELLA, María José Falcón y. *Conceito e fundamento da validade do direito*. Terra de Areia: Triângulo, 1998.

- *El argumento analógico en el derecho*. Madrid: Civitas, 1991.

TELLES JÚNIOR, Goffredo. *Iniciação na ciência do direito*. 2.ª ed. São Paulo: Saraiva, 2002.

TEMER, Michel. *Elementos de direito constitucional*. São Paulo: RT, 1990.

TODOROV, Tzvetan. *Teorias do símbolo*. Campinas: Papirus, 1996.

TOMÉ, Fabiana Del Padré. *A prova no direito tributário*. 2.ª ed. São Paulo: Noeses, 2009.

- Defesa e provas no processo administrativo tributário federal: momento para a sua produção, espécies probatórias possíveis e exame de sua admissibilidade, *in* SALOMÃO, Marcelo Viana y JÚNIOR, Aldo de Paula. *Processo administrativo tributário: Federal e Estadual*. São Paulo: MP Editora, 2005.

TÔRRES, Heleno. *Direito Tributário e Direito Privado*. São Paulo: RT, 2003.

- Funções das leis complementares no sistema tributário nacional - hierarquia de normas - papel do CTN no ordenamento, *in Revista de Direito Tributário*. N.° 84. São Paulo: Malheiros, 2002.

TORRES, Ricardo Lobo. *Normas de interpretação e integração do direito tributário*. 3.ª ed. Río de Janeiro: Renovar, 2000.

- *Sistemas constitucionais tributários*. Río de Janeiro: Forense, 1986.

- (org.). *Temas de interpretação do direito tributário*. Río de Janeiro: Renovar, 2003.

Trask, R. L. *Dicionário de linguagem e lingüística.* 2.ª ed. São Paulo: Contexto, 2006. Traducción de Rodolfo Ilari.

Uckmar, Victor. *Princípios comuns de direito constitucional tributário.* 2.ª ed. São Paulo: Malheiros, 1999.

Ulhôa Canto, Gilberto de. Imposto sobre a renda e proventos de qualquer natureza, *in Caderno de Pesquisas Tributárias.* N.º 11. São Paulo: Resenha Tributária, 1986.

Vattimo, Gianni. *O fim da modernidade: niilismo e hermenêutica na cultura pós-moderna.* Lisboa: Presença, 1987.

Velloso, Carlos Mário. Estado federal e estados federados na Constituição brasileira de 1988: do equilíbrio federativo, *in Revista de Direito Administrativo.* N.º 187. Río de Janeiro: Fundação Getúlio Vargas, ene/mar de 1992.

Vernengo, Roberto José. *Curso de teoría general del derecho.* 2.ª ed. Buenos Aires: Depalma, 1995.

Vieira, Maria Leonor Leite. *A suspensão da exigibilidade do crédito tributário.* São Paulo: Dialética, 1998.

Vilanova, Lourival. *Causalidade e relação no direito.* 4.ª ed. São Paulo: Revista dos Tribunais, 2000.

- Teoria das formas sintáticas (anotações à margem da Teoria de Husserl), *in Escritos jurídicos e filosóficos.* V. 2. São Paulo: Axis Mundi/ IBET. 1994.
- *Escritos jurídicos e filosóficos.* V. 1. São Paulo: Axis Mundi, 2003.
- *Estruturas lógicas e o sistema de direito positivo.* 3.ª ed. São Paulo: Noeses, 2005.
- *Lógica jurídica.* São Paulo: Bushatsky, 1976.
- Norma jurídica - proposição jurídica (significação semiótica), *in Revista de Direito Público.* N.º 61. São Paulo: RT, 1982.

Villegas, Héctor B. *Curso de direito tributário.* São Paulo: RT, 1980.

Villas Bôas Filho, Orlando. *O direito na teoria dos sistemas de Niklas Luhmann.* São Paulo: Max Limonad, 2006.

Warat, Luis Alberto. *O direito e sua linguagem.* 2.ª ed. Porto Alegre: Fabris, 1995.

White, Stephen K. *Razão, justiça e modernidade: a obra recente de Jürgen Habermas.* São Paulo: Ícone, 1995.

Wittgenstein, Ludwig. *Observações filosóficas.* São Paulo: Loyola, 2006.

- *Tratado lógico-filosófico: investigações filosóficas.* 2.ª ed. Lisboa: Fundação Calouste Gulbenkian, 1995.

Wright, Georg Henrik von. *Normas, verdad y lógica.* 2.ª ed. México: Fontamara, 2001.

- *Norma y acción: una investigación lógica*. Madrid: Tecnos, 1970.

WROBLEWSKI, Jerzy. Creación del derecho e interpretación, *in* BULYGIN, Eugenio (coord.). *El lenguaje del derecho. Homenaje a Genaro R. Carrió*. Buenos Aires: Abeledo-Perrot, 1983.

XAVIER, Alberto. *Do lançamento: teoria geral do ato, do procedimento e do processo tributário*. 2.ª ed. Río de Janeiro: Forense, 2001.

- *Tipicidade da tributação, simulação e norma antielisiva*. São Paulo: Dialética, 2001.

ZANCANER, Weida. *Da Convalidação e da invalidação dos atos administrativos*. São Paulo: Malheiros, 1993.

ZOCKUN, Maurício. *Regime jurídico da obrigação tributária acessória*. São Paulo: Malheiros, 2005.

COMPETENCIA TRIBUTARIA.
FUNDAMENTOS PARA UNA TEORÍA DE LA NULIDAD,
de TÁCIO LACERDA GAMA, se imprimió
en la República Argentina en noviembre de 2019.

www.ingramcontent.com/pod-product-compliance
Lightning Source LLC
LaVergne TN
LVHW090229051026
849517LV00001B/246
* 9 7 8 9 5 6 3 9 2 7 2 0 7 *